HAUSAUFGABE EUROPA

SCHRIFTENREIHE ZUM BAYERISCHEN SCHULMUSEUM ICHENHAUSEN

Zweigmuseum des Bayerischen Nationalmuseums
Herausgegeben vom
Bayerischen Nationalmuseum

Band 12

Dieser Band enthält die Vorträge des Symposions, das die Erziehungswissenschaftliche Fakultät der Universität Erlangen-Nürnberg und das Bayerische Nationalmuseum München in Ichenhausen vom 3. bis 6. Oktober 1991 unter Leitung von Herrn Prof. Dr. Max Liedtke durchführten.

HAUSAUFGABE EUROPA

Schule zwischen Regionalismus

und Internationalismus

Herausgegeben von

MAX LIEDTKE

KLINKHARDT

1993

VERLAG JULIUS KLINKHARDT · BAD HEILBRUNN

Redaktion: Ute Riedl
Dr. Hans-Uwe Rump

Das Bayerische Schulmuseum Ichenhausen wird gefördert von den bayerischen Sparkassen.

Die Deutsche Bibliothek – CIP-Einheitsaufnahme

Hausaufgabe Europa : Schule zwischen Regionalismus und Internationalismus ; [dieser Band enthält die Vorträge des Symposions, das die Erziehungswissenschaftliche Fakultät der Universität Erlangen-Nürnberg und das Bayerische Nationalmuseum München in Ichenhausen vom 3. bis 6. Oktober 1991 unter Leitung von Herrn Prof. Dr. Max Liedtke durchführten] / hrsg. von Max Liedtke.-Bad Heilbrunn : Klinkhardt, 1993
(Schriftenreihe zum Bayerischen Schulmuseum Ichenhausen, Zweigmuseum des Bayerischen Nationalmuseums ; Bd. 12)
ISBN 3-7815-0730-0
NE: Liedtke, Max [Hrsg.]; Bayerisches Schulmuseum ‹Ichenhausen›: Schriftenreihe zum Bayerischen ...

Gesamtherstellung: WB-Druck GmbH & Co. Buchproduktions-KG, Rieden
Printed in Germany 1993
ISBN 3–7815–0730-0

Gedruckt auf chlorfrei gebleichtem Papier

Inhalt

Vorwort

Die Staaten Europas sind auf dem Weg zu einem vereinten Europa. Aber die Völker Europas befinden sich keineswegs zum ersten Mal auf diesem Weg. Der Weg, auf dem wir uns gegenwärtig befinden, wurde nach den Erfahrungen des 2. Weltkrieges wieder zügig beschritten. Seit der griechischen und römischen Antike hat es viele Versuche gegeben, die europäischen Völker zu einer Einheit zusammenzuschließen. Die Geschichte unserer Kriege zeigt, daß diese Versuche keinen dauerhaften Erfolg hatten.

Es ist zu erwarten, daß ein vereinigtes Europa allen Beteiligten wirtschaftliche und kulturelle Vorteile bringt. Aber selbst wenn das vereinte Europa keine unmittelbaren wirtschaftlichen und kulturellen Vorteile eintrüge, die Einigung ist schon angesichts der waffentechnischen Möglichkeiten der einzelnen Staaten die Voraussetzung humanen Überlebens und somit ein Ziel, das nicht verfehlt werden darf.

In der Geschichte ist ablesbar, wie Erziehung, Unterricht und Schule - oft auch instrumentalisiert durch machtpolitische Interessen - an den Versuchen beteiligt waren, größere staatliche Einheiten zu errichten. Aber ebenso ist belegbar, daß solche Einheiten, selbst wenn sie wie Garanten dauerhaften Friedens erschienen, häufig an Partikulärinteressen wieder zerbrochen sind, aber auch an unzureichenden bildungspolitischen Voraussetzungen (z.B. Sprachvermittlung) oder an akzentuiert nationalistischer Erziehung.

Das 10. Schulgeschichtliche Symposion am Bayerischen Schulmuseum Ichenhausen hatte sich zum Ziel gesetzt, angesichts der zum 1. Januar 1993 vorgesehenen Verwirklichung des europäischen Binnenmarktes unter geschichtlichen und systematischen Aspekten die offenbar unlösbare Spannung zwischen den jeweils kleineren gesellschaftlichen und politischen Einheiten (Regionalismus) einerseits und den größeren staatlichen und überstaatlichen Gebilden (Internationalismus) andererseits zu untersuchen wie aber auch den geradezu periodisch erscheinenden geschichtlichen Wechsel zwischen politischen Großsystemen und kleineren politischen Einheiten. Diese Untersuchung sollte sichern helfen, einen Ausgleich zwischen dem notwendigen Postulat einer europäischen Bildung und dem ebenso notwendigen Postulat einer an den engeren und unmittelbar erfahrbaren Heimatraum gebundenen Erziehung und Bildung zu finden.

Das Symposion, das von Dr. Edwin Petek organisiert war und dank der Unterstützung durch das Bayerische Nationalmuseum, München, die Stadt Ichenhausen, den Landkreis Günzburg, den Bayerischen Sparkassen- und Giroverband und die Universität Erlangen-Nürnberg durchgeführt werden konnte, war wiederum begleitet von einer Wechselausstellung, die Michael Schneider, Schulmuseum der Universität Erlangen-Nürnberg, unter dem Titel "Hausaufgabe Europa" konzipiert hatte. Durch die Unterstützung des Bayerischen Sparkassen- und Giroverbandes konnte zu dieser

Ausstellung erneut auch ein gesondertes und bebildertes "Themen- und Kataloglieft" erscheinen.
Für die redaktionelle Überarbeitung der einzelnen Beiträge ist insbesondere Frau Ute Riedl zu danken, für die englische Übertragung Frau Ulrike Götschel. Die Herstellung des druckfertigen Typoskripts hatte freundlicherweise Christian Nowak übernommen.

Es war wohl auch für den Weg nach Europa ein gutes Zeichen, daß 1991 das Schulgeschichtliche Symposion erstmals durch einen Minister aus den neuen Bundesländern, durch den Staatsminister für Wissenschaft und Kunst des Landes Sachsen, Professor Dr. Hans Joachim Meyer, eröffnet werden konnte. Andererseits zeigten sich auch die Schwierigkeiten dieses Weges in aller Deutlichkeit: Professor Dr. Nicola Gavrilovic, Universität Novi Sad, Serbien, konnte sein angekündigtes Referat nicht halten, weil ihm wegen der kriegerischen Auseinandersetzungen im zerfallenden Jugoslawien die Anreise nicht möglich war.

Max Liedtke

Max Liedtke
Assignment United Europe
School between regionalism and internationalism

Contents and Summaries

III. Current aspects of a European Education Policy

I. Anthropological Aspects

Max Liedtke

The difficult way to Europe -
The tension between regionalism and internationalism: an anthropological-systemtheoretical point of view

There is a multitude of historic attempts to join smaller tribal and ethnic groups together into larger state unities and international organizations. But there is also an almost as large number of historical evidences, that such attempts failed, i.e. that the strived for aim had not been reached at all or that the large state systems have already fallen apart again. The question is where this historic observable tendency to form larger social and state unities has its roots and which reasons have led to the failure of these attempts in former times and nowadays. Even the present 'way to Europe' turns out to be difficult. The turbulent post-war time of departure has in many cases given way to a worried scepticism. But especially the experience of the wars shows that the formation of unities is necessary, in which a multitude of autonomous, on seperate armies counting foreign policies are transformed in one, based only on one monopoly of arms, domestic affair.
System-theoretical and anthropological considerations could help to recognize and minimize the difficulties, which oppose the unification processes.

II. Historical developement (in education)

Andreas Mehl

Educated as a Hellene - educated as a cosmopolitan.
Comments to the Greek school in the Hellenistic East

The Greek school in the East continued the traditional Greek education, an education, which was concerned especially with ethics and the Fine Arts. Amidst majorities of Non-Greek population, at the Greek school classes were limited to Greek language and literature. However, the mental horizon widened in moral education, impartation of special knowledge and acquaintance of other religions. The reduction of physical training corresponded late to the Oriental mental reservations against Greek sport. Amongst town-patriotism the school cared for the worship of the reigning dynasty, that ruled towns, regions and people. This widened the home of the students considerably. Non-Greeks, who did not receive an equivalent general education in their native culture, were admitted as students in many, but not all places to the Greek school. Greek education was very attractive for them, because they had the opportunity of getting the citizenship in a Greek town by attending the

Greek school. Thus the Greek school "produced" Greeks by culture and future citizens of Greek cities. The world-wide spread of Greek education had the effect, that these Greeks, irrespective of their ethnic origin would meet "Greeks" all over the world and feel at home everywhere: The educated Greek became a cosmopolite. But the Greek school also created a new barrier between the uneducated and the educated: only graduates from the Greek schools could enjoy the conveniences of cosmopolitism.

Alfons Rösger

National and international aspects of Roman school education

Considering the various regional, national or international influences that have effected Roman education during the course of its long history, one will inevitably attribute the greatest importance to the Greek contribution. In the early stages of its history Rome received significant cultural impulses from the Greek cities in the South of Italy. As early as the 6th century Rome adopted the Greek alphabet through the mediation of the Greek city of Cumae.

It is not until the 3rd century b.C., however, after Rome had conquered Italy and gained political power over the Greek cities in the south, that a major Greek influence can be noticed. That influence increased considerably in the 2th half of the 2th century, when Greece was incorporated into the Roman Empire. The cultural influence of Greece on the Roman Empire increased in proportion to the political power exerted by Rome on the subdued Greek nation. This applied in particular to the school education which was modelled after the pattern at the end of the republican period, the Greek public school based on three educational phases, had practically replaced the traditional Roman education in which the parents themselves educated and trained their children at home. It is a remarkable fact that Rome adopted the educational system from a nation, they had subdued in a war. Also this can by no means be considered as a purely mechanical takeover. Unlike the Greek schools Roman education had always been based on a bilingual system. The very first teachers in Rome, Livius Andronicus and Ennius, who taught according to the Greek methods, held their lessons in both Latin and Greek, a tradition that was maintained until the very end of the late antiquity.

This method of bringing up children not only in their mother tongue, their national tradition and literature, but also in a foreign language, in respective to cultural and litterally achievements and traditions, was completly new. Basically it is due to that method that Greek cultural achievements were not only preserved, but also became known and found recognition far outside boundaries of the world of Greece. The Graeco-Roman schoolsystem was outstanding significant in the process of the Romanization of western Europe, Germania and Britannia. It provided a fundamental historical basis, we may refer to, when it comes to developing a new comprehensive political order in Europe.

Thomas Frenz

European educational tendencies during Carolingian times

After the regionalisation of language and writing, caused by the end of the Ancient Roman Empire, a renewed standardization can be observed at the end of the 8th century, its visible expression being the Caroline minuscule used in the whole Carolingian Empire. Its interpretation in the sense of a "Carolingian Renaissance" leads to the question on the aims of the Carolingian education policy. Its intention shows the wish for a religious standardization in the whole Franconian Empire, but not the philological interest in Latin or the admiration of the antique literature. In the field of music the Roman style of music was taken over in the same way, as, in general, the rectification of liturgy was an instrument for the standardization and power-political penetration of the state, which had not been separated from church yet. Under the roof of this standardization there had been added, at first concretely in music, regional exceptions since the 9th century, until a change regarding the content began, and altered background conditions began after the turn of the millenium.

Joze Ciperle

Pedagogical analysis of educational work in the protestant schools in Ljubljana during the 16th century

The foundation and the organization of the rank school in Ljubljana is the most eminent protestant work in the field of education in Slovenia in the 16th century. The basic motif for its foundation was the changing attitude of the nobility towards education. In the 16th century, the members of the nobility class began to realize that education should allow their sons new opportunities of subsistence. The foundation of these schools was decisively influenced by the Lutheran church. The Ljubljana rank school began its work in 1563. With the new school order, passed in 1584 by Nikodem Frischlin, a five grade school system was introduced. The education program was similar to that of protestant grammar schools in Germany. Thus the period of reformation gave birth to the first grammar school in the Slovene territory.

From the pedagogical point of view, two persons were directly responsible for the work of this school: Adam Bohoric and the above mentioned Nikodem Frischlin.

In its basic orientation, the rank school in Ljubljana was a language school. Language instruction (Latin, Greek) in such schools was characterized by a special feature: students did not only learn to write and read, but to speak the language fluently and correctly, above all the Latin language, which was the language of science. Following the opinion of the humanistic pedagogues and protestant teachers of that time, the aim was eloquence and the capacity to express oneself correctly, logically and efficiently. The way to reach this eloquence followed three stages. First, pupils were trained in reading and writing and in the acquisition of the basic vocabulary, second they began to learn grammar, and finally they finished with prosody and with rhetoric and stylistic exercises. With this in view, we must underline some special characteristics of the Ljubljana rank school, especially as far as Slovenian language is concerned. The mother tongue was not treated as a special subject. Regarding the weak status of German language in Latin protestant schools, German language was relatively adequately treated in Slovenian schools. The status of the Slovenian language, in contrast, was relatively weak. Language learning focussed on the acquisition of words, sentences, grammar skills, translation exercises, and rhetoric and writing exercises.

At that time, both school programs in Ljubljana called attention to the differences between individual pupils' learning capacities. This characteristic was clearly expressed by Adam Bohoric, who can be compared to the greatest humanistic pedagogues.

The main educational aim of the protestant school was to establish a relation to God. The Slovenian protestant school was influenced by the foreign school tradition at that time. Nevertheless the efforts to develop the school according to special needs of the Slovenian environment should not be underestimated.

Hans-Ulrich Grunder

P.A. Stapfer's 'Enquete' of 1799 and its consequences - or: "... the complete destruction of federalism"

The attempt of the Helvetic minister P.A. Stapfer to establish a centralized, non-federalist school system, is an unique project in Swiss educational history. Carried out as a large-scale empirically based survey, the 'Enquete' was supposed to base a future educational formation and profession, the condition of buildings, school and teaching materials and, certainly, the children. The intended effect was to have at one's disposal a new 'topography' of the 'pedagogical landscape'.

An evaluation of the whole 'Enquete' never has been undertaken, yet.

The article tries to describe the survey's origin, sketches how it was realized and interprets the answers of three districts. It ends with a short discussion of regional and international aspects.

Albert Reble

Integrating education efforts in Germany during the 19th century

Even as the state-political map of Germany presented itself as a "patchwork rug" and the education system in its territorial-authoritarian structure showed a coloured picture as well, there were integrating powers and currents, which influenced the development in a nationwide-standardizing direction. In many cases they were at work on extra-pedagogical interrelations, for instance as spirit of the times, as cultural, social, economical or otherwise accentuated tendencies in different interconnections, but frequently also as especially national-pedagogical targets in the state-social political view. The development of schools in Germany during the 19th century is looked at from the integrating point of view that is, first, at the classical-idealistic epoch, second at the time from the forties to the seventies and third at the last 30 years of the 19th century. As an example the process in Prussia and Bavaria is exactly reflected and compared. There are shown correspondences, similarities and differences in and between many educational areas. Attention is paid to both, the facts and the influending background.

László Sándor

Facts about the relationship of the Augustinian Protestant Church and the public education in Baranya County 1770 - 1848

The Germans who belonged to the Augustinian Protestant Church settled in the territory of Baranya county in the 18th - 19th century. They gradually developed their own system of church administration, but this process had often been hindered, before the "Edictum Tolerantiale" was published on October 25, 1781. Regarding the tradition of the small village elementary schools, which were maintained by the mother-church, the affiliated churches and which were also supported by the landlords, it is understandable that the restriction of the liberty of religion also meant a damage to the functioning of these schools. After the "Edictum Tolerantiale" this came to an end. The people were free to choose schoolmasters or leaders of prayers, who also taught. In his retrospective historical work, the author, concentrating on the period between 1770 and 1848, examines the efforts of the Augustinian protestants living in 19 com-munities of Baranya county.

Franz Pöggeler

National state and European tendencies in the German education system between 1890 und 1913

In Germany between the fall of Bismarck and the end of the World War I, it came to a critical analysis of national or nationalistic education, and at the same time to the beginnings of an educational reform bearing European tendencies. The demand for political and economical autarchy of the nation, corresponded to the opinion that the school system should also be caracterized by a cultural autarchy, in which the nation should be the primary source of the values learned at school. Against the overestimation of one's own nation in school theory and practice, critical pedagogues like Julius Langbehn, Paul de Lagarde, Ludwig Gurlitt and most decisively Friedrich Wilhelm Foerster asserted that each nation - like each individual - had a character including strengths and weaknesses as well as a specific political and cultural ability. They drew the conclusion that every citizen, like the nation, should be formed by education and should be corrected in particular situations. They critically compared the national characters and demanded a reciprocal supplement and enrichment through the exchange of experience within the European context. At the same time the above mentioned pedagogues made clear that each nation had, in the course of its development, assimilated constitutive elements from other nations: National identity was not a condition but a process of constant changes. These continental perspectives of the so-called reform pedagogues got into clear contrast to the school policy of the state and could not stop the "militarizing" of the school in direction to the first worldwar. But they became pioneers of a pacifistically motivated European education, which met a lot of approval in the republican Germany after 1918, because not only the exchange of material, but also the exchange of cultural goods between the states and nations became regular. Of course, those reform pedagogues could not prevent the appearance of a nationalistic policy and education, which determined Germany from 1933 untill 1945.

Christel Adick

The scholastic expansion during colonialism: imposition or adaption of a worldwide school development?

For a long time the pupils of former colonies had been learning in a school system with which they were rather familiar because of the previous generations experiences. But often they learned under extremely difficult conditions: With an empty stomach, with long walks to school, with unrealistic illusions about well paid jobs in the formal economic area, with teachers being constantly replaced, who often did not receive their salaries regularly and therefore were not motivated and relying on supplementary jobs. In view of the so-called "educational crisis" in many of their countries, we should therefore support these pupils, parents and teachers to fight for their human right of education. We should do so not by imposing foreign models, but in keeping the national responsible education offers of their countries and the specifications of their school systems. This global responsibility for education and upbringing of the young generation, who is now taking its place in our common, even though conflicting and with unequal life expectancies provided world-society, has recently been emphasized once again in a world education charta (please see the World Declaration 1990). Pedagogues should regard this responsibility more as critical corrective towards the tendencies, after a long phase of an often violent European education transfer to the oversea countries, that are again claiming to the exclusiveness of the European education inheritance and which are making a pedagogical "fortress of Europe" out of a common piece of educational history.

Sándor Kómlosi

Contemporary aspects of educational policy in Hungary / Central-East Europe

The study starts by depicting the state of public education during the inter-war period (in Hungary), of which the basic features were the dominance of church-owned schools with a Christian-national bias (obligatory religious education) and a Her- bartian, conservative educational practice.
After the communistic take-over in 1948 all schools were nationalized and, consequently, run and supervised with strict central administration by the party and the ministry of education. An overall 8-year elementary and a 4-year secondary education was introduced, in which the one-sided ideological indoctrination of Marxism-Leninism, atheism, collectivism and internationalism played a significant role. The curricula, centrally determined and compulsory for all schools, were often changed.
After the political changes of the early 90-ies, the school system and the teaching practice has been restructured in the spirit of democracy and civil rights. However, this is going to be a long process of transformation. A new Act of Education is in the making and shaped in several rounds of public debates. The Ministry of Education does not function as a central power, it intends to assist the current transformation. Most of the schools are now run by local authorities, partially with normative support from the central budget. Schools run by churches, foundations and other private organisations have been brought back to life anew.
The heterogeneous/alternative character of todays school system reflects the philosophy of organisational pluralism: one can witness the parallel existence of different systems, such as those of 8+4, 6+6 or 4+8. From a professional point of view schools and teachers are autonomous as it is at their discretion to specify and design the local curriculum. The government has proposed national basic curricula for ten subjects with the aim of providing orientation for the schools. A nationwide, unified, standardized system of exams has been introduced: an exam with the aim of general assessment (diagnosis) at the age of 12, a selective test at 16 and a selective examination for higher education at 18.
In the educational philosophy of these days respect of human and childrens rights, of other peoples and societies, tolerance, cooperation, fairness and humanistic attitudes towards nature have come to the fore. The relationship between students and teachers is understood to promote the personal development of young individuals. There is a substantial growth in the field of national schools and mother-tongue education of the minorities. In general four separate Acts concerning elementary, secondary and higher education together with an Act on the Hungarian Academy of Sciences have been made and coordinated.

Victoria Gordillo

Toward the development of a European educational system in Spain

Spanish society undertook its last comprehensive reform of the educational system in the year 1970. Two decades have gone by since then and a wide range of relevant transformations have taken place, both within Spanish society, within the inter-national surroundings and in the productive, technological and cultural context. The 1978 Constitution has had profound effects on Spanish education by recognizing its basic principles, by acknowledging the fundamental right to the former, entrusting public authorities, the guarantee that it should be equally enjoyed by all Spaniards, by establishing basic education as statutory and free, by creating the autonomous states and by redistributing the responsibilities in this field.
Spain's entry into the European Community confronts the citizens with a future competition, mobility and free employment, which will necessitate that their studies and qualifications abide by shared references are valid in the European Community.
The organic Law for the Right of Education (1985) regulated the various rights and liberties related to education, developing the constitutional mandate of the right to the same through educational programming.
In spite of that, there are some problems: the lack of educational planning for pre-school education; the incongruence between the end of statutory secondary education and the minimum working age; the existence of a double qualification at the end of Basic General Education; the fact that vocational training is a second choice, but, at the same time, too academic and far removed from the working world; the exclusively academic design of Bachillerato, practically aimed as a step towards university; the relative imbalance of access to university regarding supply and demand. For all these reasons, a reform of the whole educational system was necessary.
The Law for general planning of the educational system (1990) became the essential instrument of the reform. However, some questions are still to be solved: the practical abolition of private school; the risk of an ideological teaching; the banishment of religious education; the reduction of Bachillerator; and the complete integration solution to special education. If the reform cannot prosper without the active participation and commitment from the educational community, it is necessary to attend many different alternatives.

Wolfgang Mitter

European education between unity and diversity as mirrowed by revolutionary changes

The revolutionary events in Central and Eastern Europe at the end of the eighties and the fade-down of the West-East conflict has paved the way towards an "undivided" Europe. Education is essentially involved in this challenge the more so, as it has certainly played a dubious role in promoting nationalism and ethnocentrism in the past. The history of modern education is closely interrelated with the emergence of the modern state and its amalgamation with the concept of nation-building. The observation of this progress gives insight into the manifestation of two variations to be allocated to Western, Central and Eastern Europe. West European countries established themselves as "nation-states", built on the principle of one national language to be exclusively or at least predominantly used in public communication. On the other hand the multinational empires in Central and Eastern Europe were not able to solve the sociopolitical task of constructing reasonable patterns of coexistence among their nationalities. They have left this unsolved heritage throughout the interim period between the two world wars and the subsequent period of Soviet hegemony. Therefore the "nationality issue" had exerted enormous influence on both domestic and international policies during the 19th and 20th centuries, with language, religion and ideology as the main factors causing conflicts up to outbreaks of violence and war.

The history of education mirrors this crucial issue at the macro-level of central and regional decision-making as well as at the micro level of how the directive from "above" has been implemented at the grassroots of everyday school practice. The new challenges affect both formal and non-formal education. Regarding formal education (schooling) the curricular strategies must be based (a) on identifying "international education" as a cross-disciplinary approach, which must not be confined at all to history of civic education, (b) on combining cognitive and affective objectives and procedures, (c) on recognizing value education as a supreme goal. Moreover, interpersonal communication among youngsters across ethnic and national borders must be given optimum chances.

I. Anthropologische Aspekte

Max Liedtke

Der schwierige Weg nach Europa - Die Spannung zwischen Regionalismus und Internationalismus in anthropologisch-systemtheoretischer Sicht

Carl Friedrich von Weizsäcker, dem engagierten Europäer und universellen Denker

Die zwölf europäischen Staaten, die sich auf der Grundlage des Pariser Vertrages der Europäischen Gemeinschaft für Kohle und Stahl von 1951, der Römischen Verträge der Europäischen Wirtschaftsgemeinschaft von 1957 und der Einheitlichen Europäischen Akte von 1986 zusammengeschlossen haben, vollziehen mit der Realisierung des Europäischen Binnenmarktes einen weiteren großen Schritt auf dem Wege zu einem Vereinten Europa.

Was ist an diesem Schritt bemerkenswert?
Bemerkenswert sind zunächst die wirtschaftlichen Vorteile. Es eröffnet sich ein großer einheitlicher Wirtschaftsraum, der nur nach außen Zollgrenzen hat, ansonsten aber alle Handelsschranken zwischen den Mitgliedsstaaten ausräumt und freien Waren-, Dienstleistungs- und Kapitalverkehr sowie volle Freizügigkeit für alle Personen der Mitgliedsstaaten erlaubt. Damit ist nicht nur ein grundsätzlich größerer Freiheitsraum innerhalb dieses Gebietes gewährleistet; der Abbau der Handelshindernisse zwischen den wirtschaftlich weitgehend vergleichbaren Regionen wird mutmaßlich zu deutlichen wirtschaftlichen Impulsen führen.
Der Zuwachs an wirtschaftlicher Kraft wird zweitens auch den weltpolitischen Einfluß dieser Staatengruppe erhöhen, ob man dies möchte oder nicht. Der größere Einfluß wird sich nicht auf Dauer von einer mit dem Einfluß wachsenden Verantwortungslast trennen lassen.
Viel wichtiger ist ein dritter Aspekt. Schon durch das wirtschaftliche Zusammenwachsen dieser Staaten wird es zunehmend unwahrscheinlich, daß zwischen diesen Staaten, von denen die verheerendsten Kriege der Weltgeschichte ausgegangen sind, kriegerische Auseinandersetzungen stattfinden werden. Selbst wenn im Einzelfall die wirtschaftlichen Erwartungen enttäuscht werden mögen, angesichts der kriegerischen Geschichte dieser Staaten ist die Sicherung des Friedens ein unendlicher Gewinn. Dies nicht nur für die Mitgliedsstaaten, sondern für alle Staaten dieser Erde.
Ein weiterer Gewinn ist neben der wirtschaftlichen Vereinigung der kulturelle Austausch. Der wirtschaftliche Austausch wird zu einer intensivierten Begegnung der verschiedenen Kulturen und in dieser Begegnung zu einer großen kulturellen Bereicherung jedes Einzelnen führen. Mit der Erweiterung des Wirtschaftsraumes erweitert sich auch der kulturelle Horizont für jeden Bürger dieser Staatengruppe. Das gilt in

gleicher Weise für die Musik, für die Bildende Kunst, für die Architektur wie für die Literatur.

Warum hat man solche offenkundigen Vorteile nicht schon früher zu nutzen versucht? Warum kommt Europa so spät?
Wir wissen alle, daß es in der Geschichte aller Völker und Erdteile fast unablässig Versuche gegeben hat, kleinere Einheiten zu größeren zusammenzuschließen. Geläufige Beispiele sind die mehrfachen Zentralisierungsversuche in den frühen Hochkulturen Mesopotamiens und Ägyptens, die Hellenisierung des Mittelmeerraumes unter Alexander dem Großen, das Römische Reich, das Reich Karls des Großen, das Heilige Römische Reich Deutscher Nation oder auch die zahlreichen Einigungsversuche innerhalb der deutschen Kleinstaaten.
Anthropologisch und systemtheoretisch sind bei diesen geschichtlichen Abläufen zwei Fragen von besonderem Interesse:
a. Warum gibt es überhaupt diese Tendenz, größere Einheiten zu bilden?
b. Warum sind diese Vereinigungsversuche dennoch häufig wieder gescheitert?

1. Systemtheoretische Aspekte

Die Tendenz, größere Einheiten zu bilden, wie aber auch das häufige Scheitern solcher Vereinigungsversuche läßt sich schon aus systemtheoretischen Überlegungen ableiten.

1.1. Einigungsfördernde Momente

Die Tendenz, größere politische Einheiten zu bilden, hängt vermutlich mit dem elementaren evolutiven Konstruktionsprinzip zusammen, durch das Zusammenfügen vorhandener Einheiten neue qualitative Niveaus der Entwicklung zu erreichen. Dabei wird das grundlegende Prinzip genutzt, daß das Ganze offenbar stets mehr ist als die Summe seiner Einzelteile. Warum ist das Ganze mehr als seine Einzelteile? Durch die Strukturierung der Einzelteile verfügt das System über eine größere Menge an Informationen, als sie sich aus der Summe der Einzelteile ergäben. Elementarteilchen verbinden sich zu Atomen, deren neuartige physikalische und chemische Eigenschaften nicht aus der bloßen Summe der Elementarteilchen ableitbar sind, Atome verbinden sich zu Molekülen, Moleküle zu Großmolekülen, den Grundlagen lebender Systeme, einzellige Lebewesen schließen sich zu differenzierteren Lebewesen mit höherem Leistungsvermögen zusammen. Dieses Setzen auf Zugewinn durch Kombination vorhandener Einheiten - im Sinne von Konrad Lorenz das Setzen auf Fulgurationen - ist offensichtlich sehr vorteilhaft (*Lorenz, K.* 1973, 246; vgl. *R. Riedl*, 1988, 288; *Hassenstein, B.* 1965; *Haken, H.* 1983).

Die Vorteilhaftigkeit dieser Kalkulation läßt sich wiederum im wirtschaftlichen Bereich veranschaulichen. Die Vergrößerung eines Betriebes ist in der Regel wegen der damit verknüpften "Synergieeffekte" erstrebenswert. Diese "Synergieeffekte" erscheinen entweder als Größen- oder als Verbundeffekte (*Williamson, O.* 1985, 112).
Zu den Größeneffekten zählt, daß mit der Übernahme eines bisher konkurrierenden Betriebes ein größeres Vertriebsnetz entsteht. Ein größeres Vertriebsnetz bedeutet einen größeren Markt. Der größere Markt führt aber über die mögliche Erhöhung der Stückzahlen u.a. zu einer Degression der Fixkosten (a.a.O.). Ein größerer Markt erlaubt eine bessere Auslastung der Maschinen. Im Grundsatz läßt sich so pro Maschine eine größere Zahl an Produkten herstellen. Die Verbindung mit einem konkurrierenden Unternehmen gestattet aber auch eine Vergrößerung der Kapitalbasis, so daß in Gemeinsamkeit auch größere Aufgaben angegangen werden können, als dies im jeweils einzelnen Unternehmen möglich wäre (vgl. die Kooperationsbemühungen in der Chip-Entwicklung).
Verbundeffekte bestehen u.a. darin, daß durch den Zusammenschluß konkurrierender Betriebe Entwicklungskosten eingespart werden können. Der Zusammenschluß macht es überflüssig, daß möglicherweise an zwei Orten in Konkurrenz an der Lösung identischer technischer oder betriebswirtschaftlicher Probleme gearbeitet wird (*Ihde, G.* 1986, 8). Die Einsparung einer Entwicklungseinheit bedeutet, daß die Entwicklungsressourcen von einer größeren Zahl Produzenten genutzt werden können, der Produktausstoß pro Entwicklungsstelle also größer ist. Ein weiterer Verbundeffekt besteht darin, daß durch den Zusammenschluß von Betrieben ein hoher Zugewinn an Know-How erfolgen kann. Ein Verbund einer auf die Herstellung von Hardware spezialisierten Firma mit einer auf die Herstellung von Software spezialisierten Firma kann zu einer neuen Qualität von Produkten führen, als nunmehr nicht nur isolierte Produkte angeboten werden können, sondern auch einheitliche, aufeinander abgestimmte Systemlösungen.

1.2. Einigungshemmende Momente

So vorteilhaft der Verbund sich darstellt, schon an diesem betriebswirtschaftlichen Beispiel läßt sich veranschaulichen, warum solche Versuche, größere Einheiten zu schaffen, häufig mißlungen sind und häufig mißlingen. Die Wirtschaftlichkeit eines Unternehmens wächst keineswegs proportional zu dessen Größe. Denn mit der Größe eines Unternehmens wird es zunehmend schwierig, das Unternehmen überschaubar zu halten. Das quantitative Wachstum führt dazu, daß die innerbetrieblichen Informationswege länger werden, daß die Komplexität zunimmt und daß deswegen die Reibungsverluste durch den intern erforderlichen Steuerungsaufwand exponentiell ansteigen (*Gutenberg, E.* 1975, 424). Der erhöhte Steuerungsaufwand ist Ausdruck dafür, daß die einzelnen Untereinheiten des Gesamtunternehmens nicht mehr in der Lage sind, die Ressourcen und Problemlösungsstrategien, die möglicherweise im Unternehmen vorhanden sind, zu kennen und zu nutzen. In dem auf alle großen Wirtschaftsunternehmen anwendbaren Bonmot "Wenn Siemens wüßte, was Siemens weiß" wird dieses Dilemma anschaulich. Die schließlichen Reibungsverluste können so groß werden, daß sie höhere Kosten verursachen, als die Gewinne aus den Größen- und Verbundeffekten ausmachen (a.a.O.; *Busse von Colbe, W.* 1964, 125). Dieses Ansteigen der Dispositionskosten bei zunehmender Systemgröße gilt natürlich nicht nur für Wirtschaftsunternehmen, es gilt genauso für politische Einheiten. Die Ineffektivität des Systems, die sich ab einer bestimmten Größenordnung einstellt, kann bereits der systemtheoretische Grund dafür sein, daß auch ein politisches System bestimmter Größenordnung nicht überlebt. Die Länge der Informations- und Transportwege und die mit der Länge wachsende Störanfälligkeit dieser Wege können die konkreten Auslöser individueller Unzufriedenheit, politischer Unruhen und Sezessionsbewegungen sein.

1.3. Das Problem der richtigen Größe

Systemtheoretisch stellt sich demnach nicht die isolierte Frage nach der Größe eines Zusammenschlusses, vielmehr die Frage nach der richtigen Größe. Die Frage nach der richtigen Größe läßt sich aber auch nicht isoliert beantworten. Die richtige Größe hängt von verschiedenen wechselnden Rahmendaten ab, insbesondere von der Informationsstruktur und vom Verkehrsnetz wie aber auch von der Zielsetzung. Wenn es um ein friedliches Miteinander der Menschheit geht, wäre sicher ein möglichst umfassender Zusammenschluß aller Menschen erstrebenswert (vgl. *Weizsäcker, C.Fr. v.* 1963, 49). Andererseits gilt systemtheoretisch generell, daß zur Funktionsfähigkeit des Gesamtsystems eine stete Verbesserung der Kommunikationswege anzustreben ist, daß aber wegen der Verkürzung der Informationswege ein strukturiertes Netz von weitgehend autonomen Subsystemen dem Großsystem mit zentralistisch orientierten Verknüpfungen überlegen ist (*Vester, Fr.* 1978, 88). Hier liegt das systemtheoretische Argument für einen politischen Föderalismus.

2. Anthropologische Aspekte

Die anthropologische Betrachtungsweise, wie ich sie verstehe, ist eine systemtheoretisch angelegte Betrachtungsweise. Sie erweitert die systemtheoretische Betrachtungsweise aber insofern, als sie in ihre Überlegungen die konkreten individuellen und umweltspezifischen Variablen - und zwar die historischen wie die aktuellen - einzubeziehen versucht.

2.1. Einigungsfördernde Momente

Hinsichtlich der historisch beobachtbaren Tendenz zur Bildung größerer Einheiten gilt anthropologisch dieselbe Regel, die bereits unter systemtheoretischem Aspekt benannt

worden ist: Es ist ein auf allen Ebenen der Kosmogonie, der Natur- und der Menschheitsgeschichte beobachtbarer Grundsatz, höhere qualitative Niveaus - außer durch die unablässige Verbesserung des Details - durch die Kombination bereits vorhandener Einheiten zu erreichen. Durch dieses integrative Konstruktionsprinzip ist auch der biologische Weg des Menschen vom einzelligen Lebewesen bis zum hochdifferenzierten, freiheitsfähigen Individuum gekennzeichnet. Auch die kulturelle Evolution bedient sich dieses Konstruktionsprinzips (vgl. die Entwicklung des elektronischen Rechners, des Stahlbetons usw.: *Liedtke, M.* 1992).
Aus anthropologischen Gründen war es dann schon ein "ökonomischer" Vorteil (vgl. *Wickler, W.* 1977, 57), daß der Mensch dieses Prinzip nutzte, um durch den Zusammenschluß von Kleingruppen, in denen wegen der individuellen Bindung eine friedliche Konfliktlösung vorherrscht, den weniger "kostenintensiven" und selbstverständlich auch humaneren Grundsatz friedlicher Lösungsstrategien auch auf größere Bevölkerungsgruppen, zwischen denen geschichtlich eher gewaltsame Konfliktlösungsstrategien dominierten, zu übertragen.
Aber in anthropologischer Sicht gibt es auch gar keinen Zweifel, daß dieses Konstruktionsprinzip des Zusammenschlusses sehr vorteilhaft zur Vergrößerung des eigenen Machtbereichs zu nutzen ist. Wegen der elementaren biologischen Funktion des Prinzips Eigennutz, das ja in durchaus positiver Weise auch Grundlage marktwirtschaftlichen Denkens ist, entspricht es anthropologischen Erwartungen, daß die Zahl der geschichtlichen Beispiele, in denen es bei den Zusammenschlüssen um schlichte machtpolitische Interessen, um die Vergrößerung des eigenen Territoriums und um die Sicherung und Verbesserung der eigenen Ressourcen ging, viel größer ist als die Zahl der Beispiele, denen humanere Ziele zugrunde lagen (vgl. *Weizsäcker, C.Fr.v.* 1963, 48).

2.2. Einigungshemmende Momente

Woran können aus anthropologischer Sicht Einigungsprozesse scheitern?
Es ist geschichtlich nicht zweifelhaft, daß, wie *I. Kant* sagt, "die Erreichung einer allgemein das Recht verwaltenden bürgerlichen Gesellschaft das größte Problem für die Menschengattung" ist und zugleich dasjenige, "welches von der Menschengattung am spätesten aufgelöst wird" (1784, 33f.).

Aber woran liegt das?
Es hängt damit zusammen, daß evolutionsstabile Programme stets auf gegenläufigen, sich gegenseitig regulierenden polaren Prozessen beruhen. Die evolutionäre Verbesserung eines Systems verläuft antagonistisch über miteinander konkurrierende Positionen und Entwicklungstendenzen. Es geht gleichzeitig um Differenzierung und Integration, um Eigennutz und Sozialbindung, um Tradition und Wandel, um Konkurrenz und Solidarität, um regionale und internationale Einbindungen (vgl. *Wickler, W.* 1977, 59).

2.2.1. Konkurrierende Individual- und Gruppeninteressen

Weder durch den demokratisch legitimierten, erst recht nicht durch einen aufoktroyierten Vereinigungsprozeß werden Individual- und Gruppeninteressen außer Kraft gesetzt (*Weizsäcker, C.Fr.v.* 1963, 48). Diese Interessen wirken weiter und überprüfen unablässig den Ertrag des Einigungsprozesses. Sobald der Einigungsertrag nach den Maßstäben der Individual- und Gruppeninteressen dürftig wird, besteht die Gefahr, daß diese Interessen deutlicher in Erscheinung treten und den Einigungsprozeß stören, unterlaufen oder rückgängig machen.

2.2.2. Unterschiedliche Zeithorizonte von Individuum und Gesamtsystem

Die Stimmigkeit zwischen Individuum und Gesamtsystem kann auch deswegen leiden, weil die Zeithorizonte beider sehr verschieden sind. Das Individuum bzw. der jeweils untergeordnete kleinere Systemteil wird in seiner Kosten-/Nutzenrechnung stärker am Horizont seiner eigenen Lebenserwartung orientiert sein. Das Gesamtsystem muß aber unter Zurückstellung relativ kurzfristig variierender Interessen einzelner Individuen oder Gruppen stärker den längerfristigen durchschnittlichen Nutzen des gesamten Systems beachten. Bei zu starken Diskrepanzen zwischen den verschiedenen Zeithorizonten werden sich mutmaßlich auch hier Auflösungstendenzen bemerkbar machen.

2.2.3. Kleingruppenwesen Mensch

Der Mensch ist seiner biologischen Herkunft nach ein Kleingruppenwesen, dessen Verhaltensrepertoire auf ein Leben in Gruppen von 10 bis 20 Individuen bezogen ist und sich in solchen Gruppengrößen am günstigsten entfaltet (vgl. *Koenig, O.* 1975, 51). Zu den Kennzeichen solcher Kleingruppen zählen u.a. die individuelle Bekanntschaft unter den Mitgliedern und - als Niederschlag der besonderen Bindung innerhalb der Gruppe - die Distanz und Abgrenzung gegenüber Gruppenfremden (a.a. O. 51-56). Dies bedeutet nicht, daß der Mensch unfähig wäre, neue Gruppen neben seiner Herkunftsgruppe zu bilden. Es gehört wiederum zur antagonistischen Strategie der Evolution, daß z.B. über die in den Generationskonflikten auch im Humanbereich noch unmittelbar erkennbaren "familialen" Ablösungsprozesse die Bildung neuer Gruppen strukturell angelegt ist. Ebenfalls bedeutet die Abgrenzung gegenüber Gruppenfremden nicht, daß nicht ein friedlicher oder doch wenigstens tolerierender Kontakt zu fremden Gruppen möglich wäre. Aber aus der Orientierung an der überschaubaren Kleingruppe folgt tendenziell schon, daß es dem Menschen erwartungsweise schwer fallen wird, sein auf Kleingruppen angelegtes soziales Verhalten ohne Abstriche auf die anonyme Großgruppe zu übertragen und Friedrich Schillers Imperativ, Millionen zu umschlingen - sicher liebevoll -, tatsächlich auszuführen. Auch hier liegt ein Störelement für den Aufbau und insbesondere für die Erhaltung größerer Gesellschaftsverbände, allerdings ein Element, ohne dessen elementare Bindungsfunktion überhaupt keine dauerhafte Bindung unter Menschen möglich wäre.

2.2.4. *Heimatbezogenheit*

Der Mensch ist seiner Natur nach kein Weltbürger. Er ist jeweils Bewohner eines begrenzten Territoriums, an das er in besonderer Weise gebunden ist. Man kann diese Territorien besonderer Bindungen "Heimat" nennen. Was Heimat ist, ist sicher Ergebnis von Lernprozessen, zunächst wohl von frühkindlichen prägungsähnlichen Lernprozessen. Wahrscheinlich überträgt das Kind die Erfahrung von Umsorgung und Sicherheit - vermittelt in der familialen Kleingruppe - auch auf die Sachumwelt. Zudem ist diese Sachumwelt aber der Ort erster, stark emotionsbezogener Erkundungen und Erlebnisse. Zur adäquaten Entwicklung des jungen Menschen ist sowohl die Bindung an eine familiale Kleingruppe wie an ein "heimisches" Territorium, in dem er sich wohlfühlt, erforderlich.

So stark diese erste Bindung ist, sie bedeutet aber keine permanente Fixierung. Man kann sich auch neue "Heimaten" aufbauen. Vermutlich ist die heimatliche Bindung an ein bestimmtes Gebiet überwiegend ein Produkt aus Aufenthaltsdauer, Detailkenntnis und positiver Befindlichkeit (vgl. *Liedtke, M.* 1987, 19ff.). Daraus erklärt sich, daß es durchaus möglich ist, auch in anderen Gebieten als der "Geburtsheimat" heimisch zu werden. Die Heimatgrenzen verändern sich überdies mit dem Grad der Mobilität des einzelnen Individuums.

Trotz der Variabilität der Lage und der Größe des als heimatlich akzeptierten Gebietes gilt jedoch, daß sich der Mensch, wo immer er sich aufhält, auf der Basis der genannten Faktoren eine "Heimat" aufzubauen versucht, daß diese Heimat für ihn eine zentrale Lebensfunktion hat und vor anderen Gebieten präferiert wird. Auch diese Heimatbezogenheit erschwert es dem Menschen, eine Identifikation mit größeren, den heimatlichen Erfahrungskreis weit übersteigenden Staatsgebieten zu finden. Dies bedeutet wiederum nicht, daß der Aufbau größerer staatlicher Einheiten scheitern müsse. Es bedeutet aber, daß diese Heimatbezogenheit des Menschen bei dem Aufbau größerer Systeme berücksichtigt werden muß. Hier liegt das anthropologische Argument für ein föderalistisches bzw. bundesstaatliches System mit weitgehender regionaler Autonomie.

2.2.5. *Differenzierungsdruck*

Wiederum knüpfe ich an *Kant* an. In seiner Schrift "Zum ewigen Frieden" (1795) stellt er fest, daß es zwar das Verlangen jedes Staates sei, sich durch eine möglichst weltbeherrschende Stellung einen dauernden Friedenszustand zu verschaffen (1795, 49). Dann sagt er: "Aber die Natur will es anders.- Sie bedient sich zweier Mittel, um die Völker von der Vermischung abzuhalten und sie abzusondern, der Verschiedenheit der Sprachen und der Religionen"(a.a.O.).

Anthropologisch ist es erneut die antagonistische Struktur der Evolutionsprozesse, die hier in Erscheinung tritt. Durch Integrationsprozesse werden die Differenzierungsprozesse nicht aufgehoben. Der Wettbewerbsdruck zwischen den Gruppen und innerhalb der Gruppen drängt beständig auch in Richtung auf Differenzierungen, durch die einmal die Besonderheiten der konkreten Umwelten besser genutzt und zugleich ein Pluralismus an Problemlösungsstrategien, die für das Gesamtsystem bei unerwarteten Entwicklungen vorteilhaft sind, gesichert werden soll. Der Differenzierungsvorgang wird durch Lernprozesse begünstigt, weil gerade die Lernfähigkeit eine Verhaltensform ist, die eine schnelle Einstellung auf spezifische Umweltbedingungen erlaubt und auch unterschiedliche Lösungen für identische Probleme (z.B. Brückenschlag, Verständigungsprobleme, Interpretation existentieller Fragen) verschafft. Durch Lernprozesse werden Differenzierungsvorgänge auch insofern begünstigt, als jeder Lernprozeß immer nur zu vorläufigen Ergebnissen führt und damit die Varianz innerhalb einer Population verstärkt. Kulturelle Varianzen, d.h. verschiedene Sprachen, unterschiedliche Sitten und Bräuche, unterschiedliche Auffassungen von Bildender Kunst und Musik, unterschiedliche Weltanschauungen usw., entwickeln sich wesentlich schneller als biologische Varianzen. Diese kulturellen Varianzen, die im Grad ihrer Ausprägung ja ein Spezifikum des Menschen sind, waren in der Geschichte viel häufiger Anlaß zu Sezessionen und zu kriegerischen Auseinandersetzungen als mögliche biologische Varianzen.
Auch dieser Differenzierungsdruck schließt Einigungsprozesse nicht aus, ist aber ein ständiger Widerpart, der stören kann, der jedoch wegen seiner für das Gesamtsystem gleichwohl positiven Funktion nicht aufgehoben werden darf, wenn der Einigungsprozeß Bestand haben soll.

2.2.6. Verminderter Konkurrenzdruck

Einigungsprozesse sollen dazu beitragen, das Zusammenleben der Menschen zu humanisieren und insoweit auch den interindividuellen Konkurrenzdruck zu mindern. Die Ablösung bracchialer Auseinandersetzungen durch rechtliche Mittel ist eine Humanisierung des Lebens und zugleich eine "ökonomisch" günstige Lösung für das Gesamtsystem. Da aber auch der Wettbewerb zu den elementaren Konstruktionsprinzipien der Evolution zählt, darf er nicht in unzulässiger Weise eingeschränkt werden. Der Aufbau und die Erhaltung einer staatlichen oder überstaatlichen Einheit kann auch daran scheitern, daß - wie am Beispiel von Großbetrieben ablesbar ist (vgl. *Williamson, O.* 1985, 112) - unter dem Schutz des Gesamtsystems der Wettbewerbsdruck über das funktional erforderliche Maß hinaus eingeschränkt wird und von den einzelnen Individuen oder Gruppen nicht mehr die Leistungen erbracht werden, die erforderlich sind, um das Gesamtsystem lebensfähig zu halten. Wenn dies sicher auch nicht der einzige Grund für den jüngsten Zusammenbruch der östlichen Staaten war, sicher hat er eine nicht unbedeutende Rolle gespielt. Der Zusammenbruch der dortigen Wirtschaft war unmittelbares Ergebnis der unzulässigen Reduzierung des Wettbewerbs.

2.2.7. Wertewandel durch die Generationenabfolge

Es ist geschichtlich unverkennbar, daß bestimmte individuelle und gesellschaftspolitische Wertvorstellungen einem Wandel unterliegen. Wenigstens ist ein beständiges Changieren bestimmter Werte festzustellen. Dies hängt wohl mit der Generationenabfolge und mit den sogenannten Generationskonflikten zusammen. Generationskonflikte haben wahrscheinlich die Funktion, als ein Widerpart der Traditionsbildung zu fungieren und das erforderliche Maß an Flexibilität in der Tradition zu sichern (vgl. *Liedtke, M.* 1992, 37f.). Kulturtradition ist nur dann von Vorteil, wenn in ihr Konstanz und Wandel, d.h. konservierende und innovierende Momente miteinander verknüpft sind. Der Generationskonflikt erscheint systemtheoretisch und evolutiv als eine formale Voraussetzung von Kulturtradition (a.a.O.). Unabhängig von den konkreten Inhalten wird durch den Generationskonflikt zu einem bestimmten Zeitpunkt der individuellen Entwicklung zwischen den Generationen ein Konflikt induziert, der - in der Regel - die ältere Generation fast blind auf Tradition, die jüngere Generation noch blinder auf Innovation pochen läßt. An welchen konkreten Fragen sich ein Generationskonflikt entzündet, ist nicht prognostizierbar. Es können aber auch Fragen sein, die, wie etwa die europäische Einigung, für die ältere Generation nicht nur selbstverständliche, sondern geradezu ersehnte Ziele waren. Es gehört zu den Effekten von Generationskonflikten, daß auch hehre Ziele gleichgültig werden und große Entwicklungstrends einen veränderten Verlauf nehmen können. Es können Einigungsprozesse daran zerbrechen, es können Staaten daran zerbrechen. Die Frage nach dem Mißlingen von Einigungsprozessen impliziert die Frage nach der Diskontinuität von geschichtlichen Verläufen. Die beobachtbare Diskontinuität kann ihren Grund auch in den Generationskonflikten haben. Ebenso könnten natürlich auch Einigungsprozesse Ausfluß von Auseinandersetzungen zwischen den Generationen sein. Auch an möglichen Generationskonflikten muß Europa, müssen Einigungen nicht scheitern. Zwar sind auch basale Trends veränderbar, aber eben sehr schwer. Der Trumpf der Tradition ist die große Zahl, die Zahl an Informationen, an Vernetzungen, an Sachzwängen, und natürlich auch das Maß erfahrbarer Weisheit. Dieser Trumpf ist, obgleich der Erfolg nicht garantiert ist, nicht leicht auszustechen.

3. Pädagogische Konsequenzen

Aus den systemtheoretischen und anthropologischen Aspekten sind Tendenzen und Entwicklungsalternativen abzulesen, keine Mechanismen. Frieden und Einheit sind - um mich nochmals an einem *Kant*ischen Topos zu orientieren - kein Naturzustand, sie müssen vielmehr gestiftet werden (vgl. *Kant, I.* 1795, 23). Und sind sie gestiftet, so sind sie aus den angeführten Gründen stets umstritten und gefährdet.
Die europäische Einheit kann als Ziel gefährdet sein, sie kann ebenso gefährdet sein, weil die Voraussetzungen, unter denen Einheit möglich wird und sich erhalten kann,

fehlen oder verlorengehen. In beiden Fällen ist auch der Pädagoge, sind auch die Lehrer und die Schule angesprochen.

3.1. Sicherung des Zieles

Die europäische Einheit ist kein Ziel, das zu beliebiger Disposition stünde. Sie ist ein Ziel, das aus der Erfahrung bitterster Kriege erwachsen ist und zu dem es, wenn wir von einer - gegenwärtig aber wohl noch utopischen - weltweiten Vereinigung der Nationen absehen, keine Alternative gibt. Wie nach einer Jahrtausende dauernden blutigen Konfrontation und angesichts atomarer Hochrüstung der Frieden - aus Gründen der Humanität und des bloßen Überlebens der Menschheit - notwendig ist, ist es auch die Einheit (vgl. *Weizsäcker, C.Fr.v.* 1963, 42, 47).
Es ist erforderlich, die Erinnerung an die Gründe, die Anlaß dieser Einigung waren, wachzuhalten. Das ist keine einfache Aufgabe, weil im Schutze erreichter Geborgenheit das Bewußtsein vergangener Gefährdung schwindet. Das Ende des "Kalten Krieges", das die beständigen offenen oder latenten Ängste vor einem großen atomaren Krieg zwischen den Großmächten geradezu wegwischte, oder der Fall der Mauer im Herbst 1989 sind für uns alle vermutlich noch leicht nachvollziehbare Beispiele eines solchen Prozesses. Die nachgeborene Generation kann von vergangenen Gefährdungen nichts wissen. Sie hat die Not des Krieges nicht erfahren, nicht die Ängste um das Leben der nächsten Angehörigen, nicht Unterdrückung und Bespitzelung. Da liegt es nahe, daß es an Verständnis fehlt, wenn Kosten - finanzielle, aber auch politische - getragen werden müssen, die mit dem neuen System verbunden sind, d.h. wenn man nicht mehr nachvollziehen kann, wovon man sich durch diese Kosten eigentlich freigekauft hat.
Es wird eine dauerhafte Aufgabe der Schule sein, so gut als nur möglich den Rang und den konkreten Anlaß des Zieles, nämlich der europäischen Einigung bzw. der Sicherung einer umfassenden und friedlichen Konfliktlösungen verpflichteten Völkergemeinschaft, bewußt zu halten.

3.2. Sicherung der strukturellen Voraussetzungen

Natürlich genügt es nicht, sich ein gestecktes Ziel vor Augen zu halten. Es müssen auch die Bedingungen gesichert sein, unter denen ein Ziel zu erreichen ist bzw. unter denen es erhalten werden kann (vgl. *Weizsäcker, C.Fr.v.* 1963, 46f.). Die Rahmenbedingungen zu setzen, wie sie etwa aus systemtheoretischer und anthropologischer Sicht genannt werden können, kann nicht Sache der Schule sein. Hier ist primär die Politik gefragt. Allerdings ist es Sache der Schule, auch über diese strukturellen Voraussetzungen zu sprechen und auf den notwendig gegenläufigen, widersprüchlich erscheinenden Charakter dieser Voraussetzungen aufmerksam zu machen.

In doppelter Weise hängt die Sicherung der strukturellen Voraussetzungen aber unmittelbar mit der Schule zusammen.
Zunächst im Bereich der fremdsprachlichen Fertigkeiten. Ohne eine Verbesserung der fremdsprachlichen Fertigkeiten darf man kaum erwarten, daß ein äußerer politischer Zusammenschluß auch von einem inneren Zusammenwachsen begleitet sein wird. Ein Verständnis zwischen verschiedenen Völkern und Staaten hängt davon ab, wie man sich verständigen kann. Um die Sprachbarrieren abzubauen, muß in allen Schulen wenigstens eine europäische Fremdsprache angeboten werden. Ich plädiere nicht für einen exzessiven Ausbau der Sprachstudien. Eine Drei- und Viersprachigkeit, wie man sie gerade in den kleineren Staaten findet und aus der wohl auch die häufig zu beobachtende international vermittelnde Funktion dieser Staaten zu erklären ist, bewundere ich. Es wäre sehr zu wünschen, diese Staaten wie die Schweiz, Ungarn, Belgien, Luxemburg, Dänemark, die Niederlande usw. würden diese Rolle auch künftig beibehalten. Andererseits würde ich es wegen des doch mit dem Sprachstudium verbundenen hohen Zeitaufwandes nicht für angemessen halten, die Forderung nach einer Drei- oder gar Viersprachigkeit zu einer allgemeinen bildungspolitischen Maxime in Europa - und sei es auch nur für die Gymnasien - machen zu wollen. Wichtiger und realistischer erscheint es mir, eine wesentlich breitere Zweisprachigkeit innerhalb Europas anzustreben.
Aber auch alle anderen Fächer sind von dem europäischen Einigungsprozeß betroffen. Durch die Aufhebung der Grenzen zwischen den Mitgliedsstaaten erweitert sich für jeden einzelnen Bürger der Raum seiner politischen, geographischen und kulturellen Zugehörigkeit. So elementar und unverzichtbar die emotionale und kognitive Einbindung in eine heimatliche Region bleibt, mit der europäischen Einigung müssen auch die politischen, die geographischen und kulturellen Horizonte wachsen. Geschichte, Geographie, Literaturunterricht, Musik- und Kunsterziehung können nicht mehr national-begrenzter Unterricht bleiben. Jeder Unterricht - gleich in welchem Fach - wird europäische Akzente erhalten müssen.

Literatur

Busse von Colbe, W. (1964): Die Planung der Betriebsgröße. Wiesbaden

Gutenberg, E. (1975): Grundlagen der Betriebswirtschaftslehre. Bd. I. Berlin, Heidelberg, New York. 21. Auflage

Haken, H. (1983): Synergetik. Berlin, Heidelberg

Hassenstein, B. (1965): Biologische Kybernetik. Heidelberg

Ihde, G.B. (1986): Wirtschaftlicher Strukturwandel und industrielle Betriebsgrößen. In: Bloech, J. (Hg.): Festgabe zum 60. Geburtstag von Wolfgang Lücke. Göttingen

Kant, I. (1784): Idee zu einer allgemeinen Geschichte in weltbürgerlicher Absicht. Berlinische Monatsschrift, S. 385-411. Zitiert nach: Kant, I: Ausgewählte kleine Schriften. Hamburg

Kant, I. (1795): Zum ewigen Frieden. Königsberg. Zitiert nach Ausgabe Stuttgart 1961

Koenig, O. (1975): Urmotiv Auge. München, Zürich
Liedtke, M. (1987): Der Mensch und seine Gefühle. Schriftenreihe des Vereins für Ökologie und Umweltforschung. H. 8. Wien
Liedtke, M. (1992): Sammeln.- Evolutionstheoretische Aspekte eines elementaren kulturellen und pädagogischen Phänomens. In: Adick, Chr. und Krebs, U. (Hg.) (1992): Erziehung, Unterricht, Schule in evolutionstheoretischer Sicht. Erlangen
Liedtke, M. (1992): Tradition und Wandel.- Grundlagen, Erscheinungsformen, Regulatoren. In: Hohenzollern, J.G.v., Krebs, U. und Liedtke, M.: Erziehung und Schule zwischen Tradition und Wandel. Bad Heilbrunn. S. 33-40
Lorenz, K. (1973): Die Naturwissenschaft vom menschlichen Geiste. In: Physikalische Blätter. 29. Jahrgang. H. 6, 243-251
Riedl, R. (1988): Biologie der Erkenntnis. Die stammesgeschichtlichen Grundlagen der Vernunft. München
Vester, Fr. (1978): Unsere Welt - ein vernetztes System. Stuttgart
Weizsäcker, C.Fr.v. (1963): Bedingungen des Friedens. Frankfurt a. M. (Ansprache anläßlich der Verleihung des Friedenspreises des deutschen Buchhandels)
Wickler, W. und Seibt, U. (1977): Das Prinzip Eigennutz. Hamburg
Williamson, O.E. (1985): The Economic Institutions of Capitalism. New York

II. Historische Entwicklung

Andreas Mehl

Erziehung zum Hellenen - Erziehung zum Weltbürger. Bemerkungen zur griechischen Schule im hellenistischen Osten[1]

I.

"Wenn ich Syrer bin, was ist daran erstaunlich? Als *ein* Vaterland bewohnen wir, mein Freund, die Welt; und *ein* Chaos gebar sämtliche Sterblichen"[2]. Mit diesem Distichon beschrieb in den ersten Jahrzehnten des 1. Jh.s. v.Chr. ein Dichter und Philosoph, der aus Gadara im Ostjordanland nahe dem See Genezareth stammende *Meleagros*, das Weltbürgertum[3] seiner Zeit und bezeichnete sich zugleich als Syrer und als einen ethnische und kulturelle Grenzen überschreitenden Kosmopoliten. Daß er dies in griechischer Sprache und in einer Gattung griechischer Dichtung, dem Epigramm, tat, ist symptomatisch für den antiken Kosmopolitismus: Als Theorie entwickelt wurde er von Griechen und soweit von Nicht-Griechen, so doch in Formen griechischer Literatur. Gelebt wurde er von Menschen, die mündlich und schriftlich die griechische Sprache beherrschten, gebrauchten und pflegten und deren sonstige kulturelle Äußerungen bis hin zum Eigennamen ebenfalls im wesentlichen griechisch waren. Dieses Weltbürgertum ist mit der enormen Ausweitung des griechischen Siedlungsraumes im Reich *Alexanders des Großen* und in den Diadochenreichen verknüpft. Damit ist es wesentlich ein Phänomen des Hellenismus im Osten. Im Hinblick auf das Thema ergeben sich aus den hier getroffenen Feststellungen mehrere Fragen: Wo und wie erlernten Nichtgriechen griechische Sprache und Grundlagen griechischer Kultur? Wie und wo pflegten Griechen in der Diaspora des Ostens ihre überkommene Sprache und Kultur? Wie wirkte sich die neue Umgebung auf die Inhalte griechischer Bildung aus? Antworten auf diese Fragen werden die griechische Schule, das Gymnasion, im Blickfeld haben müssen.

II.

Bevor versucht werden kann, den gegensätzlich erscheinenden Erziehungsresultaten 'Hellene' und 'Weltbürger' in der griechischen Schule des hellenistischen Ostens nachzuspüren, müssen zwei für die Rolle des Griechentums im Osten entscheidende Voraussetzungen wenigstens umrissen werden:

(1) Die Haltung von Griechen gegenüber Nicht-Griechen.

Die wirtschaftliche, politische und kulturelle Entwicklung der Griechen hatte schon seit dem 8. Jh. v.Chr. dazu geführt, daß man in örtlicher Nachbarschaft mit Nicht-Griechen, "Barbaren", ja mitten unter ihnen wohnte, in dieser Situation sich einerseits der gemeinsamen Eigenschaften der Griechen bewußt wurde, andererseits die Barbaren als davon verschieden begriff und schlimmstenfalls zu pauschalen Vorurteilen, bestenfalls zu differenzierten Ansichten über sie gelangte. Einige Facetten dieses Barbarenbildes der Griechen sind von grundsätzlicher Bedeutung; sie haben nacheinander, aber auch nebeneinander Geltung gehabt: In der ältesten literarischen Überlieferung der Griechen, der Ilias, sind beide Gegner einander gleich; die Trojaner werden nicht als Nicht-Griechen abgehoben. Sie haben allerdings Verbündete, die nicht Griechisch sprechen: Die Karer sind "barbarischsprachig": Die früheste Verwendung des Ausdrucks "Barbar" ist 'technischer' Art, eine Abwertung der damit Bezeichneten ist nicht erkennbar[4]. Hinter *Herodot*, rund 300 Jahre später als die Ilias, liegen die für die Entwicklung griechischer Kunst, Dichtung und Wissenschaft so wichtige "orientalisierende" Periode der Griechen und die überseeische griechische Kolonisation und als noch unmittelbar nachwirkendes Erlebnis die kriegerische Auseinandersetzung zwischen Persern und Griechen mit ihren Höhepunkten in den ersten etwa 20 Jahren des 5. Jh.s v.Chr[5]. Beides brachte den Griechen gegensätzliche Erfahrungen mit "Barbaren"; Resultat waren einander entgegengesetzte Haltungen und Wertungen:

- zum einen Interesse an und Anerkennung für die Vielfalt der Völker und ihre kulturellen Hervorbringungen. "Damit die großen und bewundernswerten Werke, die einerseits Griechen, andererseits Barbaren hervorgebracht haben, nicht in Vergessenheit geraten", leitete *Herodot* sein Geschichtswerk ein und beschrieb damit zugleich ein Ziel seiner Historien.
- zum anderen Ablehnung des Barbaren, der Griechenland mit Krieg überzogen hatte, in der Absicht, den Griechen ihre Freiheit zu nehmen. Hier verengte sich die Betrachtung auf *den* Barbaren: auf das Volk der Perser und seinen Herrscher, den Großkönig, einschließlich des Kollektivs der den Persern untertanen Völker. War *Herodot*s Darstellung der griechisch-persischen Auseinandersetzung von polemischer Schuldzuweisung an den Barbaren noch frei, so führten doch das persische Verlangen nach griechischer Unterwerfung und der Versuch, diese Unterwerfung militärisch zu erzwingen, zusammen mit der - aus griechischer Perspektive - inneren Unfreiheit im Perserreich dazu, in den Persern und ihrem Anhang die Verkörperung des Unfreiseins zu sehen und "Barbar" mit "unfrei" gleichzusetzen. Damit war eine schroffe Antithese zur äußeren und inneren Freiheit der Griechen und zu ihrem Freiheits-Bewußtsein aufgerichtet.

Die so motivierte Ablehnung bestimmte bis in die Zeit *Alexanders des Großen* hinein das Barbarenbild der Griechen[6]. Doch lief nebenher die kulturelle Anerkennung der Barbaren weiter: So betonten Griechen des 5. und 4. Jh.s, daß es Barbaren gewesen seien, die die griechische Schrift, die Mathematik, die Astronomie und anderes erfunden hatten, und daß die wichtigsten griechischen Weisen ihre Lehrjahre im Orient verbracht hätten[7]. Im Hellenismus sollte sich dann diese Haltung als Bewunderung für alles Barbarische schlechthin entfalten[8]. Darauf bauten der Ägypter *Manethon* und der Babylonier *Berossos*, als sie in der 1. Hälfte des 3. Jh.s v.Chr. für die Griechen in Ägypten bzw. Vorderasien eine ägyptische und eine babylonische Geschichte in griechischer Sprache verfaßten.

Der scheinbar unvereinbare Gegensatz von Freiheit der Griechen und Unfreiheit der Nicht-Griechen wurde jedoch aufgeweicht durch die Entdeckung einer anderen Antithese, der von Physis und Nómos, von Natur und Konvention bzw. Gesetz[9]. "Gott hat alle Menschen freigelassen, die Natur hat keinen zum Sklaven gemacht": Ein Barbar mußte also nicht unfrei sein oder bleiben; er konnte frei wie ein Grieche werden: persönlich und mit seiner Gemeinschaft. In der Praxis stand der Emanzipation der östlichen Barbaren seit dem *Alexander*zug freilich eine Einschränkung entgegen: Die Griechen der Zeit *Alexanders des Großen* und der Diadochen kamen im Gefolge von Siegern und Besetzern in den Orient. Zwischen ihnen sowie anderen bevorzugten Gruppen wie Thrakern im ptolemäischen Ägypten einerseits und Nicht-Griechen andererseits entstand so von vornherein ein soziales, wirtschaftliches und teilweise auch rechtlich fixiertes Gefälle. Dies mochte sich zwar ausgleichen - so konnten etwa Griechen und Ägypter auf gleichem Fuß Partner in einem landwirtschaftlichen oder gewerblichen Betrieb sein[10] - doch beklagte sich ein Einheimischer in der Zeit wohl *Ptolemaios III.* (246-21) über einen Widersacher bitterlich: "Er verachtet mich, weil ich Ägypter bin."[11]

Einen Brückenschlag zwischen Griechen und Nicht-Griechen ermöglichten andererseits von dem Publizisten *Isokrates* im frühen 4. Jh. geäußerte Gedanken: Seine Feststellung, daß sich Barbaren als fähig erwiesen haben, sich griechische Bildung und Kultur anzueignen, führt in Verbindung mit der Definition der Griechen wesentlich über ihre gemeinsame Kultur zu dem Schluß, daß sich Barbaren zu "Kulturgriechen" entwickeln können und daß ihre Siedlungsgebiete für solche Griechen, die sich in besonderem Maß der Kultur und Bildung widmen, attraktiver werden als das griechische Mutterland[12]. Allerdings war das aus dieser griechischen Sicht an Barbaren Positive nicht deren Eigenart, sondern deren Eignung und Bereitschaft, die eigene Art aufzugeben, um Grieche zu werden. Doch läßt gerade diese Erwartung, die Griechen gegenüber Nicht-Griechen gehegt haben, der Erziehung und Bildung besondere Bedeutung zukommen.

(2) Die Entwicklung der griechischen Schule bis zum Hellenismus

Die Griechen brachten in den Orient nicht nur Vorwissen von dortigen Völkern und ihren Kulturen mit, sondern sie nahmen in ihre neuen Siedlungsgebiete unter anderem auch die Bildungseinrichtung des Gymnasions mit; denn "sie verlangten nach griechischer Erziehung (Agogé) und Lebensweise (Díaita)"[13]. Aus privaten Anfängen, die um 500 v.Chr. greifbar sind, hatte sich die Schule im 4. Jh. zu einer nach Altersgruppen geordneten mehrstufigen Lehranstalt entfaltet und zugleich zu einer von den Bürgern einer Polis, ja von der Bürgerschaft, der Polis selbst,

bestimmten Einrichtung entwickelt[14]. So war in Athen die Ausbildung der jungen Männer, der Epheben, von dem Zeitpunkt an Sache der Polis, da bürgerlich-patriotische Erziehung und militärische Ausbildung und sogar militärischer Einsatz Bestandteil, ja Hauptgegenstand der Ephebie geworden waren. Eine solche Entwicklung bedeutete zwangsläufig, daß nur junge Bürger bzw. Bürgersöhne der betreffenden Stadt Teilnehmer der Ephebie und somit Schüler der abschließenden Schulstufe sein konnten. Dieser Einengung der Schülerschaft stand innerhalb des Bürgertums einer Stadt jedoch eine wesentliche Ausweitung entgegen: Stiftungen wohlhabender Bürger zugunsten von Schulen senkten die Unterrichtsgebühren und ermöglichten auch Kindern und Jugendlichen aus ärmeren Bürgerfamilien den Schulbesuch. Insoweit leistete die griechische Schule Erziehung und Bildung für die Allgemeinheit.
Die Situation im Orient *vor* dem Hellenismus war davon verschieden. Natürlich gab es auch hier Schulen: für die künftigen Priester und die künftigen Schreiber. Es darf nicht vergessen werden, daß die im weitesten Sinne literarische Allgemeinbildung der Griechen u.a. deswegen möglich war, weil diese über eine einfach zu handhabende Einzellautschrift verfügten. Schreiben und Lesen in den Bild-, Wort- und Silbenschriften des nahen Ostens war hingegen Kunst und Wissenschaft und blieb daher wenigen vorbehalten: Die orientalischen Schulen waren Ausbildungsstätten für Spezialisten[15]. Mit der griechischen allgemeinbildenden Schule für viele kam etwas grundsätzliches Neues in den Orient. Gymnasien wurden nicht nur in Hauptorten wie Alexandreia am westlichen Nilmündungsarm oder Antiocheia am Orontes gegründet, sondern an vielen Plätzen, in kleinen Städten, auch in Dörfern des platten Landes in Ägypten. So finden wir denn ein Gymnasion im fernen Alexandreia / Antiocheia am Oxos (heute Ai Khanoum)[16]. Die griechischen Schulen im Orient waren breit gestreut, und sie überdauerten den politischen Hellenismus[17].

III.

Im Hinblick auf die Antithese Hellenentum - Weltbürgertum, der sich, wie die Behandlung der beiden Voraussetzungen verdeutlicht, das Gegensatzpaar Griechen-Nicht-Griechen zugesellt, soll nun der Betrieb der griechischen Schule des hellenistischen Ostens betrachtet werden. Daraus werden sich Hinweise ergeben, wie sich Erziehung zum Hellenen und Erziehung zum Weltbürger zueinander verhalten und inwieweit Griechen und Nicht-Griechen daran partizipiert haben. Möglich sind diese Einblicke in die hellenistische Schule deswegen, weil Inschriften auf Stein, beschriftete Tonscherben, sog. Ostraka, Holztafeln und am allermeisten Papyri über schulische Vorgänge berichten, ja aus ihnen heraus entstanden sind. Daß besonders viele Informationen auf Papyri festgehalten sind, bedeutet, daß man über die schulischen Verhältnisse in Ägypten weitaus mehr erfährt, als in den anderen Ländern und Gegenden des hellenistischen Ostens[18].

(1) Moralische Erziehung

Unterricht im Schreiben und Lesen sowie in der Grammatik der griechischen Sprache mögen für frühzeitige Schulabgänger ein Unterrichtsziel dargestellt haben, in der griechischen Schulkonzeption waren sie jedoch wesentlich Vorstufe und Grundlage für weiteren Unterricht: für Beschäftigung mit schöngeistiger und philosophischer Literatur und für das Erlernen eigener aktiver, möglichst eleganter, vielleicht sogar virtuoser Beherrschung der Sprache, Ausdrucksweise und Gedankenführung, also für die Rhetorik[19]. In diesem Sprach-, Literatur- und Rhetorikunterricht wurde allerdings noch ein ganz anders geartetes Ziel verfolgt, das der moralischen Erziehung[20]. Sobald der ABC-Schütze zum Schreiben ganzer Wörter fähig war, wurden ihm moralisierende Sentenzen vorgesetzt, zumeist in rhythmisch gebundener Form und vielfach aus Dichtungen entnommen. Dies hatte schon *Platon* [21] als Schulpraxis beschrieben. Ein Spruch, einer von zwölfen, auf einem Ostrakon[22] der 2. Hälfte des 3. Jh.s v.Chr. mag als Beispiel für die hellenistische Schule dienen: "Feuer scheint ein Prüfstein für Gold und Silber zu sein, wie die Weisen sagen; Gold und Silber ist aber ein Prüfstein für den Menschen." Allgemeine moralische Aufforderungen in prägnanter Formulierung begleiteten den Griechen offensichtlich sein ganzes Leben lang. Hier sei auf die sogenannten "Sprüche der delphischen Weisen" verwiesen, die man nicht nur in Delphi, sondern auch andernorts, so im fernen Baktrien regelrecht vor Augen hatte. Denn ein Grieche namens *Klearchos*, vielleicht der *Aristoteles*schüler dieses Namens, schrieb die Sprüche in Delphi auf und brachte sie nach Alexandria / Antiochia am Oxos, um sie dort am Heroxon des griechischen Stadtgründers für jedermann und alle Generationen lesbar anzubringen. Wiederum ein Beispiel: "Im Kindesalter füge dich in die Ordnung, als junger Mensch beherrsche dich selbst, im mittleren Alter sei gerecht, als Greis ein guter Ratgeber und im Sterben ohne Gram!"
Man darf zweifeln, ob der Inhalt solcher Ermahnungen spezifisch griechisch war; doch die Griechen selbst hielten derartiges für einen notwendigen Bestandteil ihrer Menschenprägung und verzichteten in der Diaspora des Ostens in und außerhalb der Schule nicht auf diese Art moralischer Erziehung. Daß die vielen auf Papyrus erhaltenen Textabschnitte aus griechischer Dichtung und Prosa in der Schule unter anderem zu moralischer Belehrung und Deutung verwendet wurden, darf als sicher gelten[23]. Auch wurden von Schülern moralische Erörterungen aufgeschrieben, mögen sie nun vom Lehrer diktiert oder vom Schüler verfaßt worden sein. Sie konnten aus Sentenzen, längeren Textabschnitten oder kompletten Geschichten entwickelt, vielleicht auch als "freier Besinnungsaufsatz" ausgedacht sein. Auf einem Scherben, offensichtlich vom selben Gefäß wie die hier schon zitierte Sentenz über den "Prüfstein" und in derselben Handschrift geschrieben, ist ein solcher moralisierender Aufsatz[24]: "Zum ersten, daß ein Mensch in hoher Position, je höher er steht, desto mehr Sinn für die Mitmenschen haben und sich mehr um Verwandte und Freunde kümmern muß, auch wenn darunter ganz unbedeutende und geringe Leute sind, indem er dies als schön und erstrebenswert ansieht, wenn durch ihn Eltern und Geschwister sowie die übrigen Verwandten und Freunde Ansehen hinzugewinnen. Denn es kann unmöglich verborgen bleiben, von welchen Leuten er abstammt,

welches Leben er früher geführt hat und mit was für Leuten er Umgang pflegt, da es viele gibt, die dem nachspüren. Und zugleich pflegen die guten und die schlechten Eigenschaften (eines Menschen) zusammen mit seinem Glück irgendwie anzuwachsen, so daß sie allen offenkundig werden. Wenn er sie (die Eltern, Verwandten und Freunde) aber in Ehren hält, dann wird er sich berechtigterweise wohl den Ruf der Tugendhaftigkeit zulegen. Und so scheint mir das gegenteilige Verhalten auch engherzig zu sein, was nämlich einige tun, die, wenn es ihnen gut geht, ihre natürlichen Erzeuger verstecken und verleugnen, als ob diese nichts wert wären. Dabei muß er (der aufgestiegen ist) Führer (der anderen) zum Adel sein, - und dies ist irgendwie schöner, als einen schon vorhandenen von anderen zu übernehmen - wenn aber nicht, dann darf er das geschuldete Wohlwollen aus der natürlichen Abstammung heraus doch nicht vorenthalten."

Sehen wir von dem unbeholfenen Versuch des Verfassers zum Philosophieren ab, so bleibt die Situation des sozialen Aufstiegs interessant, die den Ausgangspunkt des Aufsatzes bildet; denn soziale Beweglichkeit war ein Charakteristikum der Gesellschaft im hellenistischen Osten: Ab- und Aufstieg innerhalb ihres griechischen bzw. nichtgriechischen Teils, aber auch Aufstieg vom ethnischen oder kulturellen Nicht-Griechen zum Griechen. Man wüßte gar zu gern, ob der Verfasser, der vom Aufgestiegenen Verwandtschafts- und Freundessinn fordert, selbst einer Aufsteigerfamilie angehörte und ob er vielleicht Ägypter war.

Eine wohl vom Lehrer diktierte moralische Geschichte in Versform, 141 n.Chr. vom Schüler mit allerlei Fehlern auf ein Ostrakon geschrieben, gilt dem weisen Skythen *Anacharsis*[25]: Ein Sohn, der im Wohlstand lebt, gibt seinem Vater nichts ab. Dieser schleppt ihn zu Anacharsis, der ein Urteil fällen soll. Mit Schreien der Empörung des Sohnes über das, was ihm seiner Erwartung nach zugemutet werden wird, endet der Text abrupt. Wesentlich ist hier die Rolle des *Anacharsis*: ein Barbar - gar ein Angehöriger des wilden, unzivilisierten Volkes der Skythen als Sittenrichter! Dahinter steht eine lange literarische Tradition, die *Anacharsis* gerade als Skythen, zum Weisen und Gerechten, zum Philosophen, machte und ihn sogar zu einem der Sieben Weisen werden ließ[26]. Wie auch die wohl im 3. Jh. v.Chr. auf seinen Namen fabrizierten Briefe, insbesondere der an die Athener[27], zeigen, wurde *Anacharsis* zum Sittenlehrer stilisiert, weil er nicht Erziehung und rhetorische Ausbildung nach griechischer Art genossen, sondern weil er seine unverdorbene Natur bewahrt hatte: Ähnlich wie in dem bereits erwähnten Gegensatz von Natur und Konvention / Gesetz wird hier die Vorstellung vom Natürlichen gegen das Künstliche oder künstlich Überformte ausgespielt. Freilich lernte durch die hier inhaltlich wiedergegebene moralische Geschichte und ihren literarhistorischen Hintergrund kein Schüler Nicht-Griechen von der Art kennen, wie sie ihm im hellenistischen Osten oder anderswo täglich begegneten; vielmehr liegt eine irreale Idealisierung vor, wie sie viele Jahrhunderte später den "edlen Wilden" kennzeichnen sollte.

(2) *Sprachliche Verständigung zwischen Griechen und Nicht-Griechen und das Erlernen der jeweils anderen Sprache*

Einerseits wurde Griechisch zur schriftlichen Verkehrssprache in den vielsprachigen hellenistischen Oststaaten, in Vorderasien wohl in größerem Umfang als zuvor Aramäisch[28]. Mischehen mochten zur Verbreitung des Griechischen als gesprochener Sprache beitragen. Andererseits lernten große Teile der ansässigen Bevölkerung, jedenfalls soweit diese auf dem Lande lebte, nicht Griechisch sprechen, schon gar nicht es lesen und schreiben. Hinwiederum war Griechisch überwiegend Amtssprache. Aus diesen Feststellungen ergeben sich Fragen: Wie kamen einsprachige Personen zurecht, besonders, wenn diese eine Sprache nicht Griechisch war? Von wem wurde eine zweite Sprache erlernt, wie und wo geschah dies?
Als 'Gelegenheitsübersetzer'[29] formulierten Nicht-Griechen bzw. Ägypter in privater Initiative für Hilfsbedürftige oder als selbst Betroffene Eingaben an die Verwaltung und an den ptolemäischen König in griechischer Sprache. Ein Beispiel ist jener Mann, der für ägyptische Ziegeleiarbeiter im 2. Viertel des 3. Jh.s v.Chr. eine Bittschrift verfaßte, dies in einem 'ägyptischen' Griechisch tat und damit seine Herkunft verriet[30]. Wo oder beim wem hat dieser Ägypter Griechisch gelernt?
Von Ägyptern als Dolmetschern, die beruflich zwischen zwei Sprachen vermittelten, hatte *Herodot* [31] in Ägypten erfahren und selbst deren Tätigkeit erlebt. Später, im ptolemäischen Ägypten, gab es immer wieder Funktionäre, insbesondere Dorfschulzen und Dorfschreiber, zu deren Tätigkeit unter anderem die der sprachlichen Verständnisvermittlung gehörte. Diese Männer erhielten ihre Posten vielleicht auch wegen ihrer Zweisprachigkeit. Ihre Eigennamen sowie die ihrer Väter sind ägyptisch; so war *Anosis*, Sohn des *Totorchois*, zweisprachiger Dorfschreiber in Philadelphia[32]. Ägypter wie *Anosis* beherrschten speziell das - wie wohl alle Verwaltungs-'Sprachen'- nicht ganz einfache Verwaltungs-Griechisch. Haben sie es in einer Schule, etwa in der griechischen Schule, dem Gymnasion, oder vielleicht doch eher in den Amtsstuben selbst erlernt? Wenn eine Notiz bei *Plutarch* [33] zutrifft, dann haben 30.000 (!) junge Perser auf Befehl *Alexanders des Großen* griechische Erziehung erhalten und dabei auch Griechisch als Schriftsprache erlernt. Das kann nicht anders als schulmäßig geschehen sein.
Machen die politischen und gesellschaftlichen Umstände im Hellenismus verständlich, daß Nicht-Griechen in beträchtlicher Zahl die griechische Sprache erlernt haben, so haben sich auf der anderen Seite nur einzelne Griechen sowohl vor als auch in der hellenistischen Zeit um Kenntnis und Beherrschung einer zweiten Sprache bemüht. Es handelte sich hierbei aus naheliegenden Gründen um das Persische[34]: *Themistokles* erlernte es nach seiner Flucht an den persischen Königshof um 470 v.Chr.[35]. Im Kreis um *Alexander den Großen* taten dies nur zwei Männer: *Laomedon* aus Mytilene, "zweisprachig hinsichtlich der barbarischen Schriftsprache"[36], als Aufseher über vornehme und königliche persische Gefangene und der für seine Persophilie bekannte *Peukestas* als Satrap der Persis[37]. Abgesehen von *Kleopatra VII.*, der letzten Ptolemäerkönigin, beherrschten die Könige makedonischer Abstammung im hellenistischen Osten keine andere Sprache als Griechisch. Dies gilt insbesondere für die Ptolemäer,

die immer wieder Dolmetscher brauchten, wenn sie in Kontakt mit ihren ägyptischen Untertanen traten[38]. Möglicherweise eine weitere Ausnahme war der zweite Seleukidenkönig *Antiochos I.* als Sohn eines Makedonen und einer Iranerin: Seit etwa 293 v.Chr. war er von seinem Vater zum Vizekönig über den Osten des Seleukosreiches und damit auch über den Iran eingesetzt; er mag Persisch gesprochen haben. Auf bürgerlichem Niveau ist nur *ein* Grieche bekannt, der Ägyptisch, und zwar in der demotischen Form, erlernt hat: Im 2. Jh. v.Chr. entwarf eine Frau in griechischer Sprache folgenden Brief wohl an ihren Sohn[39]: "Ich habe erfahren, daß du die ägyptischen Buchstaben (= demotische Schrift) erlernst, und freue mich für dich und mich, daß du nach deiner Ankunft in der Stadt bei dem Klistierarzt *Phalu...es* die Kinder (oder: jungen Sklaven) unterrichten und damit Versorgung bis ins hohe Alter hinein haben wirst". Hier hat ein junger Grieche das demotische Ägyptisch erlernt, um mit Zweisprachigkeit seinen Lebensunterhalt zu verdienen, wie die Briefschreiberin annimmt, für sein ganzes Leben. Dieser Grieche ist eine extreme Ausnahme. Hätte er Demotisch auf der griechischen Schule erlernen können, so wäre er'Normalfall' gewesen, den die Briefschreiberin nicht als besonderes Faktum hervorgehoben hätte. Aber eben das gab es nicht: Die Griechen neigten dazu, fremde Sprachen für 'unmöglich' zu halten. Das mag schon ihre lautmalerische Bezeichnung "B(a)rb(a)r" für Menschen nicht-griechischer Sprache zeigen. Immer wieder verglichen Griechen nichtgriechische Sprachen mit undefinierten tierischen Lauten[40]. Das Interesse der Griechen an fremden Ländern und Völkern und an deren kulturellen Besonderheiten erstreckte sich, abgesehen von der Erklärung einzelner Wörter und Namen, nicht auf deren Sprachen. Daher auch konnten *Manethon* und *Berossos*, beide hier bereits erwähnt, die vorhandene Wißbegier von Griechen über Ägypten und Babylonien nur befriedigen, indem sie ihre Werke in griechischer Sprache abfaßten, d.h. selbst zuvor Griechisch als Schriftsprache erlernten. Es verwundert nicht, daß die griechische Schule, sei es die der Klassik oder die des Hellenismus, Fremdsprachenkenntnis nicht vermittelte[41].

(3) Die Wahrnehmung einer für Griechen erweiterten und neuen Umwelt

Ähnlich wie die moralische Unterweisung war sachliche Belehrung bereits in den elementaren Lese-, Schreib- und Grammatikunterricht eingebettet und erfolgte geradezu zwangsläufig innerhalb des Studiums griechischer Literatur[42]. So enthält ein Schulheft des 3./4. Jh. n.Chr.[43] im Anschluß an Wortschreibübungen fünf grammatikalische Übungssätze gleichen Typs mit witzigboshaften Schlußfolgerungen[44]. Die zwei letzten Sätze erhalten ihren Sinn aus der ägyptischen Erfahrungswelt heraus; der eine lautet: "Als jemand einen Äthiopier Katharón essen sieht, sagt er: Sieh da, die Nacht erwürgt den Tag." Durch Erzählung mag ein Kind gewußt haben, daß Äthiopier schwarz sind bzw. als schwarz vorgestellt wurden; ansonsten hat es dies bei seiner Bemühung, die Schlußfolgerung zu verstehen, gelernt. Ebenso mußte der Schüler wissen oder erkennen, daß Katharós hier "Weißbrot" ist - diese spezielle Bedeutung hatte das Wort erst bekommen, als Griechen am Nil siedelten und ägyptisches Weizenbrot aßen[45].

Inschriftliche Listen von Siegern in Schulwettbewerben nennen Wettbewerbs-, d.h. Prüfungsfächer, die mit Unterrichtsgegenständen identisch gewesen sein müssen. Eine solche Inschrift von der westkleinasiatischen Stadt Teos[46] nennt neben literarisch-rhetorischen und musikalischen Disziplinen, die ungewöhnlich vielfältig gegliedert sind, "Vielwissen", also doch wohl Sachkunde. Daß gegenständliches Wissen systematisch gelehrt und erlernt wurde, zeigen auf Papyri und Ostraka geschriebene Listen mit Wörtern und Begriffen, die in geschlossenen Sachgruppen angeordnet sind, so eine späte Aufstellung ägyptischer Götter in griechischer Schreibweise[47]: Darunter sind einerseits auch außerhalb Ägyptens verehrte Gottheiten wie Isis und Sarapis, andererseits Anubis und Thot, deren Kult im wesentlichen auf Ägypten beschränkt geblieben war. Diese Götternamen galt es schreiben und deklinieren zu lernen, denn sie alle stehen im Genetiv auf dem Scherben - wobei die Kasusbildung von "Thot" mißlang. Das mit Götterlisten vermittelte Wissen dürfte die Neugier und Begeisterung der Griechen für fremde, besonders östliche Religionen widerspiegeln. Sprach- und Sachunterricht verbinden sich auch auf einer zweispaltigen Liste römischer Gottheiten aus dem 2./3. Jh. n.Chr.[48]: Die linke Kolumne bringt den griechischen Namen der römischen Gottheit, die rechte den lateinischen, aber in griechischer Umschrift. Der Schüler wollte oder sollte die originalen Namen römischer Götter aussprechen lernen. Hier spiegelt sich die politische Vereinnahmung der hellenistischen Oststaaten durch Rom wider. Doch muß festgehalten werden, daß abgesehen von einer Erweiterung und Neuausrichtung von Teilen des Sachwissens infolge der römischen Herrschaft sich im griechischen Schulwesen nichts verändert hat: Man lernte weiterhin nur die griechische Sprache - wie ja auch Schüler und Erwachsene im griechischen Kulturbereich weiterhin fast nur griechische Literatur lasen[49]. Hingegen hat die griechische Schule - die des westlichen Siedlungsgebietes der Griechen und des Ägäisraumes - seit dem 3. Jh. v.Chr. das römische Erziehungswesen zunehmend geprägt[50].

Listen, die ausschließlich der Vermittlung von Sachwissen gedient haben, gibt es auch, als wohl berühmteste die sogenannten "Laterculi Alexandrini" aus dem 2. Jh. v.Chr.[51]. Sie enthalten viele Sparten. Soweit Männer, geordnet nach Gesetzgebern, Künstlern, Baumeistern usw., aufgeführt sind, findet man nur Griechen, doch ist dieser Teil bruchstückhaft erhalten, ein Negativschluß also mit Unsicherheit behaftet. Bei den geographischen Gegebenheiten[52] lernte der Schüler "die größten Berge und Gebirge" von Indien bis zum Siedlungsgebiet der Kelten in Europa kennen, etwa Gebirge in Kleinasien und Syrien, und "die größten Flüsse" von der Rhone im Westen über die Donau und nördliche Schwarzmeerzuflüsse, Flüsse Kleinasiens und die Ströme Mesopotamiens bis zum Ganges im östlichen Indien. Es sind also der hellenistische Osten, der griechische Raum sowie bereits das Gebiet damaliger römischer Herrschaft berücksichtigt, und es werden sogar jenseits liegende Regionen einbezogen. Dem Schüler werden zusätzlich Lagebezeichnungen gegeben: z.B. "die Rhone in Iberien (was unkorrekt klingt, aber dies nicht unbedingt ist) bei Massalia", "der Olymp in Makedonien" oder "die ripäischen Berge im Gebiet der Kelten". Durch Listen wie den geographischen Teil der Laterculi Alexandrini erhielten Schüler im ptolemäischen Ägypten Wissen und Bewußtsein einer großen, sowohl über Ägypten als auch über das Siedlungsgebiet der Griechen weit hinausreichenden Welt, ein Wissen, daß auch Vorstellungen von der makedonisch-griechischen Welteroberung unter *Alexander dem Großen* zu korrigieren und zu relativieren geeignet war.

(4) Das neue, größere und andersartige 'Vaterland' des Griechen

Wenn man vor dem Hellenismus überhaupt vom Vaterland eines Griechen sprechen darf, so war dies die Polis, d.h. in erster Linie die Gemeinschaft der Bürger einer Stadt, in der der einzelne Grieche seine Heimat hatte[53]. Darauf bezog sich auch die hier schon erwähnte Ephebie, als sie zu einem bürgerlich-militärischen Erziehungsinstitut geformt wurde. Die Epheben-Schule fand fortan ihren Abschluß mit dem Eid der Epheben auf ihre Stadt und insbesondere darauf, die Einrichtungen der Stadt, mithin auch ihre 'Verfassung', erhalten zu helfen. So schworen in Milet die abgehenden Epheben, "sich an die vom Volk verabschiedeten Beschlüsse zu halten"[54]. In der Zeit der hellenistischen Monarchien lehnten sich viele freie Städte an einen König bzw. an eine Königsfamilie als Schutzherrn an oder wurden von einem solchen abhängig. Dies mußte auf das 'politische' Bewußtsein der Bürger der betreffenden Polis, auf ihren Patriotismus, verändernd einwirken, indem neue, weitere Kreise gezogen wurden: So wurden nach der soeben zitierten Inschrift aus Milet sowohl die volljährigen Bürger als auch bei Schulabschluß die Epheben verpflichtet, zusätzlich den Eid darauf abzulegen, daß sie "Freundschaft und Bündnis mit König *Ptolemäus (II.)* und seinen Nachkommen für immer bewahrten". Ob die beiden von den Epheben abzulegenden Eide zuvor Gegenstand des Unterrichts im Gymnasion gewesen sind, verrät die Inschrift, deren Thema die Beziehungen zwischen Milet und König *Ptolemaios II.* sind, nicht. Irgendeine Vorbereitung der Epheben auf die einzelnen Teile ihres Schulabschlusses, die im Inschrifttext immerhin angedeutet sind, darf jedoch angenommen werden. So mögen die Ptolemäer Gegenstand einer wie auch immer gearteten Sachinformation im Unterricht gewesen sein[55].
Auch bei jenen griechischen Städten und sonstigen Orten, die voll in einen monarchisch regierten Flächenstaat eingegliedert waren und nur über eine eingeschränkte Selbstverwaltung verfügten, blieb die Schule in der Verantwortung und im Gestaltungsbereich der Bürger[56]. Dies ließ ihr und den für sie Verantwortlichen, in erster Linie dem Gymnasiarchen, sogar besondere Bedeutung für die Stadt und ihre Bürger- und Einwohnerschaft zukommen. Der König griff nicht ein, war aber an der Existenz griechischer Schulen interessiert. Dies läßt sich im Ptolemäerreich daraus erschließen, daß Lehrer steuerlich entlastet wurden[57]. Die städtische Gestaltungsfreiheit im Schulwesen ermöglichte auch den 'unfreien' Städten, auf die Stadt bezogenen Patriotismus in der Schule zu pflegen. Dennoch hatten die Bewohner der hellenistischen Monarchien, gleich ob Griechen oder Einheimische, neben ihrer lokalen oder regionalen Verankerung ein weiteres 'Vaterland': Dieses war nicht durch Nationalität und auch nicht durch geographische Begrenzung, sondern durch die Zugehörigkeit eines jeden als Untertan zu einem Monarchen und dessen Familie, dem Herrscherhaus,

definiert. Von daher erklären sich die vor den Untertanen von den Herrschern teilweise extrem betriebene Selbstdarstellung und die für die hellenistischen Monarchen so typische, von den Königen gewünschte und von den Untertanen je nach Ethnos und Kultur unterschiedlich ausgestaltete Verehrung der Herrscher, die teilweise als regelrechter Herrscherkult praktiziert wurde.
Diese Veränderung, die König und Dynastie zum Zentrum eines 'Patriotismus' machte, spiegelt sich in Unterrichtsinhalten der griechischen Schule wider[58]: Ein Schulheft aus dem späten 3. Jh. v.Chr. mit Schreib-, Lese- und Grammatikübungen in zunehmender Schwierigkeit, mit moralisch belehrenden und sonstigen Passagen aus griechischer Dichtung, mit Rechenaufgaben und mit Listen zum Sachwissen endet mit zwei Epigrammen auf einen Brunnen und auf *Homer*. In beide ist Herrscherlob eingeflochten, in das erste vergleichsweise dezent: Der Künstler, der den Brunnen errichtet, stellt "Arsinoe als Gefährtin mitten unter die Nymphen für das ganze Jahr" [59]. Das zweite Epigramm führt zum Herrscherlob hin und gipfelt in einer Weise darin, daß *Homer* nicht mehr als Gegenstand dieses Gedichts, sondern nur noch als Aufhänger für das Lob zweier Ptolemäer erscheint: Das Schlußdistichon "Glückselig ihr Wohltäter der Sterblichen, die ihr den besten Herrn im Krieg und in den Musen gezeugt habt!", verherrlicht *Ptolemaios III.* und seine Gattin *Berenike II.*, die beide schon zu Lebzeiten als Theoí euergétai, also als "wohltätige Götter", offiziell verehrt wurden, zum einen in ihrer für die Untertanen so wichtigen Funktion als "Wohltäter" und zum anderen als Eltern des Königs *Ptolemaios IV.* Dieser selbst wird gepriesen als Herr des Krieges - für seinen Sieg über den Seleukiden *Antiochos III.* im 4. Syrischen Krieg 217 bei Raphia - und als musisch veranlagter Herrscher, vielleicht sogar als Herr der Musen: *Ptolemaios IV.* hatte eine Tragödie "Adonis" gedichtet und einen Tempel für *Homer* errichten lassen[60]. Mit letzterem ist die Brücke vom Thema "Homer" zum Gedichtschluß mit seinem Lobpreis des Königs geschlagen[61].

Das Herrscherlob in beiden Epigrammen trägt zwar griechisches Gewand; es dient oder hilft freilich ein 'Vaterland' zu errichten, für das nationale Kategorien nicht gelten. Der hier den Schülern nahegebrachte 'Patriotismus' ist eine Beziehung zwischen Personen: zwischen vielen schlichten Menschen auf der einen und wenigen hochstehenden, den Göttern angenäherten oder sogar in die göttliche Sphäre hinaufgehobenen Persönlichkeiten auf der anderen Seite. Als Inhalt des Schulunterrichts vereint derartiges Herrscherlob die Schüler in andachtsvoller Verehrung für das Vaterlandssymbol Herrscherfamilie und hebt insoweit zwischen den Schülern eventuell bestehende Unterschiede ethnischer und kultureller Herkunft auf.

(5) Nicht-Griechen in der griechischen Schule

Mehrfach wurde hier vorausgesetzt und angedeutet, daß nicht nur Griechen die griechische Schule besucht haben[62]. Soweit in den Quellen kein Schüler mit orientalischem Eigennamen auftaucht, ist dies kein negatives Indiz, da erstens aus Ägypten keine inschriftlichen Schülerlisten vorliegen, zweitens griechische Texte aus

Schülerhand im allgemeinen nicht signiert sind und drittens angesichts einer verbreiteten Praxis, daß sich Orientalen einen griechischen Zweitnamen zulegten oder geben ließen oder nur noch einen griechischen Namen gebrauchten, Schüler des Gymnasions möglicherweise nur unter griechischem Eigennamen auftraten. Es muß also nach anders gearteten Auskünften gesucht werden:

Von ägyptischen Dorfschulzen und Dorfschreibern, die schulmäßig griechische Schriftsprache für Verwaltungszwecke erlernt haben, war weiter oben die Rede. Offen muß bleiben, ob dies im Gymnasion oder in spezieller Ausbildung geschehen ist. Griechische Literaten nichtgriechischer Herkunft hingegen müssen angesichts der Bildung, die sie in ihren Werken an den Tag legten, die griechische Schule besucht haben. Dies wird schon für *Berossos* und *Manethon* gegolten haben; es traf zu unter anderem auf den einleitend zitierten *Meleagros* aus Gadara, auf mehrere Vertreter der stoischen Philosophie und z.B. auch auf den platonischen Philosophen *Kleitomachos*, Schüler des bekannten *Karneades* und seit 127 v.Chr. selbst Vorstand der Akademie in Athen. *Kleitomachos* stammte aus Karthago, mithin aus einer Stadt, die griechisch-makedonischer Herrschaft niemals unterstanden hatte, und hieß zunächst *Hasdrubal:* ein eindrucksvolles Beispiel für einen Bildungsgriechen und zugleich für den Wechsel des Eigennamens, der hier für die kulturelle Wandlung der Person steht. In Syrien war der Besuch der griechischen Schule durch einheimische Stadtbevölkerung allgemein; der aus der nordsyrischen Stadt Apameia stammende Stoiker *Poseidonios* lästerte, die Syrer gebrauchten - oder besser: mißbrauchten - das Gymnasion zum Faulenzen[63].

Können auf der einen Seite Nicht-Griechen als Schüler der griechischen Schule benannt werden, so ist auf der anderen Seite zu bedenken, daß das Gymnasion auch im hellenistischen Osten Sache der Bürger und der Bürgerschaft war. Bürger einer Stadt waren in deren Gründungsphase Griechen und Makedonen; Einheimische oder andere Orientalen wurden nur in geringstem Ausmaß hinzugenommen. Bürgerlicher Stadt-Patriotismus bewirkte auch später, daß das städtische Bürgerrecht restriktiv gehandhabt wurde. Diese Exklusivität erstreckte sich auch auf die griechische Schule, die Einrichtung bürgerlicher Selbstverwaltung und Selbstbestimmung im hellenistischen Osten schlechthin: Denn infolge der Wandlung des Griechenbegriffs zum Kulturgriechen hin wurde der Nachweis, das Gymnasion einer Stadt besucht zu haben, zumindest mancherorts die Eingangstür zum Bürgerstatus in dieser Stadt[64]. Das Bestreben, einer griechischen Bürgergemeinschaft anzugehören und sich den Zutritt zu ihr über das Gymnasion zu verschaffen sowie Widerstand gegen solche Versuche konnten sogar zu anhaltenden tätlichen Auseinandersetzungen führen wie im ägyptischen Alexandreia der frühen römischen Kaiserzeit zwischen Juden und Griechen, letztere als Kulturgriechen zu verstehen.

Der Begrenzung des Zugangs zum Gymnasion stand jedoch eine Ausweitung entgegen: Orientalische Städte mit einer Bürgerschaft aus Einheimischen konnten mit Erlaubnis des Königs - zumindest im Seleukidenreich - der Form nach zu Griechenstädten umgebildet werden. Sie legten sich zu einer Griechenpolis gehörende Einrichtungen zu; besonders wichtig dabei war das Gymnasion. Die phönizische

Stadt Tyros und das syrische Gadara müssen darüber verfügt haben[65], für kurze Zeit hatte Jerusalem eines: Der jüdische Oberpriester *Joshua*, der sich - und das war schon Programm! - in leichter lautlicher Veränderung in *Jason* umbenannt hatte, erkaufte 175/174 v.Chr. vom Seleukidenkönig *Antiochos IV.* das Recht, in Jerusalem eine Polis einzurichten bzw. aus Jerusalem eine Polis zu machen. Dazu richtete *Jason* auch Gymnasion und Ephebeion ein: Aus diesen Einrichtungen wären dann die Polisbürger ab der zweiten Generation hervorgegangen. Sie wurden durch ihre Schulbildung Kulturgriechen: *Jason* "habe die Angehörigen seines Stammes sogleich zu griechischer Art umgeformt", stellte der Makkabäerautor im Anschluß an die Einrichtung der griechischen Schule in Jerusalem mit Empörung fest[66]. Es gab also in orientalischen Orten, in denen man dies wollte, griechische Schulen speziell für Nicht-Griechen. Daß sie ihrem Programm nach echte Gymnasien und daß ihre Lehrer Griechen dem Ethnos oder der Kultur nach gewesen sind, ergibt sich aus der Zielrichtung dieser Gymnasien, Kulturgriechen hervorzubringen. In den Städten und stadtähnlichen Dörfern Ägyptens führte die Formung so vieler Menschen nichtgriechischer Herkunft zu Griechen dahin, daß die Volksbezeichnungen "Ägypter" und "Grieche" im späteren Hellenismus ihre Bedeutung grundlegend veränderten: "Ägypter" war nun der Ungebildete, "Grieche" der Gebildete, der das Gymnasion durchlaufen hatte[67]: Für letzteren war es selbstverständlich, den Sohn wiederum auf die griechische Schule zu schicken. So etwas wie ein Anrecht auf den Schulbesuch ergab sich aus der Tatsache, daß bereits der Vater das Gymnasion besucht hatte. Deswegen verwies beispielsweise ein seinen Sohn im Jahr 60 n.Chr. zu Ephebie anmeldender Vater mehrmals darauf, daß er selbst einer "vom Gymnasion" sei[68]: Dies war, so oder ähnlich, eine Formel geworden. Was über die Schüler gesagt worden ist, dürfte mutatis mutandis auch für die Lehrer gegolten haben. Der Bezug auf den Schulort war hier sogar lockerer: In der städtischen Ephebie Athens mußten nicht alle Lehrer Athener sein[69]. Das wesentlich moralische Erziehungsziel bewirkte, daß Auswahlkriterium für Lehrer in erster Linie deren sittliche Eignung war[70]. Ein Kulturgrieche, gleich welcher ethnischen Herkunft, konnte diese Bedingung erfüllen.

(6) Unterricht für Griechen und Nicht-Griechen

Die Herkunftswelt von Nicht-Griechen einschließlich ihrer Religion wurde in wenn auch begrenztem Umfang in den Unterrichtsstoff hineingenommen. Griechische Spracherziehung setzte in der untersten Schulstufe lediglich mündliche Sprachbeherrschung voraus, und auch diese auf einem niedrigen Niveau. Schreiben und Grammatik, letztere beginnend mit der Formenlehre, wurden, wie die vielen Buchstabier- und Schreibübungen auf Papyri und Ostraka beweisen[71], ausgiebig unterrichtet und von den Schülern geübt. Dies wurde nicht oder nicht so sehr mit Rücksicht auf Nicht-Griechen zum Unterrichtsstoff gemacht, sondern war auch für jeden Griechen von Geburt unentbehrlich und ist in Ägypten schon für den frühen Hellenismus belegt[72], also für eine Zeit, in der die griechische Schule dort so gut wie nur von ethnischen Griechen besucht wurde. Bereits über den Unterricht in der griechischen Schriftsprache lernte der Schüler griechische Dichtung und sonstige griechische Literatur kennen. Dies intensivierte sich in den höheren Stufen der Schule. So wurde der Nicht-Grieche allmählich in die Kultur der Griechen eingeführt.

Charakteristisch für die griechische Schule war, daß Leibesübungen in etwa gleiches Gewicht wie die geistige Unterweisung besaßen[73]. Als ausformulierte Theorie ist diese Zweigleisigkeit der Bildung seit etwa 400 v.Chr. greifbar; *Platon* und *Isokrates* forderten je eigene Disziplinen zur Übung der Seele und des Körpers[74]. Der Gymnasialunterricht folgte diesem Grundsatz[75]. Dies gilt auch für den hellenistischen Osten. So betonte ein gewisser *Hierokles* in einem Brief an seinen Auftrag- oder Arbeitgeber *Zenon*, daß ein von ihm zum Wettbewerbs-Sportler ausgebildeter Junge entgegen Befürchtungen *Zenon*s, der Knabe "werde von den Buchstaben abgehalten", "auch in den übrigen Wissensgebieten Fortschritte mache"[76]. Viel später, wohl im 2. Jh. n.Chr., schrieb ein Schüler folgende zwei Sätze auf, deren zweiter an anderer Stelle unter dem Namen des *Sokratikers Antisthenes* überliefert ist und die für Seele und Körper angemessene jeweils eigene Erziehung beschreibt: "Der Bauer zähmt die Erde, der Philosoph die (menschliche) Natur. Diejenigen, die gute Männer werden wollen, müssen den Körper durch Leibesübungen, die Seele jedoch durch geistiges Training stärken"[77].
Als jener Schüler das niederschrieb, war der Inhalt dieser Sätze für den Unterricht in der griechischen Schule allerdings nicht mehr selbstverständlich. Denn die zweiheitliche, der Harmonie von Körper und Seele dienende Bildung war für Orientalen ungewohnt. So hatten Ägypter laut *Diodor* kein Interesse an Leibesübungen und lehnten eine sportliche Ausbildung der Jugend ab, da sie für die körperliche Entwicklung Heranwachsender gefährlich sei[78]. Unter den Juden in Jerusalem zur Zeit der hellenistischen Reform des Hohepriesters *Joshua-Jason* gab es solche - und zwar nicht nur Jugendliche, sondern auch Erwachsene -, die sich mit Begeisterung der sportlichen Betätigung in der neuerrichteten Palästra hingaben, aber auch solche, die das für unschicklich und vor allem für gottlos hielten[79]. Letztere setzten sich schließlich durch. Die griechische Schule im hellenistischen Osten erlebte im späteren Hellenismus, d.h. in der römischen Kaiserzeit, bezüglich des Sportunterrichts eine Veränderung: Die Leibesübungen nahmen ab, wurden unwichtig; das frühere Ideal, die Ganzheit von Körper und Geist auszubilden, wurde damit aufgegeben[80]. *Eine* Ursache hierfür wird in anhaltender Distanz der orientalischen Kulturgriechen gegenüber selbstzweckhafter Körperertüchtigung gelegen haben, die die griechische Schule bei diesen Menschen nicht hat überwinden können[81].

IV.

Die griechische Schule im Osten führte die traditionelle moralisch-musische Erziehung der Griechen fort und war weiterhin auf Unterricht in *griechischer* Sprache und Literatur beschränkt. Gerade damit fand sie Anklang bei Nicht-Griechen; denn

aus dem griechischen Unterricht ergaben sich Qualifikation und Berechtigung der Schule, zum griechischen Bürgertum und zu griechischem Stadtbürgerrecht hinzuführen. Trotz Einschränkungen und Eifersüchteleien wurden junge Nicht-Griechen in zunehmender Zahl Schüler der Gymnasien griechischer Städte, und in nichtgriechischen Orten entstanden Schulen der griechischen Art für die dortige Bevölkerung. Eine späte Anwort der Schule auf die Zunahme nichtgriechischer Schüler war die Zurückdrängung der Leibesübungen im Unterrichtskanon, mit der sie Vorbehalten orientalischer Kulturen gegen den Sport entsprach. Mit der sich immerhin andeutenden Behandlung von Themen, die für die 'neuen' Schüler aufgrund ihrer Herkunft und sozialen Situation wichtig, ja aktuell waren, und mit der Wahrnehmung und Wissensvermittlung von Phänomenen und Realien aus einer größer gewordenen Welt kam der Unterricht den 'neuen' Schülern entgegen und erweiterte zugleich das Wissen der ethno-griechischen Schüler in nicht unerheblicher Weise. Die griechische Schule erzog nicht mehr nur zum Stadt-Patriotismus, sondern auch zur Verehrung des Herrscherhauses eines großen und multinationalen Flächenstaates: So bot sie ihren Schülern eine zweite, größere und bisherige Grenzen sprengende Heimat.
Indem die griechische Schule im Osten das einzige allgemein verbreitete Bildungssystem war und blieb und dort viele Nicht-Griechen zu *Kulturgriechen* machte, und indem sie im Westen aus hier nicht zu erörternden Gründen das römische Schulwesen entscheidend prägte, gab sie ihren Absolventen eine Bildung, die weltweit ähnlich war und daher auch weltweit anerkannt wurde. Der so Gebildete war seiner ethnischen und sonstigen Herkunft weitgehend enthoben, er stieß überall auf seinesgleichen, konnte sich überall in vertrauter Umgebung fühlen und fand überall sein Fortkommen: er war *Weltbürger*. Die Aufhebung von Schranken unter den Gebildeten und für Gebildete war freilich mit einer neuen Abgrenzung verbunden: der von "ungebildet" und "gebildet": *Nur der Absolvent der griechischen Schule, der "vom Gymnasion", konnte die Annehmlichkeiten des Weltbürgertums genießen*[82]. So beschrieb der einleitend zitierte *Meleagros* seinen Kosmopolitismus zu Recht als Folge seiner griechischen Erziehung, die er seiner Herkunft gemäß im hellenisierten Osten erhalten hatte[83]: "Die Insel Tyros zog mich auf. Als Vaterland hat mich hervorgebracht aber das neue Athen im assyrischen Gadara."

Anmerkungen

[1] Einige Vorbemerkungen erscheinen notwendig:
- Antike Quellen zum Rahmenthema "Schule zwischen Regionalität und Internationalität" gibt es erst seit dem 4./3. Jh. v.Chr. in hinreichender Anzahl und Beschaffenheit; daher mußte die klassische Periode der Griechen im Hauptteil des vorliegenden Beitrags (III.) ausgeklammert werden. Umso mehr bot sich der Hellenismus mit dem Ausgreifen der Griechen in bislang von ihnen noch nicht besiedelte Gebiete an. Der Raum, mit dem die antiken Griechen konfrontiert waren und in den hinein sie mit ihrer Siedlungs-

tätigkeit expandierten, waren die Küsten des Mittelmeers und in dessen Osten auch das Hinterland, letzteres das neue Siedlungsgebiet der Griechen im Hellenismus. Deswegen wird die Vorgabe "Europa" des Rahmenthemas im vorliegenden Beitrag durch den Nahen Osten ersetzt.

- Die griechische Schule war eingebettet in eine Welt, von der sich - trotz Humanismus und Klassizismus in ihren verschiedenen historischen Ausprägungen - die heutige stark unterscheidet. Die Quellen geben bisweilen nur indirekt Aufschlüsse zum Thema. Die - durchaus qualitätsvolle - Standardliteratur zur antiken bzw. griechischen Schule, aus neuerer Zeit insbesondere *Nilsson* (1955), *Marrou* (1957) und *Christes* (1975 und 1988), geht auf das hier behandelte Thema nur wenig ein. Dies alles hat an einigen Stellen des vorliegenden Beitrags zu ausführlicherer Darstellung geführt.
- Im vorliegenden Beitrag wird es nicht unternommen, Werke griechischer Dichter und Prosaautoren als Schullektüre hinsichtlich der Wahrnehmung der außergriechischen Welt systematisch zu erfassen und mit dem Lesestoff der erwachsenen Griechen zu vergleichen. Dies wäre zwar wichtig, doch stellen sich dem methodische Bedenken entgegen, insbesondere: Es ist durchaus nicht sicher, ob Papyrusfetzen mit fehlerhaft geschriebenen Textstücken aus Dichtern, Historikern und Philosophen immer Schülerabschriften sein müssen. Die Abgrenzung Schule - private Lektüre Erwachsener ist also unsicher. Hingewiesen sei hier immerhin auf die vergleichende Übersicht von "Schul-" und "Erwachsenenlektüre" bei *Oldfather, Charles H.* (1923): The Greek Literary Texts from Greco-Roman Egypt. A Study in the History of Civilization, Madison, 66f.
- Alle Übersetzungen, auch dort, wo auf gedruckte Übertragungen verwiesen wird, stammen vom Verfasser des vorliegenden Beitrags. Die Auflösung der für Editionen von Papyri und Ostraka verwendeten Abkürzungen findet man bei *Hengstl* (1978) 18ff. und 391ff.
- Der Beitrag war als Vortrag konzipiert, der, nach und nach verändert und erweitert, zwischen Oktober 1991 und März 1992 in Ichenhausen, Bielefeld, Erlangen und Flensburg gehalten wurde. Der Verfasser dankt den jeweiligen Diskussionsteilnehmern für förderliche Hinweise. - Nicht mehr herangezogen wurde *Bilde, Per* et alii (1992): Ethnicity in Hellenistic Egypt, Aarhus.

[2] Anthologia Graeca 7, 417, 5-6 = *Beckby, Hermann* (o.J., nach 1957): Anthologia Graeca, Buch 7-8, griechisch-deutsch, München, 2. Auflage. Zu diesem Epigramm und dem sich darin offenbarenden Weltbürgertum *Jüthner* (1923) 47ff.

[3] Zu seinen verschiedenen Facetten (politisch, philosophisch, kulturell) und zur Bedeutung der stoischen Philosophie für ihn gibt es eine reiche Literatur, z.B. *Zeller, Eduard* (1923): Die Philosophie der Griechen in ihrer geschichtlichen Entwicklung, Band 3, Teil 1, Leipzig, 5. Auflage (Nachdruck Darmstadt 1963) 306ff.; *Kaerst* (1926) 84 und 126ff.; *Tarn* (1968) 748-822; *Baldry* (1962); *Baldry* (1965) 141ff. und 167ff.; *Schulz-Falkenthal* (1979); *Baslez* (1984) 353ff.

[4] Ilias 2, 803f., 867 (Karer); 4, 437f.; *Werner* 583f. Hierzu und zum Folgenden *Schwabl, Hans* (1962): Das Bild der fremden Welt bei den frühen Griechen. In: Grecs et Barbares. Entretiens sur l'antiquité classique 8, Vandoeuvres-Genève, 1-36; *Opelt, Ilona* und *Speyer, Wolfgang* (1967): Barbaren (Nachtrag zum Reallexikon für Antike und Christentum) In: Jahrbuch für Antike und Christentum 10, 251-290; *Hall, Edith* (1989): Inventing the Barbarian. Greek self-definition through Tragedy, Oxford; *Meier, Christian* (1989): Die Griechen und die Anderen. In: derselbe: Die Welt der Geschichte und die Provinz des Historikers, Berlin, 34-69; *Speyer, Wolfgang* (1989): Die Griechen und die Fremdvölker. Kulturbegegnungen und Wege zur gegenseitigen Verständigung. In: Eos 77, 17-29. - Zu dem Verfahren der Griechen, Barbarenvölker durch Zuschreibung griechischer Gründer in die eigene Welt einzuordnen s. *Schmitt, Hatto H.* (1988): Forme della vita interstatale nell'antichità. In: Critica Storica/Bollettino A.S.E. 25, 529-546, hier 545f.

[5] Zum zweifachen Barbarenbegriff *Herodots*: *Bichler* (1987). Vgl. weiter *Diller, Hans*

(1962): Die Hellenen-Barbaren-Antithese im Zeitalter der Perserkriege. In: Grecs et Barbares. Entretiens sur l'antiquité classique 8, Vandroeuvres-Genève, 37-82; *Hall* (o. Anm. 4) 56ff.; den Sammelband: Hérodote et les peuples non-grecs (1990). Entretiens sur l'antiquité classique 35, Vandoeuvres-Genève;

6 Vgl. *Bringmann, Klaus* (1965): Studien zu den politischen Ideen des Isokrates, Göttingen, 19 (nach *Heuß, Schaefer, Walbank*); *Dörrie, Hermann* (1972): Die Wertung der Barbaren im Urteil der Griechen. In: Festschrift für Hans Erich Stier, Münster, 146-175, der allerdings - besonders deutlich in der Zusammenfassung 172f. - das Nebeneinander von Ablehnung der Barbaren auf der politisch-ideologischen und Bewunderung für die Barbaren auf der kulturellen Ebene zu einem Nacheinander vereinfacht.

7 *Dörrie* (o. Anm. 6, mit der dort gemachten Einschränkung) 149. Zu Recht betont *Momigliano* (1979) 12 und 16 das Interesse griechischer Philosophen und Historiker des 5./4. Jh.s v.Chr. für barbarische Lehrmeinungen, Sitten und Gebräuche. Für die besonders aufschlußreichen griechischen Vorstellungen von der Erfindung ihrer Schrift durch Nicht-Griechen, vor allem Phönizier, sei hier nur auf *Herodot* 5,58f. verwiesen. Dazu und zu abweichenden Versionen bei anderen griechischen Autoren *Jeffery, Lilian H.* (1967): Archaía Grámmata: Some Ancient Greek Views. In: Festschrift für Ernst Grumach, Berlin, 152-166; *Grassl, Herbert* (1972): Herodot und die griechische Schrift. In: Hermes 100, 169-175.

8 *Jüthner* (1923) 58f.; *Dörrie* (o. Anm. 6) 159ff. und 173. Zum Folgenden gehört auch die Gründung einer Schule für chaldäische Astrologie auf der griechischen Insel Kos durch den oben genannten Berossos. Das Bedürfnis der Griechen seit etwa der Zeit *Alexanders*, Fremdes kennenzulernen und es auf das Eigene zu beziehen und anzuwenden, beschreibt *Schneider, Wolfgang* (1987): Mit Alexander in den Orient. In: Exotische Welten - Europäische Phantasien, Katalog zur Ausstellung, Stuttgart, 230-235.

9 *Alkidamas* im Scholion zu *Aristoteles*, Rhetorik p. 1373 b 6 = *Baiter, Georg* und *Sauppe, Hermann* (1845-50): Oratores Attici, Zürich, Band 2, 154: *Alkidamas* fr. 1. = *Nestle, Wilhelm* (1929 bzw. 1978): Die Vorsokratiker, Leipzig bzw. Wiesbaden, 194: *Alkidamas* fr. 4. *Heinimann, Felix* (1945): Nomos und Physis. Herkunft und Bedeutung einer Antithese im griechischen Denken des 5. Jh.s, Basel.

10 P. Frankf. 2: 215/14 v.Chr. - Zu Problemen des Zusammenlebens von Angehörigen unterschiedlicher Nationen im ptolemäischen Ägypten s. *Peremans, Willy* (1962): Égyptiens et étrangers dans l'Égypte ptolémaique. In: Grecs et Barbares. Entretiens sur l'antiquité classique 8, 121-166.

11 P. Yale 1,46,13.

12 Euagoras 47-51 kombiniert mit Panegyrikos 50. Die in der Literatur wohl noch nicht vorgenommene interpretatorische Verknüpfung der beiden Passagen erscheint erlaubt: Mit *Bringmann* (o. Anm. 6) wird vorausgesetzt, daß *Isokrates* seine grundlegenden politischen Gedanken zwar je nach Umstand anders 'verpackt', sie jedoch im Laufe seiner langen publizistischen Tätigkeit nicht wesentlich geändert hat. Im übrigen hinderte die Aufwertung von Barbaren zu Kulturgriechen *Isokrates* nicht, Politik einseitig zugunsten der ethnischen Griechen betreiben zu wollen und diese zum Krieg gegen den Barbaren, das Perserreich (vgl. o. bei Anm. 5-6), aufzurufen. *Bringmann* 22ff.. Und eine wirklich "kosmopolitische Einstellung" hat bei *Isokrates* niemals "dominiert". *Dobesch, Gerhard* (1968): Der panhellenische Gedanke im 4. Jh. v.Chr. und der "Philippos" des Isokrates, Wien, 156 Anm. 34 mit Literatur derselben und der gegenteiligen Ansicht. Vgl. *Jüthner* (1923) 34ff.; *Mathieu, Georges* (1925): Les idées politiques d'Isocrate, Paris (Nachdruck 1966), 42f.; *Walbank* (1985) 5f. Letztlich ambivalent *Jäger, Werner* (1947): Paideia, Berlin, Band 3, 140f. Zur Definition des Kulturgriechen s. *Marrou* (1957) 147.

13 *Diodor* 18,7,1 über die von *Alexander dem Großen* in Iran und Mittelasien angesiedelten Griechen zur Zeit etwa von *Alexanders* Tod. *Marrou* (1957) 147; *Cohen, Getzel M.* (1978): The Seleucid colonies, Wiesbaden, 36. Mit der Bildungseinrichtung Gymnasion

verpflanzten die Griechen auch dessen Bauform. Zu dieser *Delorme, Jean* (1960): Gymnasion. Étude sur les monuments consacrés à l'éducation en Grèce, Paris; zum archäologischen Nachweis des Gymnasions in Alexandreia/Antiocheia am Oxos hier unten Anm.16.

14 *Ziebarth* (1914) 147ff.; *Brady* (1936) 10 mit Differenzierung zwischen ptolemäischer und römischer Zeit; *Nilsson* (1955) 8ff. und 34ff.; *Wirth* (1983) 84; *Christes* (1988) 56ff.; speziell zum Folgenden *Pélékidis* (1962) und *Reinmuth* (1971) 1ff. und 123ff., der den Beginn der städtischen Ephebie in Athen im Gegensatz zu älterer Ansicht aufgrund inschriftlicher Dokumente auf deutlich vor 336/5, nämlich auf 361/0 oder noch früher, ansetzt. Zur Ephebie in Ägypten *Brady* 11ff. Städtische Trägerschaft des Gymnasions im römerzeitlichen Ägypten ist z.B. für Hermopolis nachgewiesen. *Orth* (1983) 228ff. Zum Besuch der Schule, zumindest ihrer Elementarstufe, durch Kinder aus der Unterschicht in hellenistischer Zeit sei auf den 3. Mimiambus des *Herod*as verwiesen: Eine arme Mutter plagt sich ab, damit ihr - in ihren Augen mißratener - Sohn beim Lehrer buchstabieren, syllabieren usw. lernt. *Maehler* (1983) 203.

15 *Diodor* 1,81,7. *Wilcken* (u. Anm. 39) 136; *Préaux* (1929) 794f.; *Brady* (1936) 9; *Maehler* (1983) 192-194 und 203.

16 *Bernard, Paul* (1978): Campagne de fouilles 1976/77 à Ai Khanoum (Afghanistan). In: Comptes Rendus des Séances de l'Académie des Inscriptions et Belles Lettres, 421-463, hier 423-429; derselbe (1981): Problèmes d'histoire coloniale grecque à travers l'urbanisme d'une cité hellénistique d'Asie centrale. In: 150 Jahre Deutsches Archäologisches Institut 1829-1979, Mainz 108-120, hier 113.

17 Angaben über Gymnasien in Orten des hellenistischen Ostens bei *Brady* (1936) 9f.; *Rostovtzeff* (1956) 1152f. (Anm. 121); *Schneider* (1967) 131ff.; *Cohen* (o. Anm. 13) 36; *Wirth* (1983) 87; *Maehler* (1983) 195. Hinzuzufügen sind Orte, in denen, auf welche Weise auch immer, *Theater* nachgewiesen sind; denn das Verständnis griechischer Dramen setzt Beherrschung oder wenigstens Kenntnis der griechischen Literatursprache voraus. Daher können Arbeiten über griechische Theater indirekte Nachweise für Gymnasien im hellenistischen Osten liefern. Vgl. etwa *Frézouls, Edmond* (1959 und 1961): Recherches sur le théatres de l'orient syrien. In: Syria 36, 202-227 und 38, 54-86; derselbe (1961): Les théatres antiques de l'orient syrien. In: Atti del settimo congresso internazionale di archeologia classica, Rom, Band 1, 333-351. Erklärungen für das Weiterexistieren der griechischen Schule unter römischer bzw. parthischer Herrschaft sind in vorliegendem Beitrag nur angedeutet. Vgl. den hier folgenden Beitrag von Alfons *Rösger* zu Rom und *Nilsson* (1955) 44 und 83 (mit Belegen) zu den Parthern.

18 Das spiegelt sich in der Literatur zur antiken Schule wider: in allgemeinen Werken wie denen von *Nilsson* (1955) oder *Marrou* (1957 und im Vorhandensein speziell auf Ägypten bzw. auf das Gymnasion eines ägyptischen Ortes bezogener Arbeiten wie *Brady* (1936) und *Orth* (1983). Neuere Auflistungen von Schultexten auf Papyri und Ostraka bzw. Editionen bei *Zalatev, G.* (1961): Papyri scolastici. In: Ägyptus 41, 160-235 (nicht vollständig und nicht immer zuverlässig nach *Harrauer* und *Sijpesteijn*); *Harrauer* und *Sijpesteijn* (1985); *Debut* (1986). Ob alle in der Literatur als "Schultexte" bezeichneten Papyri und Ostraka mit Schreibübungen, Abschriften etc. wirklich aus dem Schulunterricht stammen, ist mit *Harrauer* und *Sijpesteijn* durchaus nicht sicher (vgl. o. Anm. 1 zu Literaturabschriften). Entscheidend ist, daß Abschriften etwa von moralischen Sentenzen (dazu hier weiter unten) Schulstoff zumindest indirekt wiedergeben. Komplette 'Schul- hefte' mit Übungen in zunehmender Schwierigkeit (ein Beispiel u. bei Anm. 58) bieten mehr Sicherheit als ein einzelnes Blatt mit nur einer 'Aufgabe'. Der Verfasser des vorliegenden Beitrags geht davon aus, daß die von ihm herangezogenen Texte für den Unterricht in der griechischen Schule repräsentativ sind.

19 *Nilsson* (1955) 13ff. und 46f.; *Marrou* (1957) 221ff. 235ff. 287ff. Wie *Nilsson* 94f. dazu kommt, der griechischen Schule Ägyptens eine "Vernachlässigung des literarischen Unterrichts" vorzuwerfen, ist nicht nachvollziehbar.

[20] *Beudel* (1911) 16-22 und 39ff.; *Ziebarth* (1914) 131; *Marrou* (1957) 248.

[21] *Protagoras* 325e - 326a; vgl. *Lukians* Schrift "Anarcharsis". *Nilsson* (1955) 11f.

[22] Berlin inv. 12319, Zeilen 6-8 = *Wilamowitz, Ulrich v.* (1918). In: Sitzungsberichte der preußischen Akademie der Wissenschaften, Berlin, 742f. Ähnlich sind z.B. die Sentenzen, ediert von *Boyaval, B.* (1974): La Tablette scolaire Pack [2] 1619. In: Zeitschrift für Papyrologie und Epigraphik 14, 241-247 (bei *Ziebarth* 1913 Nr. 45 unvollständig). Die "Delphischen Sprüche" vom Heroon in Alexandreia/Antiocheia am Oxos (oben im Folgenden) sind veröffentlicht bei *Robert, Louis* (1968): De Delphes à l'Oxus. Inscriptions grecques nouvelles de la Bactriane. In: Comptes Rendus des Séances de l'Académie des Inscriptions et Belles Lettres, 416-457, hier 421ff., bes. 425f. = derselbe (1989): Opera Minora Selecta, Amsterdam, Band 5, 510-551, bes. 518-520.

[23] Versgruppen wie *Euripides*, Phoinissen 529-534 und Ino = *Nauck, August* (1889): Tragicorum Graecorum Fragmenta, Leipzig, 2. Auflage, S. 489,fr. 420 auf Cairo Mus. inv. P 65445 = *Guéraud* und *Jouguet* (1938) zeigen dies deutlich. Zur Sache vgl. auch *Ziebarth* (1914) 130f.

[24] Berlin inv. P. 12318 = *Kühn, E.* (1920/21): Ein antiker Schulaufsatz. In: Berliner Museen. Berichte aus den preußischen Kunstsammlungen 42, 101-104. Ein Bezug zwischen einer der Sentenzen, die auf dem dazu gehörigen Scherben erhalten sind (o. Anm. 22), und dem Aufsatz ist nicht zu erkennen.

[25] *Ziebarth* (1913) Nr. 44: in das 4. Jahr des römischen Kaisers Antonius Pius datiertes Ostrakon aus Theben in Oberägypten.

[26] *Jouguet, P.* und *Lefebvre, G.* (1904): Deux Ostraka des Thèbes. In: Bulletin de correspondance hellénique 28, 201-209, hier 203f.; *Jüthner* (1923) 54ff.

[27] *Hercher, Rudolph* (1873): Epistolographi Graeci, Paris (Nachdruck Amsterdam 1964), 102: *Anacharsis* Nr. 1. Zu den Briefen des 'Anarcharsis' und ihrer Datierung *Reuters, Franz H.* (1957): De Anarcharsidis epistulis, Diss. phil. Bonn. Zum Folgenden *Jouguet* und *Lefebvre* (o. Anm. 26) 204; *Jüthner* (1923) 54-59; *Bichler* (1987).

[28] *Rostovtzeff* (1956) 409f.; *Tarn* und *Griffith* (1966) 189f.; *Momigliano* (1979) 16-19. Im ptolemäischen Ägypten lebende Perser sprachen Griechisch. *Jüthner* (1923) 46 Anm. 115. *Maehler* (1983) 191f. m. Anm. betont, daß sogar zwischen Ägyptern Griechisch als Schriftsprache gebraucht wurde. Ähnlich war es in Vorderasien: So schlossen Männer mit iranischen Namen im heutigen Persisch Kurdistan Pachtverträge in griechischer Sprache. *Tarn* und *Griffith* (1966) 189; *Tarn, William W.* (1951): The Greeks in Bactria and India, Cambridge, 2. Auflage, 9 Anm. 1. Oder zwei Männer, der eine mit westsemitischem, der andere mit griechischem Eigennamen, beide aber mit westsemitischen Vatersnamen, schlossen im 3. Jh. v.Chr. einen Darlehensvertrag, der zur Hälfte in Aramäisch, zur Hälfte in Griechisch formuliert ist (6. Jahr Ptolemaios' II., spätestens IV.). *Geraty, L.T.* (1975): The Khirbet el-Kôm bilingual ostracon. In: Bulletin of the American Schools of Oriental Research in Jerusalem and Baghdad 220, 55-61. Vgl. auch *Horsley G.H.R.* (1989): New Documents Illustrating Early Christianity, Vol. 5: Linguistic Essays, Sydney. Griechisch war in der Vielsprachigkeit des Vorderen Orients etwa das, was Englisch seit dem 19. Jh. im ebenfalls vielsprachigen Indien ist. - Zur Behörden- und Gerichtssprache im hellenistischen Ägypten *Peremans* (1935).

[29] Zur Zweisprachigkeit mit Griechisch und einer anderen Sprache sowie zum haupt- oder nebenberuflichen oder gelegentlichen Dolmetschen vgl. *Hermann, A.* (1959): Dolmetscher. In: Reallexikon für Antike und Christentum, Band 4, 24-49; *Peremans* (1935 und 1983); *Franke* (1992). Zu den der Übersetzungs- und Schreibhilfe anderer Bedürftigen *Maier-Leonhard, Ernst* (1913): Agrámmata. In Aegypto qui litteras sciverint, qui nesciverint, ex papyris Graecis quantum fieri potest exploratur, Diss. Marburg.

[30] P. Cairo Zen. 59291. *Peremans* (1983) 12.

[31] 2,125,6. 154,2,164. *Franke* (1992) 87.

[32] P. Cairo Zen. 59300. *Peremans* (1983) 12 und 13ff. 17. Unter den Dolmetschern im

ptolemäischen Ägypten mögen nicht mehr nur Ägypter gewesen sein (so, sehr entschieden, *Peremans* 1983, 11 mit Belegen in Anm. 4); freilich besagen griechische Namen der auf Papyri festgehaltenen Dolmetscher nichts über deren nationale Herkunft (zurückhaltend formuliert, auch von *Peremans* zugegeben). Unter den von *Franke* (1992) aufgeführten Dolmetschern ist kein Grieche zu erkennen.

33 Leben *Alexanders* 47. *Franke* (1992) 94.

34 Zum Folgenden *Franke* (1992) 87ff. Entgegen seiner Ansicht ergibt sich aus *Herodot* 3,139f. wohl nicht, daß *Syloson*, Bruder des Tyrannen *Polykrates* von Samos, Persisch gesprochen hat. - Die Hervorhebung zweisprachiger Griechen in der griechischen Literatur als Besonderheiten und Ausnahmen korrespondiert mit dem o. Anm. 32 festgestellten Faktum, daß ethnische Griechen als Dolmetscher nicht auszumachen sind. Wieweit die Behauptung *Isidors von Sevilla*, Origines 15,1,63, laut *Varro* seien die Massalioten dreisprachig gewesen (Griechisch, Lateinisch, Gallisch), zutrifft, muß angesichts der späten Zeitstellung des Autors (um 640 n.Chr.) offen bleiben.

35 *Thukydides* 1,138.

36 *Arrian*, *Alexander*zug (Anabasis) 3,6,6.

37 *Arrian*, *Alexander*zug (Anabasis) 6,30,3 und 7,6,3.

38 *Peremans* (1938) 13.

39 P. Lond. 43. Wegen seines besonderen Inhalts ist dieser Text immer wieder abgedruckt, übersetzt und kommentiert worden, so von *Wilcken, Ulrich* (1912): Grundzüge und Chrestomathie der Papyruskunde, 1. Band: Historischer Teil, 2. Hälfte: Chrestomathie, Leipzig und Berlin (Nachdruck Hildesheim 1963), Nr. 136; *Bell* (1922) 146; *Wilcken, Ulrich* (1927): Urkunden der Ptolemäerzeit (ältere Funde), 1. Band, Berlin und Leipzig, Nr. 148; *Préaux* (1929), 767-771; *Rostovtzeff* (1956) 696 und 1319f. (Anm. 164); *Hengstl* (1978), Nr. 99. Die übliche Deutung und Übersetzung der künftigen Schüler des Griechen als Kinder des ägyptischen Arztes ist möglich, aber nicht sicher: Die Paidária können auch junge Sklaven im Haushalt bzw. in der Praxis des Arztes sein; Ziel ihres sprachlichen Unterrichts wäre es dann wohl nicht, Griechisch, sondern mithilfe des zweisprachigen Lehrers Demotisch zu lernen: um bei dem ägyptischen Arzt, dessen medizinische Spezialität, das für Ägypten typische Klistieren, studieren zu können. Es ginge also darum, griechischsprachige Sklaven zu Ärzten ägyptischer Art auszubilden, die dann in erster Linie griechische Patienten behandeln sollten. *Rémondon* (1964); danach *Maehler* (1983) 201f. Im übrigen sollte man den Fall des demotisch lernenden Griechen nicht so verallgemeinern, wie etwa Bell dies getan hat: "*Wenigstens einige* Griechen verschmähten es nicht, Ägyptisch zu lernen ..." (Hervorhebung A.M.).

40 Erstmals bei *Aischylos*, Agamemnon 1050f; noch bei *Galen*, Über die Verschiedenartigkeit der Pulse 2,5.- Daher auch mußten für Griechen die Götter griechischer Sprache sein (Philodem fr. 56 Usener).

41 *Nilsson* (1955) 11; *Marrou* (1957) 373ff., bes. 374 (im Gegensatz zur römischen Schule); *Werner* (1983) 591. Die bei Griechen auch faßbare Relativierung der jeweils eigenen Sprache (*Herodot* 1,57 und 2,158; *Platon*, Kratylos 393a und 409 d-e. *Werner* 1983, 588 und 594) hat nicht dazu geführt, in den Unterricht der griechischen Schule eine Fremdsprache einzuführen. Auch die politische Unterwerfung der griechischen Welt durch Rom bewirkte nicht, daß Griechen nun die lateinische Sprache in das Schulrepertoire aufgenommen hätten. Bei der berühmten griechischen Philosophengesandtschaft in Rom 156/55 v.Chr., sprachen *Karneades* und seine Kollegen im Senat selbstverständlich Griechisch, das ein Römer (!), *C. Acilius*, ins Lateinische übersetzte. *Gellius* 6,14,9; auch *Plutarch*, Leben des älteren Cato 22. *Franke* (1992) 94f. Einzelne Griechen erlernten freilich das Lateinische, aber sie verbanden damit stets einen präzisen Zweck: als Vorbereitung auf das Studium des römischen Rechts oder auf den Eintritt in die römische Senatorenlaufbahn. *Marrou* (1957) 376ff.

42 Für Rom bezeugt das *Quintilian* 1,8,18 mit Kontext.

43 P. Bouriant 1 fol. 6 und 7 recto = *Ziebarth* (1913) Nr. 46

44 Diese werden aus Beobachtungen gezogen, die als Partizipialkonstruktionen (idón) formuliert sind, von denen in den Sätzen Zwei bis Fünf ein Accusativus cum Participio abhängt.

45 Vgl. die Belege bei *Liddell & Scott* (1968): A Greek-English Lexicon, Oxford, s.v. katharós, I.2. mit dem Zusatz im Supplement.

46 Corpus Inscriptionum Craecarum 3088, Z. 8: Polymathía. *Ziebarth* (1914) 140f. und *Nilsson* (1955) 45f., der die Inschrift allerdings nur aus einer Fußnote zu Sylloge Inscriptionum Graecarum, 3. Auflage, Nr. 960 zu kennen scheint.

47 O. Mich. 656: 3. Jh. n.Chr. *Maehler* (1983) 199 Anm. 28. Die Götterliste in Cairo Mus. inv. P. 65445 (Zeilen 38-47) = *Guéraud* und *Jouguet* (1938) aus dem 3. Jh. *vor* Chr. enthält nur Namen griechischer Gottheiten. Die Götter des Gymnasions blieben Hermes und Herakles. *Brady, Thomas A.* (1935): The Reception of Egyptian Cults by the Greeks 330-30 B.C. In: The University of Missouri Studies 10,1,38ff.; *Brady* (1936) 17ff. mit begründeten Zweifeln an der Praktizierung einer synkretistischen Religion und mit nur *einem* Beispiel der Verehrung ägyptischer Götter durch eine Gymnasialgruppe.

48 P. Mich.inv. 2458 = *Priest N.E.* (1977): A List of Gods. In: Zeitschrift für Papyrologie und Epigraphik 27, 193-200.

49 Zur Lektüre der Griechen in Ägypten vgl. die Zusammenstellung von *Pack, Roger A.* (1967): The Greek and Latin Literary Texts from Greco-Roman Egypt, Ann Arbor, 2. Auflage. Auf einem früheren Stand des Materials beruht *Oldfather* (o. Anm. 1) mit seinem Vergleich von Schul- und Erwachsenenlektüre. - Zum Verhältnis der Griechen zum Lateinischen s.o. Anm. 41.

50 Vgl. den hier folgenden Beitrag von *Alfons Rösger; Wirth* (1983) 88ff.: "Rom. Eine hellenistische Folgeerscheinung"; *Momigliano* (1979) 24ff. und 27ff.

51 Diels, Hermann (1904): Laterculi Alexandrini aus einem Papyrus ptolemäischer Zeit. In: Abhandlungen der preußischen Akademie der Wissenschaften, Berlin, Heft 2. Vgl. die vielfältigen Sachlisten in Cairo Mus. inv. P. 65445 = *Guéraud* und *Jouguet* (1938). Zu den "Laterculi Alexandrini" kurz *Ziebarth* (1914) 141.

52 Wie Anm. 51, Kolumnen 10 und 11.

53 *Martin, Victor* (1940): La vie internationale dans da Grèce des cités. VI.-IV. s.av. J.-C., Genf; *Stier, Hans Erich* (1945): Grundlagen und Sinn der griechischen Geschichte, Stuttgart; *Walbank* (1985).

54 *Kawerau, Georg* und *Rehm, Albert* (1914): Das Delphinion in Milet, Berlin, Nr. 139, Z. 47-49: um 260 v.Chr. *Ziebarth* (1914) 163f. mit weiteren Beispielen (Ephesos, Poleis auf Kreta). Das folgende Zitat aus derselben Inschrift: Z. 45f. und 49-51 mit variierender Formulierung. *Ziebarth* (1914) 147ff., bes. 150 und 164 mit weiteren Beispielen (Kreta).

55 'Bürgerkunde' aus der Moralerziehung heraus könnte ein sehr fragmentarischer Text (ohne Datierung) bei *Milne* (1908) 127, Nr. 9 enthalten.

56 *Marrou* (1957) 153f. Dabei können die Schulen durchaus Einrichtungen bzw. Vereine privaten Rechts gewesen sein. Dies betont für das Seleukidenreich *Cohen* (o. Anm. 13).

57 P. Hal. 1, 260-265: Zeit Ptolemaios' II. *Maehler* (1983) 196. Allerdings darf darin - entgegen der deutlichen Tendenz von *Oertel* (1920 361f. und 365, einen "Kampf" der Ptolemäer gegen die Einheimischen mithilfe griechischer Kulturträger zu postulieren - keine einseitige Maßnahme des Monarchen gesehen werden; denn auch die Tempel der ägyptischen Götter und ihre Priester wurden seit der frühen Ptolemäerzeit mit Vorteilen bedacht. *Heinen, Heinz* (1984): In: Cambridge Ancient History, Band 7, 1, 2. Auflage, Cambridge etc., 439.

58 Cair. Mus. inv. P. 65445 = *Guéraud* und *Jouguet* (1938), hier Zeilen 140-154 (Brunnen) und 155-161 (*Homer*). Zur Ausübung des Herrscherkults in der Schule *Nilsson* (1955) 71ff., zur möglichen Verbindung zwischen dem Gymnasion und den ptolemäischen Streitkräften *Brady* (1936) 15ff.

59 Wie Anm. 58, Z. 152f.

60 *Scholion* zu *Aristophanes*, Thesmophoriazusai 1059; *Aelian*, Bunte Geschichten 13, 22.

61 In der *Homer*partie des Gedichts (Z. 156-159) kann sogar der Tempelbau ausgedrückt gewesen sein. Vgl. die Worte Homéro heísato in den nur teilweise erhaltenen Zeilen 156f.

62 Für die Nationalität von Gymnasiasten im Seleukidenreich gibt es offensichtlich "no evidence". So *Cohen* (o. Anm. 13) 37, der annimmt, ähnlich wie im ptolemäischen Ägypten seien Nicht-Griechen erst nach der Gründungsphase der griechischen Orte in die Gymnasien aufgenommen worden. Für Ägypten vgl. etwa *Brady* (1936) 16f. und *Maehler* (1983) 195f. Zur im Folgenden erwähnten Doppelnamigkeit in Ägypten z.B. *Oertel* (1920) 366; *Bell* (1922) 146. Ausführlich zu dem komplexen, hier nicht zu verfolgenden Problem der Personennamen (Namenswechsel, Doppelnamen in zwei Sprachen) in den hellenistischen Oststaaten *Rostovtzeff* (1956) passim (s. Register s.v. "Namen" etc.). Vgl. hier nur P. Tebt. 247 = 1107, Z. 279ff. von 113/12 v.Chr.: fünf "griechische Bauern" mit ägyptischen Eigen- und Vaternamen (der fünfte hat einen Vater mit griechischem Namen. Auch wenn man mit dem Kommentator von P. Tebt. 1107, zu Zeile 279, die überschriftartige Formulierung "Hellénon georgón" nicht auf die folgenden fünf Bauern, sondern auf die in P. Tebt. 98 bzw. 1147 genannten bezieht, bleibt der Sachverhalt gleich, da diese ebenfalls ägyptische Namen tragen).

63 *Diogenes Laertios*, Philosophenleben 4,6,7 (Kleitomachos/Hasdrubal). Dazu *Momigliano* (1979) 13f.; *Athenaios*, Das Gelehrtenmahl 210f. (Poseidonios).

64 *Basletz* (1984) 301.352f. 354. - Anders verlief die Entwicklung in Athen: Konnten im 4. Jh. v.Chr. an der Ephebie Fremde nicht teilnehmen (*Reinmuth* 1971, 123ff., bes. 129ff., o. bei Anm. 14), so nahm man mit abnehmender politischer Eigenständigkeit der Stadt auch junge Nicht-Athener auf, besonders ab Ende 2. Jh. v.Chr., und führte im gleichen Zeitraum auch viele Einbürgerungen durch. *Pélékidis* (1962) 182ff. - Im hellenistischen Osten war für den Besitz des ungeschmälerten Bürgerrechts mancherorts auch entscheidend, nicht ein Mischling aus Griechen und Nicht-Griechen zu sein. *Tarn* und *Griffith* (1966) 191; vgl. *Tarn* (o.Anm. 28), 34ff. - Zu Alexandreia *Smallwood, E. Mary* (1976): The Jews under Roman Rule, Leiden, 234 und 249. Wichtig P. Lond. 1912 = C.P.J. 153, Z. 92f.

65 Das folgt aus der griechischen Erziehung, die *Meleagros* von Gadara in Tyros genossen hat (Zitat u. bei Anm. 83). Auf ein Gymnasion in einem möglicherweise nichtgriechischen Ort Ägyptens bezieht sich die Inschrift Supplementum Epigraphicum Graecum 8,641. *Rostovtzeff* (1956) 1369 (Anm. 23).

66 2. Makkabäer, 4,9-10. Teilweise irreführend *Cohen* (o. Anm. 13) 37; wesentlich *Tcherikover, Viktor* (1959): Hellenistic Civilization and the Jews, Philadelphia, 160ff.

67 *Oertel* (1920) 366.

68 P. Flor. 79, Z. 4. 19f. 24f. = *Wilcken*, Chrestomathie (o. Anm. 39) Nr. 145. *Ziebarth* (1914) 83f.

69 *Reinmuth* (1971) 124 (der Hinweis im Register auf S. 42 ist falsch). - Ein Lehrer bzw. Leiter einer Ephebengruppe (Haíresis) mit nichtgriechischem (ägyptischem?) Namen in Bull. Soc. Alex. N.S. 7, 1929, 277 Nr. 3: späte Ptolemaierzeit; *Brady* (1936) 17 und 20.

70 *Ziebarth* (1914) 120f.: Aussuchen der Lehrer "nach ihrer Persönlichkeit". Vgl. o. bei Anm. 20.

71 Etliche Beispiele bei *Beudel* (1911); *Ziebarth* (1913); *Harrauer* und *Sijpesteijn* (1985) einschließlich der S. 14ff. aufgeführten, aber dort nicht abgedruckten Texte. Vgl. *Nilsson* (1955) 13ff. und 42ff. Ob Schreibübungen Schularbeiten sind, läßt sich nicht in allen Fällen sicher entscheiden. Vgl. o. Anm. 18.

72 So spricht das Schulheft Cairo Mus. inv. P. 65445 = *Guéraud* und *Jouguet* (1938) aus dem späten 3. Jh. *vor* Chr. gegen *Maehler*s (1983) 201 Behauptung, griechische Formenlehre und sonstige Grammatik finde sich erst auf schulischen Papyri der römischen Kaiserzeit; dieser Stoff sei in den Unterricht eingeführt worden, um der Gefahr der

Verderbnis der griechischen Sprache, gebraucht in nichtgriechischer Umgebung und von Nicht-Griechen, zu begegnen. Auch sollte man nicht mit *Wirth* (1983) 87 m. Anm. 64 griechische Schreib- und Grammatikübungen auf Papyri und Ostraka grundsätzlich für Arbeiten von Nicht-Griechen halten wollen. Am ehesten ist von einer etwa gleichbleibenden Wichtigkeit des Elementarunterrichts in griechischer Sprache auszugehen. So sind Zeigenossen der römischen Kaiserzeit von der Bedeutung des griechischen Sprachunterrichts für das berufliche Fortkommen überzeugt. P. Oxy. 531, B.G.U. 423, P. Lond. 1575, P.S.I. 94 = *Préaux* (1929) 785-799. - Hier sollte vielleicht auch darauf hingewiesen werden, daß semitische (syrische, jüdische, babylonische, arabische, ägyptische) Einflüsse auf die Entwicklung der griechischen Sprache im Osten gering gewesen sind. *Thumb, Albert* (1901): Die griechische Sprache im Zeitalter des Hellenismus, Straßburg (Nachdruck Berlin 1974), 102ff.; vgl. auch *Horsley* (o. Anm. 28).

[73] *Préaux* (1929) 759ff; *Henrichs* (1967).

[74] *Platon*, Gorgias 464 b und Politeia 376 e; *Isokrates*, Antidosis 180. *Henrichs* (1967) 48ff.

[75] Inschriften von Priene Nr. 112, 73-76 und 113, 28f.: 1. Jh. v.Chr.

[76] P. Cairo Zen. 59060, Z. 2-7 = *Préaux* (1929) 762ff.: 257/56 v.Chr. Auf denselben Jungen und seine sportliche Ausbildung beziehen sich wohl P.S.I. 340, geschrieben fünf Monate früher, und P. Cairo Zen. 59098, später als 59060 verfaßt = *Préaux* 765 und 766. Bereits P.S.I. 340 (Z. 23-25) zeigt das Bemühen des für die Ausbildung verantwortlichen *Hierokles*, den Buben auch an die theoretischen Fächer, die Mathémata, heranzuführen.

[77] Köln inv. 0.4 = *Henrichs* (1967): Ostrakon aus Oxyrhynchos.

[78] *Diodor* 1,81,7. *Préaux* (1929) 767. Andererseits hebt *Weiler, Ingomar* (1981): Der Sport bei den Völkern der Alten Welt, Darmstadt, 57-64 unter Berufung auf literarische und bildliche Quellen, die *W. Decker* vorgelegt hat, die hohe Bedeutung des Sports im pharaonischen Ägypten hervor. Diese scheint jedoch in der ägyptischen Spätzeit (Reich von Sais, Perserherrschaft) nicht mehr vorhanden gewesen zu sein (unklar *Weiler* 63).

[79] 2. Makkabäer 4,14, vgl. 12. Die Juden und andere Orientalen mag auch die Nacktheit der Griechen beim Sport abgestoßen haben. *Marrou* (1957) 48 und 364.

[80] *Wilcken* (o. Anm. 39) 138-141; *Préaux* (1929) 800; *Wirth* (1983) 87. Obige Feststellung bedeutet freilich nicht, daß es keine Leibesübungen und Sportwettkämpfe mehr in Schulen gegeben hätte. Vgl. *Nilsson* (1955) 93f.

[81] Insoweit mag man in diesem Vorgang eine Ägyptisierung der Griechen am Nil sehen. *Oertel* (1920) 365ff., dessen Wertungen und Gegenwartsbezügen der Verfasser des vorliegenden Beitrags sich jedoch nicht anschließt. Ähnlich spricht *Bell* (1922) 146f. von "Dehellenization". bei der Zurückdrängung des Sports wird man auch die Leibfeindlichkeit spätantiker Philosophien und Religionen berücksichtigen müssen, die alle ihre Wurzeln im Osten hatten.

[82] Entscheidender Vorteil des "Weltbürgers" war Mobilität: örtlich und auch sozial. Letzteres hebt *Wirth* (1983) 86 hervor.

[83] Wie o. Anm. 2, Z. 1-2.

Literaturverzeichnis

Baldry, H.C. (1962): The Idea of the Unity of Mankind. In: Grecs et Barbares. Entretiens sur l'antiquité classique 8, Vandoeuvres-Genève, 169-204

Baldry, H.C. (1965): The Unity of Mankind in Greek Thought, Cambridge

Baslez, Marie F. (1984): L'étranger dans la Grèce antique, Paris

Bell, Henri I. (1922): Hellenic Culture in Egypt. In: Journal of Egyptian Archaeology 8, 139-155

Beudel, Paul (1911): Qua ratione Graeci liberos docuerint, papyris, ostracis, tabulis in Aegypto inventis illustratur, Diss. phil. Münster
Bichler, Reinhold (1987): Der Barbarenbegriff des Herodot und die Instrumentalisierung der Barbaren-Topik in politisch-ideologischer Absicht. In: Weiler, Ingomar (Herausgeber): Soziale Randgruppen und Außenseiter im Altertum, Graz, 117-128
Brady, Thomas A.(1936): The Gymnasium in Ptolemaic Egypt. In: The University of Missouri Studies 11,3,9-20
Christes, Johannes (1988): Gesellschaft, Staat und Schule in der griechisch-römischen Antike. In: Kloft, Hans (Herausgeber): Sozialmaßnahmen und Fürsorge. Zur Eigenart antiker Sozialpolitik, Grazer Beiträge, Supplement 3, 55-75
Debut, Janine (1986): Les documents scolaires. In: Zeitschrift für Papyrologie und Epigraphik 63, 251-278
Franke, Peter R. (1992): Dolmetschen in hellenistischer Zeit. In: Zum Umgang mit fremden Sprachen in der griechisch-römischen Antike, Stuttgart, 85-96
Grasberger, Lorenz (1864-71): Erziehung und Unterricht im klassischen Alterthum, Würzburg (Nachdruck Aalen 1971)
Guéraud, O. und Jouguet, P. (1938): Un livre d'écolier du IIIe s. av. J.-C., Kairo
Harrauer, Hermann und Sijpegsteijn, Pieter (1985): Neue Texte aus dem antiken Unterricht, Wien
Hengstl, Joachim (1978): Griechische Papyri aus Ägypten als Zeugnisse des öffentlichen und privaten Lebens, München
Henrichs, A. (1967): Zwei Fragmente über die Erziehung (Antisthenes). In: Zeitschrift für Papyrologie und Epigraphik 1, 45-53
Johann, Horst-Theodor (Herausgeber) (1976): Erziehung und Ausbildung in der heidnischen und christlichen Antike, Wege der Forschung 378, Darmstadt
Jüthner, Julius (1923): Hellenen und Barbaren, Leipzig
Kaerst, Julius (1926): Geschichte des Hellenismus, 2. Band: Das Wesen des Hellenismus, 2. Auflage, Leipzig und Berlin (Nachdruck Darmstadt 1975)
Maehler, Herwig (1983): Die griechische Schule im ptolemäischen Ägypten. In: Egypt and the Hellenistic World, Studia Hellenistica 27, Leuven, 191-203
Marrou, Henri-Irénée (1957): Geschichte der Erziehung im klassischen Altertum, Freiburg und München
Milne, J. Grafton (1908): Relics of Graeco-Egyptian Schools. In: The Journal of Hellenic Studies 28, 121-132
Momigliano, Arnaldo (1979): Hochkulturen im Hellenismus. Die Begegnung der Griechen mit Kelten, Römern, Juden und Persern, München
Nilsson, Martin P. (1955): Die hellenistische Schule, München
Oertel, Friedrich (1920): Der Niedergang der hellenistischen Kultur in Ägypten. In: Neue Jahrbücher für das klassische Altertum 23, 361-381
Orth, Wolfgang (1983): Zum Gymnasium im römerzeitlichen Ägypten. In: Festschrift Hermann Bengtson, Historia Einzelschriften 40, 223-232
Pélékidis, Chryses (1962): Histoire de l'éphébie attique, Paris
Peremans, Willy (1935): Over tweetaligheid in ptolemaisch Egypte (3 e e.v.C.) In: Antiquité Classique 4, 403-417
Peremans, Willy (1983): Les Hermeneeis dans l'Égypte gréco-romaine. In: Das römisch-byzantinische Ägypten. Mainz, 11-17
Préaux, Claire (1929): Lettres privées grecques d'Égypte relatives à l'éducation. In: Revue belge de Philologie et d'Histoire 8, 757-800
Reinmuth, Oscar W. (1971): The Ephebic Inscriptions of the 4th Century B.C., Leiden
Rémondon, R. (1964): Problèmes du bilinguisme dans l'Égypte lapide. In: Chronique d'Égypte 39, 126-146

Rostovtzeff, Michael (1956): Gesellschafts- und Wirtschaftsgeschichte der hellenistischen Welt, 3 Bände, Darmstadt
Schneider, Carl (1967): Kulturgeschichte des Hellenismus, Band 1, München
Schulz-Falkenthal, H. (1979): Ich bin ein Weltbürger. Zum Kosmopolitismus in der Antike. In: Wissenschaftliche Zeitschrift der Universität Halle-Wittenberg 28, 1, 29-39
Tarn, William W. (1968): Alexander der Große
Tarn, William W. und Griffith G.T. (1966): Die Kultur der hellenistischen Welt, 3. Auflage, Darmstadt
Walbank, Frank W. (1985): The Problem of Greek Nationality. In: derselbe, Selected Papers, Cambridge etc. 1-19 (zuerst in: Phoenix 5, 1951, 41-60)
Werner, J. (1983): Nichtgriechische Sprachen im Bewußtsein der antiken Griechen. In: Festschrift für Robert Muth, Innsbruck, 583-595
Wirth, Gerhard (1983): Der Weg an der Grenze. Blüte und Schicksal der antiken Bildungstradition. In: Kriss-Rettenbeck L. und Liedtke M. (Hg): Schulgeschichte im Zusammenhang der Kulturentwicklung, Bad Heilbrunn, 77-117
Ziebarth, Erich (1913): Aus der griechischen Schule. Sammlung griechischer Texte auf Papyrus, Holztafeln, Ostraka, 2. Auflage, Bonn
Ziebarth, Erich (1914): Aus dem griechischen Schulwesen. Eudemos von Milet und Verwandtes, 2. Auflage, Leipzig und Berlin

Alfons Rösger

Nationale und internationale Aspekte der römischen Schulerziehung

Vorbemerkung

Zur Schulgeschichte im engeren Sinne, d.h. was Organisation des Unterrichts, Lehrpersonal, bauliche Gestalt und geographische Verbreitung von Schulen angeht, stehen uns für die römische Epoche des Altertums nur vereinzelte und zeitlich weit auseinanderliegende Quellenzeugnisse zur Verfügung. Wir sind daher bei der Erörterung schul- und erziehungsgeschichtlicher Fragen weitgehend auf indirekte Schlußfolgerungen aufgrund kultur-, vor allem aber literaturgeschichtlicher Fakten angewiesen.

1. Einleitung

Sucht man innerhalb der Geschichte der römischen Erziehung nach Phänomenen, die sich Begriffen wie Regionalismus, Internationalismus und Nationalerziehung zuordnen lassen, so denkt man mit Blick auf die beiden zuletzt genannten vor allem an die Übernahme des dreistufigen griechischen Schulsystems durch Rom, bei gleichzeitiger Aufgabe der überkommenen häuslichen Familienerziehung. Auch der Aspekt des Regionalen bietet, wie mir scheint, einen interessanten Ansatzpunkt für die Analyse. Ich denke zum Beispiel an den erstaunlichen Umstand, daß das Lateinische, die Sprache der eher kleinräumigen Region Latium, vom Beginn des 1. Jahrhunderts v. Chr. an unter Verdrängung der anderen italischen Sprachen zunächst zur Verkehrssprache Italiens wurde und im Verlaufe der frühen Kaiserzeit dann zur Verwaltungssprache im ganzen römischen Weltreich, von Britannien bis Ägypten, von Spanien bis Armenien. Schließlich lassen sich unter dem Gesichtspunkt des Regionalen noch die Sonderformen betrachten, die sich innerhalb der römischen Literaturentwicklung in Spanien, Afrika und Gallien herausbilden.

2. Rom und Griechenland

Graecia capta ferum victorem cepit et artis/ intulit agresti Latio, lautet ein Satz des römischen Dichters *Horaz* (65-8 v.Chr.),[1] der immer wieder zitiert wird, wenn das Verhältnis Griechenlands zu Rom zur Debatte steht, speziell der Beitrag der Griechen zur römischen Geisteskultur. "Das eroberte Griechenland nahm den wilden Sieger gefangen und brachte dem bäuerischen Latium die Künste", übersetzt *Otto Leggewie* [2] die anderthalb Verse; zu "zahm", wie mir scheint. *Graecia capta* erinnert an frühe augusteische Münzlegenden wie *AEGYPTO CAPTA* oder *ARMENIA CAPTA* [3], mit denen *Augustus* (bzw. *Octavian*) seinen Sieg über *Antonius* und *Kleopatra* (30 v.Chr.) bzw. die Errichtung des römischen Protektorats über Armenien (19 v.Chr.) aller Welt verkündete. Gut ein Jahrhundert später propagierten flavische Münzen mit der Legende *IVDAEA CAPTA* die völlige Niederwerfung der Juden im Jahre 70 n.Chr. durch *Titus*.[4]

Ob *Horaz* bei *Graecia capta* an den römischen Sieg über Makedonien bei Pydna im Jahre 168 v.Chr. denkt oder an den Sieg über die Achäer im Jahre 146 v.Chr., ist meines Erachtens nicht zu entscheiden. Doch bedeutete der eine wie der andere Sieg eine völlige militärische Niederlage für die makedonische bzw. griechische Seite mit Verlust der politischen Selbständigkeit auf Dauer. Das ist der historische Hintergrund des *horaz*ischen *Graecia capta*. Entsprechend ist dann auch das korrespondierende *cepit* im Sinne einer völligen Überlegenheit der Griechen über die Römer auf dem Felde der *artes* zu interpretieren. Mit *artes* sind die Disziplinen der ἐγκύκλιος παιδεία gemeint, die späteren *artes liberales*.

Der zitierte Satz findet sich in dem Sermo, den *Horaz* um das Jahr 14 v.Chr. an Kaiser *Augustus* richtete. Er behandelt darin literarische Fragen, kritisiert namentlich die Vorliebe seiner Zeitgenossen für die alten römischen Dichter, wie z.B. *Livius Andronicus*, *Ennius*, *Naevius*. *Horaz* unterzieht sie einer ästhetischen Kritik, macht auf Mängel im Formalen aufmerksam. Das saturnische Versmaß, in dem *Livius Andronicus* dichtete, charakterisiert er als *horridus numerus*, als "garstigen Vers". Derartigen, formalen Defiziten der frühen römischen Dichter stellt er die Formvollendetheit der Griechen gegenüber, für die nach seiner Aussage die Römer erst in der Friedenszeit nach den Punischen Kriegen ihr ästhetisches Urteil schärften. Mit dem *agreste Latium*, dem "bäuerischen Latium" meint *Horaz* also nicht die vorliterarische Phase Roms, sondern seine ersten, ungelenken dichterischen Versuche. Zur Überwindung dieses primitiven Stadiums trugen seiner Meinung nach die griechischen *artes* bei, die nach der Mitte des 2. Jahrhunderts v.Chr., spätesten nach 146 in verstärktem Umfange in Rom Eingang fanden, d.h. konkret: im Rahmen eines Unterrichts nach griechischem Vorbild vermittelt wurden. - Diese späte Phase der Vermittlung von Kulturgütern von Griechenland nach Rom hat er vor Augen, an deren Ende die literarischen Größen der ausgehenden Republik und beginnenden Kaiserzeit stehen. Diese Klassiker der römischen Literatur, Männer wie *Cicero*, *Catull*, *Livius*, *Vergil*, *Ovid*, *Properz*, *Tibull* und eben *Horaz* selbst, halten nach dem Urteil der Nachwelt jedem Vergleich mit ihren griechischen Vorbildern stand.

Das Bild vom "besiegten Griechenland, das durch seiner Künste Reiz den rohen Sieger (Rom) bezauberte", wie *Christoph Martin Wieland* die Worte des römischen Dichters wiedergibt,[5] begegnet beinahe in jeder modernen Darstellung, die Griechenlands Beitrag zu Roms kultureller Entfaltung zum Thema hat. Zumeist verstehen die Verfasser - anders als *Horaz* selbst - diese Worte in einem umfassenden Sinne, als verdanke Rom von Anfang an und ausschließlich Griechenland seine geistige Kultur, vor allem die Literatur.

2.1 Frühe griechische Einflüsse

Bereits lange Zeit vor der Mitte des 2. Jahrhunderts, im Grunde von seinen Anfängen an, hatte Rom Berührung mit griechischer Kultur, direkte über die benachbarten Griechenstädte im Süden, mehr indirekte über die Etrusker im Norden. Von den Griechen Süditaliens erhielten die Latiner und mit ihnen die Römer die Schrift, wie übrigens die übrigen italischen Völkerschaften auch. Grundlage für die italischen Schriften wurde das chalkidische Alphabet, das bei den Griechen Campaniens in Gebrauch war. Von diesem leiten sich zwei Gruppen von Alphabeten her, zum einen die etruskisch-umbrisch-oskische Gruppe, zum anderen die latinisch-faliskische. Das von Römern und Latinern benutzte Alphabet zählt zur zweiten Gruppe. Es gibt Anhaltspunkte dafür, daß es ihnen über die griechische Stadt Cumae (ca. 10km westlich von Neapel) vermittelt wurde. Damit leisteten die Griechen einen entscheidenden Beitrag zur Entstehung der römischen Schriftkultur.
Als frühestes, noch vorhandenes lateinisches Schriftzeugnis gilt die kurze Inschrift auf einer goldenen Fibel, die in Praeneste (in Latium gelegen, ca. 30km östlich von Rom) gefunden wurde. Sie lautet: *Manios med fhefhaked Numasioi* - "Manius hat mich gemacht für Numisius". Den Fundumständen nach ist sie ins 6. Jahrhundert v.Chr. zu datieren.[6] In der Mitte des folgenden Jahrhunderts, wohl 449 v.Chr., wurde das römische Stadtrecht schriftlich fixiert und auf 12 Tafeln auf dem Forum aufgestellt. Gerade dieser Vorgang deutet aber darauf hin, daß bereits um diese Zeit bei der stadtrömischen Bevölkerung die Lesefähigkeit in gewissem Umfange verbreitet war.

3. Schulgeschichtliche Notizen des *Livius* zur römischen Frühzeit

Hierzu scheint dann auch zu passen, daß sich bei dem Historiker *Livius* vereinzelte Notizen finden, die für Rom und andere Städte in seiner Umgebung die Existenz von Schullokalen sowie das Vorhandensein anderer Unterrichtsformen voraussetzen.[7] Allerdings sind diese Notizen jeweils in Erzählungen über eher legendenhafte Gestalten, nämlich *Verginia* und *Camillus*, eingebettet. Das macht ihre Verwertung für die frühe Schulgeschichte Italiens und Roms problematisch. Andererseits, wenn schon

die Geschichten, die *Livius* so unterhaltsam erzählt, kaum authentisch sind, so könnte er sie dennoch, was die erwähnten Schulen angeht, mit im Grunde zutreffendem zeittypischem Kolorit ausgeschmückt haben. Es handelt sich dem Kontext nach um Elementarschulen, in denen in erster Linie Lesen und Schreiben unterrichtet wurden. An der Existenz derartiger Schulen etwa ein Jahrhundert nach Einführung der Schrift in Latium, Rom und den Nachbarregionen zu zweifeln, besteht eigentlich auch kein Grund. An reine Fiktionen des *Livius* oder seiner Quellen möchte ich daher nicht glauben.
Anders liegen die Dinge dagegen bei der folgenden *Livius*-Nachricht. Wir lesen zum Jahre 310 v.Chr., innerhalb der Darstellung des 2. Samnitenkrieges (328-304 v.Chr.), die spannende Erzählung, wie ein Römer mit Namen *Fabius Caeso* oder *C. Claudius*, der mit etruskischen Sitten wohl vertraut war und vor allem ausgezeichnet Etruskisch sprach, im feindlichen Etrurien eine erfolgreiche Aufklärungsmission durchführte. Zur Erklärung bietet *Livius* dann diese antiquarische Notiz: "Ich habe Gewährsleute dafür, daß damals in Rom die Knaben, wie jetzt im Griechischen, üblicherweise im Etruskischen unterrichtet worden seien."[8] Diese Nachricht ist völlig vereinzelt und wird daher in der Forschung mit Skepsis aufgenommen.[9] Auch der Wortlaut des *Livius* vermittelt eher den Eindruck, als ob er selbst Zweifel an ihrer Glaubwürdigkeit hegte. In der Tat, es fällt zunächst schwer, sich vorzustellen, daß etruskischer Sprachunterricht Ende des 4. Jahrhunderts v.Chr. in Rom üblich war, vergleichbar dem Griechischunterricht zur Zeit des *Augustus*. Andererseits, die Etrusker waren den Römern näher als die Griechen; und für Griechischunterricht in Rom haben wir kaum ein halbes Jahrhundert später verläßliche Zeugnisse. Von daher könnte man wieder geneigt sein, die *Livius*-Stelle nicht von vorneherein zu verwerfen. - Soviel zur frühen römischen Schulgeschichte, wie sie sich im Werk des *Livius* spiegelt.
Für das 6. bis 4. Jahrhundert v.Chr. liegen also nur ganz vereinzelte Nachrichten zur römischen Schul- und Bildungssituation vor. Wir wissen, daß die Römer - nicht anders übrigens wie die ihnen benachbarten Italiker auch - von den süditalischen Griechen die Schrift übernahmen, für deren Gebrauch das früheste Zeugnis aus dem 6. Jahrhundert stammt. Wir wissen ferner, daß sie Mitte des 5. Jahrhunderts nach griechischem Vorbild ihr Stadtrecht kodifizierten und auf 12 Tafeln auf dem Forum öffentlich aufstellten. Wir haben schließlich bei *Livius* für das 5. und 4. Jahrhundert spärliche Notizen über Schulen in Rom und einigen Nachbarstädten. An zwei Stellen verweist *Livius* dabei ausdrücklich auf griechische Analogien.[10] Allerdings stellt die anekdotische Form der Notizen ihre historische Glaubwürdigkeit in Frage.
Bessere Informationen zur römischen Schul- und Erziehungsgeschichte, insbesondere auch was den griechischen Anteil daran betrifft, haben wir erst für die Zeit vom 3. Jahrhundert an. Auch diese Nachrichten sind dürftig. Aber wir erfahren doch wenigstens Namen wie auch detaillierte Einzelvorgänge, die historisch kontrollierbar sind bzw. deutliche Indizien geschichtlicher Realität aufweisen.

4. *Suetons* Schrift *De grammaticis et rhetoribus*

Eine schulgeschichtlich besonders aufschlußreiche Quelle für den uns hier beschäftigenden Zeitraum stellt das kleine Buch *De grammaticis et rhetoribus* des gelehrten Kaiserbiographen *C. Suetonius Tranquillus* dar, der unter Kaiser *Hadrian* (117-138) Kanzleichef (*ab epistulis*) war. Es war ursprünglich Bestandteil des ansonsten weitgehend verlorenen Werkes *De viris illustribus*, in dem *Sueton* außer Grammatikern und Redelehrern noch andere hervorragende Persönlichkeiten der römischen Literatur behandelt hatte, wie Dichter, Geschichtsschreiber, Redner und Philosophen.[11] Über die Anfänge der *grammatica* in Rom, d.h. die Einführung des höheren Unterrichts auf der 2. Stufe des dreistufigen griechischen Schulsystems, sagt *Sueton* zu Beginn von *De grammaticis et rhetoribus*: "In alter Zeit gab es in Rom praktisch keinen Grammatikunterricht, geschweige daß er in irgendeinem Ansehen gestanden hätte, war damals doch die Bürgerschaft noch naturwüchsig und kriegerisch, und hatte kaum in nennenswertem Maße freie Zeit für Gegenstände des höheren Unterrichts (*liberales disciplinae*). Auch war der Grammatikunterricht anfangs eher mittelmäßig, zumal die ältesten Lehrer, die in einer Person sowohl Dichter als auch Halbgriechen waren - ich denke an *Livius* und *Ennius*, von denen eigens angemerkt wird, daß sie in beiden Sprachen sowohl im Hause als auch öffentlich unterrichteten -, entweder (im Hause) nichts weiter als griechische Autoren behandelten oder aber, falls sie selbst etwas auf Latein verfaßt hatten, es (öffentlich) vorlasen."[12]
Mit Blick auf die eben erörterten *Livius*-Notizen ist zunächst interessant, daß *Sueton* für die Zeit, da die römische Bürgerschaft noch naturwüchsig und kriegerisch war, Bildungsinteressen keineswegs völlig verneint, sondern sagt, man habe kaum Muße für die *liberales disciplinae* gehabt. Nimmt man das "kaum Muße" ganz wörtlich, ginge *Sueton* sogar für die frühe Zeit von einem rudimentären Schulbetrieb aus. Insofern könnte man in der vagen Andeutung des kaiserzeitlichen Gelehrten sogar eine Stütze für *Livius* erblicken.
Das *initium mediocre*, die "eher bescheidenen Anfänge des höheren Schulunterrichts in Rom" macht *Sueton* im folgenden dann an zwei Namen fest, *Livius* (gemeint ist *Livius Andronicus*) und *Ennius*, die allerdings, was *Sueton* nicht sagt, was ihm aber sicher bekannt war, eine Generation auseinanderliegen.
Livius Andronicus[13] kam, wie wir aus anderen Quellen erfahren, nach der Eroberung Tarents im Jahre 272 v.Chr. als Kriegsgefangener nach Rom, unterrichtete als Sklave eines nicht näher bekannten *Livius* dessen Kinder, wurde für seine Verdienste freigelassen und führte danach eine eigene Privatschule, in der er griechische und lateinische Sprache lehrte. Da ein lateinisches Schulbuch fehlte, übersetzte er *Homer*s Odyssee in lateinische Saturnier. Noch *Horaz* mußte als Schulknabe einem prügelfreudigen Lehrer namens *Orbilius* die *carmina Livi* nachsprechen und auswendig lernen.[14] *Livius Andronicus* war es auch, der im Jahre 240 v.Chr. zum ersten Mal eine griechische Tragödie und Komödie in lateinischer Fassung öffentlich zur Aufführung brachte.

In gleicher Weise wie *Livius Andronicus* wirkte eine Generation nach ihm *Q. Ennius* (239-169 v.Chr.), als Lehrer. Bekannt wurde aber *Ennius* vor allem durch sein in Hexametern verfaßtes Epos *Annales*, das die römische Geschichte von der Einwanderung des *Aeneas* bis auf die eigene Gegenwart in 18 Büchern behandelte. Es wurde bald zum römischen Nationalepos und konnte diesen Platz behaupten, bis es durch die *Aeneis* des *Vergil* in dieser Funktion abgelöst wurde. Während *Livius Andronicus* für seine lateinische Bearbeitung der Odyssee den Saturnier gewählt hatte, ein nationalitalisches Versmaß, in dem vor allem die alten, urtümlichen sakralen Lieder verfaßt waren, bediente sich *Ennius* des Hexameters und führte damit das Versmaß der griechischen Nationalepik in die römische Literatur ein. Hierzu bemerkt der Literaturhistoriker *Martin Schanz*: "Durch ihn (gemeint ist *Ennius*) machte die Hellenisierung der römischen Literatur ihren bedeutsamsten Fortschritt." Für *Schanz* ist folglich das Jahr 204, an dem *Ennius* im Gefolge *Catos d.Ä.* von Sardinien nach Rom kam, ein Epochenjahr für die römische Literatur, nicht anders wie Jahrzehnte zuvor das Jahr 240, in welchem *Livius Andronicus* erstmalig lateinische Bearbeitungen griechischer Dramen öffentlich zur Aufführung brachte.[15]
Im Vergleich zu dieser hohen, modernen Einschätzung der Bedeutung des *Livius Andronicus* und des *Ennius* für die Entwicklung der römischen Literatur mag die distanzierte Haltung *Suetons* auf den ersten Blick verwundern, doch geht es ihm ja weniger um Literaturgeschichte als um die Anfänge des höheren Unterrichts in Rom. Und da ist nun interessant, daß *Sueton* noch einen zweiten Anfang für die *grammatica* bestimmt, den er offenbar mit Blick auf das *initium mediocre* des *Livius* und *Ennius* für den eigentlichen Beginn höheren Unterrichts in Rom hält.
Er sagt im Anschluß an das soeben Zitierte: "Der erste also, wie wir vermuten können, der Grammatikunterricht (*studium grammaticae*) in der Stadt einführte, war *Krates aus Mallos*, ein Zeitgenosse des *Aristarch*. Dieser *Krates*, zwischen dem zweiten und dritten Punischen Krieg, etwa zum Zeitpunkt des Todes des *Ennius* von König *Attalos*[16] an den Senat gesandt, hielt, nachdem er in der Gegend des Palatins kopfüber in die Öffnung eines Abzugskanals gestürzt war und sich dabei ein Bein gebrochen hatte, während der ganzen Dauer seiner Gesandtschaft und ebenso während der Zeit seiner Genesung zugleich viele Vorträge und erging sich beständig in Erörterungen und diente so den Unsrigen als Vorbild zur Nachahmung."[17]
Krates von Mallos war Anhänger der stoischen Philosophie und Haupt der grammatischen Schule von Pergamon und neben dem bei *Sueton* ebenfalls erwähnten *Aristarch von Samothrake* (217-145 v.Chr.), der in Alexandria wirkte, der bedeutendste Philologe dieser Zeit. Beide lagen in wissenschaftlichem Streit über die alte Frage, ob dem Prinzip der Analogie oder dem der Anomalie bei der Erkärung sprachlicher Phänomene die höhere Bedeutung beizumessen sei. Als Stoiker war *Krates* Verfechter der Anomalie. Von seinem stoischen Hintergrund erklärt sich ferner seine allegorisierende *Homer*erklärung. - Seine Bedeutung für die antike Literatur liegt aber weniger in seiner wissenschaftlich-philologischen Arbeit als vielmehr in der Nachwirkung seines Romaufenthalts vom Jahre 168 v.Chr.
Wenn wir Sueton folgen, bewirkte *Krates* durch seine zahlreichen Deklamationen und Disputationen, daß fortan in Rom die Arbeit und die Lehrtätigkeit der Gramma-

tiker sich auf einem wesentlich höheren Niveau bewegten. An die Stelle des bis dahin üblichen "einfachen erklärenden Übersetzens" (= *interpretari*) griechischer Texte sowie des "(öffentlichen) Vorlesens" (= *praelegere*) lateinischer Autoren trat nun ein differenzierteres Verfahren, nämlich die Kombination von:

a) "sorgfältigstem wiederholtem Überprüfen (der Texte)" (= *diligentius retractare*),
b) "Lesen" (= *legere*),
c) "Erklären" (= *commentari*) und
d) "Bekanntmachen" (= *notum facere*) lateinischer Texte.[18]

Damit wurden die von der griechischen Philologie entwickelten Verfahren professioneller Textbehandlung auf lateinische Autoren angewandt und in die römische Grammatikschule eingeführt.

In dieser Weise nahmen sich *C. Octavius Lampadio* und *C. Vargunteius* der Epen des *Naevius* (Ende 3. Jh. v.Chr.) und des *Ennius* an, *Laelius Archelaus* und *Vettius Philocomus* der Satiren des *Lucilius* (gest. 102 v.Chr.). Nach diesen vier Grammatiklehrern stellt *Sueton* bis zur augusteischen Zeit noch 20 weitere vor. Er beginnt mit *L. Aelius Stilo Praeconinus*, einem wohl um 150 v.Chr. geborenen römischen Ritter aus Lanuvium (ca. 30 km südöstlich von Rom), der zusammen mit seinem Schwiegersohn *Servius Clodius* den Grammatikunterricht, wie *Sueton* sagt, in jeder Richtung ordnete und erweiterte und sich darüberhinaus auf vielfache und verschiedene Weise in Staat und Wissenschaft betätigte.[19] So pflegte er z.B. für vornehme Senatoren Reden zu schreiben. - Aus anderen Quellen wissen wir, daß er das Zwölftafelgesetz sprachlich erklärte, das Corpus der Kommödien des *Plautus* sichtete und aus 130 Stücken nur 25 als echt ausschied und die Werke des *Ennius* und *Lucilius* herausgab. - *Aelius Stilo* gilt in der römischen Literaturgeschichte als "der erste Philologe im eigentlichen Sinne des Wortes" (*M. Schanz*).[20] Sein größtes Verdienst besteht nach *Eduard Norden* darin, die Methoden griechischer Sprachwissenschaft auf die lateinische Sprache übertragen zu haben.[21] *Norden* äußert übrigens die Vermutung, daß *Aelius Stilo* anläßlich eines Aufenthalts auf Rhodos im Jahre 100 v.Chr. mit dem dort lebenden bedeutenden griechischen Philologen *Dionysios Thrax* (um 170-90 v.Chr.) zusammentraf. *Dionysios Thrax* war Schüler des Alexandriners *Aristarch von Samothrake*, des bereits erwähnten Gegners des Pergameners *Krates von Mallos*.[22] Das würde bedeuten, daß in der Frühphase der römischen Philologie Anregungen aus beiden Zentren griechischer Sprachwissenschaft, d.h. Pergamon und Alexandrien, aufgenommen wurden. - Doch kehren wir zu *Sueton*s Schrift *De grammaticis et rhetoribus* zurück.

In der auf *Aelius Stilo* folgenden Zeit, d.h. nach 100 v.Chr. wuchsen die Beliebtheit der *ars grammatica* und das Interesse für sie mehr und mehr. Die Folge war, wie *Sueton* hervorhebt, "daß nicht einmal die angesehensten Männer es ablehnten, selbst irgendetwas (von Rang) darüber zu verfassen". Und zu gewissen Zeiten soll es über 20 berühmte Grammatikschulen in Rom gegeben haben.[23] Namen von Männern, die in höchstem Ansehen standen und über sprachwissenschaftliche Themen schrieben, nennt *Sueton* zwar nicht, aber man braucht sich nur an *Varro*, *Cicero* und *Caesar* zu erinnern, um seine Aussage bestätigt zu finden. Dagegen zeigt *Sueton* sich stärker interessiert an den Beziehungen, die einflußreiche römische Politiker - wie z.B. *Q.*

Lutatius Catulus, *Caesar*, *Cicero*, *Pompeius*, *Atticus*, *Maecenas* und *Augustus* - zu Grammatiklehrern pflegten, sei es daß sie ihre Dienste für sich oder Angehörige der Familie in Anspruch nahmen, sei es daß sie persönlich bestimmte Grammatiklehrer besonders förderten. Ferner erfahren wir aus *Sueton* etwas über persönliche Kontakte von Grammatiklehrern zu römischen Dichtern und Historikern, z.B. des *L. Ateius Philologus* zu *Asinius Pollio* und *Sallust* sowie des *Orbilius* zu *Horaz*.[24]
Damit sind wir wieder bei *Horaz*. Die Schilderung, die *Sueton* in *De grammaticis et rhetoribus* von der wachsenden Akzeptanz, die der höhere Unterricht nach griechischem Muster in Rom von der Mitte des 2. Jahrhunderts v.Chr. an erfuhr, entwirft, wirkt geradezu wie eine Konkretisierung der horazischen Aussage: "das eroberte Griechenland brachte seine Bildung ins bäuerische Latium".[25] Man erfährt bei *Sueton* nicht nur, wie dieser "Transfer" vor sich ging und wer daran beteiligt war, sondern man versteht mit seiner Hilfe auch die inneren, d.h. psychologischen und soziologischen Gründe seines Gelingens. - Den äußeren Rahmen bot die Einführung des höheren Lateinunterrichts nach griechischem Muster. Man edierte, las, analysierte und erklärte lateinische Autoren mit Hilfe der von der griechischen Sprachwissenschaft in ihren beiden Zentren - Pergamon und Alexandrien - seit mehr als einem Jahrhundert zu bedeutender Höhe entwickelten Methoden. Es hat den Anschein, daß dieser Unterricht in Rom von qualifizierten Lehrern angeboten und von begeisterungsfähigen Schülern angenommen wurde. Zum gesellschaftlichen Erfolg dieses Unterrichts trug nicht zuletzt entscheidend bei, daß die führenden Politiker Roms ihn nach Kräften förderten, Grammatiklehrer für sich selbst oder Mitglieder der Familie engagierten oder sich selbst dillettierend in grammatischer Schriftstellerei versuchten.
Die Früchte der hier skizzierten Entwicklung des lateinischen Grammatikunterrichts in Rom seit Mitte des 2. Jahrhunderts v.Chr. sind für uns am deutlichsten faßbar im Aufschwung der römischen Literatur, die gegen Ende der Republik und am Anfang der Kaiserzeit zur höchsten Blüte gelangt. Von einigen der bedeutendsten Dichter wie *Horaz* und *Vergil* wissen wir expressis verbis, daß sie den Unterricht des lateinischen Grammatiklehrers besuchten. Gleiches gilt für *Cicero*, *Caesar* und *Sallust*. Und für die anderen Klassiker dürfen wir Ähnliches durchaus voraussetzen. Gerade in den Werken der Klassiker aber brachten die Römer Leistungen hervor, die, literarkritisch betrachtet, den besten Schöpfungen der Griechen durchaus vergleichbar sind. - *Eduard Norden* charakterisiert das Verhältnis beider Literaturen zueinander mit folgenden Worten: "Die römische Literatur ist, wie sie allein schon durch ihre Lebensfähigkeit beweist, keine bloße Kopie der griechischen gewesen. Ihr eigenartiger Reiz liegt gerade darin, daß der griechische Aufzug durch den Einschlag original römischer Fäden zu einem besonderen Gewand umgewoben worden ist. In diesem Sinne als eine im bedingten Maße originale Nach- und Neuschöpfung der hellenistischen Weltliteratur gefaßt, hat die römische Literatur innerhalb dieser sogar einen hervorragenden Platz eingenommen: einem *Lukrez*, *Catull*, *Vergil*, *Horaz* und *Properz* sowie einem *Cicero*, *Sallust*, *Petron* und *Tacitus* hat die gleichzeitige Literatur in griechischer Sprache keine auch nur annähernd vergleichbare ... Namen an die Seite zu setzen."[26]

5. Schlußüberlegungen

Die schulische Erziehung beschränkte sich bei den Griechen nicht auf die literarischen Fächer. Die musischen und sportlichen Disziplinen traten in Theorie und Praxis des Unterrichts gleichrangig hinzu. Die umfassende Ausbildung und Enwicklung der sprachlichen, künstlerischen und körperlichen Möglichkeiten des Menschen ist geradezu ein Charakteristikum der mutterländisch griechischen wie auch später der hellenistischen Erziehung. Wenn wir uns daher bei der Erörterung griechischer Einflüsse auf die römische Erziehung ausschließlich auf den sprachlichen und literarischen Bereich beschränkten, bedeutet das eine Verkürzung der Betrachtung. Allerdings ist dieses Verfahren im vorliegenden Falle von der Sache her insofern vertretbar, als die Römer bei der Organisation ihrer Schulen von den Griechen im wesentlichen nur die literarischen Disziplinen übernahmen, eine Entscheidung, die letztlich noch im allgemeinen Schulsystem der Moderne nachwirkt, in dem die musischen und sportlichen Fächer eine unverkennbar untergeordnete Rolle spielen. Damit stellt sich natürlich die Frage, wieso die Römer sich gegenüber der musischen und sportlichen Erziehung der Griechen so auffällig distanziert verhielten.

Dieser Frage kann hier nicht näher nachgegangen werden. Es genügt, wenn wir durch sie darauf aufmerksam werden, daß die Römer offenbar nicht mechanisch und kritiklos griechische Einrichtungen übernahmen.[27] Im Gegenteil, gerade in der 2. Hälfte des 2. Jahrhunderts v.Chr. beobachten wir auf römischer Seite nicht nur Begeisterung für die griechische Kultur, sondern wir vernehmen auch entschiedene Warnungen vor der Gefahr griechischer Überfremdung (*Cato d.Ä.*) und hören von direkten staatlichen Maßnahmen speziell zur Beschränkung des griechischen Einflusses auf die römische Erziehung. So wurde im Jahre 161 v.Chr. durch Senatsbeschluß griechischen Philosophen und Rhetoriklehren der Aufenthalt in Rom untersagt. Im Jahre 92 v.Chr. erging ein censorisches Edikt gegen die lateinischen Rhetoriklehrer. - Im 2. Falle erfahren wir auch die Begründung, und zwar wieder bei *Sueton*: "Diese Neuerungen, die gegen Gewohnheit und Brauch der Vorfahren geschehen, werden weder für gut befunden noch scheinen sie recht zu sein" - *haec nova quae praeter consuetudinem ac morem maiorum fiunt neque placent neque recta videntur.*[28] *Sueton* stellt noch eigens fest, durch derartige, restriktive Maßnahmen hätte sich die Rezeption der Rhetorik schwieriger gestaltet als diejenige des Grammatikunterrichts. "Allmählich aber", so fährt er fort, "trat selbst die Rhetorik als nützlich und durchaus ehrenhaft in Erscheinung".[29] Zwei Kriterien also entschieden darüber, welche Errungenschaften der Griechen von den Römern übernommen wurden: sie durften nicht dem Herkommen, dem *mos maiorum*, widersprechen und mußten ihren praktischen Nutzen, ihr *utile*, unter Beweis stellen.[30]

Der Gesichtspunkt des praktischen Nutzens läßt sich noch präzisieren. Der Nutzen der Befassung mit griechischer Rhetorik lag für den römischen Redner nach *Sueton* u.a. darin, daß die Beobachtung ihrer Regeln ihm half, seine Redeziele durchzusetzen und so Ruhm, Ansehen zu gewinnen. - Damit sind wir bei der lateinischen Sprache als politischem Phänomen, zunächst in ihrer Rolle als Mittel der praktischen Politik.

Die Tatsache, daß sich ihre Effizienz mit Hilfe griechischer Grammatik- und Rhetoriklehren steigern ließ, erklärt in hohem Maße die konsequente Förderung eines höheren Unterrichts nach griechischem Muster durch führende Politiker der ausgehenden Republik und beginnenden Kaiserzeit. Sehr bald schon verbreitete sich dieses griechisch-römische Schulsystem über Italien hinaus in die Provinzen des Imperium Romanum und erwies sich zumal im Westen als wirksames Instrument der Romanisierung.

Es ist erstaunlich, wieviele bedeutende Vertreter der lateinischen Literatur der Kaiserzeit, soweit ihre Heimat überhaupt bekannt ist, aus den westlichen Provinzen Spanien und Gallien sowie aus Nordafrika stammen. So haben wir im 1. Jahrhundert der Kaiserzeit aus Spanien *Columella*, die beiden *Seneca*, *Lucan*, *Pomponius Mela*, *Quintilian* und *Martial*, aus Nordafrika für die Zeit vom 2. bis 5. Jahrhundert *Fronto*, *Apuleius*, *Gellius*, *Nemesian*, *Aurelius Victor*, *Macrobius* sowie die christlichen Autoren *Tertullian*, *Minucius Felix*, *Cyprian*, *Laktanz* und *Augustinus*. - In Gallien haben wir im 4. und 5. Jahrhundert *Ausonius*, *Eumenius*, *Sidonius Apollinaris*, *Rutilius Namatianus* und *Sulpicius Severus*.[31]

Aus dieser Auflistung von Namen bedeutender Literaten und ihrer Herkunftsprovinzen sollen hier keine weitreichenden Schlüsse gezogen werden. Sie soll hier lediglich als Indiz für die Verbreitung des griechisch-römischen Schulsystems in den westlichen und nordafrikanischen Provinzen des Imperium Romanum während der Kaiserzeit stehen. Dabei wird natürlich stillschweigend vorausgesetzt, daß die literarische Produktion der genannten Autoren auf eine gediegene Schulbildung in ihrer Jugend - zumindest - hindeutet; im Hinblick auf die Beobachtung rhetorischer Regeln und die Verwendung mythologischer Motive, wie sie für die antike Literatur typisch sind, muß man eine solche sogar voraussetzen. - Die literarischen, epigraphischen und archäologischen Zeugnisse für die Existenz von Schulen sowohl in Italien als auch besonders in den Provinzen während der Kaiserzeit sind, bezogen auf die Ausdehnung des Reiches, meines Erachtens eher spärlich. Zusammen mit dem oben kurz vorgestellten Befund, was die Herkunft bedeutender Autoren der römischen Literatur angeht, lassen sie aber doch darauf schließen, daß Schulen recht verbreitet waren. *Henri Irenée Marrou*, der auf diese Frage in seiner "Geschichte der Erziehung im klassischen Altertum" näher eingeht, kommt zu dem Ergebnis, "daß das gesamte Reich von einem ziemlich dichten Netz von Schulanstalten überzogen war. Fast überall gab es Elementarschulen, in den nur einigermaßen bedeutenden Mittelpunkten Grammatiker und dann auch Redner."[32]

Grad und Art der Verbreitung von Schulen im römischen Reich sind sicherlich Ergebnis bewußter kaiserlicher Schulpolitik, für die es vom 4. Jahrhundert an übrigens auch aufschlußreiche Belege in den Rechtsquellen gibt. Darüberhinaus bedeutet eine Schulsituation, wie sie *Marrou* schildert, aber auch, daß bei den Provinzbewohnern ein ausgeprägtes Interesse für die römische Schule und speziell für die lateinische Sprache vorhanden gewesen sein muß. Dieses Interesse erklärt sich leicht, wenn man bedenkt, daß das Lateinische für die Einwohner des gesamten außeritalischen Bereichs des Imperiums die Sprache von Eroberern war, die von vorneherein erkennen ließen, daß sie das in Besitz genommene Gebiet zu romanisieren und auf Dauer zu behaupten gedachten. Die Kenntnis des Lateinischen, der Verwaltungssprache des Imperiums, und der Besuch römischer Schulen waren für die Provinzialen von existentiellem Interesse.[33] Sie lernten auf diesem Wege nicht nur römische Lebensweise kennen und sich an dieselbe anzugleichen, sondern gewannen damit zugleich auch eine gute Voraussetzung zum Erwerb des römischen Bürgerrechts. - Ich denke, dieser politische und soziale Aspekt der Kenntnis der Lateinischen Sprache für die Provinzbewohner erklärt ganz entscheidend deren rasche Verbreitung vor allem im Westen, wo sie dann zur Voraussetzung der Entstehung der romanischen Sprachen wurde.

Der eigentliche Siegeszug des Lateinischen, ursprünglich nur die Sprache der Bewohner Roms und der eher kleinräumigen Landschaft Latium, begann allerdings bereits Jahrhunderte früher, und zwar in Italien. In dem gleichen Umfange wie Rom seine Herrschaft Schritt für Schritt über ganz Italien ausdehnte und in den verschiedensten Gegenden der Halbinsel Bürgerkolonien errichtete, erweiterte sich natürlich auch der Geltungsbereich der lateinischen Sprache. Am Ende des Bundesgenossenkrieges war das Lateinische unter Verdrängung der anderen italischen Sprachen zur alleinigen Verkehrssprache Italiens geworden.
Von daher ist es dann schon nicht mehr so verwunderlich, daß von den bedeutenden Dichtern und Prosaautoren der Republik und frühen Kaiserzeit außer *Iulius Caesar* keiner gebürtiger Stadtrömer war bzw. aus der unmittelbaren Umgebung Roms kam: *Vergil* stammte aus der Gegend von Mantua, der Historiker *T. Livius* aus Padua, *Catull* aus Verona [Norditalien], *Cicero* aus Arpinum, *Ovid* aus Sulmo, *Properz* aus Assisi (Asisium) [Mittelitalien], *Horaz* schließlich aus Venusia [Süditalien]. - Noch erstaunlicher ist aber, daß unter den wichtigen Autoren der frühen lateinischen Literatur sich einige befinden, für die Latein nicht die Muttersprache war. *Livius Andronicus* war Grieche, *Ennius* sprach von Haus aus Oskisch und Griechisch, *Terenz* war Afrikaner, gehörte der Rasse der Berber an. *Accius*, der bedeutendste Tragiker der Römer, war Umbrer. Für sie alle war Latein eine Fremdsprache. Wenn sie diese bis zur vollen Beherrschung erlernten, so daß sie darin literarisch wirken konnten, so werden sie ähnliche Motive geleitet haben, wie wir sie soeben im Falle der Angehörigen der eingeborenen Provinzbevölkerung diskutiert haben. Ich denke, es war die klare Einsicht in die wachsende Bedeutung, die dem Lateinischen mit dem Aufstieg Roms von der italischen Mittelmacht zur Großmacht des Mittelmeerraums zukam. Es ist nicht zuletzt dieses Politikum, das das Lateinische zur führenden Sprache Italiens und schließlich - neben dem Griechischen - zur Weltsprache des antiken Lebensraumes werden ließ.
Nach dem Sieg über Karthago im 1. Punischen Krieg im Jahre 241 v.Chr. trat Rom als gleichrangige Macht in den Kreis der hellenistischen Großstaaten ein. Eine Intensivierung seiner Beziehungen und Verbindungen zu diesen Staaten in Politik, Wirtschaft und Kultur war die Folge. Es ist von besonderem Interesse, daß in dieser Situation vornehme Römer die Geschichte ihres Volkes nach griechischem Vorbild erforschten und in griechischer Sprache vorlegten. Männer wie *Q. Fabius Pictor* (2. Hälfte 3. Jh. v.Chr.) und *L. Cincius Alimentus* (Ende des 3. Jh. v.Chr.), die bekann-

testen der sog. "älteren Annalisten",[34] sind hier in erster Linie zu nennen. Sie behandelten die Geschichte Roms von den ältesten Anfängen bis in ihre eigene Gegenwart. Nichts dokumentiert deutlicher die Weltgeltung der griechischen Sprache an diesem Wendepunkt der Entwicklung Roms, als der Umstand, daß seine frühesten Historiker sich ihrer bedienten.- Umso größer wiegt das Verdienst *Catos d.Ä.* (234-149 v.Chr.), der mit seinen *Origines* wenige Jahrzehnte später erstmalig eine römische Geschichte in lateinischer Sprache vorlegte, und zwar in der bewußten Absicht, so dem wachsenden griechischen Einfluß auf die geistige Welt der Römer entgegenzuarbeiten. *Cato* leitete damit in der lateinischen Literatur eine Entwicklung zur Eigenständigkeit ein. Am Ende dieser Entwicklung um die Zeit der Wende von der Republik zur Monarchie stand dann auch die Literatur der Römer gleichrangig neben der griechischen. Dadurch daß übrigens in der römischen Schule von Anfang an der Unterricht zweisprachig betrieben wurde, trug Rom nicht nur zum Weiterbestand des Griechischen im Osten bei, sondern darüberhinaus auch zu seiner Verbreitung im Westen des Imperiums. Schul- und erziehungsgeschichtlich gesehen, führten die Römer mit der Zweisprachigkeit ihrer Schule eine ganz neue Unterrichtsmethode ein, zweifelsohne mit dem Ziel, durch das Studium der Sprache und Literatur der Griechen Wesen und Kultur dieses für sie so bedeutsamen Nachbarvolkes besser kennenzulernen. - Sie sind damit Schöpfer einer Unterrichtsmethode, der auch und gerade in einem künftigen, neuen Europa bei einer Umgestaltung der Beziehungen der Nationen untereinander eine entscheidende praktische Rolle zukommen wird.

Anmerkungen

1 *Hor.* epist. 2,1, 156f.

2 Vgl. *Leggewie* (1961), 136.

3 Vgl. *Mattingly*, Coins of the Roman Empire in the British Museum I (1965), CCXXIVf., sowie 106ff.

4 Vgl. *Cohen*, Description des monnaies frappées sous l'empire romain, Bd, 1, 384-386, Nr. 224-246 *(Vespasian)*; vgl. auch 438-439, Nr. 107-119, *(Titus)* sowie 498, Nr. 318 *(Domitian)*. Bei der Domitianprägung schließt allerdings *Cohen* eine Fälschung nicht aus. - Unter *Domitian* begegnet im gleichen Sinne die Legende *GERMANIA CAPTA;* vgl. *Cohen*, Bd. 1, 482, Nr. 135-137.

5 Zitiert nach *Horaz*, Episteln - Lateinisch und Deutsch, übers. von *C.M. Wieland*, bearb. und hg. von *Gerhard Wirth* (1963. Rowohlts Klassiker, Lat. Lit. 5), 180.

6 *Dessau*, ILS 8561; vgl. *Bickel* (1961), 85.

7 *Liv.* 3,44 (449 v.Chr.: *Verginia*-Skandal; *ibi* (sc. auf dem Forum in Rom) *namque in tabernaculis litterarum ludi* [= "Grundschulen"] *erant*); - 5,27 (394 v.Chr.: Falerii; ein *magister* für die *liberi principum*); - 6,25 (381 v.Chr.: Tusculum; *Camillus ... vidit ... ludos litterarum strepere discentium vocibus ...*).

8 Vgl. *Liv.* 9,36,1-8, bes. 36,3.

[9] Vgl. *Livius*-Übersetzung von *Heinrich Dittrich*, Berlin u. Weimar 1978. Aufbau-Verlag, 411.

[10] *Liv.* 5,27,1; 9,36,3.

[11] Vgl. *Schanz/Hosius* III (1959 = 1922³), 48ff., bes. 55ff.

[12] *Suet.* gramm. 1: *grammatica Romae ne in usu quidem olim, nedum in honore ullo erat, rudi scilicet ac bellicosa etiam tum civitate, necdum magnopoere liberalibus disciplinis vacante, initium quoque eius mediocre exstitit, siquidem antiquissimi doctorum qui idem et poetae et semigraeci erant - Livium et Ennium dico quos utraque lingua domi forisque docuisse adnotatum est - nihil amplius quam Graecos interpretabantur, aut si quid ipsi Latine conposuissent praelegebant.*

[13] Zur Bedeutung des *Livius Andronicus* für die Anfänge des römischen Schulwesens vgl. auch *Rösger* (1989), 119ff.

[14] *Hor.* epist. 2,1, 69-71.

[15] Vgl. *Schanz/Hosius* I (1959 = 1927⁴), 96 *(Ennius)*, 46-49 *(Livius Andronicus)*

[16] Hier liegt ein Irrtum *Suetons* vor. Es war der pergamenische König *Eumenes II.* (197-160/59 v.Chr.), der *Krates* in diplomatischer Mission nach Rom sandte. - Zum historischen Hintergrund vgl. *Bengtson, H.*, Grundriß der römischen Geschichte (München 1967), 124-136.

[17] *Suet.* gramm. 2: *Primus igitur, quantum opinamur, studium grammaticae in urbem intulit Crates Mallotes, Aristarchi aequalis, qui missus ad senatum ab Attalo rege inter secundum ac tertium Punicum bellum sub ipsam Ennii mortem, cum regione Palatii porlapsus in cloacae foramen crus fregisset, per omne legationis simul et valitudinis tempus plurimas acroasis subinde fecit adsidueque disseruit ac nostris exemplo fuit ad imitandum.*

[18] Zu *Krates* vgl. auch *Pfeiffer* (1978²), 290ff. bes. 299.

[19] *Suet.* gramm. 3: *instruxerunt auxeruntque ab omni parte grammaticam L. Aelius Lanuvinus generque Aelii Ser. Clodius, uterque eques Romanus multique ac varii et in doctrina et in re publica usus.*

[20] *Schanz/Hosius* I (1959 = 1927⁴), 232.

[21] *Norden* (1961⁶) 27.

[22] s.o.S. 67.

[23] *Suet.* gramm. 3,4: *posthac magis ac magis et gratia et cura artis increvit ut ne clarissimi quidem viri abstinuerint quo minus et ipsi aliquid de ea scriberent utque temporibus quibusdam super viginti celebres scholae fuisse in urbe tradantur.*

[24] *Suet.* gramm. 10 *(L. Ateius Philologus)* u. gramm. 9 *(Orbilius)*.

[25] Interessant ist, daß der kaiserzeitliche Autor - anders als *Horaz* - die Geberrolle Griechenlands nicht eigens hervorhebt. Sie ist aus seinem Text nur indirekt zu erschließen.

[26] *Norden* (1961⁶) 12.

[27] Dieser Meinung ist offenbar *Marrou* (1957), 389ff. Er sieht in der römischen Erziehung von der Mitte des 3. Jhs. v.Chr. an "lediglich ... eine unmittelbare Spiegelung, eine genaue Nachahmung der griechischen" (389). Dabei verkennt er m.E. die schulgeschichtlich nicht hoch genug zu veranschlagende Bedeutung der Einführung des zweisprachigen Unterrichts durch Rom.

[28] *Suet.* gramm. 25,1.

[29] *Suet.* gramm. 25,2: *paulatim et ipsa* (sc. *rhetorica*) *utilis honestaque adparuit multique eam et praesidii causa et gloriae adpetiverunt.*

[30] Zum Gesichtspunkt des praktischen Nutzens der griechischen Mathematik nach römischem Verständnis vgl. *Cic.* Tusc. 1,5: *in summo apud illos* (sc. *Graecos*) *honore geometria fuit, itaque nihil mathematicis inlustrius; at nos metiendi ratiocinandique utilitate huius artis terminavimus modum.*

[31] Vgl. hierzu die sehr anschauliche kartographische Erfassung "Schriftsteller und Gelehrte des lateinischen Sprachgebietes" in: Bildatlas der klassischen Welt, hg. von *A.A.M. van der Heyden*, deutsche Ausgabe von *Hans E. Stier* (Stuttgart, Zürich, Salzburg o.J.), 186.

[32] *Marrou* (1957), 425ff.; hier: 431. - Für Nordafrika liegt inzwischen die Untersuchung des römischen Schul- und Bildungswesens aus der Feder von *Konrad Vössing* vor: "Untersuchungen zur römischen Schule - Bildung - Schulbildung im Nordafrika der Kaiserzeit" (Aachen 1991). Unter Berücksichtigung des gesamten ihm erreichbaren literarischen, epigraphischen und archäologischen Materials zeichnet der Verfasser in seiner von *Harmut Galsterer* angeregten und betreuten Dissertation ein sehr detailliertes Bild der Schulsituation im römischen Afrika der Kaiserzeit. - Da die Arbeit nach dem Ichenhausen-Symposion 1991 erschien, konnte ich die Ergebnisse von *K. Vössing*, für die Abfassung meines Beitrags leider noch nicht berücksichtigen.

[33] Besonders aufschlußreich ist in diesem Zusammenhang das frühe Zeugnis des Historikers *Tacitus* in seinem Werk *Agricola*, demzufolge die Söhne der vornehmen Britannier sich bereits wenige Jahrzehnte nach Inbesitznahme ihrer Insel durch die Römer für deren höhere Schulbildung *(studia liberalia)* praktisch zu interessieren begannen und in diesem Bemühen, wie *Tacitus* eigens feststellt, die Gallier noch übertrafen (Agr. 21).

[34] Vgl. hierzu *Schanz/Hosius* I (1959 = 1927^4), 168ff.

Literaturverzeichnis

Bickel, E. (1961^2): Lehrbuch der Geschichte der römischen Literatur. Heidelberg

Leggewie, O. (Hg.) (1961^{12}): Henses griechisch-römische Altertumskunde. Ein Hilfsbuch für Schüler und Studierende. Münster

Marrou, H.-I. (1957): Geschichte der Erziehung im klasssischen Altertum. Übers. v. Ch. Beumann, hg. v. R. Harder. Freiburg

Norden, E. (1961^6): Die römische Literatur. Leipzig

Pfeiffer, R. (1978^2): Geschichte der Klassischen Philologie. Von den Anfängen bis zum Ende des Hellenismus. München

Rösger, A. (1989): Lehrer und Lehrerbildung im Imperium Romanum, In: von Hohenzollern, J.G./ Liedtke, M. (Hg.): Schreiber, Magister, Lehrer. Zur Geschichte und Funktion eines Berufstandes. Bad Heilbrunn (Schriftenreihe zum Bayerischen Schulmuseum Ichenhausen), 119-130

Schanz, M./ Hosius, C. (1914ff.): Geschichte der römischen Literatur, Bd. I (1927^4), Bd. III (1922^3). München

Vössing, K. (1991): Untersuchungen zur römischen Schule - Bildung - Schulbildung im Nordafrika der Kaiserzeit. Aachen

Thomas Frenz

Europäische Bildungstendenzen der Karolingerzeit

Die Bildung der Karolingerzeit[1] spielte sich gewissermaßen auf zwei Ebenen ab, die miteinander nur wenig Berührung hatten. Zunächst einmal ist ein sehr hohe, elitäre Ebene zu beobachten, auf der eine kleine Zahl von Gelehrten bedeutende Einzelleistungen erbrachten. Diese Ebene konzentrierte sich um den Hof *Karls des Großen* - später auch *Ludwigs des Frommen* und *Karls des Kahlen* - und die mit dem Hof in näherem Kontakt stehenden Klöster und wird gern auch als die "Akademie" *Karl*s bezeichnet. Ihre Leistungen sind ausgiebig erforscht worden, und an sie denkt man zuerst, wenn von Bildung zur Karolingerzeit die Rede ist, wobei die Herkunft ihrer Teilnehmer aus dem gesamten Reich *Karl*s *des Großen* sowie aus Spanien und von den britischen Inseln eine europäische Dimension entstehen läßt. Daneben gab es aber eine zweite, weitaus bescheidenere Ebene der Bildung - oder besser: der Ausbildung - und des Schulwesens, auf der mit geringen Mitteln nur geringe Ergebnisse erzielt werden konnten: die Kloster-, Stifts-, Kathedral- und evtl. auch Pfarrschulen[2], an denen wenige Schüler in der Regel von einem einzigen Lehrer unterrichtet wurden[3]. Nur diese zweite, nicht elitäre Ebene ist Gegenstand der folgenden Überlegungen[4].

1. Kontinuität von der Antike zum Mittelalter?

Das mittelalterliche Bildungswesen entwickelte sich, auf den ersten Blick gesehen, in ungebrochener Kontinuität aus den antiken Verhältnissen: die Unterrichtssprache blieb die gleiche (das Latein); die Lehrbücher blieben die gleichen (es genügt, an das Dreigestirn *Donat*, *Priscian* und *Martianus Capella* zu erinnern); und auch der Fächerkanon der *septem artes liberales* blieb erhalten. Man könnte erwarten, daß auch die Bildungsziele die gleichen blieben. Tatsächlich war die Kontinuität nur eine scheinbare, denn vier wesentliche Bedingungen der Bildung hatten sich geändert: der Bildungsträger, die Sprache, die staatlich-politische Situation und ganz allgemein die Rolle der Schriftlichkeit.

1.1 Geänderte Rahmenbedingungen

Bildungsträger waren nicht mehr weltliche Rhetorenschulen, sondern christliche Klosterschulen, was auf das Bildungsziel nicht ohne Einfluß bleiben konnte. Hauptaufgabe der Klöster ist ja die *laus perennis*, der ununterbrochene Gottesdienst. Dieser Aufgabe hatte sich der Unterricht unterzuordnen. Bezeichnenderweise ist in der Regel des hl. *Benedikt* von einer Klosterschule an keiner Stelle die Rede. Auch der Gegenstand des Unterrichts änderte sich teilweise - bei gleichbleibender Benennung -: der Rhetorikunterricht, dessen ursprüngliches Ziel mit dem Ideal klösterlicher Stille und Demut nicht vereinbar ist, wurde schriftlich und lehrte jetzt das Abfassen von Briefen etc. Charakteristisch ist auch das Umdeuten der Bezeichnung "freie" Künste *(artes liberales)* zu "Buchwissenschaften" (*liberalis* dann abgeleitet von *liber* = Buch).
Noch wichtiger sind aber die geänderten sprachlichen Verhältnisse: zwar war die Unterrichtssprache weiterhin das Latein, aber diese Sprache war nicht mehr, wie in der Antike, die Muttersprache der Schüler, sondern eine Fremdsprache, die erst erlernt werden mußte. Man hat zutreffend gesagt, der gebildete Mensch des Mittelalters sei zweisprachig gewesen: er habe eine Muttersprache gehabt, das Hoch- und Niederdeutsche, Französische, Provenzalische, Italienische usw. (um nur die im Reich *Karls des Großen* üblichen Sprachen zu nennen) - und eine "Vatersprache", das Latein[5]. Die Rolle dieser "Vatersprache" war aber in den verschiedenen Gegenden Europas nicht dieselbe: in den germanischen Gebieten war das Latein eine völlige Fremdsprache; in den französischen Gebieten war es zwar auch eine Fremdsprache, die aber doch vielfältige Erinnerungen an die Volkssprache weckte; in Italien lagen Volkssprache und Latein noch so nahe beieinander, daß es zu ständigen Interferenzen kam[6]. So entstand allein durch das unterschiedliche Verhältnis der Muttersprache zum Latein eine regional differenzierte Bildungssituation[7].
Weiterhin hatte sich auch die politische Lage wesentlich geändert: die Schulen lagen nicht mehr in einem großen Staatsgebilde, in dem die lateinische Bildung in einem friedlichen Wettstreit mit der griechischen stand, sondern in verschiedenen Staaten. Auch das expandierende Frankenreich umfaßte immer nur einen Teil des lateinischen Kulturkreises, der seinerseits durch einen immer tieferen Graben vom griechischen Osten getrennt wurde.
Schließlich änderte sich auch die Rolle der Schriftlichkeit schlechthin, vor allem in den germanischen Gebieten. Dies läßt sich sehr deutlich an den Formen ablesen, in denen Rechtsgeschäfte abgeschlossen wurden: Handlung und Symbol nahmen die Stelle der Urkunde ein. Der Umschwung zugunsten erneuter Schriftlichkeit trat erst im 12. Jahrhundert ein, und auch da erst, als durch die zunehmende Verwendung der Siegel ein materielles Beglaubigungsmittel den geschriebenen Text ergänzte. Von daher trafen die Bemühungen der Klosterschulen um eine schriftliche Bildung dort auf eine eher unfreundliche Aufnahme.

1.2 Resonanz der geänderten Situation in der Schriftgeschichte

Die regionalen Unterschiede lassen sich zuerst in der Schrift erkennen[8]. Die lateinische Schrift war im antiken römischen Reich völlig einheitlich[9]; es ist nicht möglich, eine antike Inschrift oder Handschrift allein aufgrund der Schrift geographisch einzuordnen. Nach dem Zusammenbruch des antiken Römischen Reiches brach diese Schrifteinheit ebenfalls zusammen und machte regionalen Schriftprovinzen Platz, den sog. Nationalschriften[10]. In der zweiten Hälfte des 8. Jahrhunderts setzte dann aber eine Gegenbewegung ein. Es kam auf dem Kontinent zu einem erneuten Vereinheitlichungsprozeß, der heute noch nachwirkt; sein Ergebnis wird heute noch als Druckschrift verwendet: die karolingische Minuskel[11]. Die Vereinheitlichung der Schrift lief dabei zeitlich zur Entstehung des karolingischen Großreiches unter *Pippin* und vor allem *Karl dem Großen* parallel[12]. Sofort stellt sich die Frage: war dieser zeitliche Gleichlauf Zufall, oder spiegelt er eine kulturpolitische Aktivität wider, etwa in dem Sinne, daß *Karl* seinen entstehenden Vielvölkerstaat durch eine gemeinsame Kultur zu einigen versuchte? Ergänzend sei darauf hingewiesen, daß die karolingische Minuskel zunächst nur im Reich *Karl*s gebraucht wurde und erst mit erheblicher zeitlicher Verzögerung auch nach England und Spanien vordrang; im Herzogtum Benevent, das der karolingischen Eroberung des Langobardenreiches entging und sich seitdem als Träger der national-langobardischen Tradition fühlte, ist die karolingische Minuskel niemals rezipiert worden.

2. Die Konzeption der Bildungs- und Schulpolitik *Karls des Großen*

Die zuletzt angedeutete mögliche Parallelität zwischen der Entstehung der karolingischen Minuskel und der Konzeption einer Bildungspolitik führt zur zentralen Frage unserer Überlegungen: welche Kulturpolitik - und damit verbunden: welche Schulpolitik - betrieben *Karl der Große*, sein Vorgänger und seine Nachfolger?

2.1 "Karolingische Renaissance"

Die Antwort scheint nahe zu liegen: jener Vorgang, den man als "karolingische Renaissance" zu bezeichnen pflegt: *Karl der Große* habe auf seinen Eroberungszügen nach Italien die antike Kultur kennen und schätzen gelernt. Er habe diese Kultur in seine übrigen Reichsteile übertragen, vor allem nach dem Vorbild der antiken Autoren die Literatur erneuern und das verwilderte Merowingerlatein reformieren wollen. Besonders durch die Kaiserkrönung sei er in diesem Plan angespornt worden. Als geistiges Zentrum hätten die Hofschule[13] und die Hofbibliothek in Aachen und die Akademie *Karl*s gedient. Die karolingische Minuskel schließlich sei die ästhetisch adäquate Schrift für dieses Programm gewesen. Die zahlreichen Erlasse *Karl*s[14] zu

Bildungsfragen hätten die Durchführung dieses Plans zum Ziel gehabt; vereinzelt wird *Karl* sogar die Idee einer allgemeinen Schulpflicht zugeschrieben.
Im Sinne unserer Fragestellung wäre dies der geradezu klassische Fall eines überregional konzipierten, vom Staat einheitlich gelenkten Bildungsprogramms, das von einer Zentrale mit Vorbildfunktion aus in die Provinzen ausstrahlen sollte. Es gibt dafür sogar ein Beispiel: als Bischof *Arn* von Salzburg vom Hofe aus in seine Diözese abgeordnet wurde, hat er dort nicht nur eine Synode abgehalten, um *Karl*s Anweisungen in die Praxis umzusetzen, sondern er bekam gleich auch ein Paket vorbildlicher Bücher von Aachen aus mit auf die Reise.
Diese Theorie der "karolingischen Renaissance" ist schon im 19. Jahrhundert aufgestellt worden[15]. Ihre besondere Attraktivität entfaltete sie aber in den 50er und 60er Jahren unseres Jahrhunderts. Die alte EWG war ja genau mit dem Reich *Karls des Großen* identisch[16], sogar die Ostgrenze an der Elbe stimmte überein. *Karl* erschien somit als der Europäer schlechthin[17], als Vorbild einer Einigung Europas durch gemeinsame Kultur. Nicht von ungefähr wurde 1949 in Aachen ein "Europäischer *Karl*spreis" gestiftet. Freilich bedeutete dies eine bedenkliche Einschränkung des Begriffs Europa auf Westeuropa und brachte die Gefahr mit sich, die östlich des *Karl*sreiches gelegenen Gebiete Mittel- und Osteuropas einfach zu ignorieren[18].

2.2 Bedenken gegen diese Theorie

Gegen die Theorie von der "karolingischen Renaissance" sind schon frühzeitig Bedenken laut geworden, aber sie findet sich bis heute in einer ganzen Reihe von Handbüchern[19], Biographien *Karls*[20] und auch Schulbüchern, auch wenn der Ausdruck selbst meist vermieden wird. Erstaunlicherweise lassen auch jene Autoren, die sie nicht oder nicht mehr vertreten, oft durchblicken, daß sie nur mit Bedauern von ihr abgerückt sind.[21] Die Diskussion soll hier nicht im Detail referiert, sondern es sollen nur einige Punkte genannt werden, die gegen die Theorie sprechen:

1. die kulturellen Zustände in Italien selbst waren keineswegs so vorbildlich, wie die Theorie unterstellt. Der grammatische Zustand des Lateins war, aus den oben angeführten Gründen, beträchtlich von der klassischen Norm entfernt. Die Texte, die z.B. Papst *Hadrian I.* an den Hof *Karl*s sandte, lösten deshalb dort Befremden aus, und auch das aus Italien stammende Mitglied der karolingischen Bildungselite, der Langobarde *Paulus Diaconus*, schrieb durchaus keinen ciceronianischen Stil;
2. die Rolle von Hofschule und Akademie ist umstritten. Die Existenz einer Hofschule *Karl*s ist nicht bewiesen, einige Autoren leugnen, daß es sie gegeben hat.[22] Auch die Zielsetzung der Akademie erscheint in anderem Licht, wenn man folgendes bedenkt: die Mitglieder der Akademie führten Pseudonyme, mit denen sie einander anredeten; beispielsweise[23] war *Alcuin "Flaccus"*, (d.h. *Horaz*), *Angilbert "Homer"*, *Moduin von Autun "Naso"*, (d.h. *Ovid*), *Theodulf "Pindar"* usw. Für *Karl* selbst sollte man entsprechend *Romulus* oder *Oktavian* oder etwas Ähnliches erwarten; er führt aber den biblisch-christlichen Namen *"David"* [24].

Auch einige andere Mitglieder wählten biblische oder christliche Namen, so *Einhard "Beseleel"* [25], *Arn von Salzburg "Aquila"* [26] und die teilnehmenden Töchter *Karl*s *Gisela "Lucia"*, *Rotrud "Columba"*. Die Intention war also offenbar auf anderes gerichtet als nur die heidnische Antike;

3. wo müßte das Bemühen um die klassischen Formen des Lateins Früchte getragen haben, wenn nicht dort, wo *Karl* den unmittelbarsten Einfluß ausüben konnte, nämlich in seinen eigenen Gesetzen (den Kapitularien) und Urkunden? Aber gerade dort ist das Latein besonders nachlässig[27]. Es kommt vor, daß ein Text, der den Empfänger zur Beachtung der grammatischen Regeln auffordert, selbst voller Sprachfehler steckt. Erst ganz allmählich tritt hier im Laufe des 9. und 10. Jahrhunderts eine Besserung ein;
4. das Gleiche gilt für die Schrift: *Karl*s Urkunden sind nicht in karolingischer Minuskel geschrieben, sondern in der traditionellen, schwer lesbaren und oft mehrdeutigen merowingischen Kursive. Zwar ist unter *Ludwig dem Frommen* eine gewisse Tendenz zu disziplinierteren und klareren Formen zu beobachten, aber die karolingische Minuskel wird in die Urkunden erst unter *Ludwig dem Deutschen* 859 durch den berühmten Notar *Hebarhard* eingeführt[28], im Westfrankenreich sogar noch später.

2.3. Eigene Aussagen Karls des Großen und seiner Zeitgenossen über ihre Absichten

Welche Aussagen machten nun *Karl der Große* und sein Zirkel selbst über die Ziele der Bildungspolitik? Theoretische Äußerungen fehlen; vielmehr gibt es nur praktische Anweisungen, Schulen *(scholae)* [29] zu errichten. Die *Admonitio generalis* zählt auf, welche Bücher eine solche *schola* besitzen solle: *psalmos*, *notas*, *cantus*, *compotum*, *grammaticam* [30]. Es fällt auf, daß nur Werke für den liturgischen Gebrauch und den bescheidensten Lateinunterricht genannt sind, aber keine Bücher für die eigentlichen *artes*. Die *Epistola de litteris colendis* fordert, unter Hinweis auf den schlechten grammatischen Zustand der am Kaiserhof einlangenden Schreiben, zur Intensivierung des Lateinunterrichtes auf.[31] Wiederum die *Admonitio generalis* verlangt, die Schulbücher sorgfältig von Fehlern zu reinigen, *quia saepe, dum bene aliqui deum rogare cupiunt, sed per inemendatos libros male rogant.* [32] War Gott in den Augen *Karl*s *des Großen* also ein Lateinlehrer, der Grammatikfehler durch Nichterhörung der Gebete bestrafte? Die Vorstellung erscheint befremdlich, aber es gibt einen Beleg dafür, daß man damals, und sogar an einflußreicher Stelle, tatsächlich in dieser Weise gedacht hat. Aus einem Schreiben von Papst *Zacharias* an *Bonifatius* [33] aus dem Jahre 746 geht hervor, daß ein bayerischer Priester aus mangelnder Kenntnis der lateinischen Grammatik die Taufe mit folgender Formel spendete:*Ego te baptizo in nomine patria et filia et spiritus sancti*. *Bonifatius* erklärte die so gespendeten Taufen für ungültig und ordnete an, die Täuflinge ein zweites Mal mit der grammatisch richtigen Formel zu taufen.[34] Die Maßnahme offenbart bei näherer Betrachtung geradezu magische Vorstellungen: die Wirksamkeit des Sakramentes hängt ab vom exakten Vollzug des Ritus' bis hinein in die lautliche Gestalt der gesprochenen Formel.[35]

Die Quellen bieten also keinen Hinweis darauf, daß *Karl* ein *philologisches* Interesse am antiken Latein hatte.[36] Seine Sorge galt, so müssen wir schließen, nicht der Verbesserung des Lateins als solchem, sondern speziell dem *Latein in der Liturgie:* es sollte gewährleistet sein, daß der Gottesdienst in sprachlich exakter und damit wirksamer Form durchgeführt wurde;[37] die karolingische Minuskel war dabei die Schrift, die diese Texte in absolut eindeutiger Weise wiedergibt.[38]

3. *Karl*s Bildungs- und Schulpolitik in der Praxis

Die im vorigen Abschnitt aufgestellte These kann überprüft werden, indem man fragt, ob die damaligen Schulen - nach allem, was wir von ihnen wissen - dieses Ausbildungsprogramm leisten konnten. Weitere Tests lassen sich aus der Rolle der karolingischen Minuskel sowie aus der Frage ableiten, ob sich die Bemühungen um die sprachliche Exaktheit des Lateins in der Liturgie in den größeren Zusammenhang der karolingischen Politik einordnen lassen.

3.1 Leistungsfähigkeit der frühmittelalterlichen Schulen

Eingangs wurde auf das Problem der Unterrichtssprache hingewiesen: der Unterricht erfolgte in einer Sprache,[39] die die Schüler bei ihrem Schuleintritt noch nicht beherrschten. Die Ausbildung mußte also mit einem lateinischen Sprachunterricht beginnen. Die Form dieses Sprachunterrichtes war allerdings für heutiges Empfinden mehr als befremdlich: man ließ einfach ein gewisses Quantum lateinischer Texte (vornehmlich die Psalmen) auswendig lernen - Texte wohlgemerkt, die der Schüler inhaltlich noch gar nicht verstand -, und anhand dieser Texte erfolgte der Lese- und Schreibunterricht. Erst nach diesem Elementarunterricht, der mehrere Jahre dauern konnte, folgte der eigentliche lateinische Sprachunterricht mit Grammatik und Lektüre und schließlich der Unterricht in den übrigen *artes* von *trivium* und *quadrivium*. Man darf sich aber dabei keinen Illusionen hingeben: die ganz überwiegende Mehrzahl der Schüler kam gar nicht so weit, sondern blieb zeitlebens auf der Stufe stehen, daß sie die Texte zwar richtig lesen und vorlesen konnten, die grammatischen Beziehungen der Wörter zueinander aber nicht durchschauten.[40] Es gibt Hinweise darauf, daß selbst Prälaten und ganze Klöster nicht wußten, was sie während der Liturgie eigentlich vortrugen.[41] Gegen den Unterricht in den *artes* gab es außerdem nach wie vor religiöse Vorbehalte: ihr heidnischer Ursprung war unvergessen; gerade die verschiedenen Reformbewegungen sprachen sich deshalb gegen den höheren Unterricht aus, weil er den Mönch von seiner eigentlichen Aufgabe, der *laus dei perennis*, ablenke.

3.2 Die karolingische Minuskel als liturgische Schrift

Dafür, daß die karolingische Minuskel als ausgesprochen *liturgische* Schrift empfunden wurde, gibt es aus etwas späterer Zeit einen interessanten Beleg. Im 10. und 11. Jahrhundert drang sie auch ins christliche Spanien vor. Sie traf dort auf die sog. westgotische Schrift, wodurch es zu einer Konkurrenzsituation kam, die schließlich im Jahre 1090 auf einer Synode in León bereinigt wurde. Die radikale Lösung, die westgotische Schrift ganz abzuschaffen, drang zwar nicht durch, aber es wurde bestimmt, daß liturgische Bücher künftig nur noch in karolingischer Minuskel geschrieben werden dürften.[42]

3.3 Einordnung in den größeren Zusammenhang der karolingischen Politik

*Karl*s Bemühungen um das Latein lassen sich in die größeren Zusammenhänge seiner Politik einordnen. Nicht erst er, sondern schon sein Vater *Pippin* haben sich intensiv darum bemüht, die Kirche und ihre wichtigste Tätigkeit, den Gottesdienst, in ihrem ganzen Reich zu vereinheitlichen, und zwar nach römischem Vorbild. Daß gerade die römische Liturgie gewählt wurde, sollte nicht irgendwelchen Zentralisierungsbestrebungen der Päpste[43] dienen, sondern lag daran, daß in Rom der heilige *Petrus* seinen Sitz hatte, der mächtigste Heilige, als dessen spezielle Söhne sich die Franken ja ansahen. Unter *Pippin* ging es zunächst hauptsächlich darum, die römische Singweise, *cantilena Romana*, zu übernehmen.[44] Als Folge der technischen Schwierigkeiten ist das Unternehmen quellenmäßig gut belegt: da es im 8. Jahrhundert noch keine eindeutige Notenschrift gab und die Melodien nur mündlich tradiert werden konnten, mußte *Pippin* entweder Lehrer aus Rom kommen lassen, die die Franken in der *cantilena Romana* unterrichten sollten, oder fränkische Kleriker nach Rom schicken, die dort lernen und später das Gelernte in der Heimat weitergeben sollten.[45] Beides ist geschehen und hat zu einem Briefwechsel zwischen dem fränkischen und dem römischen Hof geführt, der erhalten ist. In Metz, dem Stammbistum der Karolinger, wurde eine Sängerschule eingerichtet, die die neue Singweise an die anderen Bistümer weitergeben sollte und ausdrücklich als normsetzend galt. Unter *Karl*, der im übrigen die Leistungen seines Vaters auf diesem Gebiet ausdrücklich würdigt, trat dann die Sorge um das Wort in den Vordergrund. In diesen Zusammenhang gehören z.B. die Bibelrevision *Alkuin*s und die Musterpredigtsammlung des *Paulus Diaconus*. Mit den positiven Maßnahmen gingen auch negative einher, d.h. die Zerstörung der Handschriften, die nicht der neuen Norm entsprachen.[46] Gleiche Singweise, gleiche Texte, gleiche Aussprache: das Unisono des liturgischen Gebetes im ganzen Frankenreich sollte also ein vollkommenes sein. War es wirklich denkbar, daß Gott einem derart eindringlichen Gebet seine Erhörung verweigerte? Zwei Umstände sollen aber nicht verschwiegen werden:

1. *Karl*s Maßnahmen dienten der Sorge für *seine* Macht und für den Bestand *seines* Staates. Das Seelenheil der einzelnen Untertanen lag außerhalb seines Blickwinkels;

2. die religiöse Vereinheitlichung verfolgte auch einen rein politischen Zweck: *Karl*s Reich war ein inhomogener Vielvölkerstaat, in dem Franken, Aquitanier, Sachsen, Thüringer, Alemannen, Bayern, Langobarden und Römer jeweils nach eigenem Recht lebten. Diese Ordnungen konnte auch der König nicht antasten. Die Kirche war deshalb das einzige Gebiet, auf dem sich eine einheitliche Struktur schaffen und über diese Struktur auch Macht ausüben ließ. Das Musterbeispiel dafür bietet die Neuordnung der bayerischen Kirche durch *Bonifatius:* er hat nicht nur die Diözesen nach römischem Muster neu definiert und organisiert, sondern zugleich auch - mit einer Ausnahme[47] - die vorgefundenen Bischöfe abgesetzt und durch seine eigenen Anhänger ersetzt. Von daher findet auch sein Vorgehen gegen den bayerischen Priester eine interessante zusätzliche Beleuchtung.

3.4 Erfolg und Mißerfolg von Karls Politik

Wieweit ist nun dieses Programm *Pippin*s und *Karl*s in der Praxis durchgeführt worden? Auf diese Frage lassen sich zwei Antworten geben, eine mittelalterliche und eine moderne. Im Mittelalter hätte man geantwortet: das spätere Schicksal des karolingischen Reiches und der karolingischen Dynastie beweist, daß der Gottesdienst seine Wirkung nicht erzielt hat, daß also das Gebet nicht einheitlich und kraftvoll genug vorgetragen worden ist. Die moderne Antwort lautet: nach allem, was man überhaupt feststellen kann, ist die Vereinheitlichung im Grundsätzlichen durchgeführt worden; ihre Wirkung dauert im Prinzip bis heute an. Dies gilt für den Gottesdienst in Ritus und Musik, aber auch für die Schrift und die Urkunden.[48]
Aber durch die Ritzen und Spalten des Systems drang schon im 9. Jahrhundert regional unterschiedliches Beiwerk ein, das im Laufe der Zeit immer mehr an Bedeutung gewinnt. Dies läßt sich wiederum sehr schön am Beispiel der Musik zeigen: der gregorianische Choral römischer Prägung wurde zwar zur Basis der liturgischen Musik, aber er wurde schon im 9. Jahrhundert durch die Tropen umgedeutet und durch die Sequenzen ergänzt; dabei blieb also die Melodie in der einheitlichen Form erhalten, aber die Texte variierten. Im späten 9. Jahrhundert begann die Mehrstimmigkeit, wobei die gregorianische Melodie ebenfalls in einer Stimme als *cantus firmus* erhalten blieb und die anderen Stimmen neue Melodien und später sogar neue Texte hinzufügten. Dies geschah jedoch auf regionaler Ebene, wobei sich nach Repertoire und Notenschrift[49] im karolingischen Reichsgebiet neun Regionen mit jeweils eigenem Zentrum[50] unterscheiden lassen, von denen Metz nur noch eines war; für Süddeutschland bildete St. Gallen das Vorbild. In ähnlicher Weise blieb beim liturgischen Kalender (und damit bei den Meß- und Breviertexten) der Grundbestand für Sonntage und Hochfeste unangetastet, aber es traten vielfältige regionale Gewohnheiten für die Heiligenfeste hinzu.

4. Veränderungen in der nachkarolingischen Zeit

Der Zustand der karolingischen Epoche hielt, mit den geschilderten Ergänzungen, auch im 10. Jahrhundert noch an. Aufgrund der negativen äußeren Einflüsse - Plünderung der Klöster durch Normannen, Ungarn und Sarazenen - ging die kulturelle Aktivität allgemein zurück, bis dann nach Abwendung dieser Gefahren im 11. Jahrhundert geänderte Rahmenbedingungen wirksam wurden, die zu einem neuen Verhältnis von regionalen und übergreifenden Tendenzen und auch zu einer geänderten Stellung zur antiken Kultur führten.

4.1 Geänderte Rahmenbedingungen

Während noch im 10. Jahrhundert in den zentraleuropäischen Staaten das Bewußtsein lebendig war, von dem einen karolingischen Reich abzustammen, was die herausgehobene Stellung des ottonischen Kaisertums unterstützte, wurde in der 2. Hälfte des 11. Jahrhunderts eine hegemoniale Rolle eines Reiches oder eines Herrschers unmöglich. Gleichzeitig sah sich die Einheit der lateinischen Welt zunehmend in der Kirche und dem Papsttum repräsentiert. Nur die Kirche war in der Lage, allgemein verbindliche Normen und Regelungen aufzustellen, was in einigen Konzilsbeschlüssen auch geschah.[51] Neben die Schulen traten sodann die Universitäten, die in ganz anderer Weise zentrale Bildungsfunktionen ausübten, als dies etwa einer Hofschule *Karls des Großen* möglich gewesen wäre. Im späten Mittelalter traten dann neben das Latein, das zumindest in schriftlicher Form bis in die Neuzeit hinein europäisches Verständigungsmittel blieb - eine *mündliche* lateinische Verständigung von Angehörigen verschiedener Völker war im Spätmittelalter oft nicht mehr möglich[52]-, die Volkssprachen, neben die lateinische die deutsche Schule, neben den klerikalen der Laienunterricht.
Eine geradezu dramatische Änderung der Auffassungen vollzog sich im 11. Jahrhundert im religiösen Bereich. Es entstand das Bedürfnis nach persönlicher Seelsorge, dem der Klerus, der im bloßen Vollzug des Ritus' steckengeblieben war, nicht nachkam und somit indirekt die Entstehung häretischer Strömungen förderte. War früher der Ritus und sein exakter Vollzug die Hauptsache und die Person, die ihn vollzog, ohne Bedeutung, solange sie ihn nur korrekt vollzog, so setzte sich jetzt die Auffassung durch, daß die Wirksamkeit der Sakramente vorwiegend von der persönlichen Würdigkeit ihres Spenders abhänge. (Erst das 13. Jahrhundert fand in dieser Frage zu einer ruhigeren Bewertung, indem die Wirksamkeit des Ritus' als unabhängig von der Würdigkeit des Spenders erklärt wurde, zugleich aber der Kirche die Sorge für einen einwandfreien Lebenswandel des Klerus' übertragen wurde.)

4.2 Die "Renaissance des 12. Jahrhunderts"

Durch den geschilderten Wandel der religiösen Auffassungen wurde einem bloß grammatisch ausgerichteten Lateinunterricht der Boden entzogen. Am Verlauf des Unterrichts änderte das zwar nichts, aber man gewinnt den Eindruck, daß der Blick auch für den sachlichen Inhalt der Texte freier wurde. Jedenfalls griff man beim Lektüreunterricht in zunehmendem Maße auf die antik-heidnischen (also die "klassischen") Autoren zurück, während die bisher bevorzugten spätantiken christlichen Dichter in den Hintergrund traten. Intensiveres Interesse an der Antike ist damals auch im Bereich der Politik zu beobachten: *Barbarossa* berief sich bewußt auf seine antiken Vorgänger und nahm deren Recht, dessen Erforschung zu seiner Zeit einen ersten Höhepunkt erlebte, als sein Kaiserrecht in Anspruch; das war auch dadurch möglich geworden, daß mit dem Niedergang des oströmischen Reiches im 12. Jahrhundert die Kaisertradition nicht mehr durch die Herrscher in Byzanz monopolisiert werden konnte.

4.3 Die gotische Schrift. Schlußbemerkung

Auch in der Geschichte der Schrift ist eine Wandlung zu beobachten: nach der Jahrtausendwende geht die karolingische Minuskel allmählich in die gotische Schrift über. Anders als die karolingische Schrift, die gewissermaßen nur in einer einzigen Ausführung existiert, entwickelt die gotische Schrift mehrere Varianten unterschiedlicher Feierlichkeit: die feierlichste von ihnen, die Textura, die vor allem für liturgische Bücher gebraucht wird, ist dabei in ganz Europa gleich, während die weniger feierlichen Formen der Bastarda eine reichhaltige regionale Differenzierung entwickeln.
Allen diesen Entwicklungen - handele es sich um Musik, Liturgie, Schulen, Sprache oder Schrift - ist also gemeinsam, daß regionale und überregionale Formen gleichzeitig bestehen. Dieses Nebeneinander von Einheit und Vielfalt kann man demnach als charakteristisch für die Bildungstendenzen des hoch- und spätmittelalterlichen Europa bezeichnen, die den Zustand der Karolingerzeit somit zugleich fortsetzen und überwinden.

Anmerkungen

1 Die hier publizierten Erörterungen gehen auf die Überlegungen zurück, die ich insoweit für meinen Beitrag zum "Handbuch der Geschichte des Bayerischen Bildungswesens" angestellt habe (*Frenz*, 1991, 85f.). War dort, dem Handbuch-Charakter entsprechend, Zurückhaltung geboten, so sind hier die Thesen bewußt zugespitzt, vielleicht sogar überspitzt.

[2] Dazu allgemein *Specht*, 1885; *Berlière*, 1921; *Lesne*, 1940; *Limmer*, 1958; *Dolch*, 1971; *Riché*, 1989; zuletzt *Frenz*, 1991. Diese Arbeiten sind im folgenden in der Regel nicht einzeln zitiert.

[3] Die berühmten Schulen von St. Gallen, der Reichenau, ferner Tours usw. mit ihren relativ großen Schülerzahlen sind nicht charakteristisch für das Klosterschulwesen insgesamt.

[4] Der geographische Rahmen umfaßt nur Zentraleuropa; die angelsächsisch-irischen und die spanischen Schulen werden nicht betrachtet.

[5] *von den Steinen*, 1967, 20.

[6] Diesen Abstufungen entspricht auch das unterschiedliche Auftauchen der Volkssprache in schriftlichen Quellen bzw. die Nachrichten darüber, seit wann die (romanische) Volkssprache als vom Latein unterschiedene Sprache empfunden wurde: althochdeutsche und altenglische Texte gibt es schon im 8. Jahrhundert. Das Altfranzösische wird erstmals 842 anläßlich der Straßburger Eide sichtbar; als vom Latein abweichende Sprache wird es bereits 813 auf dem Konzil von Tours bezeichnet: *Et ut easdem omelias quisque (sc. episcopus) aperte transferre studeat in rusticam Romanam linguam aut Thiotiscam* (MGH Conc. 2,1; 288 cap. XVIII). Das Italienische wird dagegen erst im 10. Jahrhundert als eigene Sprache empfunden: *Gonzo von Novara* spricht 965 von *nostra vulgaris lingua, quae latinitati vicina est*, *Widukind von Corvey* rühmt bei *Otto I.* gute Italienisch-Kenntnisse, und im Epitaph Papst *Gregors V.* († 999) heißt es: *Usus francisca* (= französisch), *vulgari* (= italienisch) *et voce latina* | *Instituit populos eloquio triplici.* In Venedig wird noch im späten 12. Jahrhundert eine lateinische Predigt ohne weiteres verstanden (*Sprandel*, 1982, 39). Einen Eindruck davon, wie die Volkssprache im Italien des 9. Jahrhunderts geklungen haben mag, gibt etwa der "Bänkelsang" auf die Gefangennahme Kaiser *Ludwigs II.*: *Audite, omnes fines terre, errore cum tristitia,* | *Quale scelus fuid factum Benevento civitas:* | *Lhuduicum compreenderunt sancto pio Augusto.* | *... Ete (!) ipse sancte pie incipiebat dicere* | *... Multa gens paganorum exit in Calabria,* | *Super Salerno pervenerunt possidere civitas* (MGH PL 3, 404f.); das lateinische Kasussystem ist also bereits zusammengebrochen, aber die Wortkörper zeigen noch ihre alte Gestalt.

[7] Dazu auch *Richter*, 1982, 429-437, besonders 436f.

[8] Das Praktische an der Schrift ist ja, daß in ihr die Ergebnisse des Schreibunterrichts optisch sichtbar werden und der Nachwelt erhalten bleiben; bei anderen Fächern, etwa dem Musikunterricht, ist die Quellenlage viel ungünstiger.

[9] Von den zahlreichen (in der Qualität sehr unterschiedlichen) Darstellungen der Schriftgeschichte seien nur erwähnt *Bischoff*, 1986; *Sturm*, 1961; *Cencetti*, 1954; *Stiennon*, 1973. Speziell für die antiken Schriften *Mallon*, 1952.

[10] Die "insulare" Schrift auf den britischen Inseln, die "merowingische" Schrift in Frankreich, die "westgotische" Schrift in Spanien, die "beneventanische" Schrift in Süditalien usw., um nur die wichtigsten Varianten zu nennen.

[11] Die Geschichte ihrer Erforschung zu beobachten ist sehr reizvoll, da dabei eine Reihe "nationaler" Lösungen von einer "europäischen" abgelöst wurden, die inzwischen aber auch nicht mehr vertreten wird; vgl. *Stiennon*, 1973, 94-98.

[12] 751: Königserhebung *Pippin*s, 774: Eroberung des Langobardenreiches in Italien, 788: Einverleibung Bayerns, bis 799: Eroberung Sachsens, 800: Kaiserkrönung.

[13] *Fleckenstein*, 1974, 70f.: "Seit er (= *Alcuin*) am Hofe weilt und wirkt, stellt der Hof das Bildungszentrum des Reiches dar. ... wurde die Hofschule, die bereits unter *Pippin* bezeugt ist, zur Hochschule des Reiches, an der die begabtesten Schüler aus dem gesamten Reichsgebiet ihre Bildung vervollkommnen sollten." Ebenso *Riché*, 1989, S.73-75; *Epperlein*, 1980, 105f.; *Contreni*, 1984, 65. Andere Autoren bezweifeln freilich, daß

es eine solche Hofschule überhaupt gegeben habe (*Lesne*, 1940, 33-43); dagegen *Brunhölzl*, 1967, der freilich selbst zugibt (41): "Eine Betrachtung der Hofschule *Karls des Großen* stellt mehr Fragen, als sie Antworten geben kann." - Eine spezielle Bedeutung, die hier nicht zur Debatte steht, hat der Ausdruck "Hofschule" in der Kunstgeschichte (Buchmalerei).

14 *Frenz*, 1991, 83-85.

15 Forschungsberichte: *Patzelt*, 1965; *Schneider*, 1982, 144-147; *Contreni*, 1984, mit weitergehenden Literaturangaben. Überinterpretierend *Heer*, 1949, 40-51.

16 Mit Ausnahmen Süditaliens, wo Europa aber ohnehin geringeres Interesse erweckte.

17 Noch jüngst *Bordonove*, 1989, 11-13.

18 Dies schien um so leichter möglich, als jene Gebiete einem diktatorischen, d.h. im geistigen Sinne "nicht-europäischen" System unterworfen waren.

19 So schreibt *dtv-Geschichte*, 127:" Die Palastschule (Schola Palatina) wird Vorbild für die im ganzen Reich entstehenden Dom- und Klosterschulen. Durch die Anordnungen *Karls* schafft das alte, bildungsfeindliche, asketisch und eremitisch eingestellte Mönchtum Bildungsanstalten, pflegt die Wissenschaften und wird Träger der klassisch-antiken und christlich-antiken Tradition." *Löwe*, 1973, 165f.: "Damit löste er eine Bildungsbe- wegung aus, ... in der ... auch Laien führend hervortraten. Ein neuer Sinn für Maß und Form überwand die Formlosigkeit der ausgehenden Merowingerzeit ... in der Sprache durch Rückwendung von der merowingischen Latinität ... zum reineren Latein der christ-lichen Spätantike und schließlich der römischen Klassiker. ... Die Erneuerung einer im Frankenreich fast abgerissenen Bidlungstradition führte die Zeitgenossen selbst an den Begriff der 'Renaissance' heran." - Ferner *Glaser*, 1967, 429, 437f.; *Smits van Waesberghe*, 1969, 15f.; *Sprandel*, 1982, 31-33; *Fleckenstein*, 1983 und 1991. Auch *Riché*, 1989, 47f., 66-79, *Thompson*, 1939, 27-52 und *Reicke*, 1901, 8-12 verwendeten den Ausdruck. Unbrauchbar *Dhondt*, 1968, 38-44.

20 Z.B. *Bordonove*, 1989, 214-220; *Hampe*, 1955, 60-65.

21 So beispielsweise *Fleckenstein*, 1974, 69-73 (auch *ders.* 1962, 77-83), der sie zwei Jahrzehnte zuvor noch angestrengt vertreten hatte (*ders.*, 1953), auch *Schieffer*, 1976, 571f. Eindeutig ablehnend *Schramm*, 1968, 336-339.

22 Vgl. Anm. 13.

23 Liste bei *Bordonove*, 1989, 218.

24 Wie *Smits van Waesberghe*, 1969, 10 zu dem Schluß kommt: "*Karl* war (fast selbstverständlich) *David* ", ist nicht nachvollziehbar.

25 So *Bordonove*, 1989, 218; nach *Ambros*, 1891, 106 hieß er *Calliopeus*. *Beseleel* war nach Ex. 31, 1ff. u.ö. der Handwerker, der die Bundeslade herstellte.

26 Ein frühchristlicher Bibelübersetzer.

27 *Ganshof*, 1961, 85.

28 *Bischoff*, 1986, 170f.; vgl. auch *Lot/Lauer*, 1936. Unrichtig *Rörig*, 1953, 32f. - Die im Text gebrauchte Formulierung verkürzt den Tatbestand etwas, da Elemente der Kursive auch in Hebarhards und seiner Nachfolger Minuskel weiterleben; eine nähere Erörterung würde hier aber zu weit führen.

29 Zur Problematik dieses Begriffs vgl. *Frenz*, 1991, 82.

30 MGH Capit. 1, 60. Unter *compotus* sind Lehrbücher für den kirchlichen Festkalender zu verstehen, unter *notae* wahrscheinlich die Tironischen Noten (= Abkürzungen), jedenfalls keine musikalische Notation.

31 MGH Capit. 1, 78f.; *Wallach*, 1951, 290.

32 MGH Capit. 1, 60. Auch diese Formulierung ist nicht eben klassisches Latein.

33 MGH Epp. 3, 336 Nr. 68.

[34] *Virgilius et Sedonius, religiosi viri apud Baioariorum provinciam degentes, suis nos litteris usi sunt, per quas intimaverunt, quod tua reverenda fraternitas eis iniungeret christianos denuo baptizare. Quod audientes nimis sumus conturbati et in admirationem quandam incidimus, si habetur, ut dictum est. Retulerunt quippe, quod fuerit in eadem provincia sacerdos, qui Latinam linguam penitus ignorabat et, dum baptizaret, nesciens Latini eloquii infringens linguam diceret: "Baptizo te in nomine patria et filia et spiritus sancti." Ac per hoc tua reverenda fraternitas consideravit rebaptizare.* Der Papst desavouierte *Bonifatius* allerdings und erklärte den Sprachfehler für liturgisch unerheblich - Ausdruck der anderen Stellung zum Latein im (vor)italienischen Sprachgebiet. Daß dieser *Bonifatius* tadelnde Brief in seinem Epistolar überliefert ist, gibt uns übrigens die quellenkritische Sicherheit, daß sich der Vorgang tatsächlich so abgespielt hat.

[35] Ähnlichen Gedanken entstammt die Vorstellung, die damals allgemein verbreitet war, man könne einen Meineid daran erkennen, daß sich der Schwörende bei der Eidesformel verspricht.

[36] Also auch nicht am Inhalt der (antiken) Texte, die zu Übungszwecken gelesen wurden. Daß diese Texte dennoch, durch ihre bloße Existenz und die Tatsache ihrer Lektüre, auch inhaltliche Wirkungen auslösten, konnte nicht ausbleiben, wiewohl diese Wirkungen nicht beabsichtigt waren. Dazu zutreffend *Zimmermann*, 1975, 127; "So stark also das Vorbild der klassischen Antike in Form und Inhalt ... einflußreich war, das Ziel war doch religiöser Art, und erst die sich gleichsam von selbst aus der Arbeit an den Quellen der Bildungstradition ergebenden Wirkungen ließen die Wiederentdeckung und Erneuerung, die Pflege und Bewahrung alter Werte als Renaissance erscheinen, wie man später die Vorgänge generalisierend gedeutet hat."

[37] *Schramm*, 1968, 329 leugnet dies: "Für den modernen Menschen liegt es nahe, hier von einer Magie des Wortes zu sprechen: nur wenn Gott das richtig gesprochene Gebet hört, öffnet sich sein Ohr. Aber solche Vorstellung ist in keiner Weise für *Karl* selbst bezeichnend. Denn Wortmagie liegt aller Liturgie zugrunde und ist daher nicht einmal typisch für das Mittelalter. Auffallend ist nur, einen wie großen Raum solche Fürsorge für das richtige Bibel- und Kultwort in *Karl*s Tätigkeit einnahm. Er begnügte sich nicht mit Anregungen oder Anweisungen an die Geistlichen als die Sachkundigen, sondern überwachte die Durchführung persönlich: so wie er selbst 'richtig' geehrt und bedient zu werden verlangte, so wie er keinen Verstoß gegen Etikette und Brauch duldete, so sollte auch Gott 'richtig' geehrt und bedient werden." Beweise für diese Behauptungen bietet *Schramm* allerdings nicht.

[38] Vgl. dazu auch *Wendehorst*, 1986, 15.

[39] Wie es in der Praxis wirklich aussah, ist damit allerdings noch nicht bewiesen. Die althochdeutschen Übersetzungen bzw. Glossierungen der Schulbücher sprechen eher dafür, daß das System so rigoros nicht gehandhabt wurde. *Walafrid Strabo* berichtet, daß er auch deutsche Lektüre zum Üben erhielt (*Limmer*, 1958, 46).

[40] Hieraus entstehen die Schwierigkeiten bei der Interpretation des Begriffspaares *litteratus/ illitteratus* in mittelalterlichen Texten. Vgl. *Schlögl* 1978, 54-57; *Wendehorst*, 1986, 13f.; *Zedelmaier*, 1991; auch (zwar teilweise veraltet, aber immer noch anregend) *Rörig*, 1953. *Grundmann*, 1958, beachtet u.a. nicht ausreichend die Möglichkeit des Lesens und Schreibens inhaltlich unverstandener Texte. Die Bedeutung des Wortpaares wird auch anhand einer auf den Gotenkönig *Theoderich* bezogenen Stelle diskutiert; vgl. *Ennslin*, 1940, dagegen (aber meines Erachtens zu Unrecht) *Grundmann*, 1958, 24-32 und im Anschluß an ihn *Wendehorst*, 1986, 12 Anm. 19. Kontrovers sind ferner die Ansichten über die Schreibfähigkeiten *Karls des Großen*, ausgehend von *Einhards* Angaben in der *Vita Karoli Magni* (*Coleman*, 1968, 52-55). Vgl. dazu *Thompson*, 1939, 29 und *Wendehorst*

1986, 13, die *Karl* die Schreibfähigkeit absprechen; dagegen meint *Schlögl*, 1978, 55 - meines Erachtens zu Recht -, daß *Karl* die kursive Schrift beherrschte (dazu demnächst an anderer Stelle mehr).

41 Vgl. etwa *Richter*, 1982, 420f. Mehr anekdotisch, aber nichtsdestoweniger glaubwürdig sind die Erzählungen über Bischof *Meinwerk von Paderborn*, dem Kaiser *Heinrich II.* das Meßbuch manipulieren ließ und der dann ungerührt statt *pro famulis et famulabus* die Bitte *pro mulis et mulabus* vortrug (MGH SS. rer. germ. 59, 106f.), oder über das Nonnenkloster, das während der Fastenzeit die Worte *Hic non dicitur "Gloria patri"* mitsang.

42 *Hessel*, 1921, 202.

43 Daß *Pippin* vom päpstlichen Gottesdienst, den er während *Stephans II.* Aufenthalt im Frankenreich 754 kennengelernt habe, so beeindruckt gewesen sei, daß er beschlossen habe, ihn zu übernehmen, dürfte Legende sein, zumal die *päpstliche* von der normalen *römischen* Liturgie abwich. *Ambros*, 1891, 104; *Smits van Waesberghe*, 1969, 9.

44 Zu dieser Frage vgl. allgemein *Adler*, 1930, 84f.; *Ursprung*, 1931, 45f.; *Hughes*, 1955, 58ff.; *Vogel*, 1965; *Riché*, 1989, 68f. Weniger ergiebig *Ambros*, 1891, 104ff.; *Brockhaus*, 1983, 219-260.

45 Z.B. der berühmte Bischof *Chrodegang* von Metz (*Smits van Waesberghe*, 1969, 9f.)

46 Der Versuch, die liturgischen Handschriften in Mailand zu zerstören, scheiterte am energischen Widerstand des dortigen Bischofs, so daß der Ambrosianische Gesang bis heute erhalten blieb (*Hughes*, 1955, 62).

47 Bischof *Vivilo* von Passau. Der Vorwand für die Absetzung der übrigen Bischöfe war, man wisse nicht genau, von wem sie geweiht worden seien; deshalb sei unklar, ob sie in rechtmäßiger *successio apostolica* stünden. *Vivilo* hatte die Weihe aber vom Papst empfangen.

48 Es ist auffällig, daß Abweichungen vom Standardmodell der mittelalterlichen Königsurkunde vor allem in den Kanzleien der Staaten zu beobachten sind, die nicht auf dem Gebiet des ehemaligen Karlsreichs lagen, nämlich in Spanien und in Sizilien.

49 Zu diesen "Neumenprovinzen" vgl. *Ursprung*, 1931, Taf. V nach 56; *Hughes,* 1955, Karte nach 108; *dtv-Musik,* 186.

50 *dtv-Musik,* 184.

51 In Canon 18 des 3. und Canon 11 des 4. Laterankonzils. Vgl. *Jedin*, 1973, 220, 240.

52 Vgl. dazu *Frenz/Schnell*, 1983, mit weiterführenden Angaben.

Literatur

Adler, Guido (1930): Handbuch der Musikgeschichte 1, Berlin 2. Aufl. (ND als Taschenbuch München, 3. Aufl. 1980).

Ambros, August Wilhelm (1891): Geschichte der Musik 2, Leipzig (ND Hildesheim 1968).

Berlière, Ursmer (1921): Écoles claustrales au moyen âge, Académie Royale de Belgique. Bulletins de la classe des lettres et des sciences morales et politiques, 550-572.

Bischoff, Bernhard (1986): Paläographie des römischen Altertums und des abendländischen Mittelalters, Berlin 2. Aufl. (Grundlagen der Germanistik 24).

Bordonove, Georges (1989): Les Roi qui ont fait la France: Charlemagne - Empereur et Roi, Paris.

Brockhaus, Heinz Alfred (1983): Europäische Musikgeschichte, 1: Europäische Musikkulturen von den Anfängen bis zur Spätrenaissance, Berlin (Ost).

Brunhölzl, Franz (1967): Der Bildungsauftrag der Hofschule, in: Wolfgang Braunfels (Hg.), Karl der Große. Lebenswerk und Nachleben, Bd. 2: Das geistige Leben, Düsseldorf 3. Aufl., 28-41.

Cencetti, Giorgio (1954): Lineamenti di storia della scrittura latina, Bologna.

Coleman, Evelyn Scherabon (1968): Einhard, Vita Karoli Magni. Das Leben Karls des Großen. Lateinisch und deutsch, Stuttgart (Reclams Universal-Bibliothek 1969).

Contreni, John J. (1984): The Carolingian Renaissance, in: Warren Treadgold (Hg.), Renaissances Before the Renaissance. Cultural Revivals of Late Antiquity and the Middle Ages, Stanford, 59-74 und 184-191.

Dhondt, Jan (1968): Das frühe Mittelalter, Frankfurt/Main (Fischer Weltgeschichte 10).

Dolch, J. (1971): Lehrplan des Abendlandes. Zweieinhalb Jahrtausende seiner Geschichte. Ratingen 3. Aufl.

dtv-Geschichte: dtv-Atlas zur Weltgeschichte 1.

dtv-Musik: dtv-Atlas zur Musik 1.

Ennslin, Wilhelm (1940): Rex Theodericus inlitteratus?, in: Historisches Jahrbuch der Görres-Gesellschaft 60, 391-396.

Epperlein, Siegfried (1980): Karl der Große. Eine Biographie, Berlin (Ost).

Fleckenstein, Josef (1953): Die Bildungsreform Karls als Verwirklichung der norma rectitudinis, Bigge/Ruhr.

Fleckenstein, Josef (1962): Karl der Große. Göttingen (Persönlichkeit und Geschichte 28).

Fleckenstein, Josef (1974): Grundlagen und Beginn der deutschen Geschichte, Göttingen (Deutsche Geschichte 1).

Fleckenstein, Josef (1983): Bildungsreform Karls des Großen, in: Lexikon des Mittelalters Bd. 2, München, Sp. 187-189.

Fleckenstein, Josef (1991): Karl der Große, in: Lexikon des Mittelalters Bd. 5, München, Sp. 959.

Frenz, Thomas (1991): Das Schulwesen des Mittelalters bis ca. 1200, Gesamtdarstellung, in: Max Liedtke (Hg.), Handbuch der Geschichte des Bayerischen Bildungswesens, 1: Geschichte der Schule in Bayern. Von den Anfängen bis 1800, Bad Heilbrunn/Obb., 81-133.

Frenz, Thomas/Schnell, Bernhard (1983): Beobachtungen zum Einfluß der Volkssprache auf die lateinische Orthographie am Beispiel des 'Vocabularius Ex quo', Mittellateinisches Jahrbuch 18, 264-270.

Ganshof, Fr.L. (1961): Was waren die Kapitularien, Darmstadt.

Glaser, Hubert (1967): Wissenschaft und Bildung, in: Max Spindler (Hg.), Handbuch der bayerischen Geschichte, Bd. 1, Abt. C III, München (verbesserter ND 1975), 427-485.

Grundmann, Herbert (1958): Litteratus - illitteratus. Der Wandel einer Bildungsnorm vom Altertum zum Mittelalter, Archiv für Kulturgeschichte 40, 1-65 = ders., Ausgewählte Aufsätze 3, Stuttgart 1978 (Schriften der MGH 25, 3), 1-66.

Hampe, Karl (1955): Karl der Große, in: ders., Herrschergestalten des deutschen Mittelalters, Darmstadt 6. Aufl. (ND als 7. Aufl. 1967), 30-65.

Heer, Friedrich (1949): Die "Renaissance"-Ideologie im frühen Mittelalter, Historische Zeitschrift 57, 23-81.

Hessel, Alfred (1921): Studien zur Ausbreitung der karolingischen Minuskel I, Archiv für Urkundenforschung 7, 197-202.

Hughes, Dom Anselm (1955): Early Medieval Music, London 2. Aufl. (ND 1978) (New Oxford History of Music 2).

Jedin, Hubert (1973): Conciliorum oecumenicorum decreta, Bologna.

Lesne, E. (1940): Les écoles de la fin du VIIIe siècle à la fin du XIIe, Lille (Histoire de la propriété ecclésiastique en France 5, Mémoires et travaux publiés par les professeurs des facultés catholiques de Lille 50).

Limmer, Rudolf (1958): Pädagogik des Mittelalters, Mallersdorf.

Lot, Ferdinand/Lauer, Philippe (1936): Diplomata Karolinorum. Recueil de reproductions en facsimilé des actes des souverains carolingiens conservés dans les archives et bibliothèques de France, 10 Bde., Paris 1936ff.

Löwe, Heinz (1973): Deutschland im fränkischen Reich, München (Gebhard, Handbuch der deutschen Geschichte, Taschenbuch-Ausgabe Bd. 2).

Mallon, Jean (1952): Paléographie romaine, Madrid (Scripturae monumenta et studia 3).

MGH Capit. 1 = Monumenta Germaniae Historica, Legum [in 4°] sectio II: Capitularia regum Francorum, tomus I, hg. Alfred Boretius, Hannover 1883 (ND 1960).

MGH Conc. 2,1 = Monumenta Germaniae Historica, Legum [in 4°] sectio III: Concilia, tomus II: Concilia aevi Karolini I, Hannover/Leipzig 1906 (ND 1979).

MGH Epp. 3 = Monumenta Germaniae Historica, Epistolarum tomus III: Epistolae Merowingici et Karolini aevi, Berlin 1892 (ND München 1978).

MGH PL 3 = Monumenta Germaniae Historica, Poetarum Latinorum medii aevi tomus III: Poetae Latini aevi Carolini, tomus III, hg. Ludwig Traube, Berlin 1886/96 (ND München 1978).

MGH SS. rer. germ. 59 = Scriptores rerum germanicarum in usum scholarum ex Monumentis Germaniae Historicis separatim editi, 59: Das Leben des Bischofs Meinwerk von Paderborn, hg. Franz Tenckhoff, Hannower 1921.

Patzelt, Erna (1965): Die karolingische Renaissance, Graz 2. Aufl. (= Wien 1923).

Reicke, Emil (1901): Lehrer und Unterrichtswesen in der deutschen Vergangenheit, Leipzig (Monographien zur deutschen Kulturgeschichte 9).

Riché, Pierre (1989): Écoles et enseignement dans le Haut Moyen Age. Fin du Ve siècle - milieu du XIe siècle, Paris (zuvor 1979 unter dem Titel: Les écoles et l'enseignement dans l'occident chrétien de la fin du Ve siècle au milieu du XVe siècle).

Richter, Michael (1982): Die Sprachenpolitik Karls des Großen, Sprachwissenschaft 7, 412-437.

Rörig, Fritz (1953): Mittelalter und Schriftlichkeit, Die Welt als Geschichte 13, 29-41.

Schieffer, Theodor (1976): Das karolingische Großreich (751 - 843), in: Theodor Schieder (Hg.), Handbuch der europäischen Geschichte I, Stuttgart (ND 1979), 541-595.

Schlögl, Waldemar (1978): Die Unterfertigung Deutscher Könige von der Karolingerzeit bis zum Interregnum durch Kreuz und Unterschrift, Kallmünz (Münchener historische Studien, Abteilung geschichtl. Hilfswissenschaften 16).

Schneider, Reinhard (1982): Das Frankenreich, München (Oldenbourg Grundriß der Geschichte 5).

Schramm, Perry Ernst (1968): Kaiser, Könige und Päpste. Gesammelte Aufsätze zur Geschichte des Mittelalters. Bd. I: Beiträge zur allgemeinen Geschichte. 1. Teil: Von der Spätantike bis zum Tode Karls des Großen (814), Stuttgart.

Smits van Waesberghe, Joseph (1969): Musikerziehung. Lehre und Theorie der Musik im Mittelalter, Leipzig (Musikgeschichte in Bildern III/3).

Specht, Franz A. (1885): Geschichte des Unterrichtswesens in Deutschland von den ältesten Zeiten bis zur Mitte des dreizehnten Jahrhunderts, Stuttgart.

Sprandel, Rolf (1982): Gesellschaft und Literatur im Mittelalter, Paderborn (Uni-Taschenbücher 1218).

Stiennon, Jacques (1973): Paléographie du Moyen Age, Paris.

Sturm, Heribert (1961): Unsere Schrift. Einführung in die Entwicklung ihrer Stilformen, Neustadt/Aisch.

Thompson, James Westfall (1939): The Literacy of the Laity in the Middle Ages, Berkeley (University of California Publications in Education 9).

Ursprung, Otto (1931): Die katholische Kirchenmusik, Potsdam (Handbuch der Musikwissenschaft 2).

Vogel, Cyrille (1965): La réforme cultuelle sous Pépin le Bref et sous Charlemagne, in: Erna Patzelt, Die karolingische Renaissance, Graz 2. Aufl.

von den Steinen, Wolfram (1967): Der Neubeginn, in: Wolfgang Braunfels (Hg.), Karl der Große. Lebenswerk und Nachleben, Bd. 2: Das geistige Leben, Düsseldorf 3. Aufl., 9-27.

Wallach, L. (1951): Charlemagne's De litteris colendis and Alcuin. A Diplomatic-Historical Study, Speculum 26, 288-305.

Wendehorst, Alfred (1986): Wer konnte im Mittelalter lesen und schreiben?, in: Johannes Fried (Hg.), Schulen und Studium im sozialen Wandel des hohen und späten Mittelalters, Sigmaringen (Vorträge und Forschungen 30).

Zedelmaier, H. (1991): Lesen, Lesegewohnheiten im Mittelalter, in: Lexikon des Mittelalters Bd. 5, München, Sp. 1908f.

Zimmermann, Harald (1975): Das Mittelalter. I. Teil: Von den Anfängen bis zum Ende des Investiturstreites, Braunschweig.

Jozé Ciperle

Skizzierung des Bildungs- und Erziehungssystems der protestantischen Landschule in Ljubljana im 16. Jahrhundert

Die im 16. Jh. erfolgte Errichtung und Organisation der Landschule in Ljubljana - der ersten Schule in Slowenien, von der mehr als ihre bloße Existenz bekannt ist - ist eine herausragende Leistung der Protestanten in Slowenien (vgl. *Schmidt, Vl.* 1952, 28). Aus der Verbindung der pädagogischen Ideen des deutschen Protestantismus und der humanistischen Pädagogik des 16. Jahrhunderts, deren typischer Vertreter *Melanchthon* war, entstand in Deutschland die protestantische höhere lateinische Schule bzw. das Gymnasium - eine Schule, die den unmittelbaren Zugang zur Universität ermöglichen sollte (a.a.O., 1969, 75). Die Entwicklung hing damit zusammen, daß der Adel seine Einstellung gegenüber der Schule geändert hatte. Im 16. Jahrhundert erkannte der Adel, daß Schulbildung den Adelssöhnen neue Existenzmöglichkeiten bieten könne. Selbstverständlich war bei der Gründung dieser Schulen auch der Wunsch der lutheranischen Kirche ausschlaggebend, das eigene Glaubensbekenntnis zu verbreiten und die eigene Geistlichkeit auszubilden. In Urkunden erscheinen diese Schulen als *"schola procerum"* (Adelsschule), als *"Landschule"* bzw. als *"adeliche schule"*. Die Bezeichnung machte deutlich, daß die Schulen von den Landesständen errichtet und unterhalten wurden, zugleich aber auch, daß hier in erster Linie Kinder aus dem Adelsstand unterrichtet wurden. Die Bezeichnung "Landschule" sollte den Unterschied zu den üblichen, oft auch schon protestantischen lateinischen Stadtschulen deutlich machen (vgl. *Zwitter, Fr.* 1969, 17).

Die Landschule in Ljubljana wurde 1563 eröffnet. Der Anfang war auch für die damaligen Verhältnisse sehr bescheiden. In der Zeit ihres ersten Rektors, *Lenart Budina* (1500-1573), gab es nur eine Klasse mit einem einzigen Lehrer. Die Schule fristete also ein Leben als einklassige lateinische Unterstufe bis - durch die Anregung von *Primoz Trubar - Adam Bohoric* zum Rektor ernannt wurde. Er verfaßte 1568 die erste und 1575 die zweite Schulordnung, die zwar beide nicht bestätigt wurden, dennoch aber als Unterrichtsgrundlage dienten. Im Jahre 1580 entwarf der neue Rektor, *Nikodem Frischlin*, eine Lehrordnung, die 1584 auch bestätigt wurde (vgl. *Schmidt, Vl.* 1963, 42f.).
Mit diesen Schulordnungen erhielt die Landschule in Ljubljana fünf Klassen. Das Programm entsprach in etwa dem protestantischer Gymnasien in Deutschland. Absolventen solcher Schulen konnten ohne Zusatzausbildung zur Universität, so daß behauptet werden kann, daß diese Schule in einer späteren Entwicklungsphase die für die Immatrikulation an der Universität nötige Bildung ermöglichte, gerade in

der Zeit der erhöhten Ansprüche des Humanismus. Somit war es die Reformation, die in Slowenien die Errichtung der ersten Gymnasien auslöste (a.a.O., 44f.).
Für die pädagogische Arbeit der Landschule in Ljubljana sind in erster Linie die beiden Verfasser der Schulordnungen verantwortlich: *Adam Bohoric*, ein Schüler *Melanchthons*, und *Nikodem Frischlin*, in einigen Quellen als "der letzte Humanist" bezeichnet (vgl. *Ciperle, J.* 1967, 6), ein guter Kenner des protestantischen Schulwesens in Deutschland. Die Landschule diente in erster Linie dem Sprachunterricht. Man war überzeugt, daß alles, was man wissen muß, schon irgendwo niedergeschrieben worden sei. Es ginge nur darum, es richtig zu verstehen und auszulegen.
Wissenschaftliche Studien sollten die Jugend zur Erkenntnis der insbesondere bereits in hebräischen, griechischen und lateinischen Büchern niedergeschriebenen Kenntnisse und Einsichten befähigen. Deshalb galt es zunächst, Sprachen zu unterrichten. Wie in der gesamten mittelalterlichen Tradition suchten auch der Humanismus und der Protestantismus Wissen nicht in der Beobachtung von Natur, Gesellschaft und Mensch, sondern in der Lektüre der überkommenen Bücher. Für die Erkenntnis der Dinge war also zunächst Kenntnis der Sprachen notwendig. In den Schulen machte sich das dadurch bemerkbar, das der erste Platz dem Wort eingeräumt wurde: die lateinische Schule mußte ihre Schüler mit Wörtern versehen, danach erst kam die Sache (Theologie, Recht, Medizin), was der Universität oblag. Über die Kenntnis der Sprache kommt man zur Kenntnis der Dinge - das ist die Grundanschauung der mittelalterlichen Pädagogik, woran auch die Protestanten grundsätzlich nichts verändert haben (mit dem einzigen Unterschied, daß anstelle des mittelalterlichen Lateins die klassische lateinische Sprache gelehrt und von Griechisch ergänzt wurde, an einigen Schulen zusätzlich von Hebräisch: vgl. *Ciperle, J./ Vovko, A.* 1987, 12).

Für die Protestanten hatte die sprachliche Ausbildung aber deswegen noch ein besonderes Gewicht, weil sie zur angemessenen Auslegung der Heiligen Schrift darauf aus waren, die biblischen Texte im Urtext lesen zu können (*Zwitter, Fr.* 1969, 19). Weil Latein zugleich Wissenschaftssprache war, ging es nicht nur darum, Latein zu verstehen und schreiben zu können. Das Unterrichtsziel war die fließende Beherrschung dieser Sprache. Weil aber Druckerzeugnisse zunächst noch einen geringen Verbreitungsgrad besaßen und insoweit das gesprochene Wort meinungsbildende Funktion hatte, gehörte auch die rhetorische Ausbildung zu den wichtigsten Unterrichtszielen.
Wer Menschen beeinflussen wollte - und vornehmlich die Protestanten wollten dies - mußte das Reden beherrschen, mußte über Eloquenz verfügen, das heißt über die Fähigkeit zum sprachlich richtigen, logisch stimmigen und wirkungsvollen Ausdruck (vgl. *Schmidt, Vl.* 1952, 120). Der zum Hauptziel des Unterrichts - der Eloquenz - führende Weg hatte in Ljubljana - wie in den meisten europäischen Ländern - drei Hauptstufen. Die erste war die Vorbereitungsstufe: der Schüler sollte hier die nötigen Fertigkeiten im Schreiben und Lesen und den nötigsten lateinischen Wortschatz erwerben. Der Wortschatz wurde also von Anfang an, noch vor dem Grammatikunterricht aufgebaut. Das erste Buch, der Katechismus, wurde als Grundlesebuch und als Wörterbuch verwendet. Ein typisches Beispiel für diese Reihenfolge stellt *Bohorics*

Lehrbuch *"Elementale Labacense cum Nomenclatura"* dar, das die Fibel mit dem Wörterbuch vereinte (*Kid-ric, Fr.* 1924, 139).
Auf der zweiten Stufe begann der (lateinische) Grammatikunterricht, der die Schüler von nun an bis zum Schulabgang begleitete. Das Sammeln des Wortschatzes wurde mit dem Auswendiglernen von Einzelwörtern und ganzen Sätzen fortgesetzt. Als Grundlage dafür dienten die Dialoge von *Sebald Heyden*, des *Cato Junior* und des lateinischen Katechismus. Beim Lesen und Aufsagen von Wörtern mußte der Lehrer "sorgfältig" darauf achtgeben, daß die einzelnen Laute und Wörter von den Schülern richtig, klar, deutlich und betont ausgesprochen wurden (*Schmidt, Vl.* 1952, 120-123).
Der Grammatikunterricht begann mit der Morphologie, zu der später noch die Syntax kam. Beides wurde, wie die Schulordnungen von Ljubljana wiederholt vorschreiben, anhand der genannten Lektüre geübt. Die Lektüre wurde also für Grammatikübungen verwendet. Sie bot die Beispiele für die Wort- und Satzanalyse. An keiner Stelle der Schulordnungen wird allerdings auf eine inhaltliche Analyse der Texte hingewiesen (a.a.O.). Zugleich mit der Syntax begannen die Schüler auch mit dem Prosodielernen - die Prosodie wurde ähnlich wie die Grammatik an den Prosatexten - anhand der zu lesenden Poesie und an Lektionen aus *Vergil* und *Ovid* gelernt. Prosodie mitsamt Beispielen wurde nicht etwa um des ästhetischen Genusses oder der ästhetischen Erziehung willen gelehrt, sondern wiederum nur zur Verbesserung der Sprachkenntnisse. Dasselbe Ziel wurde auch durch Sprechübungen verfolgt: es wurden Dialoge mit verteilten Rollen rezitiert, z.B. aus den Dialogi Castilionis oder aus den Komödien des *Terenz* (a.a.O.).
Die Syntax mit der Prosodie und *Cicero* mit Sprech- und Stilübungen leiteten die dritte Hauptstufe des Unterrichts ein: den Unterricht der Dialektik und Rhetorik und des Griechischen, das in den Augen der humanistischen und protestantischen Pädagogen zur Allgemeinbildung derer gehörte, die als wissenschaftlich gebildet gelten wollten. Weil das Griechische gleichwohl eine geringere praktische Bedeutung hatte als das Lateinische wurde es an der Landschule in Ljubljana aber nur in sehr elementarer Weise vermittelt. Aus der Lehrstoffanordnung in den Schulordnungen der Landschule von Ljubljana geht hervor, daß in dieser Hinsicht die Qualitätsunterschiede zwischen Bohoric und Frischlin verschwindend waren. Im Grunde galten Strukturen, wie sie an Schulen üblich waren, die sich an die mecklenburgische (1552) oder württembergische Kirchenordnung hielten.

Besonderheiten gab es in der Landschule von Ljubljana aber hinsichtlich des Deutsch- bzw. Slowenischunterrichts. Wie auch in anderen europäischen Ländern war Muttersprache an keiner Schule Lehrfach. Die Schule ging bis in die Phase des Neuhumanismus des beginnenden 19. Jhs. davon aus, daß die Schüler die Muttersprache ohnehin beherrschten, ein Unterricht in diesem Bereich also nicht erforderlich sei. Die Erkenntnis, daß gute Kenntnisse der Muttersprache die Vorbedingung für ein erfolgreiches Erlernen von Fremdsprachen darstellen, war in jener Zeit noch nicht herangereift. Im Gegenteil, es herrschte die Vorstellung, daß durch den Lateinunterricht der Schüler auch seine (deutsche) Muttersprache erlernen werde, soweit das überhaupt notwendig erschien. Einige Schulordnungen lateinischer Schulen verbieten - beeinflußt durch *Melanchthon* - sogar den Muttersprachenunterricht ausdrücklich. Die Erkenntnis, daß die Beherrschung der Muttersprache die Grundlage der gesamten Bildung darstellt, kennzeichnet erst den pädagogischen Realismus des 17. Jhs., wenn es auch noch mehr als hundert Jahre gedauert hat, bis sich dieser Grundsatz in der Schulpraxis durchsetzen konnte. Auf diesem Hintergrund ist auch die Benachteiligung der Muttersprache an den protestantischen Schulen des 16. Jhs. und folglich auch der slowenischen Sprache an der Landschule von Ljubljana leichter zu verstehen (*Paulsen, Fr.* 1919, 298).

Im Vergleich zu der bescheidenen Stellung der deutschen Sprache an protestantischen lateinischen Schulen in Deutschland war die deutsche Sprache an der Landschule in Ljubljana gut vertreten. Natürlich hängt dies damit zusammen, daß viele Schüler aus Ljubljana Deutsch nicht als Muttersprache hatten. Zudem übernahm die Landschule nebenher auch die Rolle einer deutschen Schule.

Eine Besonderheit bildet die dritte Dekurie der ersten Klasse in der Schulordnung *Bohorics* für die Schüler. Diese Schüler lernten nur Deutsch. Das war höchst ungewöhnlich und stand in krassem Gegensatz zu herkömmlichen Vorstellungen über die Rolle des Lateinunterrichts an lateinischen Schulen. Die deutsche Sprache war jedoch auch hier nicht Lehrfach im heutigen Sinn, da die deutsche Grammatik nicht unterrichtet wurde. Deutsch war Unterrichtssprache. Da aber ohne die deutsche Unterrichtssprache nicht Latein gelehrt und gelernt werden konnte, war die deutsche Sprache auch an anderen Lernstufen der Schulordnung Bohorics vertreten: bei der Übersetzung der Heydenschen Dialoge (1. Klasse), beim deutschen Lesen und Schreiben (2. Klasse), durch die Berücksichtigung beim Morphologieunterricht (2. und 3. Klasse), bei Übersetzungen aus dem Lateinischen ins Deutsche (3. Klasse) und beim Übersetzen eines abgeschriebenen oder selbständig verfaßten deutschen Aufsatzes ins Lateinische (4. Klasse). Außerdem wurde die deutsche Sprache noch beim Katechismusunterricht, bei Religionsübungen der Schüler und beim Singen berücksichtigt (*Schmidt, Vl.* 1952, 123ff.).

Verglichen mit der deutschen Sprache war die Stellung der slowenischen Sprache an der Landschule ungünstig. Vom Standpunkt des damaligen Sprachstandes in Slowenien dürfte nachstehender Gedanke von *France Kidric* berechtigt sein: "Es ist nicht ausschlaggebend, ob nun die slowenische Sprache in den höheren protestantischen Schulen in Slowenien mehr oder weniger berücksichtigt wurde, es ist ausschlaggebend, daß sie in der Schule überhaupt berücksichtigt wurde." Am selbständigsten war die Rolle der slowenischen Sprache beim (slowenischen) Leseunterricht für Anfänger. Dafür wurden am Gymnasium von Ljubljana zwei Fibeln verwendet. In seiner zweiten Schulordnung führt *Bohoric* unter den Lehrbüchern für die zweite und dritte Dekurie der ersten Klasse den Katechismus von *Sebastian Krelj* an. An dieser Stelle wird in der Entwicklung des Schulwesens in Slowenien erstmals ein slowenisches Schulbuch erwähnt. Die zweite Fibel war *Bohorics* Werk "Elementale Labacense cum Nomenclatura trium linguarum latinae, germanicae et slavonicae", die von *Frischlin* unter den Lehrbüchern für die erste Klasse erwähnt wird. Es war das erste Schullesebuch mit einem kleinen lateinisch-deutsch-slowenischen Wörterbuch (vgl. *Ciperle, J./Vovko, A.* 1987, 20). Bei der weiteren Schularbeit wurde die slowenische Sprache beim Katechismusunterricht, der in protestantischen Schulen meist mit dem Sprachunterricht verbunden wurde, am stärksten herangezogen. Ansonsten kam die slowenische Sprache nur noch im Gesangsunterricht vor (a.a.O.).

Die Unterrichtsmethode war an protestantischen lateinischen Schulen des 16. Jhs. genau festgelegt. Die protestantische Pädagogik ließ keine freie Wahl der Unterrichtsmethode zu. Die Methodik war ebenso festgelegt wie der Unterrichtsinhalt. Das gilt auch für die Landschule von Lubljana. Die grundlegende methodische Frage der protestantischen lateinischen Schulen war natürlich, wie die Schüler möglichst schnell die lateinische Sprache erlernen können. Die methodischen Anleitungen befaßten sich deshalb besonders eingehend wiederum mit dem Sprachunterricht, während es für andere Fächer (Rechnen, Gesang, Geographie, Dialektik und Rhetorik) nur wenige Anweisungen gab (*Schmidt, Vl.* 1952, 131).
Bei einer Durchsicht der Anleitungen für den Sprachunterricht in beiden Schulordnungen der Landschule von Ljubljana werden einige besonders wichtige Formen des Lernens augenfällig: das Erlernen von Wörtern und Sätzen, die Grammatikübungen, die Übersetzungen, das Lesen von verschiedenen Autoren, die mündlichen und schriftlichen Übungen. Diese Aktivitäten sind miteinander verflochten, kommen jedoch nicht alle auf allen Unterrichtsstufen gleich häufig vor. In der Unterstufe stand das Erlernen von Wörtern und Sätzen im Vordergrund, um möglichst schnell einen Wortschatz aufzubauen. Auf allen Stufen wurde Grammatik gelehrt, zunächst Paradigmen für Deklination und Konjugation, später - in der Oberstufe - noch die Regeln der Morphologie, Syntax und Prosodie. Diese wurden anhand von Texten geübt, deren Inhalt und literarischer Wert keine Rolle spielten (Katechismus, Evangelien, *Ciceros* Briefe, Gedichte von *Ovid* und *Vergil*, *Äsop*sche Fabeln), meist bei der Bearbeitung einer neuen Lektion. Neuer Lehrstoff wurde auf zwei Wegen erarbeitet: entweder wurde die Lektion den Schülern aufgegeben, das heißt im Text (Wörterbuch, Katechismus, Evangelien, Grammatik, *Terenz*, *Ovid* usw.) wurde vermerkt, was und wieviel die Schüler zu Hause zu erlernen hatten. Der zweite Weg war methodisch sicher günstiger: die neue Lektion wurde vom Lehrer erklärt. Diese didaktische Tätigkeit, die den Kern des Sprachunterrichts bildete, wurde von Frischlin in seiner Schulordnung mit etlichen Ausdrücken bezeichnet: erklären, explicieren, interpretieren, exponieren. Diese inhaltlich synonymen Ausdrücke bedeuten mehr oder weniger, daß der Lehrer den lateinischen Text zuerst ins Deutsche übersetzte, und zwar Wort für Wort, ungeachtet der abweichenden Wortfolge im Deutschen. Wenn die Schüler dieses Verfahren nachvollzogen hatten, gingen sie unter seiner Leitung zur grammatikalischen Textanalyse über. Es wurden die Wortarten bestimmt und die Wörter dekliniert bzw. konjugiert. Auf der höheren Stufe des Sprachunterrichts wurden anhand der syntaktischen Regeln noch Sätze analysiert ("construieren"), d.h. es wurden die Beziehungen zwischen den einzelnen Wörtern bestimmt. All das mußte zuhause wiederholt und später in der Schule selbständig nachvollzogen werden. So wurden Tag für Tag Lektionen erarbeitet, die oft auch noch auswendig zu lernen waren. Das Lesen von Texten hatte noch ein zusätzliches Ziel: die Schüler sollten zur Nachahmung einen guten sprachlichen Ausdruck kennenlernen.

Schriftliche Übungen waren häufig und vielfältig. Die Schüler begannen mit Schreibübungen, später kam Rechtschreibung hinzu. In der Oberstufe ging es um stilistische Übungen (*Ciperle, J.* 1987, 35-41). Wegen der großen Lehrstoffmenge, die auswendig gelernt werden mußte, und wegen der ständigen Wiederholung des bereits absolvierten Lehrstoffes wurde der größte Teil der Zeit dem Abfragen gewidmet. Die Schulen jener Zeit und auch die Landschule in Ljubljana hatten eher Kontrollfunktionen, d.h. sie hatten in erster Linie zu überprüfen, ob die Schüler ihre Lern- und Schreibaufgaben absolviert hatten. Aus beiden Schulordnungen geht hervor, daß für das Abfragen (Rezitationen aus dem Katechismus, Aufsagen von Wörtern und Sätzen, Sprüchen, Dialogen, Paradigmen, Deklinationen, Konjugationen und Regeln, Durchsicht der Hausaufgaben) viel mehr Unterrichtszeit vorgesehen war als für die Erklärung des neuen Lernstoffes. Das hatte natürlich Folgen für die Qualität der Kenntnisse der Schüler, da diese den Hauptteil des Weges zu den Lernzielen, nämlich das Auswendiglernen, selbst - außerhalb der Schule - zurückzulegen hatten. Dabei darf nicht übersehen werden, daß beide Schulordnungen und auch die Anleitung für die Hilfslehrer der Landschule aus dem Jahre 1575 zumindest prinzipielle Hinweise auf die unterschiedliche Auffassungskraft der Schüler enthalten. Jedoch bleibt es sehr zweifelhaft, ob und in welchem Maße der Lehrer diesem Wunsch nach differenzierterer schülerbezogener Unterweisung nachkommen konnte oder wollte. Sehr ausdrücklich wies *Bohoric* die Lehrer auf die individuellen Unterschiede zwischen den Schülern hin, sowohl in seinen Anleitungen für die Arbeit in den einzelnen Klassen als auch im Kapitel über die "Hilfslehrer".
Das grundlegende Erziehungsziel, dem alle anderen Ziele untergeordnet waren, bestand selbstverständlich darin, Menschen zu erziehen, die das neue Glaubensbekenntnis verfechten und verbreiten würden. Diesem religiösen Ziel entsprachen auch die Erziehungsmittel. An erster Stelle standen selbstverständlich religiöse Übungen der Schüler, die in beiden Schulordnungen sorgfältig und genau festgelegt wurden. Der Bedeutung und der praktischen Häufigkeit nach folgen die Strafen. Neben der Mahnung und der Beschämung durch den Holzesel handelte es sich vorwiegend um Körperstrafen. Während Strafen sehr häufig vorkamen, blieben Belohnungen sehr selten (vgl. *Schmidt, Vl.* 1952, 140-145).

Es gibt keinen Zweifel, daß der dominante Einfluß auf die protestantische Landschule in Ljubljana nicht aus einheimischen, sondern aus fremden pädagogischen Quellen stammt. Doch gibt es, wie sich etwa bei der unterrichtlichen Behandlung der deutschen und der slowenischen Sprache zeigt, gleichwohl auch Hinweise auf augenfällige Bemühungen um eine Anpassung der Schule an die konkreten slowenischen Verhältnisse und Hinweise auf eigenständige bildungspolitische und didaktische Wege in Slowenien.

Literatur

Ciperle, Jozé (1967): Die Gymnasien und ihr Unterricht auf slowenischem Gebiet bis zur Mitte des 19. Jahrhunderts. Ljubljana. In: Razstavni katalog Slovenskega solskega muzeja, 5-46.

Ciperle, Jozé (1987): Die protestantische Landschule in Ljubljana und die klassischen Sprachen. Ljubljana. In: Anticni temelji nase sodobnosti, Referati slovenskih udelezencev na 4. znanstvenem zborovanju, 35-41.

Ciperle, Joze/Vovko Andrej (1987): Das Schulwesen auf slowenischem Gebiet im Verlauf der Jahrhunderte. Ljubljana.

Kidric, France (1924): Die slowenischen Bücher in der protestantischen Landschule in Ljubljana 1563-1598. In: Casopis za slovenski jezik, knjizevnost in zgodovino 4, 130-139.

Paulsen, Friedrich (1919): Geschichte des gelehrten Unterrichts, I. Leipzig.

Röckelein, Hedwig/Bumiller, Casimir (1990): ... ein unruhig Poet Nicodemus Frischlin 1547-1590. Balingen.

Schmidt, Vlado (1952): Das pädagogische Werk der Protestanten auf slowenischem Gebiet im XVI. Jahrhundert. I. Buch. Ljubljana.

Schultze, Winfried (1987): Deutsche Geschichte im 16. Jahrhundert. Frankfurt.

Seuffert, Bernhard (1898): Frischlins Beziehungen zu Graz und Laibach. In: Euphorion 5, 257-266.

Wallner, Julius (1888): Nicodemus Frischlins Entwurf einer Laibacher Schulordnung aus dem Jahre 1582. Laibach. In: Programm des Obergymnasiums zu Laibach, 1-35.

Zwitter, Franz (1969): Das höhere Schulwesen auf slowenischem Gebiet bis zum Jahr 1918. Ljubljana. In: Petdeset let slovenske univerze v Ljubljani 1919-1969, 13-51.

H.-U. Grunder

P. A. Stapfers Enquête von 1799 und die Folgen - oder: "...die gänzliche Zerstörung des Föderalismus"

Ein Beispiel aus der Schweiz

"Ich habe familljen Ich hab 3 Kinder Ich bin 5 Jahr schuldinner vor här bin ich allezeit hierorts gewäsen min be Ruff war vor här auff dem Fäld zu arbeiten ich hätte neben dem lehrren noch andere ausrichtungen ich muss for der schul mein fich futteren." (*Jakob Tschanz*, zitiert von *Kummer* 1874, 15/16)
So lauten die Angaben zur Person des dreissigjährigen Sigriswiler Lehrers *Jakob Tschanz* in der Enquête von *P.A. Stapfer* zu den Schulverhältnissen in der Schweiz um 1800. *Tschanz* ist einer von beinahe 1800 Lehrkräften aus den damals neunzehn Helvetischen Kantonen, die behördlicherseits aufgefordert wurden, zu ihren persönlichen und zu den Schulverhältnissen ihrer Gemeinde Stellung zu beziehen. Auf die Aussage des Lehrers ist weiter unten zurückzukommen. Einstweilen nur: Was in der zitierten Antwort unmißverständlich aufscheint, sind die Probleme des Lehrerstandes im ausklingenden 18. Jahrhundert. Darum soll es hier aber weniger gehen, wenn im folgenden das Instrument der *Stapfer*schen 'Enquête' als ein Mittel, eine zentralistische und universalistische Schulpolitik empirisch zu stützen, ja erst einmal zu initiieren, betrachtet wird. In den vergangenen bald zwei Jahrhunderten mehrfach in pädagogischer Absicht interpretiert, jedoch in dieser Optik nie gesamthaft ausgewertet und in den erziehungshistorischen Kontext gestellt, ist die Enquête in der Schweiz lange Jahre ein 'pädagogisch-statistisches Unikum' geblieben: Sehr frühe Form einer zahlenmässigen Erhebung, war sie damals Vehikel einer nicht-föderalistischen, nicht-regionalistischen, von nationalerzieherischen Maximen geprägten - und schließlich mehrheitlich gescheiterten, seitens der Französischen Revolution inspirierten Schulorganisation zum einen, im übrigen erweist sie sich heute als unschätzbare Datenbasis hinsichtlich einer 'Morphologie der Schullandschaft Schweiz' um die vorletzte Jahrhundertwende.
Um die Umfrage *Stapfer*s (Zu *Stapfer*: *Luginbühl* 1902, *Keller* 1945) dreht sich der vorliegende Text. Vor der Folie eines heutzutage heillos zergliederten, selbst nicht auf minimalem strukturellen Konsens abgestützten schweizerischen Schulwesens sei belegt, daß während einer kurzen Zeitspanne in der Schweiz einheitliche schulpolitische Lösungen erörtert worden sind. Zwar sind seither die Debatten um eine zentralisierte Bildungspolitik nicht verebbt. Zu mehr als kosmetischer Behandlung eines nach 1800 etablierten nicht-zentralistischen Schulwesens ist es in der Realität bislang aber nicht mehr gekommen. Wie diese Entwicklung grundsätzlich zu werten sei,

darüber läßt sich streiten. Eines trifft aber zu: Umständehalber dürfte auch die Phase des überbetonten Föderalismus im Schulwesen derzeit ihr Ende finden, wenn es neuerdings um die Frage geht, ob das schweizerische Bildungswesen 'europafähig' gemacht werden muß oder sollte. Wie offensiv die schweizerische Schulpolitik vor zweihundert Jahren diesbezüglich gewesen ist, sei sogleich erläutert. Daß diese schulreformerische Position aufgrund eines rücksichtslosen aber folgenschweren Eingriffs von aussen provoziert wurde, ist nicht nur für die damalige, sondern ebenso für die Analyse der gegenwärtigen und künftigen Entwicklung im Schulwesen aufschlußreich. Insofern beinhaltet die historische Sicht eine gegenwartsbezogene Lektion, deren aktueller pädagogischer Relevanz man sich in der Schweiz nicht entziehen dürfte.

Als ein wesentliches Fazit der folgenden Abschnitte darf eine auf *Stapfer* bezogene Einsicht nicht unerwähnt bleiben: Der Initiant der 'Enquête' war sich sehr wohl der Zusammenhänge zwischen politisch-ökonomischen Zielen und ihrer pädagogischen Realisierung bewußt. Er mußte sich schließlich eingestehen, daß schulinstitutionelle Reformen weniger von pädagogischen Wünschen als von finanziellen Vorgaben begründet, geleitet oder verhindert werden. *Stapfer* kannte die sozio-ökonomischen Merkmale der damaligen Politik - und er war sich im klaren darüber, daß die von ihm geplante Schulreform von ihnen abhing.

Ich gehe in drei Schritten vor: Eingangs sei das historische Umfeld der ersten schweizerischen 'Schulenquête' erkundet; besonderes Gewicht wird dabei auf die Bezüge zwischen politischer und pädagogischer Argumentation gelegt (1.). Darauf soll die *Stapfer*sche Umfrage in Ziel, Ansatz und Methode vorgestellt werden (2.), wobei ich sie als Vehikel deute, die damalige Schulrealität empirisch zu erheben. Der vorletzte Abschnitt präsentiert einige ausgewählte Ergebnisse, wie sie aus den bislang seitens der pädagogischen Forschung untersuchten Antwortenbögen der Enquête hervorgegangen sind (3.). Zum Schluss sei ein bisher nicht beachteter Interpretationsrahmen vorgestellt (4.), der die Umfrage in das Kräfteparallelogramm einer föderalistischen und vereinheitlichenden, was nicht heißt internationalistischen Optik stellt.

1. Das historische Umfeld

Die gegen das Ende des 18. Jahrhunderts in der Schweiz aufkommenden gegenaufklärerischen Tendenzen, die in wirtschaftlicher Sicht als Reaktion auf den Merkantilismus zu deuten wären, übertragen die naturrechtliche Ansicht, allem menschlichen Zusammenleben eigne eine harmonische Qualität, auf agronomische, pädagogische, literarische und ästhetische Fragen. Freilich erklären nicht nur sie das bemerkenswerte Engagement von Politikern, Geistlichen und 'Schulmännern' (So nannte man damals jene, die an Schulfragen interessiert waren; es gab indessen ebenfalls Frauen, die sich der Schule und ihren Problemen annahmen.), Kindern eine zweckdienlichere, effizientere, lernökonomisch wertvollere, kurz: eine 'bessere Schule' bereitzustellen, als die traditionelle es gewesen war. Die Französische Revolution, deren Folgen sich in der Schweiz auswirkten, zeigt eine bemerkenswerte Intensivierung, was dieses Bemühen angeht. Bereits die wenigen Jahre der 'Helvetik' (1798 - 1803), abrupt beendet, als die 'Mediation' (1803 - 1815) einsetzt, verzeichnen eine Anzahl bemerkenswerter Reformen besonders im Elementarschulbereich (*Hodel* 1991, 142), darauf abzielend, die Situation der Volksschule auf dem Land qua Vereinheitlichung zu verbessern. Bereits in der erstgenannten Zeitspanne, der Helvetik, die ihrerseits schon um eine gute Schule bemüht ist, versucht man engagiert - in den verschiedenen Kantonen verständlicherweise in unterschiedlichem Maß -, die Lehrerbildung auf eine neue organisatorische und pädagogische Basis zu stellen.

1798 wird in Aarau anstelle der föderalistisch aufgebauten 'Alten Eidgenossenschaft' der dreizehn Orte die 'Helvetische Republik' als zentralistischer Einheitsstaat ausgerufen. Deren bürgerlich-demokratische Verfassung hält sich eng an die Direktorialverfassung der Französischen Republik von 1795. Mit dieser Umwälzung sind weitreichende Reformabsichten verbunden, was das Volksschulwesen angeht, das umgehend ausgebaut werden soll. Allerdings erfährt die Schweiz in den folgenden beiden Jahren vier Staatsstreiche, bis sich schließlich der Erste Konsul der Französischen Republik, *Napoleon Bonaparte* veranlaßt sieht, als 'Mediator', daher der Begriff 'Mediation', als Vermittler also, in den Bürgerkrieg einzugreifen, um dadurch die Ruhe wieder herzustellen. Dies führt erneut zur Okkupation der Schweiz durch französische Truppen.

In der Optik der damals um die staatliche und ökonomische Prosperität Bemühten, muß der Reformhebel, wie oben bereits erwähnt, nachhaltig an der als rückständig interpretierten Lehrerbildung angesetzt werden. Die Elementarschullehrer sind letztlich für die gute Bildung des Volkes verantwortlich, wird argumentiert. Nicht nur sie als Lehrende; ebenso ist die Schulstruktur Adressat der Reform: Die Helvetik erklärt die Volksschule obligatorisch und schafft, insgesamt überaus sensibel für institutionelle Belange, in den Kantonen staatliche Schulbehörden ('Erziehungsräte'), die fortan für die Schulen verantwortlich sind. Im übrigen bemüht man sich bald einmal um die realen 'Schulverhältnisse': Eine gute Schule benötigt die entsprechenden Bauten, worin Unterricht stattfinden kann. Der Anspruch, Schulgebäude zu bauen, einzurichten und auszurüsten konfligiert fortan öfter mit dem Ziel, die mißliche Lage der Staatsfinanzen zu beheben.

Der Prozess, den Bildung und Schule seit Beginn des 19. Jh.s in der Schweiz durchmachen, verläuft allerdings keineswegs gleichförmig oder einheitlich - entgegen den Vorstellungen der vom französischen Dirigismus geprägten helvetischen Schulreformer - und entgegen einem rezeptionsgeschichtlichen Ansatz, der diese Entwicklung als eine 'Geschichte eines kontinuierlichen, erfolgreichen Aufbaus' deutet. (Die Annahme einer 'Verfallsgeschichte' eröffnet m. E. rezeptionshistorisch eine ergiebigere Perspektive. Dies zu erörtern ist freilich nicht Gegenstand dieser Arbeit). Mit der 'Restauration' (1815-1830) sollte ausgeprägter 'Schulföderalismus' die unitarische helvetische Schulpolitik ablösen, nachdem die der Helvetik folgende Phase der 'Me-

diation' schulpolitisch noch eine gewisse Kontinuität mit ersterer aufgewiesen hatte. Die Restauration sieht die konservativen Kräfte erwachen, die, seitens der Zentralgewalt vorerst noch unterdrückt, gegen ein eidgenössisches Erziehungsgesetz opponieren. Die 'Regeneration' wird mit dem 'Sonderbundskrieg' 1847 dann den Höhepunkt des Kampfes liefern. In der Gründung des schweizerischen Bundesstaats findet diese Periode 1848 ihren Abschluß.
Wie angesprochen wurde: Die Zeit um die Jahrhundertwende ist mit dem Ausbau der staatlichen Volksschule eng verbunden. 'Volkssouveränität ohne Volksbildung sei leerer Schall', wird der nachmalige Sonderbundsführer *Sigwart-Müller* sagen. Und *Heinrich Zschokke* überschreibt sein Buch zum selben Thema mit dem Titel 'Volksbildung ist Volksbefreiung'.
Erst die 'Mediation', noch nicht jedoch die 'Helvetik', realisiert die 'Normalkurse' für angehende und Fortbildungskurse für bereits amtierende Lehrkräfte. Trotzdem bleiben zunächst erhebliche qualitative Differenzen im Schulwesen zwischen Städten und ländlichen Gebieten bestehen. Zu politisch und pädagogisch gewichtigeren Veränderungen kommt es zwischen 1830 und 1848: So verabschiedet etwa die liberale Regierung Berns auf Antrag des neu geschaffenen Erziehungsdepartements 1835 ein Primarschulgesetz, das die Gemeinden zwingen soll, die Ganzjahresschule einzurichten und die Kinder zugleich zum obligatorischen Schulbesuch verpflichtet. In den folgenden Jahren ficht die Verwaltung einen Kampf gegen das grassierende 'Absenzentum', da sich die Bauern gerade in ländlichen Gebieten weigern, ihre Kinder auch sommers zur Schule zu schicken, wenn diese auf dem Hof arbeiten müßen. In dieselbe Zeit fällt die Gründung der bernischen Seminare, Institutionen der Lehrerausbildung. So nehmen ihren Betrieb auf: Das Seminar in Münchenbuchsee 1833, in Hindelbank 1834, in Delsberg 1837, in Pruntrut 1838. 1834 wandelt Bern seine 'Akademie' in eine Universität um (Zürich: 1833). Der erste Gründungsschub der schweizerischen Lehrerbildungsinstitutionen ist Ende der Dreißigerjahre abgeschlossen. Bis dahin sind neun staatliche Seminare, Ausbildungsstätten für Elementarlehrer und -lehrerinnen, eingerichtet worden.

Zurück nochmals in die Zeit der Jahrhundertwende:
Gegen das Ende des 18. Jahrhunderts führen Unruhen in verschiedenen schweizerischen Gebieten (In der bernischen Waadt, in der Schaffhauser Landschaft und im Unterwallis werden sie "mit oft brutaler Gewalt von der Obrigkeit niedergeschlagen" (*De Capitani* 1983, 161). In Genf, Graubünden und im Bistum Basel werden die alten Regimes gestürzt). Die Besetzung der eidgenössischen Gebiete durch die französischen Truppen führt im Frühjahr 1798 zu einer tiefgreifenden Veränderung der politischen Lage. An der Stelle der föderalistisch aufgebauten 'Alten Eidgenossenschaft' der dreizehn Orte tritt, wie erwähnt, am 12. April 1798 in Aarau die 'Helvetische Republik' als zentralistischer Einheitsstaat. Mit diesem markanten politischen Wandel - wogegen sich insbesondere die Innerschweizer Kantone auflehnen - sind weitreichende Veränderungen im Schulwesen verbunden, das neueren Forschungsergebnissen gemäß bislang zwar "in den meisten schweizerischen Orten über ein sehr entwickeltes und sehr wahrscheinlich auch flächen- und bevöl-

kerungsdeckendes Schulsystem" (*Osterwalder* 1989b, 21) verfügt hatte, das andererseits nun weiter ausgebaut und vereinheitlicht werden soll. Das neue Schulsystem hatte laut den verantwortlichen Planern aus einer obligatorischen sechsjährigen Volksschulstufe zu bestehen, wo in Landschulen winters sechs und sommers vier Unterrichtsstunden abgehalten, in größeren Gemeinden hingegen das ganze Jahr über sechs Stunden erteilt werden sollten.
Der im knapp skizzierten vielschichtigen Wandlungsprozess herausragende Politiker ist Minister *Stapfer*, der letztlich für Planung und Durchführung der 'Enquête', um die es hier geht, verantwortlich ist.
Philipp Albert *Stapfer*, am 2. Mai 1798 zum helvetischen Minister der 'Wissenschaften, Künste, öffentlichen Gebäude, Brücken und Strassen' ernannt, versucht in mehreren Anläufen, die Schulen des Landes vereinheitlichend zu reformieren - so auch vermöge einer 'Enquête', die die schweizerischen Schulverhältnisse mit sechzig von Lehrern und Pfarrern zu beantwortenden Fragen ergründen soll. *Stapfer* wird am 23. September 1766 in Bern geboren, am 27.3.1840 stirbt er in Paris, wo er sich nach 1801 zur Ruhe gesetzt hatte. Nach seinem Rücktritt als Helvetischer Politiker widmet *Stapfer* dort seine Energie der protestantischen Kirche. Als Helvetischer Minister hatte *Stapfer* eine unitarische Kulturpolitik gefördert, besonders eine Volksschule als eine alle körperlichen und geistigen Kräfte des Kindes (*Stapfer* 1792; vgl. zu *Stapfer*s pädagogischem Denken, dessen Hintergründe in diesem Text lediglich knapp erhellt werden: *Lindgren* 1955, 26-31) entfaltende einheitliche Erziehungsanstalt. Seine Pläne einer schweizerischen (Helvetischen) Nationalerziehung, einer Nationaluniversität und einer nationalen Lehrerbildungsanstalt bleiben indessen unverwirklicht, was nicht bedeutet, dass die *Stapfer*sche Reform gänzlich gescheitert wäre (s.u.). *Stapfer* sieht die Linien der Schulentwicklung klar vor sich. Bereits sein Schulgesetzesentwurf von 1798 enthält den nachstehenden Passus: "Le gouvernement établira dans chaque canton une école normale pour fournir de bons instituteurs de campagne". ('Projet de loi sur les écoles élémentaires', zit. von *Luginbühl* 1902, 526ff.)
Die angesprochene Epoche der Helvetik, "wo sich aus den Trümmern der alten Eidgenossenschaft mit fremder Hilfe eine neue, zentralistische Schweiz bilden sollte" (*Lindgren* 1955, 78) habe in der schweizerischen Geschichtsschreibung bislang keine sehr positive Bewertung gefunden, stellt ein Chronist fest. Für das Erziehungswesen indessen, so wird gleich relativiert, "brachte der Zentralismus der Helvetischen Republik, besonders durch die Wirksamkeit von Philipp Albert *Stapfer* als Minister der Künste und Wissenschaften, eine neue Grundlage" (*Lindgren* 1955, 78). Eine Festschrift (*Weinmann* 1933) würdigt *Stapfer* (in einem anderen Zusammenhang): Er "...bleibt (...) gross durch die ideale Forderung, die weit über seine Zeit hinauswies" (*Weinmann* 1933, 13). *Stapfer*s Initiative einer Umfrage ist aus heutiger Sicht und pädagogischer Warte als doppelbödiges 'erfahrungswissenschaftliches' Erhebungsinstrument einzuschätzen: Einmal versprach sich der Minister davon Aufschluß über die tatsächlichen 'Schulverhältnisse', wie man damals sagte. Zum anderen ging es ihm um eine neue Erziehung, die nur in der Form einer für alle obligatorischen Schule zu dem *Stapfer* notwendig scheinenden Patriotismus (*Osterwalder* 1989a, 259,

Osterwalder 1989b) führen konnte. Der Gedanke, Erziehung habe nicht länger ständisch zu verfahren, wird durch *Stapfer*s Erziehungskonzept (vgl. dazu *Stapfer* 1792) konkretisiert. In der vorrevolutionären 'Helvetischen Gesellschaft' beispielsweise war dieses Konzept noch nicht diskutiert worden (*Osterwalder* 1989a, 263). In seiner Antrittsrede als Professor am 'Politischen Institut' (einer Schule der Aristokratie) in Bern, entwickelt *Stapfer* aufgrund einer politischen Analyse jene Ideen, die Jahre danach zur Basis seines Erziehungsplans werden sollten, den er als Minister der Helvetischen Republik verfassen wird (*Stapfer* 1799). Darin begründet er die Staatlichkeit der Schule, was er mit den allgemeinen Bürgerrechten und den Zielen von Freiheit, Gleichheit und Brüderlichkeit legitimiert. Besonders die unterste Stufe der Schule, die Bürgerschule, sollte den Zwiespalt zwischen Gleichheit der Bürger und Ungleichheit der Menschen vermitteln, d.h., "Gleichheit der Rechte gegen die Ungleichheit der Mittel, welche jene immerfort bedroht, möglichst sichern" (*Stapfer* 1799, 71). Damit war Erziehung als öffentlicher Vorgang konstituiert: Öffentlichkeit entsteht durch Erziehung, und Erziehung muß zur Öffentlichkeit führen (vgl. *Osterwalder* 1989a, 268). Ziel ist, "den Kindern sowohl des einen, als des andern Geschlechts, einen Unterricht zu ertheilen, welcher sie mit den Rechten und Pflichten des Menschen und des Bürgers bekannt mache, und sie zu dem nöthigen Grad von Fähigkeiten erhebe, um irgend einen Beruf erwählen zu können, wodurch sie ihren Mitbürgern nützlich werden" (Vorschlag eines Gesetzes für die Bürgerschulen, in: *Stapfer* 1799, 81-93). Der Unterricht soll in Lesen, Sprechen und Schreiben, in Rechnen, Geographie, Vaterlandsgeschichte sowie ersten 'Erläuterungen in Moral und Staatsverfassung' bestehen. In jenen Schulen, die bessere "Lehrer und mehr Hülfsquellen" (*Stapfer* 1799, 88/89) besitzen, kommen Geometrie, Feldmessen, Zeichnen, Fremdsprachen, Haus- und Landwirtschaft, Handwerk und Gewerbe, Buchhaltung und 'Hygiene' sowie 'Leibesübungen' dazu. Ihrem Alter und ihrem Können entsprechend sollen die Kinder, so sieht der Entwurf vor, in drei Klassen aufgeteilt werden. Die Versetzung in die nächste Klasse hätte aufgrund eines bestandenen Examens zu erfolgen.

Noch bevor der Erziehungsplan ausgearbeitet ist, setzt die Helvetische Regierung in allen Kantonen die obengenannten 'Erziehungsräte' ein (*Stapfer* 1799, s.a. *Stapfer* 1789a), in einem zentralistisch, laizistisch gedachten Staat als föderalistisches, Öffentlichkeit herstellendes Instrument, worin sich ebenfalls die Pfarrer zu beteiligen hatten. Den Erziehungsräten ist aufgetragen, "den inneren Gang jeder einzelnen Schule" (*Osterwalder* 1989a, 270) zu bestimmen. Neben den Bürgerschulen und den in den kantonalen Hauptorten zu Realschulen erweiterten Bürgerschulen sieht der Plan Gymnasien und schließlich als 'Brennpunkt der intellektuellen Kräfte unserer Nation' eine 'nationale Centralanstalt' vor. Dieser Entwurf war vom fünfköpfigen Direktorium (Exekutive der Helvetischen Republik) im November 1798 an die gesetzgebenden Räte (Grosser Rat und Senat) weitergeleitet worden. In seinem Begleitschreiben zum Entwurf hatte der Präsident des vollziehenden Gremiums, *de Laharpe*, die 'Schulverhältnisse' vernichtend kritisiert und zugleich eine Defizitanalyse zuhanden des Ausgangspunkts einer Helvetischen Schulpolitik geliefert, die *Stapfer*schen Gedanken einer ausgewogenen Balance zwischen Schule und Öffentlichkeit umreis-

send: "Es ist nur zu bekannt, in welchem elenden Zustande sich die Volksschulen fast überall in Helvetien befinden. An vielen Orten sind gar keine Schulhäuser; an anderen sind sie nicht hinreichend für die Bedürfnisse des Unterrichts, oder höchst unbequem eingerichtet. Die Schulmeister sind schlecht besoldet. Es fehlt ihnen an den Kenntnissen und Fertigkeiten selbst, welche sie ihren Lehrlingen beybringen sollen; die Lehrgegenstände reichen keineswegs an die Bedürfnisse des Menschen, der seine Würde fühlen, und des Bürgers, der seine Rechte kennen, seine Pflichten erfüllen soll. Die Lehrart ist verkehrt, vernunftwidrig; die Schulzucht ist bald zu streng, bald zu nachlässig und auf alle Fälle unzureichend. Die irregeleiteten Begriffe des Volks haben auch in diesem Theile der gesellschaftlichen Verhältnisse unter dem Vorwande der Freyheit, Zügellosigkeit veranlasst, Frechheit erzeugt und Rohheit begünstigt." (in: *Stapfer* 1799, 65-80)
Hier liegt der Urspung der *Stapfer*schen Enqête begründet, geht es doch darum, den Status quo erst einmal zu erheben. Darauf war die Helvetische Schulreform in Richtung einer zentralistisch institutionalisierten Bildung anschließend zu errichten.
Daß seitens des Direktoriums vermutlich ein gut Teil propagandistische Schwarzmalerei betrieben worden ist, um die vermutliche mißliche Lage der Schulen in der Schweiz noch schlechter zu machen, als sie war, und damit die neue Politik zu legitimieren, steht auf einem anderen Blatt geschrieben. *Ein* Ergebnis der Enquête, hier vorausgenommen, sei einer relativierenden Stimme gegenübergestellt, um die Interpretationsvielfalt zu belegen: Im Kanton Bern (1798: 217 165 Einwohner) scheint sich die pessimistische Ausgangslage aufgrund der Antworten auf die 'Fragen über den Zustand der Schule an jedem Orte' (*Stapfer* 1799, 96-100) zu bestätigen, wie einer jener Autoren angibt, die die Umfrage regional ausgewertet haben (Von den 500 Volksschulen gehen von 416 öffentlichen und drei privaten Berichte ein): Nur gerade 302 Schulen befinden sich demnach in gemeindeeigenen Schulhäusern und von diesen sind laut den Berichten "etwa zwei Drittheile in schlechtem Zustand, eng, niedrig, feucht oder baufällig" (*Kummer* 1874, 15). Dagegen wird von einem anderen Historiker der Pädagogik (*Schneider* 1905, 54), eingewandt, es gelte zu bedenken, daß im selben Gebiet innerhalb von hundert Jahen mehr als zweihundertfünfzig Schulhäuser erbaut oder gekauft worden seien, "so dürfen wir im allgemeinen dem Volk nicht Nachlässigkeit vorwerfen". Und weiter: "Der Schulbau lag in den Händen der Gemeinden, die mit ihren geistigen und physischen Kräften ein Haus errichteten, wie sie es verstanden und wie es dem Zwecke diente, für die sie es erbauten". Bedenkt man, daß die Mehrzahl der Schulbauten in der Schweiz im 18. Jahrhundert errichtet worden ist und eingerechnet, wie schwach die Gemeinden damals finanziell stehen, ist die These trotz *Laharpe*s pessimistischer Sicht angebracht, die Situation sei nicht derart gravierend gewesen. Was den Unterricht angeht, moniert ein Kommentator (*Heuer* 1874, 19/20), die Hauptaktivität von Kindern und Lehrern um 1800 habe im Buchstabieren, Lesen und Memorieren (des Heidelberger Katechismus' und des Psalmenbuchs) gelegen. Der Unterricht sei unregelmäßig besucht worden, sommers entweder gar nicht oder nur sonntags nach dem Gottesdienst, wenn er überhaupt mehr als zweimal wöchentlich stattgefunden habe. Etliche Lehrer hätten sich beklagt, daß viele ältere Schüler die Schule auch winters nicht

mehr besuchten. Diese Einschätzungen sind, der erheblichen regionalen Unterschiede wegen, vorsichtig zu interpretieren. So ist inzwischen aus weiteren Teiluntersuchungen der Enquête-Ergebnisse bekannt (*Widmer* 1973, 19ff.), daß die festgestellten Mängel zwar häufig auf dem Land, seltener aber in städtischen Einrichtungen anzutreffen sind. Die Stadt Burgdorf, wo 1801 ein 'Schulmeister-Seminar' unter *Pestalozzi*s Leitung geplant war (*Pestalozzi* 1932, *Widmer* 1973, 40; hier nicht berücksichtigt: die Korrespondenzen mit *P.E. v. Fellenberg* und *Rudolf Hanhart*, beide im *Philipp Albert Stapfer*-Archiv des Bundesarchivs in Bern), das 1803 "etwas in Gang kam" (*Widmer* 1973, 40), schliesslich jedoch nach Münchenbuchsee und Yverdon verlegt werden mußte (vgl. *Niederer* 1805, 47), war das Schulsystem bereits sichtlich differenziert: Die öffentliche Schule umfaßte 1799 dort sechs Abteilungen, eine 'Buchstabierschule' für fünf- bis achtjährige Knaben und Mädchen, eine 'Arbeits'- oder 'Mädchenschule', eine 'Dritte Knabenschule' (ohne Latein) und eine 'Zweite Knabenschule', wo die Kinder das Lateinische erlernten und in biblischer Geschichte, Erdkunde und Rechnen unterrichtet wurden. Die 'Erste Knabenschule' war die Lateinschule, wo auf das Rechts- und Theologiestudium vorbereitet wurde. In der sechsten Abteilung sassen die 'Hintersässen- und 'Bauernkinder', alle Nicht-Bürger der Stadt, die Lesen, Religion, Rechnen, Schreiben und Memorieren lernten. Zu den Gehilfen und Gehilfinnen der 'Schulmeister' und 'Lehrgotten' sagt die Enquête nichts (vgl. *Schraner* 1938, 6. Übrigens werden die damals 'Schulmeister' genannten Lehrkräfte seitens der Enquête mit 'Schullehrer' angesprochen.) Was die Einkünfte der Lehrer, auch jener in Burgdorf betrifft, geht die Enquête ins Detail. Dieser wichtige, professionsgeschichtliche, in diesem Zusammenhang jedoch weniger berührende Aspekt, wird von allen Chronisten aufgegriffen (darunter: *Schneider* 1905, 52/53/77, *Studer* 1850, 6, *Hunziker* 1881, 22), um die dramatische ökonomische Lage der Unterrichtenden um 1800 zu belegen. Denselben Aspekt streifen die erziehungshistorisch wichtigen Bemerkungen zur problematischen Akzeptanz der Lehrer in der Bevölkerung (vgl. *Bärtschi* 1933, 7), zur ungenügenden Ausbildung der 'Schulmeister' (*Jaggi* 1933, 14) und zu deren lebensnotwendigen nebenberuflichen Tätigkeit (*Schneider* 1905, 86ff.).

Um zusammenzufassen:
Auf die Frage, ob sich durch die Enquête eher pessimistische Stimmen wie jene *Laharpe*s oder Bildungsoptimisten bestätigt fühlen konnten, ist hier nicht einzugehen. In der Folge der Helvetik, nach der Restauration, wird die Notwendigkeit einer staatsbürgerlichen Erziehung als Prämisse der Existenz eines demokratischen Staatswesens schließlich anerkannt. Zugleich setzt massiv die Laisierung des Schulwesens ein. Daß die nachfolgenden Jahre weniger bildungsfreundlich waren, ist sicher nicht *Stapfer* anzulasten. *Gotthelf* verweist in 'Leiden und Freuden eines Schulmeisters' auf die Unbilden der Restauration, 1815-1830, für die Volksbildung im Kanton Bern. Erst die Regeneration hatte die von *Stapfer* gesäte Saat jedoch aufgehen lassen. Nun übernehmen die 'regenerierten Kantone die Trägerschaft der Volksbildung, wie es die 'Helvetik' gefordert hatte.

2. Die 'Schulenquête' *Philipp Albert Stapfer*s

Mittels eines Fragebogens, den alle Lehrer doppelt ausfüllen müssen, erhofft der zuständige Helvetische Minister eine Übersicht über den "elenden Zustand" (*Kleinert* 1952, 439) der Volksschulen, wie ein Beobachter *Stapfer*s Absicht nachträglich deutet, zu gewinnen. Erklärtes Ziel (*Guex* 1903, 682ff.) des Politikers ist es, aufgrund der Antworten die Schulen zu modernisieren. Dahinter steckt nebst der Idee, zu vereinheitlichen der optimistische Gedanke, vermöge eines guten Schulsystems eine 'schweizerische Identität' zu schmieden, und letztlich der Wunsch, die Macht der Kirche einzudämmen. Leider ist die 'Enquête' unter pädagogischen Vorzeichen bislang nie erschöpfend erforscht worden: Es gibt lediglich Ansätze zur Auswertung des Konvoluts von Antworten, die im Bundesarchiv liegen. Allerdings, und das kommt einschränkend dazu, gehen mehrere Autoren, die sich mit *Stapfer*s Umfrage beschäftigen (Zu ihnen gehören *Durrer* 1879 bezüglich der Urschweiz, *Morf* 1868 und *Klinke* 1907 für den Kanton Zürich, *Ochsner* 1909 für den Kanton Schwyz, *Panchaud* 1952 und *Junod* 1983 für die Waadt - letztere beiden gehen weniger pointiert von einer Defizithypothese der Schulen vor 1800 aus - *Schneider* 1905 für den Kanton Bern, *Weber* 1921 für den Kanton Solothurn, in Ansätzen: *Vonlanthen* 1981 für den Kanton Fribourg) gelegentlich von einem zu simplizistischen 'Vorher-Nachher-Denken' aus, das sich insbesondere auf die bauliche Situation der Schulgebäude bezieht, wenn unvermittelt bewiesen scheint, die Schulen vor der Helvetik seien im einem miserablen, die danach errichteten seien in einem viel besseren Zustand gewesen. Ein Erziehungshistoriker der Gegenwart sagt es so, wenn er schreibt, die Enquête zeige die "disparité et parfois la profonde ignorance des régents" (*Panchaud* 1983, 23). Die Meinung, die Lehrer seien unfähig gewesen, die von *Stapfer* verschickten Fragebogen innerhalb der gesetzten vierzehn Tage zu beantworten, herrscht bereits unter den damaligen Inspektoren etwa in der Waadt, die sich als befähigt erachten, bessere Auskünfte zu den Schulverhältnissen zu liefern als die 'unfähigen Lehrer'. Dieser Sicht widerspricht ein Chronist aus Solothurn (*Weber* 1921), der den Lehrern rückblickend eine sorgfältige Manier der Beantwortung zubilligt.

Ein eingehender Blick auf die Umfrage und die Antworten muß zu einem grundsätzlich anderen Ergebnis führen. Vermutlich, so könnte man aber bereits zu den Folgen der 'Enquête' sagen, hat *Stapfer* mit seiner Umfrage Druck auf lokale Behörden ausüben können, das Augenmerk auf den Zustand ihrer Schulen zu richten. *Stapfer*s politische Ziele sind ambitiös - darauf ist hingewiesen worden: Neben einer nationalen Universität beabsichtigt er die Gründung eines zentralen Seminars oder mindestens je eines kantonalen Seminars für angehende Lehrkräfte, um zum einen die Lehrerbildung, vielleicht aber ebenso die 'Politikerbildung' voranzutreiben und - jedenfalls:"...zur gänzlichen Zerstörung des Föderalismus" (*Stapfer* 1798, 606) wie er anmerkt. Zusammen mit dem 'Vorschlag zur Neugestaltung des Erziehungswesens' (*Stapfer* 1789b) reicht die 'Enquête' - wie bereits ein zeitgenössischer Kritiker schrieb, 'weit über ihre Zeit hinaus'. Ein vergleichbares Unternehmen hat

erst knapp dreissig Jahre später der Tessiner *Stefano Franscini* gewagt (vgl. *Franscini* 1827); zum Vergleich mit Preussen: Gegen Ende des 18. Jahrhunderts bemühen sich die Regierungen der grossen Territorien, "mit Hilfe von Erhebungen ein realistisches Bild ihres Schulwesens zu erhalten" (*Wynands* 1989, 24; vgl. auch *Zimmermann* 1953, 163ff.). Ebenso wenig wie die Folgerungen aus der Enquête ist der Vorschlag eines 'Gesetzes für die untern Bürgerschulen' durchgedrungen: 1799 wird die Vorlage nach der Beratung im Grossen Rat an eine Erziehungskommission weitergereicht, die einen ganz anderen Text verfasst, in dem von "*Stapfer*s Geist beinahe nichts mehr vorhanden" (*Wernle* 1938, 221) ist, der indessen, was die 'Schulgeschäfte' angeht, den Pfarrern eine wiederum einflussreichere Position zugesteht. Vom Senat wird die Vorlage am 2.1.1800 endgültig fallengelassen.
Wären *Stapfer*s Entwürfe als Nationalerziehungspläne in der Schweiz verwirklicht worden, so kann man in der Rückschau feststellen, gäbe es derzeit in diesem Land wohl kaum zwei Dutzend Schulsysteme.

3. Die 'Schulenquête': Fragen und Antworten

Ich fasse im folgenden einige Aspekte der Enquête zusammen, die seitens einer Reihe von Erziehungshistorikern bereits aufgeabeitet worden sind (s.o.). Daß dabei nicht die gesamte 'Enquête' zur Diskussion stehen kann, ist verständlich. Zur Illustration nachstehend *Stapfer*s Frageraster (1799 ausgesandt).

Aus Philipp Anton Stapfers "Enquete" von 1799

"Fragen über den Zustand der Schulen an jedem Orte"

I. Lokal–Verhältnisse
   1. Name des Ortes, wo die Schule ist
      a.) Ist er ein Flecken, Dorf, Weiler, Hof?
      b.) Ist er eine eigene Gemeinde? Oder zu welcher Gemeinde gehört er?
      c.) Zu welcher Kirchgemeinde? (Agentschaft)
      d.) In welchem Distrikt?
      e.) In welchen Kanton gehörig?
   2. Entfernung der zum Schulbezirk gehörigen Häuser
   3. Namen der zum Schulbezirk gehörigen Dörfer, Weiler, Höfe
      a.) Zu jedem wird die Entfernung zum Schulort und
      b.) Die Zahl der Schulkinder, die daher kommen, gesetzt.
   4. Entfernung der benachbarten Schulen auf eine Stunde im Umkreise
      a.) Ihre Namen
      b.) Die Entfernung eines jeden
II. Unterricht
   5. Was wird in der Schule gelehrt?
   6. Werden die Schulen nur im Winter gehalten? Wie lange?

7. Schulbücher, welche sind eingeführt?
8. Vorschriften, wie wird es mit diesen gehalten?
9. Wie lange dauert täglich die Stunde?
10. Sind die Kinder in Klassen geteilt?

III. Personal–Verhältnisse

11. Schullehrer
   a.) Wer hat bisher den Schulmeister bestellt? Auf welche Weise?
   b.) Wie heißt er?
   c.) Woher ist er?
   d.) Wie alt?
   e.) Hat er Familie? Wie viel Kinder?
   f.) Wie lang ist er Schullehrer?
   g.) Wo ist er vorher gewesen? Was hatte er vorher für einen Beruf?
   h.) Hat er jetzt noch neben dem Lehramte andere Verrichtungen? Welche?
12. Schulkinder. Wie viele Kinder besuchen überhaupt die Schule?
   a.) Im Winter? Knaben, Mädchen
   b.) Im Sommer? Knaben, Mädchen

IV. Ökonomische Verhältnisse

13. Schulfonds (Schulstiftung)
   a.) Ist dergleichen vorhanden?
   b.) Wie stark ist er?
   c.) Woher fließen seine Einkünfte?
   d.) Ist er etwa mit dem Kirchen– oder Armengut vereinigt?
14. Schulgeld. Ist eines eingeführt? Welches?
15. Schulhaus
   a.) Dessen Zustand, neu oder baufällig?
   b.) Oder ist nur eine Schulstube da? In welchem Gebäude?
   c.) Oder erhält der Lehrer, in Ermangelung einer Schulstube, Hauszins? Wie viel?
   d.) Wer muß für die Schulwohnung sorgen und selbige im baulichen Stande erhalten?
16. Einkommen des Schullehrers
   A. An Geld, Getreide, Wein, Holz etc.
   B. Aus welchen Quellen? aus
   a.) abgeschaffenen Lehengfällen (Zehnten, Grundzinsen etc.)?
   b.) Schulgeldern?
   c.) Stiftungen?
   d.) Gemeindekassen?
   e.) Kirchengütern?
   f.) Zusammengelegten Geldern der Hausväter?
   g.) Liegenden Gründen?
   h.) Fonds, Welchen? (Kapitalien.)

(HELVETISCHE REPUBLIK 1889, 260)

3.1 Einige Auswerter der Befragung und ihre Ergebnisse: Beispiele

Stapfer war, wie die 'Actensammlung aus der Zeit der helvetischen Republik 1798-1803' berichtet (HELVETISCHE REPUBLIK 1889, Protokoll, Abschnitt 1710), "... von der Regierung beauftragt, mir von Ihnen eine vollständige Sammlung gedruckter oder handschriftlicher Berichte über den Zustand der Akademien, Schulen und Kir-

chen in Ihrem Kanton bei Anfang der Revolution, nebst einem Verzeichnis der Hilfsquellen und Besoldungen, aus denen sowohl die ordentlichen Unkosten bestritten als die aussergewöhnlichen Auslagen geschöpft werden (...) auszubitten". Ziel wäre es gewesen, ein 'Nationalarchiv für den öffentlichen Unterricht und die Bildungsanstalten unseres Vaterlandes' anzulegen und zugleich einen 'allgemeinen Verbesserungs- und Erweiterungsplan des ganzen Erziehungswesens zu berechnen'.
Über die Antwortenden gibt die Liste der vorhandenen Berichte Auskunft (HELVETISCHE REPUBLIK 1889, 276ff.): Insgesamt haben geantwortet: beinahe 1800 Lehrkräfte (nämlich: Kanton Aargau: 92; Kanton Baden: 49; Kanton Basel: 61; Kanton Bern: 270; Kanton Léman: 356; Kanton Linth: 103; Kanton Luzern: 63; Kanton Oberland: 133; Kanton Schaffhausen: 45; Kanton Sentis: 160; Kanton Solothurn: 91; Kanton Thurgau: 182; Kanton Waldstätten: 96; Kanton Wallis: 62)

3.1.1 Die Volksschulen in den Urkantonen

Ein Beispiel: Die Antworten für Thalenwil im Kanton Nidwalden besagten: Dort, wo sich die Schule des Dorfes befindet, stehen 1799 98 Häuser und leben 602 Einwohner. 9 Knaben und 13 Mädchen besuchen die Schule winters, für den Sommer werden keine Angaben gemacht, da die Schule eine reine Winterschule sei. Die am weitesten vom Schulhaus entfernten Häuser sind in rund einer halben Stunde zu erreichen. Die Kinder gehen durchschnittlich 3 bis 5 Stunden, nicht in Klassen eingeteilt, zum Unterricht, wo sie Lesen, Schreiben, und Rechnen lernen - gemäss 'verschiedenen Handschriften'. Andernorts dienen als Basis des Unterrichts mitunter das 'ABC-Büchlein', ein Katechismus' oder 'Briefsammlungen'. Die Antwort auf die Frage nach der Vorbildung des Lehrers ist unbekannt, er hat gerade ein Dienstjahr absolviert. Nach 'anderweitigen Beschäftigungen' gefragt, gibt er 'Schreiner' an, sein 'Schulhaus' ist seine Privatwohnung und er erhält täglich einen Kreuzer als Lohn, dazu 'Holz', wie es heißt.
Eine statistische Auswertung der Enquête-Antworten aus allen Urschweizer Kantonen ergibt für das Jahr 1799 (*Durrer* 1879):
Bei 62751 Einwohnern gibt es in der Innerschweiz 8981 Wohnhäuser, insgesamt 99 Volksschulen (davon 22 in Uri, 48 in Schwyz, 14 in Obwalden und 15 in Nidwalden). Die durchschnittliche Entfernung vom Schulhaus beträgt für die Kinder rund eine Stunde. Winters besuchen 2030 Knaben und 1330 Mädchen den Unterricht, sommers sind es 660. Als Winterschulen gelten alle 99, als Sommerschulen nur 20, 30 von allen gehen koinstruktiv vor, vierzig sind se-instruktiv. An Schulstoff wird in der Regel Lesen und Schreiben vermittelt, dies in 81 Schulen, in 20 von ihnen auch Rechnen.
Zur Vorbildung der Lehrer: Unter ihnen sind Geistliche (46), 'unbekannt' ist die Vorbildung bei 36 und unter 'sonstige' finden sich 14 Landschaftsmaler, einer der 'Militärdienst' angibt, ein Autodidakt ('hat sich selbst gelehrt'), einer, der 'von seinem Vater' instruiert worden ist, einer, der 'studiert hat' und einer, der bei einem anderen Schulmeister als Praktikant gewirkt hat. Die Mehrzahl der Lehrkräfte, deren

Dienstjahre zwischen zwischen 1 und 44 betragen, ist neben der Schule 'anderweitig beschäftigt' wie der eingangs erwähnte Sigriswiler Lehrer *Tschanz*: Als Geistliche (46), als Gemeindebeamte oder Schreiber (9), Organisten und Musiklehrer (23), Landwirte (8), Handwerker (5), Krämer (2), Sigrist (2) und insgesamt 20 als Buchbinder, Pfarrhelfer, Kaplan, Kleinbauer, Frühmesser, Hausierer, Unteragent, Weibel, Buchhalter oder Genossenverwalter. Unter den Innerschweizer Schullokalitäten befinden sich Schulhäuser (22), Privathäuser (16) und 'andere Gemeindehäuser' (42: Pfrund-, Pfarr-, 'Schweig-', Kaplanei-, Gemeinde-, Sigrist-, Helferei-, oder Frümessereihaus). Einem 'unbekannten Zweck' dien(t)en insgesamt 19 Schulhäuser. Was die baulichen Verhältnisse insbesondere angeht, (ich greife diesen Aspekt der Enquête heraus) ist in der Innerschweiz 1799 für 22 Schulen ein geeignetes Gebäude vorhanden, 42 verfügen über Lokale in einem anderen, der Gemeinde ebenfalls gehörenden Gebäude, 16 Schulen müssen sich in einem Privathaus einmieten, bei 19 fehlen die Angaben. Obschon sich jene Gemeinden, die eigene Schulhäuser haben, 'glücklich schätzen' wie der Beobachter einräumt, seien auch dort die baulichen Verhältnisse nicht optimal: So dient in Küssnacht (Schwyz), das Gemeinde-Schullokal zugleich als Lehrerwohnstube. Gleiches gilt für Seedorf, Selisberg, Silenen, Göschenen, Galgenen, Rudenz, Beckenried und Wolfenschiessen. Schlimmer ist es in Schübelbach (Schwyz), wo man es nicht für nötig befunden hat, "bloss um der Schule willen das Lokal mit einem Ofen zu versehen und war dasselbe doch bereits alt und baufällig geworden" (*Durrer* 1879, 26).
Mitunter wird über die vorherrschende Enge geklagt, der beispielsweise in Reichenburg (Schwyz) nur dadurch begegnet werden kann, indem man die Kinder dazu auffordert, gar nicht erst zur Schule zu kommen, wie der dortige Lehrer erklärt.

3.1.2 Die Volksschulen im Kanton Zürich

Aus dem Kanton Zürich erhält *Stapfer* 365 Antworten - "...auch die kleinste Nebenschule fehlte nicht", konstatiert der Berichterstatter (*Morf* 1868, 17). Von den 350 Zürcher Landschulen haben 1799 kaum 130 besondere Schulstuben (*Morf* 1868, 18), die meist niedrig, finster, eng und klein seien, so dass in etlichen nicht alle Schulkinder Platz zum Sitzen haben. Die vorhandenen genügen laut *Morf* "durchschnittlich auch den billigsten Anforderungen nicht" (*Morf* 1868, 18). Aus einem zeitgenössischen amtlichen Bericht, den *Morf* zur Illustration abdruckt, klingt es so: "Kaum öffnet man die Schulstube, so drängt sich jedem ein niederschlagender Dampf aus derselben entgegen. Dicht auf einander gepresst, in gemeinhin engen, dunklen Gemächern sitzt da der grösste Schatz unseres Landes, die Jugend, und athmet zum Verderben ihrer Gesundheit dicke, erhitzte und faule Dünste ein. An den Fenstern rinnt die Feuchtigkeit von den mancherlei Dünsten der nie gelüfteten Schulstube und dem übermässig geheizten Ofen zusammen und auf die Stühle und Kleider der daselbst sitzenden Kinder. Diese sind so eng zusammengepfercht, dass jedes, so seinen Platz verlassen oder an denselbem zurückkehren will, über Stühle, Tische und Bänke steigen muss." (zit. von *Morf* 1868, 18)

Die Schulmeister klagen *Morf* zufolge denn auch im Gebiet um Zürich über die ungenügenden Lokale. In den bergig gelegenen zieht der Wind durch, einer antwortet, wohl unfreiwillig komisch auf die Frage, wer den baulichen Zustand des Lokals erhalten müsse, "...die Gemeinde sorgt für dessen Zustand und Baufelligkeit" (zit. von *Morf* 1868, 18). Weil zuwenig Schulstuben vorhanden sind, geben bei Lehrerwahlen nicht immer die Fähigkeit des Kandidaten, sondern der Besitz eines ordentlichen Wohnzimmers den Ausschlag Die wenigsten Gemeinden bezahlen den Lehrern eine Entschädigung, wenn diese ihre Stube als Schulzimmer hergeben. Selbstverständlich muß sich die Familie des Lehrers während des Unterrichts im Zimmer aufhalten, nicht selten kommen ebenfalls die Nachbarn mit Spinn- und Spulrad auf Besuch, weil sie da "mehr Wärme und Unterhaltung fanden als bei Hause, wozu sie, wie billig, das ihrige auch beitrugen" (*Morf* 1868, 19), beklagt *Morf*. So schreibt Lehrer Keller aus Theilingen, mit seinen Sätzen zugleich einen zweifelhaften Beweis seines orthographischen Könnens liefernd:
"Das Schulhaus ist mein Eigen Haus und nur eine Stuben für die haushaltung und Schul. Ich erhalte keine Rebarazion der Schulstuben an Tischen oder bänken oder fensteren." (zit. von *Morf* 1868, 19)
Gut besoldete Lehrerstellen gebe es nur wenige, merkt *Morf* an, die Lehrerlöhne aufzählend, kritisiert darauf die pädagogischen Fähigkeiten der Lehrer, eine Schulklasse zu führen, bemängelt die Unterrichtsmethoden, die die Lehrkräfte in ihren Antworten nennen und schliesst mit einer Erörterung der zeitgenössischen Ausbildung zum Lehrer, die er in der Rückschau als ungenügend betrachtet.

3.1.3 Die Volksschulen im Kanton Bern

In der Einleitung zu seiner erziehungsgeschichtlichen Dissertation von 1905 über die bernische Landschule wertet der damals siebenundzwanzigjährige nachmalige Seminardirektor *Ernst Schneider* die *Stapfer*sche Umfrage, was den Kanton Bern betrifft, partiell aus (*Schneider* 1905). Er zeigt, wie sich das Berner Schulhaus vor der Jahrhundertwende zum 19. Jahrhundert präsentiert. Nachdem im 17. Jahrhundert bereits Schulhäuser erbaut worden sind, wird im Kanton während der folgenden hundert Jahre die Mehrzahl errichtet. An der Jahrhundertwende besitzen gerade 69% aller Schulen eigene Schulhäuser, wovon die Hälfte als 'ungenügend' (*Schneider* 1905, 52) eingeschätzt wird. Am schlimmsten sei es im Berner Oberland, wo ein Drittel aller Gemeinden ohne Haus ist. Von den 124 Gemeinden ohne Schulhaus lassen 61 im Haus der Lehrer und 49 in einem Privathaus unterrichten. (Seit 1720 hatte die Regierung den Bau von Schulhäusern, meist auf Allmendland gelegen, unterstützt.)
Schneider räumt ein, dass die Schulhäuser, in der Optik moderner Hygieneforderungen besehen, der "schärfsten Kritik preisgegeben" (*Schneider* 1905, 54) werden müßten. Man habe jedoch, so *Schneider*, der wissenschaftlichen Objektivität genügend, die Bauten des 18. Jahrhunderts mit den damaligen Begriffen zu beurteilen; also seien die folgenden Fakten einzubeziehen: Als Muster dienten Wohnhäuser; das

Schulhaus ist Abbild der bürgerlichen Wohnung; für eine 'Gesamtschule' genügt eine Schulstube; weil der Stundenplan so angelegt ist, dass nie alle Kinder zusammen da sind, braucht es keine grossen Schulstuben; auf die Gesundheit der Kinder wird nicht geachtet.

Zur Illustration das Beispiel Gsteig im Berner Oberland: "Das einzige Schulhaus der Gemeinde Gsteig. Das elendeste Hüttchen, ehemals für zwei aussätzige Schwestern auf der Allmend erbaut, eng, ungesund und dem Einsturz nahe." (zit. von *Schneider* 1905, 56)

Im Kanton weisen die besseren Schulhäuser laut Enquête durchschnittlichen Luftraum von einem Kubikmeter pro Kind auf. (1905 werden bereits 3 Kubikmeter verlangt). Die Zimmer sind sehr niedrig, wie alle Wohnzimmer; über die Beleuchtung fehlen *Schneider* die Angaben. Tische und Bänke sind den Kindern nicht angepasst.

Lyssach aus dem Burgdorfer Distrikt belegt *Schneider*s Angaben (1799): Das Dorf hat 368 Einwohner, sein Lehrer heisst *Niklaus Lehmann*, lebt in einer eigenen Wohnung, ist 58jährig, hat aber erst 23 Dienstjahre, da er bis zu seinem Amtsantritt als 35jähriger den Beruf eines Leinenwebers ausgeübt hat. Die Qualität seines Berichts schätzt *Schneider* als 'gut' ein. *Lehmann* unterrichtet im Winter, in einem Schulhaus, das bei seinem Amtsantritt neu erbaut worden war, 65 bis 75 Kinder, sommers dagegen nur 25 - in den 'Fächern' 'A-B-C', Singen, Schreiben, Religion, Rechnen, Landwirtschaft und Buchstabieren. Dazu verwendet er als Schulbücher das Neue Testament, den Psalter und das Namenbuch. Seine Schule ist in vier Klassen unterteilt, winters erteilt er täglich sechs Stunden.

4. Die Enquête im Kräfteparallelogramm föderalistischer und zentralistischer Tendenzen

Nicht die Tatsache, ob ein Schulsystem föderalistisch oder zentralistisch sei, ist - dies belegt die Enquête *Stapfer*s - zentral. Es geht also weniger um die Struktur, sondern, wie eingangs angedeutet worden ist, um die sozio-ökonomischen Aspekte der Situation, in der sich ein Schulsystem befindet. *Stapfer* hat zwar das künftige Schulsystem aus 'Helvetischer Optik' zentralistisch ausgerichtet gedacht, machte sich indessen keine Illusionen um die Finanzierbarkeit einer weitreichenden Schulreform. In der Tat beeinflussen die dörflichen und regionalen Bedingungen die Lage der jeweiligen Schule unmittelbar: Zu ihnen gehören die Finanzierung der Schule durch die Gemeinde, die Entlöhnung des Lehrers, der bauliche Zustand des Schulhauses oder -zimmers, die Entfernung vom nächstliegenden größeren Ort, die Art der Kontrolle durch den Pfarrer und übergeordnete Behörden, die Ausstattung mit Material oder die Anzahl der Kinder. Freilich beabsichtigte *Stapfer* zweierlei: Zum einen war zu zeigen, daß Schule und Unterricht für die Bildung zum Bürger eine zentrale Funktion darstellen. Zum anderen, daraus die Konsequenz ziehend, war die staatliche finanzielle Basis der Schule zu verlangen. Insoweit stellt sich die weiterführende

Frage nach *Stapfer*s zeitbedingt optimistischer Einschätzung des Erfolgs schulischer Lernprozesse, wie sie den Exponenten der Helvetik eigen ist sowie jene nach *Stapfer*s Präferenz für eine zentralisierte Schulstruktur, die die bereits schulpolitisch engagierten Kantone nicht unwidersprochen lassen durften.
Stapfer sieht sich demnach mit zweierlei Problemen konfrontiert: Es geht um die Effizienz einer politisch-pädagogischen Option und deren staatspolitische Absicherung sowie um ihre ökonomische Durchführbarkeit. Zweifelsohne hat sich *Stapfer*, was beides anbelangt optimistisch, entsprechende Ergebnisse erhofft. Insoweit war er mindestens einem pädagogischen Fortschrittsdenken verhaftet, das freilich empirisch fundiert werden sollte, also nicht im luftleeren Raum schwebte. Es sind vermutlich weniger mit der beabsichtigten Zentralisierung des schweizerischen Schulsystems zusammenhängende Gründe, die den Ausschlag für das Scheitern der *Stapfer*schen Schulreform und der Regierung der "Zentralvögte von Aarau" (*Kreis* 1986, 43; vgl. zum selben Thema *Seidel* 1870-1930, Nr. 122) erwirken. Entscheidend ist vielmehr die problematische finanzielle Lage des Staates, die es nicht erlaubt, den Schulen weitreichende finanzielle Mittel zur Verfügung zu stellen. Im Kriegsjahr 1799 müssen die französischen Besatzungstruppen unterhalten werden, und zudem wurden die Feudallasten, Grundzinse, Zehnten und Naturalgaben durch direkte Steuern ersetzt (*Im Hof* 1984, 110). Am 7. Januar 1800 wird schließlich das Direktorium in einem Staatsstreich von einem siebenköpfigen 'Vollziehungsausschuss' abgelöst. Dadurch spitzt sich der Kampf zwischen Unitariern und Föderalisten zu, bis *Napoleon Bonaparte* schließlich genötigt ist, als Vermittler, als 'Mediator' in den Bürgerkrieg einzugreifen, eben um "die Ordnung in dem unglücklichen Land herzustellen" (*Böning* 1985, 215), was erneut zur französischen Okkupation führt.
Gegen die 'neue Schule' sind vordem jene Argumente reaktiviert worden, die gegen jede Schulreform ins Feld geführt werden können: Schule schade dem Glauben, wird insbesondere gegen die *Stapfer*sche Schulpflicht für alle eingewandt, der Unterrichtszwang halte die Kinder von der Arbeit ab, was den Staat verpflichten würde, für den dadurch hervorgerufenen Lohnausfall der Eltern aufzukommen.
Ein unübersehbares Ergebnis der damaligen Reformabsichten im Volksschulwesen liegt jedoch darin, daß die kirchliche Aufsicht der Schulen bereits am 2. Juli 1798 an die kantonalen Erziehungsräte übertragen worden war. Laut dem betreffenden Direktionsbeschluß mußte in jedem Kantonshauptort ein achtköpfiger Erziehungsrat gebildet werden, bestehend aus zwei von *Stapfer* ernannten Professoren oder Lehrern, einem Geistlichen und fünf seitens der Verwaltungskammer portierten Laien. Diesem Erziehungsrat oblag, wie angesprochen, die Aufsicht über das Erziehungswesen des gesamten betreffenden Kantons (*Staehelin* 1977, 830). Nebst baulichen Verbesserungen, die der Erziehungsrat gemeinsam mit den ihm unterstellten Schulinspektoren (*Stapfer* 1798) angehen sollte, hatte sich der Erziehungsrat - über die betreffenden Inspektoren - ebenso der Weiterbildung der Lehrkräfte zu widmen.
Am 10. März 1803, die Enquête *Stapfer*s ist drei Jahre zuvor abgeschlossen worden, tritt die neue Konstitution, die 'Mediationsakte' inkraft, was keineswegs einer vollständigen Rückkehr zur vorrevolutionären Ordnung gleichkommt, den neunzehn Kantonen schulpolitisch jedoch wiederum mehr Freiheiten gewährt. Nach der Media-

tion erfolgt ein weiter reichenderer restaurativer Schritt, als nach 1815, von der politischen Theorie des Berner Patriziers *Karl Ludwig von Haller* ('Restauration der Staatswissenschaft'; vgl. *Kreis* 1986, 52) gestützt, in den mittlerweile zweiundzwanzig Kantonen die vorhelvetischen Zustände wieder zu etablieren werden, ohne daß jedoch die alten Untertanenverhältnisse wieder eingeführt sind. Seit 1803 steht das Volksschulwesen erneut unter kantonaler Hohheit, obwohl die Einrichtung der 'Erziehungsräte' bestehen bleibt. Daß sich an den realen Schulverhältnissen aufgrund der kurzen Periode der Helvetik nur wenig verändert hat, legen, nebst den Romanen *Gotthelfs*, die Berichte nachmaliger Schulinspektoren zu den 'Schulverhältnissen' um 1830 nahe. Glaubt man diesen (*Gerber* 1827, *Egger* 1879, *Kummer* 1874, 22: dort zwei illustrative Inspektionsberichte), so wäre alles beim Alten geblieben, abgesehen von der Tatsache, daß die vormals beabsichtigte straffe zentralistische Nationalerziehung einem ausgeprägten Regionalismus gewichen ist. An diesem Punkt hat das ausgesprochen föderative schweizerische Schul- und Bildungswesen seinen Ursprung. Hier ist *Stapfers* Enquête anzusiedeln als ein Instrument, die Schulrealität zu erheben, um auf den Ergebnissen der Umfrage eine politisch motivierte Schulpolitik einzuleiten. Die Enquête ist gleichsam das empirische Zentrum eines Parallellogramms der schulpolitischen Motive um 1800 in der Schweiz. Allerdings zeigt die Geschichte ihrer zögerlichen Auswertung, daß Empirie politisch vereinnahmt werden kann. In diesem Fall haben dies die restaurativen, konservativen Kräfte getan, als sie nach 1803 Analyse und weiterführende Diskussion des Materials aus Abschied und Traktanden fallen ließen. Trotz eines bemerkenswert originellen und aussagekräftigen Datensatzes, der die Reformbedürftigkeit der schweizerischen Schulen schlaglichtartig beleuchtet und zugleich über methodisch, pädagogisch und schulpolitisch Erreichtes Aussagen erlaubt hätte, was vermutlich zu einem weniger starr aber immer noch zentralistisch gelenkten Schulsystem geführt hätte, schwang die föderalistische Lösung, nicht nur was das Schulsystem angeht, oben aus. Wie auch immer: Eine nichtausgewertete Umfrage ist eine 'verpaßte Chance für eine Schulreform' jeglicher Provenienz.

Man darf jedenfalls ob der Debatte um die Vor- und Nachteile der - nicht zuletzt bezogen auf 'Europa' - gegenwärtigen Situation, deren Wurzeln bald zweihundert Jahre zurückliegen, nicht übersehen, daß auch die Schweiz engagierte Initiativen gesehen hat, eine zentralistische, die Regionen hingegen nicht ausmanövrierende Schulpolitik zu führen. Allerdings liegt diese Phase wohl nicht nur zeitlich sehr weit weg, besieht man sich das heutige, in der Tat nur mühevoll kompatible, vielfächerige kantonale schweizerische Schulsystem und die zaghaften, in der Regel an borniertem Egoismus und unmaßgeblichen Details scheiternden Versuche der Koordination.

Zum Schluß ein letzter Blick auf die ersten Jahrzehnte des 19. Jahrhunderts: 1826 sollte eine statistische Erhebung zum Stand der schulischen Verhältnisse im Kanton Bern (*Kummer* 1874, 21) zeigen, daß in den vierundzwanzig reformierten Amtsbezirken des Kantons mit an die 700 Schulen und 65516 Kindern 106 Schulen nach wie vor kein eigenes Schullokal besaßen und 155 Lehrkräfte noch "nicht einmal einen kurzen Normalkurs durchgemacht" (*Kummer* 1874, 21) hatten. Den erhofften Fortschritt hätte indessen die 'Enquête auch nicht gebracht. *Stapfer* jedoch wollte sie

ausschließlich als Diagnoseinstrument verstanden wissen, das ganz beiläufig eine 'Morphologie der Schullandschaft Schweiz' vorgezeichnet hätte. Daß Schulreform wesentlich von ökonomischen, also finanziellen Aspekten abhängig ist, wußte der Helvetische Minister nur zu genau. Damals ging es indessen nicht um eine sinnvolle und zweckmässige Anpassung des schweizerischen Bildungswesens an die gesamteuropäischen und weltweiten Erfordernisse eines herausfordernden technologischen Zeitalters (*Baumann* 1991, 9). Der Anpassungsdruck erweist sich für die Schweiz derzeit (1993) als wesentlich größer denn in *Stapfer*s Zeit. Heute geht es, was strukturelle Fragen anbelangt, seitens der Schweiz freilich um von den damaligen nicht wesentlich unterschiedliche Probleme: Etwa - zwangsläufig in moderne Termini gefaßt - um die landesweite Anerkennung der Bildungsabschlüsse, um die weitergehende Liberalisierung des Hochschulzugangs, um die gegenseitige Anerkennung der Studienzeiten, die landesweite Harmonisierung des Stipendienwesens, um die Revision der Maturitäts-Anerkennungsverordnung, den Ausbau der höheren Fachschulen und die Verkürzung der Gesamtausbildungszeit. Zu Beginn des letzten Jahrhunderts drohte ebenso wenig, daß die Schweiz in ihrer "selbstgewählten Statistenrolle" (*Baumann* 1991, 19) in der Funktion eines 'zugewandten Ortes' selbstgenügsam den Anschluss an 'Europa' verpassen würde.
Ob die Eidgenossenschaft, wäre *Stapfer*s Schulreform realisiert worden, sich heute in einer anderen Lage befinden würde, was ihre Position zu 'Europa' betrifft, bleibt indessen eine Frage, die lediglich Gedankenexperimente provozieren kann.

Literaturverzeichnis

Archivalien

- Actensammlung aus der Zeit der Helvetischen Republik (1798-1803), bearbeitet von *A. Rufer*, XVI. Band des Gesamtwerks, Fribourg 1966. Darin: 'Schulenquête' von *P.A. Stapfer*, 260-290; Band 1432ff. des Helvetischen Zentralarchivs, im Bundesarchiv Bern; im folgenden zitiert als HELVETISCHES ZENTRALARCHIV.
- HELVETISCHES ZENTRALARCHIV: Antworten auf die Enquête von *P.A. Stapfer*, Bundesarchiv in Bern, Band 1423ff.
- HELVETISCHES Zentralarchiv, Actensammlung aus der Zeit der helvetischen Republik 1798-1803, Registerband, Bern 1889

Literatur

Bärtschi, E. (1935): Die Staatsschule gestern und heute (gekürzte Fassung eines Referats vom 23.2.1845 an der Pestalozzi-Feier des Lehrervereins Bern-Stadt, Bern

Baumann, J. (1991): Die absehbaren Auswirkungen des EWR-Vertrages bzw. eines EG-Beitritts auf das Bildungswesen in der Schweiz und einige weitere Gedanken über unser Verhältnis zur Europäischen Gemeinschaft, unveröff. Manuskript, Bern

Böning, H. (1985): Revolution in der Schweiz. Das Ende der Alten Eidgenossenschaft. Die Helvetische Republik 1798-1803, Frankfurt am Main
De Capitani, F. (1983) Beharren und Umsturz (1648-1815), in: Geschichte der Schweiz und der Schweizer, Band 2, 97-175, Basel
Durrer, J. (1879): Die Schulen in den Urkantonen im Jahre 1799 nach den Materialien der helvetischen Schulstatistik, Separatum, Bern
Egger, J. (1879): Geschichte des Primarschulwesens im Kanton Bern mit besonderer Berücksichtigung der letzten zwei und zwanzig Jahre, Bern
Franscini, S. (1827): Statistica della Svizzera, Lugano
Gerber, R. (1932): Über das Schulwesen der Gemeinde Gsteig bey Sanen. Verfasst im Herbst des Jahres 1827 für den Pastoralverein des Sanenlands und Simmenthals. Mit Anmerkungen herausgegeben von Ad. Fluri, Bern
Guex, F. (1903): Histoire de l'instruction et de l'éducation, Lausanne und Paris (2. Auflage 1913)
Heuer, A. (1874): Schulgeschichte von Burgdorf. Ein Beitrag zur Geschichte des schweizerischen Schulwesens, Burgdorf
Hodel, G. (1991): LehrerInnenmangel und Lehrerinnenarbeitslosigkeit. Zu den Veränderungen auf dem Stellenmarkt der bernischen Primarlehrkräfte im 19. und 20. Jahrhundert. Lizentiatsarbeit, Universität Bern, Pädagogisches Institut, Bern
Hunziker, O. (1881): Geschichte der Schweizerischen Volksschulen in gedrängter Darstellung mit Lebensrissen der bedeutenderen Schulmänner und um das schweizerische Schulwesen besonders verdienter Personen bis zur Gegenwart, 2. Bände, Zürich
Im Hof, U. (1984): Die Schweiz. Illustrierte Geschichte der Eidgenossenschaft, Küsnacht/ Zürich
Junod, R. (Hg.) (1983): Une école pour une école (Festschrift). 150 ans d'Ecole Normale dans le Canton de Vaud, Lausanne
Keller, H. G. (1945) Minister Stapfer und die Künstlergesellschaft in Bern, Bern
Kleinert, H. (1952): Lexikon der Pädagogik, 3 Bde., Bern
Klinke, W. (1907): Das Volksschulwesen des Kantons Zürich zur Zeit der Helvetik (1798-1805), Zürich
Kreis, G. (1986): Der Weg zur Gegenwart. Die Schweiz im 19. Jahrhundert, Basel
Kummer, J.J. (1874): Geschichte des Schulwesens im Kanton Bern, Bern
Lindgren, A.M. (1955): Der naturwissenschaftliche Unterricht bei Fellenberg, Bern
Luginbühl, R. (1902): P.A. Stapfer helvetischer Minister der Künste und Wissenschaften (1766-1840). Ein Lebens- und Kulturbild, Basel
Morf, H. (1868): Biographie Pestalozzi's, 1. Teil, Winterthur (2. Auflage) (Enquête: S.13ff.)
Niederer, J. (1805): Prospekt des Pestalozzischen Instituts zu Münchenbuchsee, in Verbindung mit den Erziehungs-Anlagen zu Hofwil, Leipzig
Ochsner, M. (1909): Die schwyzerischen Schulberichte an Minister Stapfer, in: Mitteilungen des Historischen Vereins des Kantons Schwyz, Heft 20, 221ff., Schwyz
Osterwalder, F. (1989a): Die pädagogischen Vorstellungen in der Helvetischen Gesellschaft und die Französische Revolution. über die Zusammenhänge von Nationalerziehung, Staatsschule und öffentlichkeit. in: Zeitschrift für Pädagogik, 24. Beiheft, 255ff., Weinheim
Osterwalder, F. (1989b): Zur Vorgeschichte der pädagogischen Konzepte Pestalozzis. Referat, gehalten am Pädagogischen Institut der Universität Bern (25.1.1989), unveröffentlicht; zitiert als *Osterwalder* 1989b
Panchaud, G. (1952): Les écoles vaudoises à la fin du régime bernois, Diss. phil., Lausanne
Pestalozzi, J.H. (1932): Ankündigung über das Lehrerseminar in Burgdorf (2.6.1801), in: Sämtliche Werke, Band 13, 175-179, Berlin Schneider, E., Die bernische Landschule am

Ende des 18., Jahrhunderts. Diss. phil., Bern 1905
Schraner, E. (1938): Hundert Jahre Lehrerinnen- und Arbeitslehrerinnenbildung im Kanton Bern 1838-1938. Festschrift zur Jahrhundertfeier des staatlichen Lehrerinnenseminars Hindelbank-Thun, Bern
Seidel, R., Stapfers Schulreform scheitert an der sozialen Frage, in: Seidel, R.: Aufsätze in zwei Bänden, Zentralbibliothek; Verzeichnis: Zürich 1870-1930, Nr. 122.
Staehelin, A. (1977): Helvetik. In: Handbuch der Schweizer Geschichte, Band 2, 785-840, Zürich
Stapfer, P.A. (1792): Die fruchtbarste Entwicklungsmethode der Anlagen des Menschen zufolge eines kritisch-philosophischen Entwurfs der Kulturgeschichte unseres Geschlechts, Bern
Stapfer, P.A. (1789a): Kreisschreiben des Ministers der Künste und Wissenschaften 'an die Religionslehrer Helvetiens', 30.10.1798, in: Strickler, J., Sammlung der Acten der Helvetischen Republik, Band III, Bern 1889; zit. als *Stapfer* 1789a
Stapfer, P.A. (1789b): Botschaft des Directoriums an die Räthe betreffend eines Plans zur Neugestaltung des Erziehungswesens mit einer Vorlage eines Gesetzesentwurs über Volksschulen, in: Strickler, J., Sammlung der Acten der Helvetischen Republik, Band III, Bern 1889; zit. als *Stapfer* 1789b
Stapfer, P.A. (1799): Entwurf der Instruktionen für die neuerrichteten Erziehungsräte, Luzern
Stapfer, P.A. (1799): Instruktion für Schulinspektoren 1798, in: Entwurf der Instruktionen für die neuerrichteten Erziehungsräte, Luzern, 26-541
Strickler, J. (1889): Sammlung der Acten der Helvetischen Republik, 3 Bände, Bern
Strickler, J./ Rufer, A. (1886-1966): Amtliche Sammlung der Acten aus der Zeit der Helvetischen Republik, 16 Bände, Bern
Studer, L. (1850): Fragment zu der Geschichte über das Primarschulwesen in unserem bernerischen Vaterlande. Oder Was haben die Regierungen vor 1831 fürs Volksschulwesen gethan, was hat die von 1831 geleistet, was diejenige von 1846 und was könnte die gegenwärtige Regierung von 1859 im Primarschulwesen thun und leisten ?, Bern
Vonlanthen, H. (1981): Geschichtlicher Abriss der deutschsprachi gen Lehrerausbildung im Kanton Freiburg, in: Beiträge zur Heimatkunde des Sensebezirks, Band 51
Weber, L. (1921): Die Schulzustände zur Zeit der Helvetik, Separatum, Solothurn
Weinmann, E. (1933): Das Seminar Kreuzlingen 1833-1933, Kreuzlingen
Wernle, P. (1938): Der schweizerische Protestantismus in der Zeit der Helvetik 1798-1803, Zürich
Widmer, C. (1973): Pestalozzis Burgdorfer Zeit (1799-1804), in: Berner Heimatbücher, Band 115/116, Bern
Wynands, D.P.J. (1989): Die Herausbildung des Lehrerstandes im Rheinland während des 19. Jahrhunderts, Weinheim

Albert Reble

Integrative Bildungsbemühungen in Deutschland im 19. Jahrhundert zur Überwindung der Kleinstaaterei

Für Theo Dietrich zum 75. Geburtstag in herzlicher Verbundenheit

1. Einleitende Bemerkungen

Wenn man die Entwicklung der deutschen Bildungslandschaft, speziell des Schulwesens und des Schulunterrichts, für das 19. Jahrhundert überschaut, erscheint sie zunächst so buntscheckig wie die damalige politische Landkarte, ja sogar entschiedener und ausdauernder so geartet wie diese. Denn auf dem schulgeschichtlichen Gebiet gab es keine Parallelerscheinungen zu herausragenden politisch-gesellschaftlich-technischen Integrationsstufen wie etwa dem Zollverein von 1834, dem Eisenbahnbau um 1840/60 und dem Norddeutschen Bund von 1866/67. Und sogar nach 1871 existierten im Bildungswesen gravierende innerdeutsche Unterschiede. Es sei z.B. daran erinnert, daß das auf der dreijährigen Präparandenanstalt aufsetzende Lehrerseminar für die angehenden Volksschullehrer in Bayern bis 1912 in tiefgreifender Abweichung von den anderen Ländern des Deutschen Reiches nur zwei Jahre umfaßte[1] und daß die *generelle* Einführung des achten Pflichtschuljahres in Bayern noch viel später erfolgte (vgl. *Reble* 1975 a, 980), in wiederum schwerwiegender Abweichung von der Regelung in den anderen Ländern des Reiches. Schulisch-pädagogische "Kleinstaaterei" war jedenfalls mit der Etablierung des Deutschen Reiches 1871 noch nicht zu Ende, und so erscheint es begründet, wenn unsere Integrationsbetrachtungen nicht mit dem Jahre 1871 abschließen, sondern bis zum Ende des 19. Jahrhunderts weitergeführt werden, wenn auch in sehr geraffter Form. Nicht ganz ausgeblendet werden darf dabei allerdings auch die Frage, wie weit dem Schulwesen bei der staatlich-politischen Konstruktion des damaligen Deutschen Reiches überhaupt eine einheitliche Struktur nottat und verordnet werden mußte.
Bei genauerem Hinsehen stellt sich jedoch heraus, daß auch das deutsche Bildungswesen - und zwar ungeachtet des politischen und schulobrigkeitslichen "Fleckerlteppichs" - laufend und sogar nachhaltig durch einheitliche, wenn auch im Laufe der Zeit wechselnde *überregionale Kräfte und Strömungen* mitgeprägt wurde, die als solche nicht einmal spezifisch pädagogischen Charakter haben mußten und die meistens wiederum in weit übergreifenden soziokulturellen Zusammenhängen und Entwicklungen wurzelten. Solche Phänomene gab es zuhauf bereits vor dem 19. Jahrhundert. Z.B. machte sich während der ersten Hälfte des 18. Jahrhunderts im protestantischen Gebiet durchgängig, d.h. oberhalb seiner einzelnen politischen Gebilde der schulische

Einfluß *August Hermann Francke*s bemerkbar, und im katholischen Bereich war dann schulisch und unterrichtlich die Wirksamkeit *Johann Ignaz von Felbiger*s nicht nur in einem der kleineren oder größeren, politisch mehr oder weniger souveränen Bezirk als mitprägende Kraft zu spüren. Erst recht entfaltete die Aufklärung eine weitreichende und tiefgreifende überregionale pädagogische Form-und Stoßkraft.
Schon das waren in ihrer Zeit integrative Bildungsbemühungen - mindestens wirkten sie auch in dieser Richtung, und zwar sogar recht kraftvoll, obwohl sie sich nicht in ausdrücklich vereinheitlichender Absicht herausbildeten. Und sie wirkten in vereinheitlichender Richtung, auch wenn sie bei den zersplitterten Schulobrigkeiten vielfach unterschiedliche Durchsetzungsgrade mit entsprechenden Detaildifferenzierungen erreichten.

Solche überregionalen, faktisch integrativ wirksamen pädagogischen Strömungen sind auch, ja gerade auch - nämlich mit besonderer Wucht und in schnellerer Abfolge - in dem Zeitraum am Werke gewesen, über den hier zu berichten ist. Das 19. Jahrhundert muß von uns somit auf Erscheinungen hin abgefragt werden, die diesen Effekt hatten. Darüber hinaus ist aber auch Ausschau zu halten nach bewußt und unmittelbar, vielleicht gar pointiert und prononciert integrativen Tendenzen und Impulsen, Denkansätzen, Maßnahmen und Entwicklungen, wobei sich zwischen den verschiedenen Bildungsebenen, aber auch zwischen den größeren Regionen durchaus Differenzen ergeben können. Schon aus Zeitgründen kann hier freilich keine größere Zahl von deutschen Staaten beispielhaft vorgeführt werden; die Betrachtung wird sich vielmehr weitgehend auf Preußen und Bayern als Beispiele beschränken. Erst recht lassen sich die größeren Zusammenhänge nur knapp skizzieren und die herausragenden Akteure nur kurz benennen. Was den epochalen Ablauf betrifft, so wird zunächst die klassisch-idealistische Epoche charakterisiert (wobei natürlich auch die gesellschaftlich-politischen Aspekte keineswegs ausgeblendet werden dürfen); dann wird die Phase von den vierziger bis zu den siebziger Jahren behandelt, und als dritter Abschnitt - und mit besonderer Raffung - wird die Entwicklung in den letzten ca. dreißig Jahren des 19. Jahrhunderts (mit kleinen Ausblicken über 1900 hinaus) dargestellt.

2. Zur klassisch-idealistischen Umbruchs- und bürgerlichen Aufbruchsepoche

Diese Epoche (die literarisch zwar schon vor 1800 begann, schulgeschichtlich aber erst nach 1800 relevant wurde) war in hervorstechendem Maße eine Zeit intensiven pädagogischen Denkens und Wollens, vielfältiger erziehlicher Innovationen und großer Bildungsreformen, und für sie trifft das oben gezeichnete Bild von den durchschlagend wirksamen überregionalen Strömungen besonders zu.
Wenn ihre Grundtendenz kurz charakterisiert werden soll, läßt sich sagen: sie zielte darauf, die einseitig verstandesbetonte, noch standesgebundene, dabei stark nützlich-

keitsorientierte Aufklärungspädagogik zu überwinden und theoretisch wie praktisch dem komplexen Charakter der menschlichen Kräfte gerecht zu werden. Als beliebte pädagogische Postulate, die das schlagwortartig und griffig signalisieren, wäre etwa *Pestalozzi*s Trias "Kopf, Herz und Hand" und Formulierungen wie "Entfaltung aller Kräfte", "Bildung der Totalität" anzuführen. In betonter Abkehr von äußeren Zwecken und praktischem Nutzen wurde der Hauptakzent der Bildungsarbeit programmatisch ganz in den Menschen hineinverlegt, und nicht "etwas" am Menschen sollte (nach *Fichte*s plakativer Entgegensetzung) gebildet werden, sondern "der Mensch selbst", "der ganze Mensch". Dabei meinte die Grundtendenz der Epoche eben nicht einfach das Vernunftexemplar Mensch allgemein, sondern in vertiefter Sicht den Menschen als *Individualität*, ihn aber zugleich auch zugeordnet zu dem *überindividuellen Lebenszusammenhang*, in dem er jeweils steht. Natur und Menschsein gewannen schon durch diese erlebnishafte Schau eine neue Lebendigkeit, ja eine neue Dimension. Aber es ging dabei ja nicht einfach um Schau und Feststellung, sondern um Prozeß und Dynamik, um Erziehung und Bildung, nämlich darum, daß der konkrete Mensch in sich selbst mehr Tiefe und Erfüllung, aber in seinem Lebenszusammenhang auch mehr Selbständigkeit und Mitverantwortung gewinnen, mehr Achtung und Recht erfahren sollte. Damit wurde also von der Erziehung her auch die Überwindung des den Menschen fest einordnenden Feudalismus, seine Ablösung durch eine bürgerlich-egalitäre, *mündige Gesellschaft* mit prinzipieller Anerkennung der Menschenwürde und der Menschenrechte anvisiert.

Das trug somit schon vom Kern her einen *gewichtigen Integrationsimpuls* in sich. Wenn das alles damals auch nur in Ansätzen realisiert wurde, ja streckenweise kaum in Ansätzen gelang, vielfach sogar über diese Epoche hinaus weitgehend Postulat blieb, so hatte es doch einen weithin leuchtenden Reformappell und -ansporn in sich, der die deutsche Kleinstaaterei tiefgreifend und großräumig übergriff, ja auch über die deutschsprachige Region hinausreichte. "Allgemeinmenschliche und allseitig-harmonische Bildung" wurde jedenfalls für den ganzen deutschen Bereich das beherrschende pädagogische Postulat, und in diesem Zeichen standen ein paar Jahrzehnte hindurch die Bildungsbemühungen und Schulreformen in allen deutschen Ländern, wenn auch mit unterschiedlicher Intensität und zeitlicher Ballung, Durchschlags- und Durchhaltekraft, und wenn auch schon bald insgeheim und dann immer offener bedroht durch das Wiedererstarken und die wachsenden Aggressionen der alten Feudalkräfte. Zunächst sei aber der epochale Innovationsschub nach Bildungsebenen und Bildungsrichtungen etwas genauer betrachtet.

Für die *Elementarschulen* und die *Volksbildung* brachte die Epoche ganz im integrativen Sinne - und streckenweise übrigens in enger Koppelung mit genuin aufklärerischen Motivschüben bzw. unter Aufnahme und Weiterführung von deren Antrieben, fast wie bei einer Verzögerungszündung - einen *unerhörten Auftrieb*, wobei *Pestalozzi* geradezu als *Symbolfigur* wirkte. Er kam zu einer gewaltigen, ja weltweiten Ausstrahlung, und seine pädagogischen Grundgedanken drangen in alle deutschen Länder ein, und zwar auf sehr vielfältige Weise. Sein pädagogischer Genius mit der Grundthese, daß auch das ärmste und einfachste Kind ein Recht auf allgemeine Menschenbildung habe, wirkte *durch seine Persönlichkeit selbst* und durch sein *aufopferndes erziehliches Tun*, dann auch auf weitreichende Weise *durch seine Schriften* und beschwörenden Formulierungen. Ferner gewann er weite Ausstrahlung *durch seine Mitarbeiter* und durch die von der preußischen Regierung zu ihm geschickten *Eleven*. Sein Geist wurde auch verbreitet durch zahlreiche andere, die durch *ihren persönlichen Aufenthalt bei Pestalozzi* stark mit angeregt oder begeistert wurden und ihn dann hinaustrugen, wie etwa *Carl August Zeller* in die Schweiz und dann nach Ostpreußen, *Johann Ernst Plamann* nach Berlin, *Gottlieb Anton Gruner* nach Frankfurt/Main, *Bernhard Gottlieb Denzel* nach Württemberg, den genialen und letztlich eigenständigen *Friedrich Wilhelm August Fröbel* in Thüringen und durch viele andere, selbständigere Geister wie etwa *Christian Wilhelm Harnisch*, ja auch *Adolf Diesterweg* und dessen wiederum breite Ausstrahlung auf Lehrerschaft und Lehrerbewegung.

Das alles ist mindestens im Hinblick auf den Effekt zu den großräumigintegrativen Bildungsbemühungen zu rechnen, die die politische Zerrissenheit, die unterrichtliche Kirchturmsenge und die geistigschulische "Kantönlisbeschränktheit" in Deutschland durch weit übergreifende pädagogische und allgemeine schulunterrichtliche Gesichtspunkte zurückstufen halfen und sie mindestens zu überwinden strebten, so partiell und so unterschiedlich sie auch *Pestalozzi*s Gedanken aufgenommen und realisiert haben mögen. Überhaupt darf man die tatsächliche Wirksamkeit dieses genialen pädagogischen Bannerträgers in der damaligen Volksschule sicher nicht zu spektakulär hoch ansetzen, zumal bei der noch sehr beschränkten Kommunikation. Andererseits ist auch zu bedenken, daß sich gerade damals Lehrervereine bildeten und die gelenkte Lehrerfortbildung ebenfalls einiges bewirkte. Das alles hat das Gesamtbild gewiß nicht voll geprägt, auf jeden Fall aber mitbestimmt.[2]
Es ist aber auch daran zu denken, daß zu dieser Epoche *Volksbildungsintentionen und Erziehungskonzepte* gehören, die *viel direkter eine integrative Stoßrichtung* in sich trugen. Das gilt schon für den pädagogischen Gedankenkomplex, den *Wilhelm Flitner* die "vierte Quelle des Volksschulgedankens" genannt hat, nämlich das "nationalpädagogische Motiv der Volksbildung" (*Flitner, W.*, 3, 1954, 80ff.). Damit ist gemeint, daß man damals im Zuge der geistigliterarischen Gesamtentwicklung schon seit *Herder*, insbesondere aber in der *Romantik* auch die volkstümlichen Überlieferungen in Mythos, Sage und Legende, in Märchen und Volkslied, in Vers, Sprichwort usw. aus ihrem Lebenszusammenhang heraus und in ihrer tieferen Lebensbedeutung erfassen lernte, sie sogar in einem verklärten Lichte sah, sie jedenfalls nicht etwa nur als literaturwissenschaftlich und historisch interessant, sondern gerade auch als bildungsmäßig von Gewicht und als pädagogische Aufgabe entdeckte und schätzen lernte.
Bei aller regionalen, stammesmäßigen und lokalen Aufgliederung und Akzentuierung übergriffen diese neu gehobenen bzw. nun ins helle Licht gerückten, auch weiter zu erfassenden und pädagogisch zu aktivierenden Geistesschätze als solche doch bei weitem die Binnenstruktur des politisch-staatlichen "Fleckerlteppichs". Ja, der Volksbildungsbezug, in den sie nun als Ganzes gestellt wurden und durch den die Volksbildung eine erhebliche Erweiterung und Vertiefung erfuhr (man vergleiche

etwa *Rochows* Lesebuch mit *Grimms* Märchen und *Arnims* und *Bretanos* Volksliedersammlung), ließ an ihnen und durch sie *das deutsche Volkstum als Ganzes*, den übergeordneten, aus der geschichtlichen Dimension heraufkommenden Volksgeist mit seiner bilderreichen Sprache und Figurenwelt gegenüber den kleineren, bloß lokal und regional interessanten Gestalten direkt strahlend hervortreten. Hier kam also in der Erschließung, Einvernahme und pädagogischen Aufbereitung dieser vielfältigen Bildungsstoffe quasi von selbst ein *wirksames integratives Bildungselement* ins Spiel. Sie halfen zusammen mit dem erwachten und sich enorm verstärkenden Interesse für die deutsche Sprache und ihre Entwicklung somit nicht nur die Germanistik als Wissenschaft heraufführen, sondern sie brachten auch in die sich intensivierenden Bemühungen um die Volksbildung eine ausgesprochen integrative Tendenz. Diesem Komplex über die summarischen Hinweise *Wilhelm Flitners* hinaus konkreter nachzugehen, wäre reizvoll; wir müssen uns hier jedoch mit der allgemeinen Kennzeichnung seiner Eigenart und seines Gewichtes begnügen.

Das staatenübergreifende, auf die ganze Nation bezogene Moment trat aber auch als *bewußte Ausrichtung des Erziehungsdenkens im Sinne einer Nationalerziehung* damals in Deutschland hervor, und zwar in sehr markanter Weise. Mit ihrem direkten Anvisieren *der ganzen Nation als des großen pädagogischen Zielpunktes* konnte diese "Nationalpädagogik" entweder mehr "von unten" oder mehr "von oben" ansetzen; man kann auch sagen: mehr von "innen" oder mehr von "außen". Im ersten Falle stellte sie vor allem die Notwendigkeit heraus, das alte Standesdenken wie auch alle Stammes- und Kirchturmsgesichtspunkte zu überwinden; im zweiten Falle ging es mehr darum, die deutsche Nation von anderen Völkern abzuheben, ihre Eigenart und ihren Eigenstil zu charakterisieren, was sich natürlich bei der napoleonischen Unterdrückung und der durch sie mitbedingten nationalen Erweckung besonders anbieten konnte. Überhaupt ist mit Händen zu greifen, in welchem größeren geschichtlichen Zusammenhang das eine wie das andere steht. Bei genügend weiträumiger Betrachtung bleibt doch der Satz wahr, daß mit und dank der großen französischen Revolution die Völker in Europa *als Völker die politische Bühne betreten haben*. Und ebenso unbestreitbar bleibt die These, daß mit und dank dieser Revolution *die feudalistische Gesellschaftsordnung zusammenbrach*, mindestens aber so sehr in Mißkredit geriet und als überholt gelten konnte, daß ihre Überwindung programmiert und legitimiert erschien, auch von weiten Teilen des deutschen Bürgertums angestrebt wurde. Wenn die Entwicklung dann auch, wenigstens in Deutschland, nicht geradlinig verlief, so konnte eine ständisch orientierte Erziehung kaum noch mit gutem Gewissen vertreten werden. Gerade das Auseinanderklaffen von (bürgerlich-egalitär bestimmter) pädagogischer Idee und (mindestens halbfeudal gebliebener) Schulwirklichkeit brachte ja in die deutsche pädagogische Diskussion im weiteren Verlauf des 19. Jahrhunderts eine wachsende Spannung. Was aber dessen hier zu beleuchtende erste Phase betrifft, so ist festzustellen: nach der französischen Revolution, insbesondere aber in der Napoleonzeit und weitgehend durch sie ausgelöst (vielfach sogar fast schockartig), kam in Deutschland in das geistig-gesellschaftlich-politische Gesamtleben *eine stärker und umfassender national bestimmte Tönung* hinein. Sie blieb bekanntlich bei vielen für ein paar Jahrzehnte eng ver-

bunden mit liberalem Denken und Wollen. In diesem Zusammenhang standen die großen gesellschaftlich-politischen Reformen in Deutschland nach 1807. Sie betrafen einerseits die nationale Zusammengehörigkeit und waren schon insofern stark integrativ bestimmt; sie betrafen andererseits und zugleich die Mündigkeit des ganzen Volkes, sie zielten auf mehr Selbständigkeit und Selbsttätigkeit, auf mehr Mittun und Mitverantwortung aller.
In einem engen Zusammenhang damit standen auch zahlreiche Bildungsgedanken unterschiedlichster Provenienz und Detailausformung, die aber alle den *nationalen Gesichtspunkt als übergeordnetes Moment* ansahen und ihn gegen regionale oder gegen standesgebundene, auch gegen berufsbezogene Aspekte herausstellten (vgl. hierzu *J. von den Driesch/J. Esterhues* 1961, 5, Bd. II, 144-163). In diese Gruppe der "Nationalerziehung" gehört z.B. *Johann Gottlieb Fichte*, der in seinen "Reden an die deutsche Nation" (1807/08) beinahe nationalistisch zu nennende, philosophisch-spekulative Übersteigerungen des nationalen Gesichtspunktes formulierte, diese nationale Aufgabe jedoch letztlich in den Dienst der allgemeinen Vernunft stellen wollte, das deutsche Volk dafür immerhin besonders ausersehen glaubte. Die national-pädagogische Grundströmung artikulierte sich aber auch etwa bei *Ernst Moritz Arndt*, bei *Friedrich Ludwig Jahn*, beim *Freiherrn von und zum Stein*, temporär auch bei *Joseph Görres*, um nur einige zu nennen. Aus Zeitgründen kann auch hier nicht auf die Fülle der Varianten eingegangen werden. Nicht unerwähnt soll jedoch bleiben, daß sogar das so sorgsam philosophisch fundierte und auch so filigranhaft ausgesponnene Konzept *Friedrich Ernst Daniel Schleiermacher*s von der Universität insofern ausdrücklich auf den nationalen Gesichtspunkt bezogen ist, als es dem stark pragmatisch-beruflich geprägten und unmittelbar staatsabhängigzentral ausgerichteten französischen Modell das durch Philosophie und Wissenschaft, eigenständige Forschung und relativ unabhängige Lehre bestimmte, überhaupt relativ autonome deutsche Universitätskonzept gegenüberstellte ("Gelegentliche Gedanken über Universitäten im deutschen Sinne", 1808), bekanntlich in weitgehender Übereinstimmung mit *Johann Gottlieb Fichte*, *Henrik Steffens* und vor allem mit *Wilhelm von Humboldt*.

Nur kurz, aber als eigener Komplex verdient hier die *Entwicklung auf der Hochschulebene* herausgehoben zu werden, und zwar im Anschluß an das soeben über die Universitätsidee Gesagte, aber in Abhebung von der allgemeinen Idee der "Nationalerziehung". denn es muß festgehalten werden: Zwar hat die Idee der "nationalen Erziehung" als integrative Tönung der pädagogischen Diskussion damals eine Rolle gespielt, die profilierten nationalpädagogischen Konzepte sind jedoch ohne weitreichende Auswirkung geblieben. Dagegen wurde die 1810 gegründete *Berliner Universität* mit der Orientierung am Prinzip der Wissenschaft und der Forschung und mit der enormen Aufwertung der Philosophie zum eigentlichen universitären Zentrum sowie mit der endgültigvollgültigen strukturellen Einordnung der Philosophischen Fakultät zum *länderübergreifenden Leitbild* für die weitere Entwicklung der Universitäten in Deutschland. Damit kam - wiederum in länderüberspannender Dimension - ein Prozeß zum Abschluß, der schon längere Zeit gelaufen war: die klare Struktur-

bzw. Aufgabentrennung zwischen den beiden Institutionen Gymnasium und Universität.

Das ist *nun auch von der anderen Seite her* zu betrachten und als bemerkenswertes Ereignis mit integrativem Charakter hier als gewichtig festzuhalten und genauer zu analysieren. Schon die weit zurückliegende Herausbildung des (humanistischen) *Gymnasiums* im 16. und 17. Jahrhundert war ein großräumiger Prozeß, der alle deutschen Länder betraf und also auch als "integrative Bildungsbemühung" registriert werden könnte, wobei unterschiedliche Akzente bei den Ländern nicht unter den Teppich gekehrt werden sollten, jedoch nicht ins Gewicht fallen könnten. Die damit eingeleitete Entwicklung drängte allmählich auch stärker auf eine *klarere Eigenprofilierung von Universität einerseits und Gymnasium andererseits.* Dabei ist noch zu bedenken, daß beides aneinander gebunden war, und so ist es wahrlich kein Zufall, daß die strukturelle Vereinheitlichung der Universität und die klare Fixierung der Hochschulreife als Abschluß des Gymnasiums in derselben Epoche vollzogen wurden. Vom Gymnasium her betrachtet heißt dies: es wurde eine Gymnasialabschlußprüfung mit ganz bestimmten inhaltlichen Anforderungen festgelegt; und das Entlassungszeugnis auf Grund dieser bestandenen Prüfung wurde zur verbindlichen Voraussetzung für die Aufnahme zum Studium in der Universität gemacht. Daß das Gymnasium damit ein eindeutiges Ziel erhielt und mit der allgemeinen Hochschulzugangsberechtigung ausgestattet wurde, stellt gerade in unserem thematischen Zusammenhang einen herausragenden Punkt dar; denn dieser Regelung kommt auch eine besondere integrative Bedeutung über die einzelnen Ländergrenzen hinweg zu, wenn auch die inhaltlichen Regelungen im Detail ländermäßig voneinander abwichen.

Der Gesamtprozeß sei nun etwas genauer an der Entwicklung in Preußen verdeutlicht. Nachdem dort schon in der ersten Hälfte des 18. Jahrhunderts ein erster Versuch unternommen und dann 1788 eine bestimmte Wegemarke erreicht worden war, kam der entscheidende Durchbruch mit dem Edikt vom 23.6.1812 (*Reble* 1975 b, 53 ff.). Diese für alle preußischen Gymnasien verbindliche Verordnung legte für die Abiturientenprüfung die inhaltlichen Anforderungen der Unterrichtsfächer fest (mündliche Prüfungen in Latein, Griechisch, Französisch, Deutsch, Geschichte, Geographie, Mathematik, Physik, Naturbeschreibung; außerdem schriftliche Prüfungsarbeiten in Deutsch, Latein, Französisch, Mathematik, Griechisch). Für das sich aus diesen Prüfungen ergebende Entlassungszeugnis wurden folgende drei Abstufungen fixiert: I. unbedingte Tüchtigkeit, II. bedingte Tüchtigkeit, III. Untüchtigkeit. Bei den Stufen I und II konnte die Schule verlassen und die Universität bezogen werden. Bei der Stufe III war den Betroffenen, falls Hoffnung auf Besserung bestand, der Rat zu geben, die Schule noch eine Zeit lang zu besuchen. "Im Fall sie sich aber von Beziehung der Universität" nicht abraten lassen, so ist auch ihnen das Resultat der Prüfung in einem Zeugnis auszufertigen" (a.a.O., 58). D.h. *es wurde auch ihnen die Aufnahme bei der Universität noch nicht verwehrt.* Sie bezogen sie aber sozusagen auf eigene Verantwortung; sie und auch die Universität waren in diesem Falle also gewarnt, jedoch eben nur gewarnt.

Dazu paßt es, wenn bei der Begründung des Ediktes angeführt wurde, das Entlassungszeugnis solle die "Eltern und Vormünder der Jünglinge" über deren Bildungsstand *beratend orientieren* und sie von deren voreiligem Beginn des Universitätsstudiums abhalten. Als weiteres Argument wurde aber genannt, daß die Unterrichtsverwaltung der Provinzen und des Gesamtstaates durch die Prüfungen und die Zeugnisse eine bessere Übersicht über die Arbeit der einzelnen Schulen und der in ihnen tätigen Personen erhalten sollte. Die Regelung stand also auch im Zuge einer stärkeren Verrechtlichung, Verwaltungsstraffung und Beaufsichtigung des Staates über das Bildungswesen. Nicht zuletzt, sondern sogar als erste Begründung wurde jedoch ein integrativer Gesichtspunkt ins Feld geführt, nämlich für die Gymnasialabgänger "die neuerdings erteilte Freiheit, auch ausländische Universitäten besuchen zu dürfen" (a.a.O., 53)[3]. Sie sollten sich dort also mit ihren Abiturientenzeugnissen ausweisen, ihren Bildungsstand dokumentieren und ihre Annahme zum Studium erreichen können. So lag es natürlich nahe, daß Abiturientenprüfung und -zeugnis nicht nur zum allgemeinen, ja zwingenden Bildungsziel des Gymnasiums wurden, sondern ebenso zur allgemeinen *Bildungsanfangsstufe, ja zur unabdingbaren Bildungsvoraussetzung für die Universitätsstudien*, also zur Immatrikulationsvoraussetzung der Universität. Statt der "beratenden Funktion" erhielten sie dann eine zwingende Funktion auch von der Universität her. Diese absolute Verbindlichkeit wurde der Abiturientenprüfung und dem Abiturientenzeugnis *in Preußen dann 1834* zugesprochen. Schon vorher wurden in Preußen Studenten mit der Abiturstufe III nicht zu Stipendien und zu Prüfungen an den Universitäten zugelassen. Das preußische Ministerium änderte 1831 das Edikt von 1812 auch dahin, daß es dessen drei Zeugnisstufen I, II und III auf zwei reduzierte: es gab dann nur noch "reif" und "unreif" (*Blättner* 1960, 126).

Das in unserem thematischen Zusammenhang Wichtigste ist jedoch die Tatsache, daß zahlreiche andere deutsche Länder - gewiß mit motiviert durch die preußische Regelung von 1812, zum Teil aber auch schon die preußische Regelung von 1834 vorwegnehmend - ähnliche Bestimmungen über Abiturientenprüfung und Abiturientenzeugnis erließen. Das geschah z.B. in Kurhessen 1819/20, in Baden 1823, in Bayern, Sachsen und im Großherzogtum Hessen 1824, in Braunschweig und Altenburg 1826, in Oldenburg 1827, in Nassau und Hannover 1829. Schon die dichte Folge der Jahreszahlen läßt erkennen, wie wichtig und wie dringlich diese Festlegung damals erschien, und zwar länderübergreifend. Allerdings gab es zahlreiche Detaildifferenzen. In manchen Fällen wurde an diese Prüfungen und Zeugnisse nur die Berechtigung zu Stipendien oder der Zugang zum späteren Staatsdienst gebunden; manchmal wurden sie jedoch auch schon zur Voraussetzung für den generellen Hochschulzugang gemacht. Die Bestimmungen und die fächermäßig meistens recht weitgreifenden Prüfungsanforderungen können hier nicht im einzelnen vorgestellt werden; bemerkt werden muß aber Folgendes:
Daß gerade dieser Komplex im Bildungswesen zu einem herausragenden Fixpunkt integrativer Bildungsbemühungen wurde, ist in einem größeren Zusammenhang zu sehen, für den teilweise in Wiederholung, teilweise aber auch in Ergänzung des oben Dargestellten folgende Momente hier kurz aufgeführt seien:

a. Wie schon erwähnt, hatte das neue, von der philosophischen Zusammenschau bestimmte *Konzept der Universität* die alte Artistenfakultät, die mit ihren Kursen zum Teil noch unter dem eigentlichen Universitätsniveau gelegen, also sozusagen ein Zwischenglied zwischen der Gelehrtenschule und der Universität gebildet hatte, endgültig abgeschafft. Zwar sollte der Student weiterhin möglichst zuerst die Philosophische Fakultät durchlaufen und erst danach eine der "Berufsfakultäten" (Theologische, Juristische, Medizinische) besuchen, jedoch nicht deshalb, weil er erst so die volle Universitätsreife gewinnen würde, sondern deshalb, weil er gerade in der Philosophischen Fakultät die "zweckfreie" Wissenschaft, d.h. die Wissenschaft par excellence kennenlernte und vor allem auch zur Philosophie, der Krone aller wissenschaftlichen Schau, geführt wurde. Die Philosophische Fakultät wurde damit zur eigentlichen Bildungsfakultät der Universität (und für den angehenden Gymnasiallehrer war sie konsequenterweise zugleich die Berufsfakultät). Das wurde im ganzen deutschen Bereich maßgebend, hatte also vom Konzept her länderübergreifendintegrativen Charakter.

b. Als Pendant auf der Seite des Gymnasiums ist festzustellen, daß in dieser Epoche auf eine ebenso vielstimmige wie gewichtige Weise eine *Theorie des Gymnasiums* entwickelt wurde. Dazu sei hier etwa an *Friedrich Immanuel Niethammer*, *Wilhelm von Humboldt*, *Georg Friedrich Wilhelm Hegel*, *Friedrich Wilhelm Thiersch*, und *Friedrich Daniel Ernst Schleiermacher* erinnert. Obwohl dabei tiefgreifende konzeptionelle Unterschiede nicht fehlten, setzte sich die *neuhumanistische Ausrichtung* eindeutig durch, d.h. das Gymnasium wurde noch mehr als bisher eine ausgesprochene Sprachenschule, und zwar nun mit ganz hervorstechender Dominanz und vertiefter Funktion der alten Sprachen. Auch das war - trotz gewisser Nord-Süd-Nuancen - eine länderübergreifend-integrative Entwicklung, die für das Gymnasium der Universität gegenüber sowohl eine klare Abhebung wie auch eine feste Zuordnung brachte.

c. Wie schon angedeutet wurde, muß der hier in Frage stehende Prozeß auch im Zuge der sich allmählich herausbildenden *Berechtigungen im Bildungswesen* gesehen werden. Was in der weiteren Entwicklung der ganzen Schul- und Hochschullandschaft immer stärker ausgebaut wurde und inzwischen zu einem gewaltigen Phänomen geworden ist, das alle Bildungsarbeit ebenso zu bestimmen wie zu erdrücken droht, erreichte damals eine erste wichtige Stufe. Und bei der Schul- und Hochschulgeschichte ist immer wieder festzustellen, daß *Probleme der Berechtigungen zu überregionalen Absprachen, Harmonisierungen und Angleichungen* drängten, somit einen integrativen Impuls in sich trugen.

d. Was speziell das Gymnasium angeht, so verstärkte sich hier mit seiner neuhumanistischen Ausrichtung auch die *Regulierungstendenz*, die mit detaillierten Stundentafeln und genaueren Lehrplänen weitgehende Festlegungen schuf, die zugleich zu überregionalen Vergleichungen einluden und integrative Impulse auslösen bzw. verstärken konnten.

e. Zu bedenken ist auch, daß nicht jedes politisch souveräne Gebilde in Deutschland (seit 1815 im "Deutschen Bund") über eine eigene Universität verfügte, daß also seine jugendlichen Landeskinder, soweit sie studieren wollten, eine "ausländische"

Universität besuchen mußten. Für sie war es besonders wichtig, daß sie sich durch ein Abiturientenzeugnis ihres Heimatgymnasiums ausweisen und ihren Bildungsstand nachweisen konnten und damit der aufnehmenden Universität eine Eingangsprüfung ersparten.

f. Schließlich ist auch an ein Phänomen zu denken, das im Laufe des 19. Jahrhunderts mit dem Gewichtigerwerden Preußens entsprechend mehr sich bemerkbar machte: eine gewisse Leitfunktion dieses Landes im Zusammenspiel aller deutschen Länder. Das zeigt sich mehr oder weniger auch in der Schul und Hochschulentwicklung als ein integrativ wirkendes Moment.

Jedenfalls wirkten schon in dieser ersten Phase des 19. Jahrhunderts auf dem Gebiet des Bildungswesens zahlreiche Fakten und Kräfte in integrativer Richtung.

3. Von den vierziger bis zu den siebziger Jahren

Auch für diese Zeit, ja gerade auch für sie gilt, was für die vorhergehende Epoche zu sagen war: daß große epochale und überregionale Tendenzen allgemeiner (und nicht etwa spezifisch pädagogischer) Art einheitlichgroßräumige Auswirkungen hatten, die sich in Deutschland bildungsmäßig und schulisch als integrative Kräfte über alle Ländergrenzen hinweg, wenn auch regional in unterschiedlichem Maße, bemerkbar machten. Bekanntlich wandelte sich in der Phase, die jetzt genauer zu betrachten ist (und trotzdem auch nur knapp skizziert werden kann) sogar der Zeitgeist, das Lebensgefühl und die Weltsicht, die existentielle Orientierung und der Arbeitsstil. Es entstand jener starke Zug und Zugriff nach außen, jene Tendenz zur äußeren und inneren Mobilität, zur Weltgestaltung und Welteroberung, die dann das ganze weitere 19. Jahrhundert bestimmt hat. Die Umwälzung der Lebensverhältnisse, die nach der klassischidealistischen Epoche begann, ist nicht etwa an einem Punkt "festzumachen" und von ihm aus für alle Lebensbereiche zu "erklären", und hier kann sie überhaupt nur stichwortmäßig gekennzeichnet werden. Das sei mit einigen vergröbernden Gegenüberstellungen geschehen.

Wie im Bereich der Literatur die romantische Sicht und Werkgestaltung von einer realistischen Schau abgelöst wurde, so veränderte sich auch die Universität in augenfälliger Weise, obschon das prinzipielle Miteinander von Forschung und Lehre als Errungenschaft aus der klassisch-idealistischen Epoche erhalten blieb. Der entscheidende Wandel auf diesem Gebiet bestand darin, daß die idealistische Philosophie ihre Strahl- und Prägekraft verlor, ja daß sich das Verhältnis von Philosophie und Einzelwissenschaften überhaupt verschob. Die Einzelwissenschaften vermehrten und verselbständigten sich, sie wurden die attraktive und bestimmende Kraft. Das Zeitalter des *Positivismus* kam herauf, und erst in den letzten Jahrzehnten des 19. Jahrhunderts wurde dieser schlichtnaive Objektivismus wenigstens in der Philosophie selbst durch den Ruf "Zurück zu *Kant*!" (Neukantianismus) überwunden. Im Gesamtfeld der Wissenschaft und der Universität wuchs aber unentwegt die

Wucht und Dominanz der Fachwissenschaften. Und zwar stiegen insbesondere die Zahl und die Breite, das Gewicht und die Lebensbedeutung der *Naturwissenschaften* und der auf ihnen aufbauenden *Technologie* und *Technik*. Neben den Universitäten entstanden und wuchsen die *Technischen Hochschulen*, und das Gesamtleben, insbesondere die Arbeitswelt wurde radikal verändert durch die allgemeine *Industrialisierung*. Die Herausbildung dieses riesenhaften Produktionsapparates, der das Agrarland Deutschland bis zum Ende des 19. Jahrhunderts in einen gewaltigen Industriestaat verwandelt hat, ging einher mit einer Vermehrung der Bevölkerung auf ungefähr das Zweiundhalbfache, mit Landflucht und Verstädterung, mit äußerer und innerer Entwurzelung vieler Tausender, mit dem Absinken eines Teils der Arbeitenden ins Proletariat, mit massenhafter industrieller Frauen- und Kinderarbeit, mit enormer Zunahme der sozialen Spannungen, mit wachsender Kapitalballung, Konkurrenzverschärfung und Ausbeutung, auch mit riesiger Steigerung der Staatsmacht sowie des nationalen Einheitsstrebens, der Herrschaftstendenzen und der Expansionsgelüste.

Was die politische Struktur und das gesellschaftliche Gefüge betrifft, so ist das nachgoethische 19. Jahrhundert durch eine besonders spannungsreiche Entwicklung gekennzeichnet, die sich auf das Schulwesen und die Volksbildungsprobleme stark auswirken mußte und die gerade auch den Integrationskomplex mitbetraf. Dabei muß gesehen werden, daß der bürgerlich-liberale Grundimpuls, der die Goethezeit von der französischen Revolution her mitbestimmt und insbesondere auch in der Napoleonzeit die großen Reformtendenzen in Deutschland mit angetrieben hatte, schon relativ früh zurückgedrängt bzw. machtmäßig überspielt wurde (bereits nach 1815 "Metternichgeist", 1819 die Karlsbader Beschlüsse, Verschärfung des obrigkeitlichen Druckes bis hin zur Unterdrückung der Versammlungs- und Pressefreiheit nach dem Hambacher Fest von 1832), während die Reformanstöße zunächst noch weiterwirkten. Um so schärfer und explosiver traten die Spannungen dann in den vierziger Jahren und die Unterdrückungen nach dem Ausbruch von 1848 hervor. Gewisse Liberalisierungstendenzen machten sich dann erst in den 60er Jahren bemerkbar. Obwohl das nationale Einigungsmotiv am stärksten durchschlug, wuchsen im Laufe der letzten Jahrzehnte des 19. Jahrhunderts die sozialen Spannungen unentwegt.
Von dieser spannungsreich-explosiven Gesamtentwicklung war im Bildungsbereich bei weitem am stärksten *die Volksschule und ihre Lehrerschaft* betroffen. In länderübergreifender Weise erlebte das Volksschulwesen vor dem Hintergrund des eben charakterisierten Gesamtprozesses zunächst rein quantitativ eine weitere Expansion (Ausbau von Volksschulen, Gründung von Lehrerseminaren). Doch in der Substanz und in der Zielsetzung wurde die Volksbildung vielfach schon in den dreißiger Jahren von höchsten Stellen als suspekt angesehen und restriktiv behandelt, was sich dann allmählich weiter ausbreitete und wirksamer wurde.
Für diesen länderübergreifenden Prozeß sei hier als (extremes) Beispiel Bayern angeführt. König *Ludwig I.*, durch die französische Juli-Revolution 1830 tief schockiert und zu scharfer Abwehr entschlossen, äußerte in einem Kabinettschreiben 1833 die Auffassung, daß er in der Erziehung namentlich in der Volksschule "das wirksamste

Mittel erkenne, den bösen Geist der Zeit zu bannen und in den folgenden Generationen jenen patriarchalischen Sinn, jene Zufriedenheit, Treue wieder herbeizuführen, bei welcher allein wahres Volksglück bestehen kann" (*Doeberl* III 1931, 120. Vgl. hierzu u. zum Folgenden auch: *Guthmann* 1961, 41f., *Reble* 1975a, 964f.). In dieselbe Richtung zielte, daß der Antrag beider bayerischer Kammern von 1837 auf Einführung eines siebenten Pflicht-Volksschuljahres abgelehnt wurde, ja daß Ministerialentschließungen von 1835 und 1838 sogar die Bezeichnungen "Volksschule" beanstandeten und sie durch den uralten Namen "Deutsche Schule" ersetzen wollten und daß dem König das Wort "Schullehrer" zu anspruchsvoll vorkam und er dafür das alte "Schulmeister" nehmen wollte.
Mit Vehemenz wurde vom politischen Regiment besonders auch für die Volksbildung der Untertanengeist betont und beim Volk zuviel "Gescheitheit" befürchtet. Als das anstachelnde Element, ja als der böse Geist, der das Volk in die falsche Richtung führe, es "verbilde" und aufmüpfig mache, wurden die *Volksschullehrer* angesehen und angeprangert. Ihnen wurde von der Obrigkeit eine viel zu hohe Zielsetzung der Schul- und Volksbildungsaufgabe, vor allem auch eigene intellektuelle "Verbildung" und Überheblichkeit, vermessene Selbsteinschätzung und frevelhafter Dünkel vorgeworfen. So wurden die Lehrer die Hauptzielscheibe des sich verstärkenden und verhärtenden restriktivrepressiven Herrschaftsstils. Wenn man diesen Prozeß noch mit dem oben charakterisierten neuen Zeitgeist, der sich allmählich zu bilden begann, und mit dem sich anbahnenden großen Wandel der Lebensverhältnisse zusammenhält, wird vollends klar, daß gewaltige Spannungen gerade im Volksbildungssektor entstehen mußten. Um das ganze Ausmaß zu erkennen, muß man noch mitbeachten, daß dabei *auch die Kirche* als machtvolle, konservative und schulrelevante Instanz mit ins Spiel kam, im protestantischen Bereich noch dazu mit der speziellen engen Koppelung, ja der personalen Identität von restaurativ-patriarchalischer Staatsobrigkeit und weihevoll-absolut-gesetztem Kirchenregiment ("Krone und Altar"). So tendierte der repressiv-restaurative Herrschaftsstil dazu, der Schule die heraufkommenden realistischen Lebensnotwendigkeiten als Schulaufgaben vorzuenthalten, ja mehr als das: er versuchte die Volksschule sogar in den Stand der alten Kirchenschule zurückzuholen! Und er war darauf aus, ihre Lehrer eng in der Kirchenbindung zu halten, ja deren Küsterdienste und die geistliche Schulaufsicht als Macht- und Druckmittel hervorzukehren.

So brachten die vierziger Jahre das eskalierende Vorspiel, die fünfziger (teils auch noch die sechziger) Jahre dann den Triumph der Knebelung im Volksbildungssektor, und es ist in unserem thematischen Zusammenhang nochmals zu betonen, daß es sich dabei um großräumige, territorienüberspannende Entwicklungen gehandelt hat, mit kleineren zeitlichen und graduellen Unterschieden. Wenn man z.B. die Behandlung und die Maßnahmen, die die preußische Regierung und die bayerische Obrigkeit in den vierziger und den fünfziger Jahren ihrer Volksschule und deren Lehrern haben angedeihen lassen, miteinander vergleicht, erscheinen die Restriktionsverordnungen beinahe unmittelbar aufeinander abgestimmt. Gegenüber solcher Zur-Schau-Stellung *integrativer Bildungseinschränkungen* nehmen sich die kleinen zeitlichen Verschie-

bungen und die gradmäßigen Unterschiede eher wie "Schönheitsfehler" aus, also etwa diese: daß in Preußen der Hauptschlag mit den drei "Regulativen" über die Einrichtung des evangelischen Seminar-, Präparanden und Elementarschulunterrichts 1854 geführt wurde, in Bayern mit dem "Normativ über die Bildung der Schullehrer" erst 1857, und daß in Bayern die bedrückende Restriktionsperiode schon 1866 zu Ende ging, ja daß Bayern 1869 beinahe ein liberales Schulgesetz erhalten hätte, während in Preußen die neue Ära erst mit den "Allgemeinen Bestimmungen" 1872 begann und vorher hier nur kleine Trostpflästerchen in Form von winzigen Lockerungen der Zwänge verteilt wurden (zu diesem Komplex vgl. *Froese* 1953, 74-83; *Reble* 1954/1991; *Reble* 1975a, 965).[4]
Es liegt auf der Hand, daß dieser starke und allgemeine Druck auf die Ausbildung und den Stand der Volksschullehrer[5] das Gegenteil von dem bewirken mußte, was er bewirken sollte: damals wurde faktisch der Grund gelegt für die folgenschwere Tradition, daß weite Kreise der Volksschullehrerschaft in Deutschland eine betont liberale oder noch mehr links orientierte politische Grundeinstellung hatten und mit der Monarchie, vielfach auch mit der Kirche nicht zurecht kamen. Es liegt auch auf der Hand - und das trifft schon unmittelbarer unsere spezielle Themenfrage -, daß diese territorienüberspannende Erfahrung des Druckes, dem sie ausgesetzt waren, einen *ausgesprochenen Solidarisierungseffekt im kleineren wie im größeren Kreise* haben und daß er ein enormes weiteres *Solidarisierungsstreben* auslösen bzw. es verstärken mußte.
Daß hier den Volksschullehrern eine besondere Betrachtung gewidmet werden muß, steht jedoch in viel komplexeren Zusammenhängen. Es ist daran zu erinnern, daß sich schon in den zwanziger und dreißiger Jahren freie, d.h. vom Staat und von der Kirche unabhängige örtliche Lehrervereinigungen gebildet hatten, manchmal in betonter Konkurrenz und Abhebung gegenüber obrigkeitlich verordneter Lehrerfortbildung, und umgekehrt nahmen die Behörden gelegentlich staatlich verordnete Lehrerfortbildung zum Anlaß oder zum Vorwand, freie Lehrervereine zu verbieten. Trotzdem erstarkte das Lehrervereinswesen allmählich und wurde zu einem politischen Faktor, ja aus der Lehrerschaft wuchs eine *Lehrerbewegung* heraus (vgl. *Guthmann* 1961, *Sacher* 1974, *Heinemann* 1977, *Liedtke* 1989). Bei der Bildung und der Tätigkeit der Lehrervereine war eine ganze Reihe von Gesichtspunkten im Spiel. Zentral handelte es sich um berufliche und fachliche Fortbildung, doch bei genauerem Hinsehen ergibt sich ein größerer Komplex von Motiven, Interessen und Aktivitäten (vgl. besonders *Liedtke* 1989). Es ging z.B. um das persönliche, klärende und weiterhelfende Gespräch über Unterrichtserfahrungen und -probleme, um die weiterführende Beschäftigung mit Unterrichtsinhalten und Unterrichtsmethoden, um Disziplin- und Straffragen, um intensives Kennenlernen neuer pädagogischer Literatur und um Auseinandersetzung mit ihr, aber auch um tieferes Engagement für Sinn und Einordnung, Aufbau und Führung der Schule im gesellschaftlich-politischen Gesamtleben, ebenso auch um Selbsthilfe in wirtschaftlicher Not und um Besserung der sozialen Lage, ferner um Geselligkeit und Zusammengehörigkeitsgefühl, um Selbstbewußtsein und Standesinteressen, um die Vertretung von Schulbelangen, um das Verhältnis der Schule und der Lehrerschaft zu Kirche und Staat, um Hebung der Schule

und des Lehrerstandes, nicht zuletzt auch um Emanzipation der Schule und des Lehrerstandes aus kirchlicher Bevormundung und geistlicher Schulaufsicht (Forderung der Staatsschule, der fachlich-pädagogischen Führung und Aufsicht, eines einheitlichen Schulaufbaus und einer verbesserten Lehrerbildung usw.). Dahinter standen also grundlegende berufliche wie auch soziale Probleme, letztlich auch die Fragen der persönlichen und beruflichen Selbstachtung und die Überzeugung von der Bedeutung und der Würde der Schul- und Erziehungsaufgabe in der Gesamtgesellschaft.

Die Lehrerbewegung, zu deren Herausbildung und Profilierung die freien Lehrervereine und Lehrerfeste, aber auch die zeitlich parallellaufende Entwicklung und Ausbreitung pädagogischer Zeitschriften von Lehrern für Lehrer (z.B. *Diesterwegs* "Rheinische Blätter") wesentlich beigetragen haben, hat nicht nur für die Ausprägung und Durchformung des Standesbewußtseins, des pädagogischen Ethos und des Schulengagements in der Volksschullehrerschaft viel geleistet; sie trug auch *in mehrfacher Hinsicht kräftige Integrationsimpulse* in sich, die hier nun besonders beachtet werden müssen. Sie zielte mit weiter Ausstrahlung und kraftvoller Profilierung auf einen *einheitlichen und selbstbewußten Lehrerstand*, wobei sozusagen die pädagogische Aufbruchsstimmung der vorhergehenden Epoche weitergetragen und verstärkt wurde, mit einem Schwung, der die kleinkarierten territorialen Verhältnisse weit unter sich ließ. Schon das war also innerhalb der Volksschullehrerschaft eine länderübergreifende Berufsintention. Aber man zielte weit darüber hinaus. Denn die Volksschullehrer verstanden und betätigten sich dabei zwar als treibende Kraft, doch es sollte sich bei dem pädagogischberuflichen Aufschwung nicht nur um sie handeln, sondern um das Sichfinden, das Zusammenstehen und das pädagogische Sichläutern und Aktivwerden der *Lehrer aller Schularten und Schulstufen*. Es wurde in der großen Lehrerbewegung vom Volksschullehrerstand somit auch eine ihn übergreifende pädagogisch-schulische Grundaufgabe im gesellschaftlichen Gesamtleben angesprochen und eine sozusagen *doppelt-integrative* Forderung erhoben: die Lehrerschaft als pädagogischer Berufssektor der Gesellschaft, vom Kindergarten bis zur Hochschule, sollte sich von ihrer pädagogischen Grundaufgabe her verstehen, formieren und bewegen. Hier war gewiß schon ein utopischer Zug zu spüren, aber die radikaleren Kreise in der Lehrerbewegung schlossen diese grundlegenden Gesichtspunkte in ihre ebenso schwungvoll entwickelten wie weitreichenden Intentionen mit ein. Und es versteht sich von selbst, daß das wiederum länderübergreifend-einheitlich gemeint war, somit zu den integrativen Bildungsbemühungen jener Zeit zu zählen ist, wenn es sich da auch um einen Gedanken handelte, der von vielen weit über das 19. Jahrhundert hinaus als utopisch angesehen wurde. Hinzuzufügen ist noch, daß die integrativen Bildungsbemühungen der Lehrerbewegung auch einen länder-übergreifend-einheitlichen Auf- und Ausbau der Schule und eine ebenso weiträumige Verbesserung der Volksschullehrerbildung einschlossen. Obwohl es in institutioneller Hinsicht auf beiden Feldern bekanntlich keinen vollen Konsens gab (bei der Schule: bestimmende Rolle des Staates oder der Gemeinde; bei der Volksschullehrerausbildung: Pädagogische Fachhochschule oder Universität), steht unbezweifelbar fest, daß die Diskussionen und Bestrebungen ebenfalls in diesen

beiden wichtigen Bereichen eine territorienüberspringende, "gesamtdeutsche" Ausrichtung hatten. Die Gründung des alle Einzelländer umfassenden "Allgemeinen Deutschen Lehrervereins" 1848 symbolisierte und unterstrich diese Grundtendenz sogar in aller Form.
Auch der von *Karl Friedrich Wilhelm Wander* im Auftrag seiner Kollegen 1848 entworfene "Aufruf an Deutschlands Lehrer" zur Gründung des "Allgemeinen Deutschen Lehrervereins" betonte und beschwor geradezu das überregionale Moment und den nationalen, einheitlichen Charakter nicht nur des Lehrerzusammenschlusses, sondern auch der den Lehrern abgeforderten Bildungsaufgabe. Seine in integrativer Hinsicht wichtigsten Sätze seien hier zitiert: "Darum ergeht an Euch, deutsche Lehrer und Jugenderzieher, nun von uns der Aufruf zur *Gründung eines allgemeinen deutschen Lehrervereins;* an Euch alle, die Ihr an der Bildung der deutschen Jugend arbeitet; ob Ihr dem Kindlein in der Bewahranstalt die ersten Laute seiner Muttersprache lehrt oder ob Ihr mit Eurem gereiften Zöglinge den Homer und Cicero lest; ob Ihr dem Knaben das Abc aufschließt oder ob Ihr den Jüngling in die heiligen Hallen der Wissenschaft einführt; ob Ihr Gelehrte oder Berufsmänner bildet ... Wir treiben ein Werk, lasset es uns in *Einheit* treiben, damit es gedeihe! ... Alles sammelt sich unter der Fahne der Einheit. Deutsche Lehrer, reißt auch Ihr die Euch trennenden Schranken nieder! Lasset uns als Brüder arbeiten an dem großen Werke, das uns anvertraut ist: *an der Bildung des deutschen Volkes*!" (*Günther* 1958, 279).
Nur am Rande und beinahe als Nachtrag zur Charakteristik der Zeit von den vierziger bis zu den siebziger Jahren sei hier vermerkt, daß die restriktivrepressive Behandlung der Volksschule und der Volksschullehrer durch die Regierenden auch darauf hinauslief, ihnen gerade das vorzuenthalten oder wenigstens stark zu beschneiden bzw. im dürftigsten Stand zu belassen, was durch den im Gange befindlichen großen Wandel der Lebensverhältnisse ein stärkeres Gewicht für die Lebensorientierung und Lebensbewältigung erhalten mußte: die sogenannte Sachkunde, die "Realienfächer" Naturkunde ("Naturgeschichte", Biologie und Zoologie), Physik, Geschichte, "Gesellschaftskunde" usw. Diese "Realien" wurden im Lehrkanon der Volksschule und der Lehrerseminare während der Repressionszeit äußerst stiefmütterlich behandelt bzw. bewußt zurückgehalten und waren infolgedessen auch einer der Streitpunkte zwischen der Lehrerschaft und den Regierungen, also überterritorial. Erst in der zweiten Hälfte der sechziger und in der ersten Hälfte der siebziger Jahre wurden in den einzelnen deutschen Ländern diese Beschränkungen gelockert, und es wurden den "Realien" in betonter Weise mehr Raum und Gewicht zugemessen. Auch das gehört zu den integrativen Momenten bei den pädagogischen Bemühungen im großen pädagogischen Zusammenhang, der wiederum in der Entwicklung des Gesamtlebens verwurzelt ist (vgl. *Scheibe* 1974[2], 32ff., *Reble* 1975a, 966f.).
Zwar mußte das die Volksschule insofern besonders treffen, als hier sofort allgemeine politische Herrschafts- und "Zucht"-Vorstellungen gegenüber dem Volk und noch dazu das komplexe Problemfeld Schule-Kirche mit ins Spiel kamen. Aber *das höhere Bildungswesen*, dem die Betrachtung sich jetzt zuzuwenden hat, wurde von dem Wandel des Zeitgeistes und der Lebensverhältnisse im Grunde nicht weniger

berührt, und zwar in seiner bildungsmäßigen Gesamtausrichtung. Das leuchtet ein, wenn man bedenkt, daß das Gymnasium in der vorhergehenden Epoche durch die Reformen erst recht einseitig ausgerichtet, nämlich zu einer besonders anspruchsvollen und engspurigen Sprachenschule geworden war, die - wie *Schleiermacher* schon 1826 sehr kritisch angemerkt hatte, weniger auf das Leben insgesamt als vielmehr speziell auf die Philologenarbeit vorbereitete. So ist es verständlich, daß schon damals viele Schülereltern, insbesondere aus kaufmännischen und gewerblichen Kreisen, mit der Fremdsprachen-Schlagseite (genauer: dem Übermaß an alten Sprachen) im Lehrkanon nicht recht zufrieden sein konnten, erst recht, weil viele der Schüler bereits in der Tertia oder der Sekunda vom Gymnasium abgingen. Die so rasant wachsende Lebensbedeutung der naturwissenschaftlich-technischen Bereiche in den Jahrzehnten, um die es hier geht, mußte für das so einseitig orientierte Gymnasium also zu einer riesigen Herausforderung werden und mußte gewaltige Spannungen entstehen lassen, und zwar in überregionalem Ausmaß. Man kann nicht behaupten, daß das Gymnasium bzw. die zuständige Unterrichtsverwaltung sich dieser Herausforderung bereitwillig gestellt oder sie gar gut bestanden hätte. Es gab vielmehr sehr langwierige und heftige Auseinandersetzungen mit übermäßig starken Polarisierungen, ja auch mit hochstilisierten Ideologisierungen. Gleichwohl konnte sich auf die Dauer kein Landstrich und keine gesellschaftliche Gruppe dem Druck des allgemeinen und übermächtigen, daher wiederum integrativ wirksamen Trends entziehen, wenn auch das Tempo und das Ausmaß des Wandels regional sehr unterschiedlich ausfielen. Der Wandel war auch bis zu den siebziger Jahren keineswegs abgeschlossen. Immerhin wurde er im Laufe der hier zu betrachtenden Epoche in Gang gebracht.

Kurz gesagt, handelt es sich dabei im Bereich des Bildungswesens mit Ansprüchen und Abschlüssen oberhalb der Volksschule um folgende vier Entwicklungen, die im einzelnen eigentlich alle hier skizziert werden müßten, weil sie sich alle in überregionaler Dimension hielten und also in der Zone des integrativen Effekts angesiedelt waren:

a. *das (humanistische) Gymnasium* begann sich durch *Herausbildung zusätzlicher inhaltlicher Schwerpunkte* unter entsprechender Zurückdrängung der alten Sprachen etwas zeitgemäßer zu gestalten;
b. neben dem humanistischen Gymnasium entstanden *realistisch ausgerichtete höhere Schulen*, die sich allmählich ausbauten und in langwierigen Auseinandersetzungen zur Konkurrenz für das traditionelle Gymnasium wurden;
c. zwischen diesen höheren Schulen und den Volksschulen kam, zum Teil eng gekoppelt mit dem unter Nr. 2 genannten Prozeß, ein *mittleres* (in gewissem Maße schon länger bestehendes) *Schulwesen* stärker herauf (Progymnasien, Realschulen minderen Ranges, Mittelschulen norddeutscher Prägung), profilierte sich und wurde ein gewichtiger eigenständiger Komplex;
d. in sich sehr heterogen und vielfältig, aber teilweise stark breit entfaltete sich ein gewerblich oder kaufmännisch oder landwirtschaftlich ausgerichtetes Fach-, Fortbildungs- und Berufsschulwesen, mit Teilzeit- oder Vollzeitkursen, mit beruflicher Fortbildungs- oder auch Unterbau-Funktion.

Im vorgegebenen Rahmen kann hier nur auf die unter Nr. 1 und Nr. 2 genannten *höheren Schulen im engeren Sinne* eingegangen werden. Ihre Entwicklung hat damals auch die Öffentlichkeit bei weitem am stärksten beschäftigt, hat die Gemüter im allgemeinen und speziell die interessierten bzw. beteiligten Gruppen aus dem Geistesleben wie aus der Wirtschaft und aus der Politik am meisten erregt und ist auch in integrativer Hinsicht am gewichtigsten, zumal daran hochbedeutsame Berechtigungsfragen hingen. Dies gab dem Problemkomplex auch einen zusätzlichen Integrationsschub, der im gleichen Maße an Gewicht gewann, wie nach der Gründung des Deutschen Reiches die innere Konsolidierung eine unabweisbare und dringende Aufgabe wurde. Es muß aber auch noch einmal betont werden, daß der große Trend dieser Schulentwicklung zwar überregional einheitlich und zwingend war, daß die Detailprozesse jedoch regional sehr unterschiedlich verliefen, was gerade an einer vergleichenden Gegenüberstellung des preußischen und des bayerischen Bereichs gut sichtbar wird.
Was zunächst das (humanistische) *Gymnasium in Preußen* betrifft, so lassen sich die inhaltlichen Akzentverschiebungen am klarsten erkennen, wenn man die Entwicklung zeitlich weiträumiger betrachtet und sie gleich bis zum Ende des 19. Jahrhunderts überschaut. Schon die von *Johannes Schulze* geschaffene (vom Geist *Hegels* beeinflußte) preußische Stundentafel von 1837 entsprach insofern nicht mehr ganz dem ursprünglichen neuhumanistischen Ideal, als sie enzyklopädischer gehalten war und innerhalb der alten Sprachen dem Lateinischen mehr als den doppelten Raum des Griechischen zubilligte (86 Wochenstunden Latein gegen 42 Wochenstunden Griechisch). Doch die alten Sprachen zusammen nahmen in den 9 Gymnasialjahren immerhin 46 % des gesamten Pflichtunterrichts ein. Neue Stundentafeln für das humanistische Gymnasium wurden in Preußen dann 1856, 1882, 1891 und 1901 erlassen. Dabei sanken die Stundenzahlen der alten Sprachen 1856 noch nicht, 1882 aber bereits spürbar (Latein von 86 auf 77 Wochenstunden, Griechisch von 42 auf 40). Die entsprechenden Zahlen für 1901 sind: 68 Wochenstunden und 36 Wochenstunden. Gegenüber 1837 (genauer: gegenüber 1856) hat damit Latein 24 von 86 Wochenstunden, d.h. ca. 28 % seines früheren Bestandes und Griechisch ca. 14 % seines früheren Anteils eingebüßt (vgl. hierzu und zum Folgenden *Blättner* 1960, *Reble* 1975 b). Im gleichen Zeitraum stieg der Anteil des Deutschunterrichts von etwa 20 auf 26 Stunden und der des Französischen von 12 auf ca. 20 Wochenstunden.
Allgemein läßt sich sagen, daß sich bis Ende des 19. Jahrhunderts im (humanistischen) Gymnasium Preußens folgende Umschichtung vollzog: die alten Sprachen sind zwar *ein* Schwerpunkt seines Unterrichts geblieben, aber nicht mehr der alleinige, allesbeherrschende. Daneben sind Deutsch mit Geschichte und Erdkunde, die modernen Fremdsprachen sowie Mathematik mit den Naturwissenschaften zu weiteren Unterrichtsschwerpunkten geworden, wobei der nationale Gesichtspunkt und die Notwendigkeit moderner Lebensorientierung die treibenden Kräfte gewesen sind, und zwar in integrativem Sinne über die deutsche Kleinstaaterei hinweg.
Wenn man zum Vergleich die Entwicklung beim *Gymnasium in Bayern* heranzieht, zeigen sich wohl kleine Abwandlungen; doch die Grundtendenz des Gesamtprozesses

wird hier eindrucksvoll bestätigt und erweist sich an diesen beiden Beispielen als überragendintegrative Kraft, die die Ländergrenzen in Deutschland überspannte. Eine Besonderheit des bayerischen Gymnasiums muß allerdings hervorgehoben werden: es hatte seit 1830 *nur 8 Jahrgänge* und war aufgeteilt in den vierjährigen Unterkurs "Lateinschule" und das darauf aufsetzende vierjährige eigentliche "Gymnasium". Wer in die "Lateinschule" eintreten wollte, mußte schon Grundkenntnisse in Latein mitbringen, womit also nicht nur an eine ausgesprochene Bildungselite, sondern auch an eine sozial gehobene Gruppe gedacht war. Das von *Friedrich Thiersch* geschaffene Acht-Jahres-Modell von 1830 war noch straffer neuhumanistisch ausgerichtet als das preußische Gymnasium von 1837 und noch einseitiger als dieses eine Altsprachenschule: In Bayern entfielen nicht 46 % (wie in Preußen), sondern 56 % alles Pflichtunterrichts auf die alten Sprachen! Und die Gesamtstundenzahl war sehr niedrig gehalten (durchschnittlich ca. 24 Stunden in der Woche!). Dieser Bildungsweg konzentrierte sich eben in eng beschränkender Weise auf die alten Sprachen, grenzte sogar moderne Sprachen ganz aus.
In Bayern wurden neue Stundentafeln für das (humanistische) Gymnasium ("Lateinschule" + "Gymnasium") dann 1854, 1874, 1891 und 1914 in Kraft gesetzt. Während die Änderungen von 1854 hauptsächlich darin bestanden, daß die alten Sprachen etwas zurückgenommen wurden und dafür Französisch als Pflichtfach eingeführt - also immerhin eine kleine Modernisierung geschaffen - wurde (sogar unter Kürzung der Gesamtstundenzahl), brachte *die Ordnung von 1874 eine umfassendere Änderung:* drei Jahre nach der Gründung des Deutschen Reiches verlängerte Bayern für seine höheren Schulen, also damals das humanistische Gymnasium und das Realgymnasium (beide in jener Zeit in Bayern oft noch "Mittelschulen" genannt), den Acht-Jahres-Kurs um ein Jahr nach unten und glich damit sein höheres Bildungswesen im allgemeinbildenden Rahmen der Norm der anderen deutschen Länder an. Dieser *integrativen Maßnahme* kommt eine ähnliche Bedeutung zu wie der Einführung des Abiturientenexamens in der vorhergehenden Epoche, wenn sie auch 1874 mehr einen *angleichenden* Charakter hatte. Daß sie schon so bald nach der Reichsgründung erfolgte, ist allerdings nicht überraschend; denn an der einheitlichen Schuldauer mit vergleichbaren Abschlüssen, Bildungswegen und -leistungen hingen schwerwiegende Berechtigungsfragen, und zur Vermeidung von Nachteilen durfte deren Lösung nicht aufgeschoben werden.
Wenn hier nun auch für Bayern gleich die weitere Entwicklung des humanistischen Gymnasiums mit in den Blick genommen wird, so präsentiert sich derselbe Trend wie in Preußen, in manchen Einzelpunkten sogar noch schärfer ausgeprägt. So erreichte der Deutschunterricht im neunstufigen bayerischen, humanistischen Typ bereits 1874 den Anteil von 26 Wochenstunden, stieg 1891 auf 27 und 1914 sogar auf 31 Wochenstunden. Während Griechisch sich in Bayern wie in Preußen auf 36 Wochen-stunden hielt, rutschte Latein in Bayern noch weiter ab als in Preußen, nämlich von 73 Wochenstunden, die die Stundentafel von 1874 aufwies, auf 66 Wochenstunden im Jahre 1891 und sogar auf 63 Wochenstunden bei der Tafel von 1914. Dagegen blieb Mathematik (bis 1914 hier noch Physik umfassend) zunächst unter dem preußischen Maß, und auch Französisch erreichte nicht den preußischen

Anteil an der Gesamtstundenzahl. Doch das alles fällt gegenüber dem einheitlichen Hauptprozeß nicht ins Gewicht.
Bei den "realistischen" höheren Schulen, die in der zweiten Hälfte des 19. Jahrhunderts sowohl in Preußen wie in Bayern und in den anderen deutschen Territorien heraufkamen, ergibt sich jedoch ein wesentlich bunteres Bild, insbesondere beim Vergleich der preußischen und der bayerischen Entwicklung. Diese beiden Prozesse weichen erheblich voneinander ab. In beiden Fällen ist festzustellen, daß sich die Unterrichtsverwaltungen dem tiefgreifenden Wandel der Lebensverhältnisse nicht gerade breit geöffnet haben. Abgesehen von den eben charakterisierten kleineren Verschiebungen im humanistischen Gymnasium selbst, glaubten sie Jahrzehnte hindurch (selbst als der Ausbau der realistischen Typen nicht mehr aufzuhalten war), daß nur der Weg durch das humanistische Gymnasium zur vollen Hochschulreife führen könne, und hielten an diesem Monopol mit aller Kraft fest: Preußen bis 1900, Bayern gar bis 1914. In Bayern haben sich die herrschenden Kreise bis Ende des 19. Jahrhunderts, ja weit darüber hinaus mit aller Wucht gegen das Heraufkommen der "realistischen" Bildungswege gestemmt, haben das Realgymnasium bis etwa 1910 direkt auf Sparflamme gehalten und haben die Oberrealschule überhaupt erst 1907 aufgebaut, also ca. 30 Jahre später als Preußen. Da aber die volle Gleichberechtigung der "realistischen" Abschlüsse für das Studium auch in Preußen bekanntlich erst mit dem Kieler Erlaß vom Dezember 1900 erreicht wurde, kann man sagen, daß die führende akademische Schicht im ganzen Deutschen Reich, also territorienübergreifend, bis 1900 (und darüber hinaus) einheitlich und eindeutig humanistisch gebildet war (*Landfester* 1988). Ob diese Geschlossenheit auch der geistigen Offenheit und Beweglichkeit sowie der inneren Standfestigkeit zugute gekommen ist, ob z.B. die humanistisch Gebildeten später den Verführungen des Nationalsozialismus besser standgehalten haben, bleibe hier dahingestellt.
Daß aber die Entwicklung in Preußen und in Bayern trotz wiederum einheitlich-integrativer Grundrichtung und auch trotz eines einheitlichen Gesamtergebnisses so unterschiedlich verlief und so aufgeheizte Formen der Auseinandersetzung gewann, hat gewiß mehrere Gründe, für die hier nur Vermutungen geäußert seien. Neben der allgemeinen extrem traditionalistischen Mentalität der damals in Bayern bestimmenden politischen und gesellschaftlichen Gruppen, ihrem Kampfeseifer und ihrem Kampfesstil, der diesen Schultypen-Streit bis in weltanschaulich-ideologische Höhen hinauftrieb, dabei alles vernebelte und sich selbst maßlos verhärtete[6], könnte etwa ein besonderes schulkonservatives Interesse damaliger katholisch-kirchlicher Kreise von Gewicht gewesen sein. Belangvoll, ja schwerwiegend scheint mir aber nicht zuletzt folgendes Faktum. Schon in den zwanziger, den dreißiger und den vierziger Jahren des 19. Jahrhunderts hat es in *Norddeutschland* -unter dem Einfluß von *August Gottlieb Spilleke*, *Karl Mager* und anderen - eine lebhafte Diskussion gegeben über Position und Struktur, Profil und Berechtigung, Eigenständigkeit und Bedeutung, Aufbau und Weiterentwicklung der *Bürger- und Realschule* neben und in Abgrenzung von der überkommenen Gelehrtenschule, und zwar *mit allgemeinbildender Ausrichtung und Aufgabe*. Von daher steckte in dem Schulfeld, das dann in den nächsten Jahrzehnten, teils mit teils ohne Latein, weiter an Ausbau und

Bedeutung, auch an Differenzierung und Bildungsanspruch gewann, der Stachel der Allgemeinbildungstendenz, und es konnte sich in den am weitesten entwickelten und sich immer weiter ausbauenden Formen ohne Umbruch eine Konkurrenzstellung zum traditionellen humanistischen Gymnasium anbahnen, zumal dieser spezifische Ausbau von den Wirtschaftskreisen und von den durch die große wirtschaftliche Entwicklung besonders betroffenen Städten dringend gewünscht und unterstützt, vielfach bei den staatlichen Stellen ausdrücklich (und manchmal vergeblich) beantragt, ja gefordert wurde. Auch in Bayern mangelte es nicht an gehobenen Stadt- und Bürgerschulen, an Realschulen und bloßen Lateinschulen ohne Oberbau. Doch der eigentliche und forcierte Ausbau als Antwort auf die sich wandelnden Lebensverhältnisse im 19. Jahrhundert und darüber hinaus scheint *im Bereich des kaufmännischen, des gewerblichen, des landwirtschaftlichen usw. Fach- bzw. fach- und berufsbezogenen Schulwesens* gelaufen zu sein. Infolgedessen war der Aufbau eines realistischen höheren Schulwesens mit *allgemeinbildender Ausrichtung* schwieriger und sogar *mit Umbruchproblemen belastet.* Und er konnte von den Vertretern und Verfechtern der traditionellen Gymnasialidee auch leichter, stärker und länger abgewehrt werden. Es mußte so also auch zu unterschiedlicher Entwicklung in Preußen und Bayern und zu sehr verzögertem Aufbau der realistisch ausgerichteten höheren Schulen in Bayern kommen (damit soll die bayerische Entwicklung aber nicht etwa als Phänomen eines "geschichtlichen Zwanges" oder gar eines "Gesetzes" gedeutet werden). Auch wurde der *integrative Charakter* dieser Gesamtentwicklung des höheren Schulwesens, für die hier Preußen und Bayern nur als Beispiele (obzwar mit je eigener Prägung) aufgeführt sind, dadurch keineswegs aufgehoben.
Soweit man sich - in Preußen bzw. in Bayern - entschlossen hatte, neben dem traditionellen humanistischen Bildungsweg eine "realistische" Alternative zu ermöglichen, wäre es schulstrukturell natürlich die einfachste Lösung gewesen, die schulorganisatorische Einheit des Gymnasiums zu erhalten und in den unmittelbar betroffenen "Alternativ-Fächern" (etwa den alten Sprachen gegenüber einer zusätzlichen modernen und Verstärkung von Mathematik und Naturwissenschaften) "Alternativkurse" einzurichten, im übrigen aber die "Humanisten" und die "Realisten" unterrichtlich beisammenzuhalten. Solche Versuche sind z.B. in Württemberg und besonders auch im preußischen Rheinland unternommen worden, und zwar - wie es scheint - mit viel Zuspruch und mit Erfolg und bemerkenswerterweise bereits in den dreißiger Jahren, wobei die "Realklassen" oder "Realkurse" offenbar nicht so weit hinaufführten wie die eigentlichen Gymnasialklassen bzw. Gymnasialgruppen (*Apel* 1984, 188-195). Diese schulstrukturell hochinteressanten Bemühungen wurden dann jedoch offensichtlich durch die immer heftiger und "prinzipieller" werdenden Auseinandersetzungen zwischen den "Humanisten" und den "Realisten" hinweggespült. Bei der üblich werdenden Schwarz-Weiß-Malerei, bei der die "Realisten" sogar manchmal zu "Materialisten" gestempelt wurden, pochte man dann verstärkt auch auf die "Typenreinheit" der Schule und postulierte (wie im 20. Jahrhundert dann *Hans Richert* oder auch *Eduard Spranger*) die "innere Bildungseinheit".
In *Preußen* brachte - nach einem ersten Versuch von 1832, die Abschlüsse der Realschulen zu regulieren - den *entscheidenden Durchbruch die Verordnung vom 6.10.*

1859 mit ihrer Aufgliederung in "Realschule erster Ordnung" (neunjährig wie das Gymnasium), "Realschule zweiter Ordnung" (sechsjährig) und "Höhere Bürgerschulen" (fünfjährig) und *mit der prinzipiellen und wegweisenden Aussage über das Verhältnis von Realschule (erster Ordnung) und Gymnasium:* "Zwischen Gymnasium und Realschule findet ... kein prinzipieller Gegensatz, sondern ein Verhältnis gegenseitiger Ergänzung statt. Sie teilen sich in die gemeinsame Aufgabe, die Grundlagen der gesamten höheren Bildung für die Hauptrichtungen der verschiedenen Berufsarten zu gewähren. Die Teilung ist durch die Entwicklung der Wissenschaften und der öffentlichen Lebensverhältnisse notwendig geworden, und die Realschulen haben dabei allmählich eine koordinierte Stellung zu den Gymnasien eingenommen. - Während den Gymnasien zur Erreichung des Zwecks überwiegend das Studium der Sprachen, und vorzugsweise der beiden klassischen Sprachen des Altertums, und demnächst die Mathematik dient, legen die Realschulen nach ihrer mehr der Gegenwart zugewandten Richtung ein größeres Gewicht auf eine wissenschaftliche Erkenntnis der objektiven und realen Erscheinungswelt und auf die Beschäftigung mit der Muttersprache sowie den Sprachen der beiden wichtigsten neueren Kulturvölker" (*Reble* 1975b, 83).
Damit war die *prinzipielle Gleichrangigkeit*, die wechselseitige Ergänzung und Koordination des humanistischen und des realistischen Bildungsweges ausgesprochen und gefordert, und *Friedrich Paulsen* hatte recht, wenn er das Jahr 1859 "das Geburtsjahr des preußischen Realgymnasiums" nannte (*Paulsen* 1965, Bd. II, 558), obwohl der neue Schultyp diesen Namen in Preußen erst 1882 erhielt (rein quantitativ entwickelte er sich bis dahin schon kraftvoll). In unserem thematischen Zusammenhang ist auch zu beachten, daß Preußen mit der Ordnung von 1859 ein weit über dieses Land hinausleuchtendes *integratives Signal und Postulat* gesetzt hat, an dem keines der anderen deutschen Territorien achtlos vorbeigehen konnte, und zwar sowohl wegen des Umfangs und der Bedeutung dieser Veränderung wie auch wegen des Gewichts, das dem Lande Preußen im Zusammenspiel aller deutschen Länder um 1860 zukam, nicht zuletzt aber auch deshalb, weil der Druck der sich verändernden Lebensverhältnisse in gleicher Weise auf allen Regionen lastete.
Trotz der prinzipiellen Gleichberechtigung beider Bildungswege war allerdings in der Frage der *Abschlußberechtigungen* noch ein langer Weg über die siebziger Jahre hinaus auch in Preußen zurückzulegen. Die Ordnung von 1859 erhielt nämlich die Monopolstellung des humanistischen Gymnasiums für den Zugang zur Universität voll aufrecht und sprach den Abiturienten der "Realschule erster Ordnung" nur die Zulassung zu den höheren Studien für den Staatsbaudienst und für das Bergfach zu, bestätigte im übrigen die früheren Berechtigungen der Realschul-Abgangszeugnisse. So bestand in der Berechtigungsfrage eine krasse Differenz zwischen dem humanistischen und dem realistischen Bildungsweg, obwohl die "realistische" Stundentafel von 1859 immerhin 98 Wochenstunden für die Fremdsprachen aufwies (44 für Latein, 34 für Französisch, 20 für Englisch) und der Mathematik 47, den Naturwissenschaften 34 Wochenstunden zusprach (die Vergleichszahlen für das Gymnasium von 1856: 86 für Latein, 42 für Griechisch, 17 für Französisch, 32 für Mathematik, 14 für Naturwissenschaften). 1870 wurde in Preußen die Berechtigung der "Realabitu-

rienten" dahin erweitert, daß sie an der Universität Mathematik, Naturwissenschaften, auch neuere Sprachen studieren, das Lehrerexamen ablegen und Lehrer an höheren Schulen werden konnten.

In *Bayern* kam es 1864, also nur fünf Jahre nach der preußischen Realschulordnung, zur Gründung des *Realgymnasiums*, und zwar gleichzeitig mit der Erhebung der Polytechnischen Schule in München zur Technischen Hochschule (die 1868 wirksam wurde) und mit einer bemerkenswerten Reformierung und Differenzierung des mittleren Fachschulwesens auf der Ebene der Gewerbeschule. Die Wurzel des bayerischen Realgymnasiums ist vor allem darin zu sehen, daß sich an ein paar normale vierjährig laufende Lateinschulen (ohne die Weiterführung durch das vierjährige "Gymnasium") "Realkurse" anhängten, die stark fachlich-technisch ausgerichtet waren (*Reble* 1983, 231f.). *Dabei setzte also ein "Realzug" auf einer Lateinschule auf.* Das wurde auch das Modell des neuen Schultyps: dieser "Realkurs" wurde mit der Schulordnung von 1864 durch Verstärkung der allgemeinbildenden Teile nun zum "Realgymnasium". Andersherum gesagt: das bayerische Realgymnasium, das 1864 geschaffen wurde, hatte *keinen eigenen Unterbau*, es setzte als vierjähriger Weiterführungskurs eigener Art auf der normalen vierjährigen Lateinschule auf und war stark naturwissenschaftlich-technisch ausgerichtet, obwohl das Latein von der Lateinschule her weitergeführt wurde. Die Sachlage muß jedoch viel schärfer charakterisiert und beurteilt werden. Wenn man den 1864 geschaffenen Bildungsweg als Ganzes überschaut, stellt er sich als *in sich ganz heterogenes Gebilde* dar. Die Lateinschule war ja extrem altsprachlich strukturiert, und das auf ihr aufsetzende vierjährige humanistische "Gymnasium" bildete ihre organische Fortsetzung. So war die Abzweigung des bayerischen "Realgymnasiums" nach der Lateinschule keineswegs eine echte Gabelung. Wie bildungsmäßig unsinnig, ja beinahe schikanös gedacht und gehandelt wurde, läßt sich besonders daraus ersehen, daß denjenigen Schülern der Lateinschule, die dann zum "Realgymnasium" übertreten wollten, nicht nur zwei Jahre Griechisch aufgebürdet wurden (das sie danach ja nicht weiterführten), sondern daß ihnen vor dem Übertritt sogar noch eine Prüfung in Griechisch auferlegt und abverlangt wurde (die hier kurz zusammengefaßten Probleme sind breit ausgeführt in *Reble* 1983, 231-242).

Andererseits kamen die realgymnasialen Spezifika in dem bloß vierjährigen Kurs nach der Lateinschule nur relativ schwach heraus, was sich besonders deutlich bei einem Vergleich mit dem preußischen neunjährigen Kurs der "Realschule erster Ordnung" zeigt. So erreichten im bayerischen "Realgymnasium" von 1864 Französisch und Englisch insgesamt nur 17 Wochenstunden, ja selbst Mathematik kam beim ganzen achtjährigen Bildungsweg der bayerischen "Realisten" von 1864 nur auf 39 Wochenstunden und der naturwissenschaftliche Bereich insgesamt gar nur auf 14 Wochenstunden (vgl. oben: die Zahlen beim Neun-Jahres-Weg in Preußen waren für Mathematik 47 und für die Naturwissenschaften 34). Dagegen hatten die "Realisten" in Preußen während ihrer 9 Jahre 20 Wochenstunden Zeichnen, die in Bayern in 8 Jahren aber 24. Zudem lag deren Gesamt-Stundenbelastung in den 4 Jahren ihres Schultyps ca. 30 % höher als die der "Humanisten" in deren letzten 4 Jahren. Und während den bayerischen "Humanisten" alle Studiengänge offenstanden, hieß es für die "Realisten" 1864: Das Absolutorium des Realgymnasiums befähigt zunächst zum Eintritt in die Polytechnische Schule sowie zum Übertritt an die Universität für Studien, die nicht in den engeren Kreis der Fakultätswissenschaften (Theologie, Jurisprudenz, Medizin) fallen." In diesem Punkte war Bayern also von vornherein etwas großzügiger als Preußen, wehrte sich andererseits viel heftiger und länger gegen die Berechtigung zum Medizin- und Jurastudium (*Reble* 1983 a.a.O.). Zum Medizinstudium ließ Bayern die Abiturienten des Realgymnasiums erst 1901, zum Jurastudium gar erst 1910 zu.

Die Struktur dieses Bildungsweges in Bayern blieb in den ersten 10 Jahren unverändert uneinheitlich, und bis er wirklich grundständig wurde, vergingen sogar fast 40 Jahre (es geschah nicht vor 1900). Bei großer zeitlicher Vorausschau ist noch ein anderer, gravierender Punkt der Behinderung zu nennen: Die bayerische Regierung tat alles, um dieses "Realgymnasium" zurückzuhalten und schon zahlenmäßig nicht zu einer Konkurrenz des humanistischen Gymnasiums werden zu lassen. Es lehnte Anträge von interessierten Stellen der Wirtschaft und der Städte ab und hielt die Zahl denkbar klein, ja sie schloß diesen Weg direkt von der normalen Weiterentwicklung des höheren Bildungswesens fast bis 1910 aus. Nachdem 1864 insgesamt 6 Schulen des neuen Typs gegründet worden waren, gingen 2 von ihnen um 1880 wieder ein. Um diese Zeit gab es in Bayern aber 28 humanistische Vollgymnasien. In den folgenden Jahrzehnten wuchs die Zahl der humanistischen Vollgymnasien in Bayern bis 1909 auf 47. Zu den 4 Realgymnasien kam in ganz Bayern in den fast 50 Jahren trotz der stürmischen Entwicklung der Lebens- und Wirtschaftsverhältnisse aber nicht eine einzige Neugründung hinzu (außer einem Exemplar des neuen Typs "Reform-Real-Gymnasium", das in Nürnberg 1906 erlaubt wurde). Es handelte sich in Bayern also wirklich um eine langjährige exorbitante Drosselungs- und Bremspolitik in bezug auf das Realgymnasium.

Gleichwohl muß die Entwicklung der realistischen höheren Schulen als eine der wesentlichen integrativen Bildungsbemühungen im 19. Jahrhundert angesehen und festgehalten werden. Bayern sperrte seine Schleusen dafür nur länger ab, und zwar bewußt und mit aller Macht und öffnete sie für diese dennoch unaufhaltbare Entwicklung erst gegen 1910, blieb übrigens auch dann im 20. Jahrhundert bis in die Gegenwart hinein in höherem Maße als die anderen deutschen Länder dem humanistischen Gymnasium gewogen.

4. Zu den letzten dreißig Jahren des 19. Jahrhunderts

Die Kleinstaaterei war nun beendet. Doch als 1871 die große staatlich-politisch-nationale Einheit geschaffen wurde, änderte dieses Faktum als solches an der Bildungslandschaft zunächst nichts; denn das Bildungswesens blieb Ländersache, und das Reich als Ganzes hatte eine betont lockere Gesamtstruktur. Trotzdem mußten die sich entwickelnden Notwendigkeiten der Freizügigkeit, des allgemeinen und über-

regional möglichst einheitlichen Lebensstandards, der vergleichbaren Bildungsmöglichkeiten und Schulansprüche, der wechselseitig anzuerkennenden Schulabschlüsse und Abschlußberechtigungen auf eine entsprechende Abstimmung der ländereigenen Regelungen drängen und mußten sich verstärkende integrative Bildungs- und speziell Schulorganisationsbemühungen auslösen. Die richteten sich naturgemäß besonders auf diejenigen Bildungsfelder und -entwicklungen, die von Freizügigkeitsfragen und Berechtigungsproblemen in erster Linie betroffen wurden. Wenn auch bei der Struktur des damaligen Reiches nicht etwa alle Bildungswege hundertprozentig einheitlich geregelt zu werden brauchten, so mußte doch den genannten überregional-staatsbürgerlichen Notwendigkeiten Rechnung getragen werden, und zwar auch in den Bereichen, in denen es nicht um spezielle und fixe Berechtigungen, sondern um Grundfragen der allgemeinen Lebensorientierung, des Daseinsniveaus und der Existenzbewältigung ging. So kann zum Beispiel gefragt werden, ob es unter diesem Gesichtspunkt vertreten und verantwortet werden konnte, daß Bayern über 50 Jahre lang als Land innerhalb des Reiches kein *generelles*, alle Gemeinden bindendes achtes Pflichtschuljahr einführte (auch wenn damals der Schulbesuch noch durch Privatunterricht ersetzt werden konnte)[7]. Als ähnlich gravierend muß wohl angesehen werden, daß Bayern sich nach 1871 noch gut 40 Jahre (nämlich bis 1912) bei der Volksschullehrerausbildung mit einem bloß zweijährigen Kurs im Lehrerseminar begnügte (*Reble* 1975a, 969).

Schon kurz nach der Reichsgründung wurde aber die *Notwendigkeit integrativer Impulse* erkannt, die wenigstens in den wichtigsten Punkten eine bessere Abstimmung der Länder herbeiführen sollten. Dazu wurde die für ähnliche Aufgaben bestehende, aber regional beschränkte *norddeutsche Bundesschulkonferenz* zur *"Reichsschulkonferenz"* erweitert (*Paulsen* 1965, Bd. II, 633). Nach einer Konferenz in Dresden 1872, bei der man sich über bestimmte Punkte verständigte, brachte dann *das Jahr 1874 einen wichtigen integrativen Schritt* im Bereich des höheren Bildungswesens: die Übereinkunft sämtlicher Länder des Reiches über das *Humanistische Gymnasium:* Festlegung des neunjährigen Kurses, des Aufnahmealters und -anspruchs, der Lehrerqualifikation, der wesentlichen fachlichen Unterrichtsinhalte und -gewichtung (ohne Fixierung einer einheitlichen Stundentafel), der Prüfungsfächer im Abitur, der wechselseitigen Anerkennung der Zeugnisse bei Übertritten von Schule zu Schule sowie beim Übertritt von der Schule zur Universität in den verschiedenen Ländern. Dieser letzte Punkt: die gegenseitige Anerkennung der Reifezeugnisse, fiel dabei besonders ins Gewicht.

Für Bayern war diese Übereinkunft angesichts seiner speziellen Tradition extrem folgenreich. Es verlängerte den hier seit 1830 gültigen achtjährigen Kurs um ein Jahr nach unten und forderte nun bei der Aufnahme der Schüler keine Vorkenntnisse mehr in Latein, verstärkte im Lehrplan insbesondere Deutsch, Mathematik /Physik, Geschichte und Geographie und führte Turnen als Pflichtfach ein, setzte also die "Modernisierung" seines Humanistischen Gymnasiums kräftig fort. Die Zahl der Pflichtstunden, die ja in Bayern bei diesem Schultyp bisher sehr niedrig gelegen hatte (seit 1854 durchschnittlich nur 23 Wochenstunden!) schnellte nun spürbar empor, auf durchschnittlich 27 Wochenstunden, erreichte damit aber immer noch

nicht ganz das preußische Maß (zu dem freilich schon lange in der Unterstufe auch einige Gesangstunden gehörten). Im Vergleich Preußen - Bayern läßt sich also sagen, daß Bayern bei seinem humanistischen Gymnasium eine weitreichende Angleichung oder wenigstens Annäherung an die Situation und Tradition in Norddeutschland vollzog.

Die Veränderung reichte 1874 in Bayern aber noch weiter: sie betraf hier auch das *"Realgymnasium"*. Dieser bisher ja nur vierjährige "Oberbau" wurde um zwei Jahre nach unten verlängert, kam also nun auf einen sechsjährigen Kurs, wobei sich der realistische Charakter entschieden besser herausarbeiten konnte. Da der *Gesamtkurs auch in diesem Falle auf neun Jahre* festgesetzt wurde, zweigte das bayerische Realgymnasium ab 1874 (bei seiner sechsjährigen Eigenstruktur kann man den Namen nun wohl ohne Anführungszeichen schreiben) nach der dritten Lateinklasse ab; die "Lateinschule" wurde ja um eine Klasse nach unten verlängert (s.o.), war somit ab 1874 fünfjährig. Und das bedeutete: Griechisch hatte diese auf fünf Jahre verlängerte Lateinschule jetzt erst ab der vierten Klasse, *somit brauchten die "Realisten" vor ihrer "Abzweigung" nicht mehr Griechisch zu lernen.* Was die Stundentafel des Gesamtkurses von 9 Jahren für die "Realisten" betrifft, so wurde Deutsch ebenso wie im humanistischen Gesamtbildungsweg verstärkt, ebenso Latein (da Griechisch wegfiel), vor allem aber Französisch und Englisch (Französisch von 13 auf 20 Wochenstunden, Englisch von 4 auf 13), womit freilich wiederum noch nicht das "preußische Maß" erreicht wurde. Auch für das Realgymnasium schnellte die Gesamtstundenzahl erheblich hinauf, und die Stundenbelastung der "Realisten" lag weiterhin wesentlich über der der "Humanisten" (auch von den 24 Wochenstunden für Linear- und technisches Zeichnen wurde ihnen 1874 noch nichts erlassen, dieses Fach wurde erst 1891 und dann besonders 1914 zurückgenommen).

Natürlich bestand für die Bildungswege der "Realisten" - und aus denselben Gründen wie bei den "Humanisten" - ebensoviel Interesse und Bedarf an integrativen Bemühungen, überregionaler Klärung und Abstimmung, Bundesstaaten-Vereinbarung und wechselseitiger Anerkennung von Grundstrukturen, Schulwechseln und Schulabschlüssen. Dazu kam, daß die höheren Schulen in diesen Jahrzehnten im ganzen Deutschen Reich infolge der gesellschaftlichen Entwicklung und der wachsenden Bildungsansprüche breiter Bevölkerungsschichten durchweg mit *Überfüllungsproblemen* zu kämpfen hatten und daß ebenso weiträumig auch *Überbürdungsklagen* laut wurden (vgl. *Müller* 1977, *Herrmann* 1977), was als allgemeine Herausforderung angesehen werden mußte und zu überregionalen Beratungen und Absprachen drängen konnte. Doch angesichts der so unterschiedlichen Ansätze und Entwicklungen, der so weit voneinander abweichenden Akzente und Anerkennungsbereitschaften bei den höheren Realanstalten hatten es integrative Bemühungen *auf diesem Felde weit schwerer*, zumal die Studienberechtigungen der Abgangszeugnisse im Laufe der Zeit auch ländermäßig unterschiedliche Erweiterungen erfuhren. So kam *erst 1889* eine Vereinbarung aller deutschen Länder über die *gegenseitige Anerkennung der Reifezeugnisse der Realgymnasien* zustande, und zwar mit einem umständlichen Passus über unterschiedliche Berechtigungen in den verschiedenen Bundesländern und sogar mit einer speziellen Regelung für die Württemberger Zeugnisse wegen des dort gel-

tenden abweichenden Lehrplans.
Inzwischen, nämlich am Ende der siebziger Jahre, war in Preußen ein weiterer, zunächst wiederum umkämpfter Typ der realistischen höheren Lehranstalten entstanden: die *Oberrealschule*. Sie beschränkte sich bei Fremdsprachen bekanntlich ganz auf Französisch und Englisch, mußte als völlig lateinloser Typ der höheren Bildungswege bei manchen Zeitgenossen also besonders provokativ erscheinen, setzte aber andere, nicht minder ausgeprägte Akzente. So widmete sie (in der preußischen Schulordnung von 1882) nicht weniger als insgesamt 82 Wochenstunden den beiden modernen Fremdsprachen (Französisch 56, Englisch 26). Ihr Hauptakzent lag jedoch eindeutig im mathematisch-naturwissenschaftlichen Bereich (1882 entfielen auf Mathematik 49, auf die Naturwissenschaften 36 Wochenstunden). Daher erreichte sie für die Abiturientenzeugnisse auch recht schnell nicht nur die Zulassung zur Technischen Hochschule, sondern auch die zum Studium an der Universität für Mathematik und die Naturwissenschaften. Hier ist ferner zu betonen, daß auch die Gründung der Oberrealschule einen *reichsweit integrativen Effekt* hatte. Die preußische Schöpfung wurde - trotz mancher kleiner Akzentverschiebungen hier und da - ein länderüberspannendes Modell, wenn sie auch zum Beispiel in Bayern erst ab 1907 aufgebaut wurde, und zwar dadurch, daß damals auf sechsstufige Realschulen, die 1877 durch Umwandlung von fachlich-technischen "Gewerbeschulen" in allgemeinbildende mittlere Schulen geschaffen worden waren, nun dreijährige, gleichfalls fachlich-technisch ausgerichtete "Industrieschulen" als Oberstufe aufgesetzt wurden und ebenfalls eine allgemeinbildende Ausrichtung erhielten (der Umbruch vom fachlich-technischen zum allgemeinbildenden Typ vollzog sich hier also sogar zweimal).[8]
Unter integrativem Gesichtspunkt dürften noch die Ereignisse von 1890/91 von Interesse sein. Im Dezember 1890 fand in Berlin eine preußische Schulkonferenz (unter zeitweiliger bestimmend-forscher Mitwirkung des jungen Kaisers Wilhelm II.) statt, und deren Beschlüsse setzten beim Humanistischen Gymnasium deutliche Modernisierungsakzente, die sich dann in der preußischen Lehrordnung von 1891 auch klar niederschlugen (Zurückdrängen der altsprachlichen Ansprüche, Wegfall des lateinischen Aufsatzes, Auflockerungstendenzen vor dem Hintergrund der Überbürdungsklagen, Betonung von Deutsch und Geschichte u.ä.). Die Berliner Schulkonferenz fand auch im ganzen Reich starke Beachtung, und die Grundtendenz, die sich in ihr so kraftvoll profilierte, machte sich ebenso in den anderen deutschen Ländern bemerkbar. Sie ist insbesondere auch in den Ordnungen zu spüren, die ungefähr gleichzeitig mit Preußen neue Lehrordnungen erließen: Bayern am 20. Januar 1891 (der neue Lehrplan vom 23. Juli 1891 datiert), Württemberg am 20. Februar 1891 und Sachsen am 6. Dezember 1891 (*Paulsen* 1965, Bd. II, 634). Wie schon *Paulsen* aus der allzu schnellen Zeitfolge geschlossen hat (und deshalb ist sie hier so genau aufgeführt), handelte es sich dabei wohl nicht um eine "gewisse Fernwirkung der Berliner Konferenz von 1890.[9] Vielmehr ist festzustellen, daß die Grundtendenz, wenn sie auch bei der Berliner Konferenz aus deren besonderen Umständen heraus dort am kräftigsten durchschlug, damals in der Bildungslandschaft des ganzen Reiches lebendig war.

Zu den integrativen Bildungsbemühungen für das höhere Schulwesen im auslaufenden 19. Jahrhundert sind auch noch die sogenannten *Reformanstalten* zu rechnen, und zwar sogar in doppeltem Sinne. Sie zielten erstens darauf ab, die frühe Festlegung des Kindes mit neun Jahren (das war damals und sogar noch bis 1920 das normale Eintrittsalter in die unterste Klasse einer höheren Schule) auf einen der drei Typen Humanistisches Gymnasium, Realgymnasium, Oberrealschule zu vermeiden durch Schaffung einer mehrjährigen gemeinsamen Unterstufe. Der *"Altonaer Plan"* (von *Ernst Schlee*, als Versuch genehmigt 1878) ermöglichte eine einheitliche Unterstufe für das Realgymnasium und die Oberrealschule, der "Frankfurter Plan" (von *Karl Reinhardt*, 1891/92) entwickelte sogar einen einheitlichen Unterbau für alle drei Schultypen. Beide Reformanstalten hatten als erste Fremdsprache Französisch. Der erste integrative Gesichtspunkt war, daß sie sich natürlich im ganzen Reich ausbreiten und dadurch eine einheitlichere Herausformung des ganzen höheren Bildungswesens erreichen wollten. Eine breitere Entfaltung gelang diesen Reformanstalten aber erst nach 1900 (volle Anerkennung in Preußen: 1900). Und ihre volle integrative Zielsetzung erreichten sie nie.
Eigentlich wäre auch der Weg des *höheren Mädchenschulwesens*, das sich in der zweiten Hälfte des 19. Jahrhunderts breit, ja beinahe stürmisch entwickelt hat, auf integrative Impulse zu befragen. Das läßt sich jedoch im vorgegebenen Rahmen hier nicht mit leisten (für Preußen sei verwiesen auf *Reble* 1990).

Anmerkungen

1 In Ausnahmefällen konnte es vorkommen, daß ein siebzehnjähriger Bursche als Schulgehilfe in einer bayerischen Volksschule Unterricht erteilte. So war *Georg Kerschensteiner*, geb. 29.7.1854, ab 13.9.1871 als Schulgehilfe tätig (*Marie Kerschensteiner*, 3, 1954, 48). *August Trautner*, geb. 7.12.1876, trat seinen Dienst als Schulgehilfe am 1.11.1894 an (*Trautner* 1988, 7).

2 In diesem Zusammenhang war auch von Bedeutung, daß Präparande und Lehrerseminar sich als Ausbildungsweg der Volksschullehrer (gegenüber dem Normalschul-Modell und gegenüber dem persönlichen Ankern-Modell) endgültig durchsetzten und daß nach diesem Modell nun zahlreiche Institutionen aufgebaut oder ausgebaut wurden.

3 Wer Universitätsakten aus jener Zeit genauer studiert hat, der weiß, daß zum Beispiel in Bayern alle Studierenden, die nicht Landeskinder waren, ausdrücklich als "Ausländer" bezeichnet und geführt wurden und daß sie einer besonderen Beachtung und Beobachtung unterworfen waren, insbesondere wenn sie einer studentischen Korporation angehörten.

4 Aufs Ganze gesehen hatte die restriktive Druckwelle in Bayern nicht ganz die extreme Höhe wie in Preußen. Wenn Bayern 1856 das siebente Volksschul-Pflichtjahr einführte, muß allerdings beachtet werden, daß Bayern mit seiner bis dahin sechsjährigen Schulpflicht gegenüber der schon lange in Preußen geltenden achtjährigen arg im Rückstand war.

5 In der pädagogischen Fachliteratur ist mehrfach eine Rede *Friedrich Wilhelms IV.* wiedergegeben worden, die er 1849 vor Seminarlehrern in Berlin gehalten hat, und die mit dem Satz begann: "All das Elend, das im verflossenen Jahre über Preußen hereingebrochen,

ist Ihre, einzig Ihre Schuld, die Schuld der Afterbildung, der irreligiösen Menschenweisheit, die Sie als echte Weisheit verbreiten, mit der Sie den Glauben und die Treue in dem Gemüte Meiner Untertanen ausgerottet und deren Herzen von Mir abgewandt haben." (Die weiteren Sätze wurden noch aggressiver) Gründliche Recherchen haben es jedoch sehr wahrscheinlich gemacht, daß der König diese Rede nicht gehalten hat, daß es sich vielmehr um eine Fälschung handelt (*Krueger* 1970).

6 Solch ein übersteigerter und ideologisierender, simplifizierender und vernebelnder "Gesprächsstil" ist aber auch unserer heutigen Zeit nicht fremd und zwar nicht nur in Bayern. Dazu sei auf die Auseinandersetzungen um die Gesamtschule und das gegliederte Schulsystem verwiesen (vgl. *Reble* 1981).

7 *Kerschensteiner* erreichte das achte Pflichtschuljahr 1896/97 als Sonderregelung für München. 1903 genehmigte die bayerische Regierung generell den freiwilligen Besuch eines achten Schuljahres, und 1913 erhielten die Gemeinden die Genehmigung, die Schulpflicht für ihr eigenes Gebiet auf 8 Jahre zu erweitern. Das hatte zur Folge, daß eine achtjährige Schulpflicht durchweg in den Städten existierte und daß zwischen Stadt und Land ein größeres Bildungsgefälle entstand.

8 Zur quantitativen Entwicklung und Typenproportion folgende Angaben: in Preußen gab es 1875 insgesamt 228 Humanistische Gymnasien mit 4610 Abiturienten. Beim Schultyp Realgymnasium (bis 1882: Realschule I. Ordnung) waren die Bestandszahlen für 1875: 80 Schulen mit 494 Abiturienten, für 1900: 76 Schulen mit 709 Abiturienten. Die höheren Zahlen, die es 1885 für den Typ Realgymnasium schon gegeben hatte (89 Schulen), gingen wieder zurück, weil der Typ Oberrealschule in entsprechender Weise aufstieg: Von den insgesamt 408 höheren Vollanstalten, die in Preußen 1900 bestanden (295 Humanistische Gymnasien, 76 Realgymnasien, 37 Oberrealschulen), gehörten somit 113 Schulen zu den beiden "realistischen" Typen. Das war ein Anteil von fast 28 %. Wenn man diese Zahlen mit der oben genannten Proportion in Bayern (4 Realgymnasien zu 48 Humanistischen Gymnasien) vergleicht, fällt der krasse Unterschied klar ins Auge.

9 *Reble* 1975 a, 972. Diese von mir 1975 geäußerte Vermutung kann jetzt nicht mehr aufrechterhalten werden.

Literatur

Apel, Hans-Jürgen (1984): Das preußische Gymnasium in den Rheinlanden und Westfalen 1814-1848. Die Modernisierung der traditionellen Gelehrtenschulen durch die preußische Unterrichtsverwaltung. Köln, Wien.

Baumgart, Franzjörg (1990): Zwischen Reform und Reaktion. Preußische Schulpolitik 1806-1859. Darmstadt.

Baumgart, Peter (Hg..) (1980): Bildungspolitik in Preußen zur Zeit des Kaiserreichs. Stuttgart.

Beckmann, Emmy (1936): Die Entwicklung der höheren Mädchenbildung in Deutschland von 1870-1914. Dargestellt in Dokumenten. Berlin.

Blättner, Fritz (1960): Das Gymnasium. Aufgaben der höheren Schule in Geschichte und Gegenwart. Heidelberg.

Buchinger, Hubert (1983): Die Geschichte der bayerischen Realschule. I. Teil: Die Entwicklung der bayerischen Realschule von ihren Anfängen bis zur Errichtung der Oberrealschule im Jahre 1907. Passau.

Von den Driesch, Johannes / Esterhues, Johannes (5, 1961): Geschichte der Erziehung und Bildung. Bd. II. Von der Humanität bis zur Gegenwart. Paderborn.

Doeberl, Michael (1906-1931): Entwicklungsgeschichte Bayerns. 3 Bde. Bd. III, (Hg.) von Spindler, Max (1931). München.
Froese, Leonhard (Hg.) (o.J. 1953): Deutsche Schulgesetzgebung 1763-1952. Weinheim, Berlin.
Führ, Christoph (1988): Die preußischen Schulkonferenzen 1890 und 1900. Ihre bildungspolitische Rolle und bildungsgeschichtliche Bewertung. In: Baumgart, Peter (s.o., 1980, 189-223).
Günther, Karl-Heinz, u.a. (1958): Geschichte der Erziehung. Berlin (Ost).
Guthmann, Johannes (1961): Ein Jahrhundert Standes- und Vereinsgeschichte. München.
Hattermann, Otto (1938): Konservative und liberale Strömungen in der preußischen Volksschulpolitik 1819-1848. Hamburg.
Heinemann, Manfred (Hg.) (1977): Der Lehrer und seine Organisation. Stuttgart.
Herrlitz, Hans-Georg / Titze, Hartmut (1977): Überfüllung als bildungspolitische Strategie. In: Herrmann, Ulrich (Hg., 1977): Schule und Gesellschaft im 19. Jahrhundert. Weinheim, 348-370.
Herrmann, Ulrich (Hg.) (1977a): Historische Pädagogik. Zeitschrift für Pädagogik, 14. Beiheft. Weinheim.
Herrmann, Ulrich (Hg.) (1977b): Schule und Gesellschaft im 19. Jahrhundert. Sozialgeschichte der Schule im Übergang zur Industriegesellschaft. Weinheim.
Jeismann, Karl (1974): Das preußische Gymnasium in Staat und Gesellschaft. Die Entstehung des Gymnasiums als Schule des Staates und der Gebildeten 1787-1817. Stuttgart.
Keck, Rudolf (1968): Geschichte der Mittleren Schule in Württemberg - Motive und Probleme ihrer Entwicklung von der Reformation bis zur Gegenwart. Stuttgart.
Keck, Rudolf (1977): Die mittlere realistische Schule Württembergs in der Anpassung an Preußen. - In: Herrmann, Ulrich (Hg.) Schule und Gesellschaft im 19. Jahrhundert. Weinheim.
Kerschensteiner, Marie (3, 1954): Georg Kerschensteiner. Der Lebensweg eines Schulreformers. München, Düsseldorf.
König, Helmut (1972): Zur Geschichte der bürgerlichen Nationalerziehung in Deutschland. Berlin (Ost).
Krause-Hotopp, Diethelm (1989): Der junge Wander. Braunschweig.
Kroh, Oswald (1930): Die Einführung des Neuhumanismus in Württemberg. Stuttgart.
Krueger, Bernhard (1970): Die Rede Friedrich Wilhelms IV. vor den Teilnehmern der Seminarlehrerkonferenz 1849. - In: Pädagogische Rundschau 24 (1970), 845-856.
Landfester, Manfred (1988): Humanismus und Gesellschaft im 19. Jahrhundert. Untersuchungen zur politischen und gesellschaftlichen Bedeutung der humanistischen Bildung in Deutschland. Darmstadt.
Langewiesche, Dieter (Hg.) (1983): Die deutsche Revolution von 1848/49. Darmstadt.
Maskus, Rudi (Hg.) (1966): Zur Geschichte der Mittel- und Realschule. Bad Heilbrunn.
Michalsky, Helga (1978): Bildungspolitik und Bildungsreform in Preußen. Die Bedeutung des Unterrichtswesens als Faktor sozialen und politischen Wandels beim Übergang von der ständischen zur bürgerlich-liberalen Gesellschaft. Weinheim, Basel.
Meyer, Ruth (1977): Das Berechtigungswesen in seiner Bedeutung für Schule und Gesellschaft im 19. Jahrhundert. In: Herrmann, Ulrich (Hg.): Schule und Gesellschaft im 19. Jahrhundert. Weinheim, 371-383.
Müller, Deflef, K. (1977): Sozialstruktur und Schulsystem. Aspekte zum Strukturwandel des Schulwesens im 19. Jahrhundert. Göttingen.
Müller, Karl (Hg.) (1968): Gymnasiale Bildung - Texte zur Geschichte und Theorie seit W.v. Humboldt. Heidelberg.
Neukum, Josef (1964): Die volksschulpolitischen Bestrebungen in Bayern 1818-1848. Ein Beitrag zur bayerischen Schulgeschichte. Diss. Erlangen.

Paulsen, Friedrich (3, 1921, Neudr. 1965): Geschichte des gelehrten Unterrichts auf den deutschen Schulen und Universitäten vom Ausgang des Mittelalters bis zur Gegenwart. 2 Bde. Berlin, Leipzig (Neudr. Berlin).
Protokolle der im Oktober 1873 im Kgl. preußischen Unterrichtsministerium über verschiedene Fragen des höheren Schulwesens abgehaltenen Konferenz. 1874 Berlin.
Reble, Albert (1954/1991): Glaube "oder" Wissen? Vor 100 Jahren wurden die preußischen "Regulative" erlassen. In: Evangelische Unterweisung 9 (1954), Heft 11, 169-175. *Der Beitrag ist mit einer Nachbemerkung des Verfassers vom Oktober 1990* wieder abgedruckt in: Friedrich Adolph Diesterweg. Wissenschaftliche Konferenz aus Anlaß seines 200. Geburtstages, Hg. vom Rektor der Pädagogischen Hochschule Neubrandenburg. Neubrandenburg 1991, 29-39. *Der Aufsatz hat hier die falsche Überschrift "Glaube und Wissen?"*
Reble, Albert (1975a): Das bayerische Schulwesen. In: Spindler, Max (Hg.): Handbuch der bayerischen Geschichte. Bd. IV. 2. Teil-Bd., 950-990. München.
Reble, Albert (Hg.)(1975b): Zur Geschichte der höheren Schule, Bd. II, 19. und 20. Jahrhundert. Bad Heilbrunn.
Reble, Albert (1981): Gesamtschule im Widerstreit. Stuttgart.
Reble, Albert (1983): Wandlungen der bayerischen höheren Schule 1860-1914. Ursachen und Folgen. In: Rettenbeck, Lenz / Liedtke, Max (Hg.) Schulgeschichte im Zusammenhang der Kulturentwicklung. Bad Heilbrunn, 213-248.
Reble, Albert (1990): Die höheren Mädchenschulen in Preußen 1870-1925 und der Streit um die Gleichstellung mit den Jungenschulen. In: Prinz von Hohenzollern, Johann Georg / Liedtke, Max (Hg.): Der weite Schulweg der Mädchen. Die Geschichte der Mädchenbildung als Beispiel der Geschichte anthropologischer Vorurteile. Bad Heilbrunn, 272-299.
Reble, Albert (16, 1992): Geschichte der Pädagogik. Stuttgart.
Reinhard, Karl (1892): Die Frankfurter Lehrpläne. Frankfurt.
Röhrs, Hermann (Hg.) (1969): Das Gymnasium in Geschichte und Gegenwart. Frankfurt.
Sacher, Werner (1974): Die Zweite Phase in der Lehrerbildung. Ihre Entwicklung seit 1800, aufgezeigt am Beispiel Bayern. Bad Heilbrunn.
Scheibe, Wolfgang (Hg.) (1974^2): Zur Geschichte der Volksschule. Bd. II (19. und 20. Jahrhundert bis zur Gegenwart). Bad Heilbrunn.
Schmeding, Otto (1956): Die Entwicklung des realistischen höheren Schulwesens in Preußen bis zum Jahre 1933 mit besonderer Berücksichtigung der Tätigkeit des Deutschen Realschullehrervereins. Köln.
Schuh, Friedrich (1964): Geschichte des Bayerischen Philologenverbandes. Ein Beitrag zur Entwicklungsgeschichte der höheren Schulen Bayerns. Bd. I: 1863/64-1913/14. Eichstätt.
Schweim, Lothar (Hg.)(1966): Schulreform in Preußen 1809-1819. Weinheim.
Schwinger, Elmar (1988): Literarische Erziehung und Gymnasium. Zur Entwicklung des bayerischen Gymnasiums in der Ära Niethammer/Thiersch. Bad Heilbrunn.
Spörl, Alfred (1977): Die Entwicklung der deutschen Schule im Königreich Bayern unter besonderer Berücksichtigung der Lehrerbildung. Diss. München.
Stübig, Heinz (1982): Pädagogik und Politik in der preußischen Reformzeit. Köln, Wien.
Suchan, Michael (1972): Die Entwicklung von Volksschuloberstufen in Bayern vom Braunschen Lehrplan bis zur Lexschen Lehrordnung (1770-1926). Diss. Regensburg.
Trautner, August (1988): Der Dorfschulmeister. Erinnerungen eines bayerischen Lehrers aus der Prinzregentenzeit. Weilheim.
Verhandlungen über Fragen des höheren Unterrichts, Berlin 4.-17. Dezember 1890. 1891 Berlin. Nachdruck 1972.
Verhandlungen über Fragen des höheren Unterrichts, Berlin 6.-8. Juni 1900. 1901 Halle. Nachdruck 1972.
Voß, Ludwig (1952): Geschichte der höheren Mädchenschule. Opladen.
Widenbauer, Georg (1927): Geschichte des bayerischen Realschulwesens von 1816 bis heute. München und Berlin.

Wiese, Ludwig (1864-1902): Das höhere Schulwesen in Preußen. Historisch-statistische Darstellung. 4 Bde (4. Bd. bearb. v. B. Irmer). Berlin.

Wiese, Ludwig (3, 1886-1888): Sammlung der Verordnungen und Gesetze für die höheren Schulen in Preußen, 2 Bde., Berlin.

Wynands, Dieter P. (1989): Die Herausbildung des Lehrerstandes im Rheinland während des 19. Jahrhunderts. Frankfurt.

Zwerger, Franz (1914): Geschichte der realistischen Lehranstalten Bayerns. Mon.Germ.Paed. Bd. 53. Berlin.

László Sándor

Beiträge zum Verhältnis zwischen der evangelischen Kirche Augsburger Bekenntnissses (Agostiner) und dem Unterrichtswesen im Komitat Baranya

In der Geschichte der heimischen evangelischen Kirchenorganisation der Agostiner hatte die zweite, mit dem Namen *Karls des Dritten* eng verbundene Carolina Resolutio eine zentrale Bedeutung. Die königliche Maßnahme vom 20. 0ktober 1734 ermöglichte es, daß, genau wie bei den Reformierten, im Bezugsgebiet vier Superintendenten gewählt werden konnten. Das durch den Statthalterrat ausgeübte "höchste Herrscherrecht" erstreckte sich auf die Territorien der evangelischen Kirchenbezirke von Diesseits der Donau, Transdanubien, der Theiss und Bánya. Auch in Siebenbürgen, das aus mehreren Kirchengebieten bestand, war die separate Bildung von Kirchenbezirken möglich.[1]

Das höchste Selbstverwaltungsforum ihres organisatorischen Aufbaus war die aus kirchlichen sowie aus weltlichen Abgeordneten der Superintendanturen und Trakte bestehende Nationalsynode.[2] Das Forum durfte nur unter der Leitung des Synodenvorstands und unter Anwesenheit des königlichen Kommissars tagen. Seine Beschlüsse bedurften der Bestätigung des Königs. In der untersuchten Epoche (1770-1848) hat zwischen dem 13. September und dem 15. Oktober 1791 eine solche Beratung stattgefunden, deren Beschlüsse aufgrund der Einwendungen von Herzogsprimas *Joseph Batthyány* durch *Lipot II.* nicht unterzeichnet worden sind. Nach dessen Tod verhinderten die Kriegsverhältnisse und bürokratischen Probleme die Beurkundung dieser protestantischen Regelsammlung. Durch die faktische Anwendung der Regelsammlung wurde sie zur allgemein angenommenen kirchlichen Rechtspraxis.

Die einflußreichste Institution der evangelischen Kirchenorganisation war der unter der Leitung des weltlichen Hauptaufsehers (generalis inspector) stehende Universalkonvent (generalis conventus). Dieser Konvent war für die allgemeine Sachbearbeitung und für die Koordination zuständig, gab entsprechende Erlasse heraus, kontrollierte diese, ließ sich in Streitfällen Bericht erstatten und beaufsichtigte das Schulwesen.

Ähnliche Rechte übte, bezogen auf den jeweiligen Bezirk, auch die Korporation des Bezirkskonsistoriums (superintendentalis convent) aus. Das neben dem Superintendenten und dem Hauptkurator tätige Konsistorium wurde unter Mitwirkung weltlicher Abgeordneter und Senioren tätig. Der transdanubische Kirchenbezirk, unter dessen Verwaltung Baranya stand, bestand aus zehn Diözesen. Das Regierungsorgan des Bezirks hieß Landeskonsistorium (senioralis convent). Auf den Versammlungen

wählten die Geistlichen der Ecclesia dieses Gebietes und die weltlichen Abgeordneten einen präsidierenden Senior und einen Verwalter (curator, inspector).
Die baranyadeutschen Lutheraner gehörten innerhalb des transdanubischen Distrikts von 1735-1786 zu dem Tolnauer Kirchenkomitat. Wegen des Wachstums der Kirchen wurde 1786 eine Gebietsreform vollzogen, in deren Folge die betreffenden Gemeinden in die Zuständigkeit des Niedertolnauer-Baranya Tractus kamen. Eine spätere Regelung zog dieses Kirchenkomitat mit dem Obertolnauer-Somogyer Seniorat zusammen und führte somit zu dem Tolna-Baranya-Somogy Seniorat, das bis 1920 die lutherische Ecclesia und deren Filialen verwaltete.[3]
Die Durchführung der kirchlichen Verwaltung auf Gemeindeebene war die Aufgabe der Kirchenräte, die unter der Leitung der örtlichen Pfarrer und Kuraten standen. Die Vorsteher und Presbyter, die von den Mitgliedern der Gemeinde gewählt wurden, waren für die Anstellung der Prediger zuständig, besaßen das Schutzherrschaftsrecht für die Schulen und waren zugleich Sachaufwandsträger für die Schulgebäude.
Im historischen Baranya lebten Agostiner, Lutheraner gruppenmäßig in 19 Dörfern. Dreizehn Gemeinden waren im Besitz der Familie Esterházy, eine im Besitz der Familie Batthyány und zwei im Besitz der Familie Perczel. Eine der Gemeinden gehörte zu dem in staatlicher Verwaltung stehenden Herrschaftsgut einer kirchlichen Stiftung, eine zum mitteladeligen Puchner Gut und eine zum kleinadeligen Gemeinschaftsgut. Die Mehrzahl der Einwohner war um die Mitte des 18. Jahrhunderts aus dem Herzogtum Hessen, aus der Gegend um Darmstadt und aus Württemberg eingewandert (vgl. die Belege zu den Gemeinden Bikal, Egyházaskozár (früher Ráckozár), Ivándárda, Mekényes, Nagyág und Tófü).[4] Beträchtliche Siedlergruppen kamen erst zwischen 1780 und 1825 ins Komitat, häufig allerdings aufgrund innerer Migration. Über eine einheitliche ethnische Gruppe und eine homogene religiöse Zusammensetzung verfügten lediglich Mekényes und Tófü.
Wahrscheinlich hatten die Agostiner auf jeder Kolonie Lehrer angestellt. Mit Ausnahme von fünf Dörfern (Bolmány, Borjád, Ivándárda, Ofalu und Tékes) besaßen die Kolonien bis 1848 bereits auch Gebetshäuser. Eine Mutterkirche gilt anfangs nur für Ráckozár (heute Egyházaskozár) und Mekényes als belegt. Kácsfalu (heute in Jugoslawien Jagodnjak) wurde 1830, Magyarbóly 1845 infolge einer neuerlichen gleichmäßigen Anordnung der Filialen zu Mutterkirchen erklärt. Die konfessionelle Verwaltung der Filialen in Hidas, Ofalu und Zsibrik zählte zur Tolnauer Ecclesia, die anderen gehörten dagegen zum Komitat Baranya. Die Organisation der Kirchen innerhalb des Komitats befand sich auch in der zweiten Hälfte des 19. Jahrhunderts noch in deutlichem Umwandlungsprozeß. Deswegen wird hinsichtlich des Status der Kirchengemeinden, der Bevölkerungszahl, der Eigentumsform und des Verwaltungskreises auf die Situation von 1848 Bezug genommen.

Das Schulsystem bei den Agostinern war dem der Reformierten vergleichbar. Unterschiede finden sich nur in den kleineren Einheiten der Kirchenverwalter, Kuraten und Inspektoren. Die in diese Funktionen gewählten weltlichen Vertreter wurden von den lutherischen Pastoren durchweg günstiger aufgenommen als von den Predigern helvetischen Glaubens. Solange die Senioren des Tolnauer-Baranyaer-Somogyer Agostiner Kirchenkomitats die Schulangelegenheiten gemeinsam mit dem Aufseher des Seniorrats verwalteten, verhandelten die Kirchenvorsteher der kalvinistischen Regierung von Baranya unmittelbar mit den Würdenträgern des Komitats und mit den Presbyterien der Kirchengemeinden. Die dem reformatorischen "tractualen consistorium" untergeordneten weltlichen Verwalter wurden vorrangig mit wirtschaftlichen und finanziellen Aufgaben beauftragt. In organisatorischer Hinsicht ist eine Übereinstimmung zwischen den beiden Kofessionen zweifellos nachweisbar. Aber im konkreten kirchlichen Leben kamen z.B. demokratische Akzente bei den Lutheranern deutscher Nationalität mehr zur Geltung. Trotz der selbstverständlichen gegenseitigen Beeinflussung heterogener Kulturen untereinander und trotz der Akkumulationsprozesse blieben doch bestimmte Verhaltensformen erhalten, die in den Aktivitäten der ungarischen und deutschen protestantischen Kirchen in Baranya zum Ausdruck kommen. Dabei spielten neben der Verschiedenheit der unterschiedlichen Denkweisen, der Bildung und der Traditionen auch die günstigeren wirtschaftlichen Möglichkeiten der Deutschen eine beträchtliche Rolle.

In der von der katholischen Kirche getrennten reformierten und evangelischen Bevölkerung wurde die Epoche vor der Veröffentlichung des "Edictum Tolerantiale" wegen der ungleichen Behandlung der Konfessionen "babylonische Gefangenschaft des ungarischen Protestantismus" genannt. Die katholischen Bischöfe von Baranya behinderten die Prediger der protestantischen Gemeinden nicht nur bei der Glaubensausübung, sondern ließen sie von Heiducken vertreiben oder in Gefangenschaft nehmen, beschlagnahmten ihre Kirchen und Schulen usw. *Zsigmond Berényi*, der Bischof von Pécs, nahm den 1735 angesiedelten Lutheranern in *Mekényes* 1743 die Schule weg. Die protestantische Bevölkerung baute deshalb ein Haus in der unmittelbaren Nähe des Waldes, stellte heimlich einen Lehrer an und nutzte das Haus zu heimlichem Gottesdienst und als Schule.[5] Als Lehrer sind für die betreffende Epoche benannt: *Elfenbein*, *Spangerberger*, *Schneider*, *Gaspar Linde*, *Esther*, *Henrik Schneider*, *Friedrich J. Lemle* und sein Sohn *Hans J. Lemle*, *Hans Schmirmund* und *Henrik Grosch*. Eine neue Schule und ein neues Pfarrhaus wurden 1790 erbaut.[6] Die Tochterkirche war *Nagyhajmás*, wo sich die Deutschen im letzten Viertel des 18. Jahrhunderts niedergelassen hatten. Sie verfügten vermutlich von Anfang an über einen Schulmeister. Exakte Daten stehen aber erst seit 1830 zur Verfügung.[7]

Der Marktflecken *Ráckozár* (heute Egyházaskozár) wurde am 20. September 1783 zur Mutterkirche für die Nachbarsdörfer Bikal, Csikóstöttös, Gerényes, Kaposszekcsö, Nagyág, Tarrós, Tékes und Tófü.[8] In Ráckozár wurde schon zu Beginn der 70er Jahre des 18. Jahrhunderts ein Lehrer angestellt, dessen Name aber unbekannt ist. Im Rahmen einer katholischen Visitation von 1784 wurde *Peter Ernst* als Lehrer benannt. Im Hauptberuf war er Weber. Zu seinen Aufgaben zählte auch die Verlesung des Evangeliums, das Vorbeten und die Durchführung der Beerdigungen. [9] Sein Nachfolger wurde 1785 Henrik Gross,[10], der 1790 durch Samuel Ratkóczy abgelöst wurde. 1830 wurde Adam Rühl zum Lehrer gewählt und nahm diese

Funktion 53 Jahre wahr.[11] In den Filialdörfern gab es Familien, die durch Generationen den Lehrerberuf ausübten, in *Tékes* z.B. die Familien *Nitsinger* und *Lemle*. In *Kaposszekcsö* war *Hans Schmirmund* Lehrer, der vermutlich mit der Lehrerfamilie in Mekényes verwandt war. In *Tarrós* war *Peter Löbl* tätig, dessen Bruder *Konrad Löbel* der evangelische Lehrer der Gemeinde Szabadi (im Komitat Somogy), die verwaltungsmäßig zu Ráckozár gehörte, war.[12]

In *Csikóstöttös* war 1784 anstelle eines Lehrers *Hans Ler* tätig, der im übrigen als Vorbeter in Privathäusern fungierte, das Evangelium verlas und nach der Einführung des Toleranzedikts die Toten seiner Konfession beerdigte.[13] Ein Komitatsregister von 1788 bezeichnete den Ort als eine Gemeinde mit Lehrer, in der neben der katholischen Schule auch eine evangelische Trivialschule existiere.[14] Aus den zwanziger Jahren des 19. Jahrhunderts ist der Name des Präoranten *János Bors* bekannt und von 1830 bis 1831 der Name von *József Szabó*. Ab 1832 bekleidete *Joseph Wencel* die mit den Unterrichtsangelegenheiten verbundene Vorbeterstelle. Seine diesbezügliche Funktion ist auch noch zur Zeit der bürgerlichen Revolution und des Freiheitskampfes von 1848 belegt.[15]

In der Bischofsvisitation wurde für 1784 als Agostinerlehrer von Nagyág *Timoth Matth* angegeben. Über ihn ist vermerkt, daß er mit der Erlaubnis der Einwohner vorbete, die Kinder unterrichte und das Evangelium liest.[16] In *Tófü* unterrichtete ohne offiziellen Auftrag ein Notar (Schreiber?), an den die Einwohner aber entsprechende Stolgebühren entrichteten.[17] Nagyág und Tófü wurden schließlich durch den Vizestuhlrichter aus Mágocs vereinigt.[18] Die Filialgemeinden *Bikal* und *Gerényes* verfügten auch über Lehrer, von denen einige durch Jahrzehnte im Beruf verblieben.

Die nach 1803 in *Magyarbóly* siedelnden Lutheraner errichteten ihre erste Schule und ihr Pfarrhaus im Jahr 1820.[19] Da die Lehrer in Nebentätigkeit regelmäßig auch die Beerdigungsriten vollzogen, sind die Namen der dortigen Lehrer seit 1830 aus den Auszügen der kirchlichen Todesregister zu entnehmen. *Miklós Busz* war bis Juni 1835 in der Gemeinde und wurde von *Karl Nonnenmacher* abgelöst, der zugleich auch Kinder helvetischen Glaubens unterrichtete und über den die letzten Aufzeichnungen aus dem Jahre 1845 vorliegen. Der örtliche Prediger schätzt in der Matrikel aus Kácsfalu die Zahl der Agostiner Lutheraner in Magyarbóly 1843 höher ein, als dies in Abb. 1 bezogen auf das Jahr 1848 angegeben ist. Nach seiner Aufstellung lebten 1842 in Magyarbóly 94 Ehepaare, 1843 115 Ehepaare. Die Einwohnerzahl wird mit 276 bzw. 348 angegeben. Die Zahl der Schulkinder betrug 25 bzw. 40.[20] Bei den Filialen von Magyarbóly kann die evangelische Schule in *Borjád* außer Acht gelassen werden, da dort die Zahl der deutschen Agostiner unbedeutend war. In *Ivándárda* lag die Zahl der Ehepaare über 30, die Zahl der Gesamtbevölkerung über 150 Personen. Die Zuwanderung erfolgte um 1780, zum größten Teil aber nach 1820. Der Lehrer, der etwa 26 Schulkinder war Jahre hindurch *Miklós Biszinger*.[21]

In Csikóstöttös unterrichtete der Präorant *János Bors*, der von den aus *Kácsfalu* (heute Jagodnjak, Jugoslawien) eingewanderten deutschen Agostinern zum Prediger gewählt wurde. Aus seinen Aufzeichnungen ist uns bekannt, daß es "in Kácsfalu bis 1829 nur einen Lehrer gab, die Einwohner in Bolmány und Magyarbóly heirateten und getauft wurden, später in Laskafö, Karancs und Deutschmarók ..." [22] Der erste dortige Lehrer war *Karl Friedrich Bojnett*, der bereits vor seiner Pfarrerwahl die Toten- und Beerdigungsriten vollzog. *János Bors* war von 1829 bis 1844 als Pfarrlehrer in Kácsfalu. Auch bei seinem Nachfolger, dem Prediger *János Polgár*, ist kein zusätzlicher freigestellter Schullehrer zu finden. Mit Zustimmung des Komitat Baranya wurden 1845 die Kirchengemeinden Magyarbóly und Ivándárda abgetrennt. So blieb nur die Gemeinde Bolmány (heute Bolman in Jugoslawien) der Verwaltung der evangelischen Kirchengemeinde von Kácsfalu untergeordnet. Den Agostiner Lehrer, *György Hodász*, der 1820 gegründeten deutschen Kolonie in Bolmány löste 1835 *Miklós Busz* ab. Seine Tätigkeit ist bis Ende 1866 zu verfolgen.[23]

Die Teile der Gemeinde *Hidas*, die zum Einzugsgebiet des Bonyháder Marktes zählten, vereinigten sich verwaltungsmäßig erst 1820.[24] Vor der Vereinigung wurden Kishidas, Ráchidas, Némethidas und Magyarhidas als territoriale Einheiten unterschieden. Der größte Teil der deutschen Bevölkerung schloß sich der Agostiner Konfession an und gehörte mit zwei Filialgemeinden bis 1868 zu der Mutterkirche des Tolnauer Kismányok. Die Ansiedlung dieser deutschen Bevölkerungsgruppe hatte sich im Laufe des 18. Jahrhunderts in drei Wellen vollzogen. Diese Gruppe wurde 1757 dazu gezwungen, außer der Unterhaltszahlung für ihre evangelischen Vorsteher, auch dem katholischen Pfarrer in Bonyhád Kirchensteuer zu bezahlen. Diese Verpflichtung wurde erst 1791 aufgehoben. Die Pastoren aus Kismányok hielten jährlich nur viermal Gottesdienst, die übrigen liturgischen Aufgaben versahen die Lehrer. Die Einwohner von *Némethidas* beantragten 1779 bei *Maria Theresia* die Einrichtung einer Schule und die Einstellung eines Lehrers. Dem Anliegen wurde entsprochen, da "sie so viele sind und dem Lehrer auf eigene Kosten versorgen wollen".[25] Ihr Lehrer war ab 1780 der in Ovár geborene *György Tábor*, der 1787 an der Hauptschule (Normalschule) zu Pécs die Prüfung ablegte, um den neuen schulrechtlichen Anforderungen zu entsprechen. Die Zahl seiner Schüler belief sich auf 46, davon vier reformierte Schüler.[26]

Die Lutheraner in *Ráchidas* erhielten 1785 die Erlaubnis zur Errichtung einer Schule und zum Gebrauch einer Glocke.[27] Ihr erster Lehrer war der in Tolnauer Apáti 15 Jahre lang tätige Henrik Geyer. Im Jahr 1787 unterrichtete er 48 Lutheraner, 42 Reformierte und 19 Serben. Für den Unterricht erhielt er jährlich 84 Forint Gehalt, 12 Forint Schulgeld und 3 Forint Stolgebühren.[28]

Die deutschen Lutheraner der Dörfer *Ofalu* und *Zsibrik*, die Wein- und Tabakbau betrieben, standen unter der Tolnauer Mutterkirche von Apáti. Die Agostiner machten in Ofalu ungefähr 10 % der Gesamtbevölkerung aus. Von einer eigenen Schule oder von eigenen Lehrern liegen keine Aufzeichnungen vor. Auch ein Oratorium wurde hier erst in den vierziger Jahren des 19. Jahrhunderts eingerichtet. Die dortigen Kinder haben vermutlich die katholische deutsche Schule besucht.

Zsibrik gehörte dagegen zu den bedeutenderen Filialen. Seit 1785 war hier *Karl Rose* der Lehrer, der nach dreijährigem Dienst in Nagyág zu dieser Gemeinde gekommen war.[29] Zu Beginn des 19. Jahrhunderts wird ein Lehrer mit dem Namen der in diesem Gebiet gut bekannten Familie *Lemle* genannt. Nach 1834 werden *Henrik Krüng* und *Henrik Geyer* als Lehrer aufgeführt.[30]

Anmerkungen

1 *Hörk, József* (1903): Magyar protestáns egyházjog., 26f. Stampfel Károly (Hg.). Pozsony. Budapest.

2 *Egyházi Almanak* MDCCCXLII-dik évre. Redakteur: Polgár Mihály. A budai zsinat rövid históriája 13., 179ff. Kecskemét, mit den Buchstaben von Szilády Károly, 1842.

3 *Zovány, Jenö* (1977): Magyarországi protestáns egyháztörténeti lexikon. Redakteur: Dr. Ladányi Sándor. A Magyarországi Református Egyház Zsinati Irodájának Sajtóosztálya (Hg.). Budapest.

4 Baranya megye földrajzi nevei. Band I-II. Redakteur: Pesti János. Die Monographiereihe Baranya. Redakteur: Babics András und Szita László. Den Problembereich Wanderung siehe bei den erwähnten Gemeinden. Pécs. 1982.

5 Pécsbaranyai ismertetö. 229ff. Redakteur: Kalotai László. 1934. Gedruckt: Dunántúli R. T., Részvénynyomda und Taizs József. Pécs. 1934.

6 Ebd.

7 Archiv des Komitats Baranya (im weiteren A.d.K.B.) die Duplikaten der evangelischen Matrikelbücher von Mekényes und seiner Filialen 1827-1848.

8 Siehe unter dem 6. Kommentar, 277ff.

9 Bischofsarchiv von Pécs, Eszterházys Visite. 1784. Band I., 527. Ráckozár (heute Egyházaskozár). Manuskript.

10 A.d.K.B. Pécsi Tankerületi Föigazgatóság Dokumente. Register der Lehrkandidaten 1787, ohne Nummer.

11 Siehe Anmerkung 6.

12 A.d.K.B. Die Duplikate der evangelischen Matrikelbücher von Ráckozár und seiner Filialen 1827-1848.

13 Bischofsarchiv von Pécs, Eszterházys Visite. 1784. Band I., 510. Csikóstöttös. Manuskript.

14 A.d.K.B. Die Verwaltungsdokumente des Komitats Baranya. No. 2438/1788.

15 Siehe Anmerkung 13.

16 Bischofsarchiv von Pécs, Eszterházys Visite. 1784. Band I. 510. Nagyág. Manuskript.

17 Ebd. Bd. I. 536. Tófü. Manuskript.

18 Siehe Anmerkung 15.

19 Siehe Anmerkung 6., 202f.

20 A.d.K.B. Die Duplikate der evangelischen Matrikelbücher von Kácsfalu (heute Jugoslawien, Jagodnjak) und seiner Filialen 1827-1845.

21 Ebd.

22 Ebd.

23 Ebd.

24 *Allinger, János* (1965): Hidas község története. Kézirat., 11f. (Die Geschichte der Gemeinde Hidas. Manuskript) A.d.K.B.

25 Ebd. 5, 2

26 Siehe Anmerkung 11.

27 Siehe Anmerkung 25.

28 Siehe Anmerkung 11.

29 Ebd.

30 A.d.K.B. Die Duplikate der Matrikelbücher der evangelischen Filiale Zsibrik. 1830-1866.

Franz Pöggeler

Nationalstaatliche und europäische Tendenzen in der deutschen Pädagogik zwischen 1890 und 1918

Die deutsche Geschichte in der Zeit zwischen dem Sturz Bismarcks und dem Ende des 1. Weltkrieges gilt gleichermaßen als Höhepunkt und Zerfall des "Wilhelminismus". Diese Epoche war durch den Primat der Nationalstaatlichkeit im politischen Leben Deutschlands bestimmt. Das politische Hochgefühl der Epoche wurde durch große Fortschritte der Technologie und Naturwissenschaften genährt, wobei deren Verwendbarkeit für die Aufrüstung eine Rolle spielte. In der Pädagogik kam es im genannten Zeitraum sowohl zu kritischer Auseinandersetzung mit nationaler bzw. nationalistischer Erziehung als auch zu Anfängen einer Schulreform mit europäischen Tendenzen. Was man heute "nationale Identität" nennt, wurde von manchen deutschen Pädagogen der Zeit um 1900 unter dem Terminus "Nationalcharakter" verhandelt, freilich vornehmlich zur Abgrenzung von anderen Nationen und zum Nachweis nationaler Autarkie in Kultur und Bildung ebenso wie in Politik und Wirtschaft.

1. Nation und Nationale Erziehung

Zur Zeit des Wilhelminismus verstand man unter einer *Nation* die von einem einheitlichen Staat zusammengefaßte Gemeinschaft von Menschen gleicher Kultur, Sprache und Mentalität, bedingt durch gleiches Volkstum und gleiche Geschichte.[1] Nation stellte sich als die Synthese von Kultur und Staat dar, als Staatsvolk, welches sich als Träger politischen und geschichtlichen Handelns betätigt. In Deutschland galt der Nationalstaat seit der Reichsgründung von 1871 als die maß-gebende Grundform der Staatlichkeit - und demgemäß nationale Erziehung als die zentrale Grundform aller Menschenformung, und zwar in folgender Bedeutung:

1. Nationale Erziehung zur Nation, d.h. zur Stärkung der nationalen Gemeinschaft und zur Integration der nachwachsenden Generation in das politische Leben,
2. Nationale Erziehung als Erziehung durch die Nation, als Gestalterin der Erziehung, zugleich als Quelle der Werte, die der Jugend verinnerlicht werden sollte.

In Konsequenz der Unabhängigkeit nationaler Politik postulierten Pädagogen nicht nur in Deutschland, sondern auch in anderen Nationalstaaten des ausgehenden 19. und beginnenden 20. Jahrhunderts kulturelle und pädagogische Unabhängigkeit der nationalen Bildungssysteme, und zwar bis hin zur Autarkie. Das heißt, ein nationales

Bildungssystem bedarf nicht der Anleihe von Werten bei anderen Nationen. In Widerspruch hierzu stand die Tradition der klassischen und humanistischen Bildung, die stets europäisch orientiert war, und die Interdependenz der National- wirtschaften beim weltweiten Güteraustausch.
Friedrich Wilhelm Foerster, einer der wichtigsten kritischen Pädagogen in der Zeit illustrierte diesen Zusammenhang in seiner "Jugendlehre"[2] schon 1904 am Unterrichtsbeispiel "Unser Morgenfrühstück": Vieles, was wir täglich konsumieren, wurde im nahen und fernen Ausland erzeugt und beweist, daß sich die Völker zumindest wirtschaftlich einander helfen.
Ähnlich wie *Foerster* machte ab 1890 auch *Julius Langbehn* deutlich, daß ein friedliches Zusammenleben nicht nur in Nationalstaaten, sondern auch in Staaten mit mehreren Nationalitäten möglich ist; Beispiele hierfür waren damals vor allem die Schweiz und die Donaumonarchie als Formen multikultureller Staaten. Freilich: Eine übernationale Verständigung setzt nationale Gesinnung voraus.
Wer "kein Herz für die engeren Gemeinschaften hat", kann "auch der Menschheit nichts wahrhaft Großes geben."[3] "...die Nation hat erst dann wirklichen Wert, bringt erst dann tiefste sittliche Kräfte hervor, wenn sie sich etwas Höherem unterwirft, - einer friedlichen Ordnung der Völkergemeinschaft, statt einen Selbstzweck aus sich zu machen."[4] Die nationale Prägung der Erziehung war um 1900 so selbstverständlich, daß *Ludwig Gurlitt* [5] 1905 zu folgender Meinung kam: "Man macht heute viel Gerede von der nationalen Erziehung. Das ist ... ein höchst überflüssiges Ding, von dem man in meiner Kindheit noch gar nichts wußte ..." "Wie könnte jemand, von einer deutschen Mutter geboren und erzogen, von deutschen Lehrern unterrichtet, von deutschen Dichtern genährt, nicht deutsch denken und fühlen? Wie sollte er nicht mit Liebe und Treue an seinem Volke und dessen Wesen hängen ...? Was dagegen nicht von selbst entsteht", sondern nur durch Erziehung und Bildung erreicht werden kann, "das ist die Achtung und Gerechtigkeit gegen das Fremde".[6]
Trotz der Dominanz des Nationalstaates im Bildungswesen registrierte *Foerster* in diesem 1914 ein großes Defizit: "Unsere moderne staatsbürgerliche Pädagogik, die so rasch aus dem Boden gewachsen ist, wie eine amerikanische Großstadt, hat ihre Grund- und Zielfragen noch nicht tiefer durchdacht". Was ist z.B. staatsbürgerliche Gesinnung? Sie "besteht gerade darin, daß ich nicht mich und die Meinigen zum Staat aufblähe, sondern ... nach Gemeinschaft mit Andersdenkenden ... strebe. Ich muß meine Interessen stets so zu vertreten suchen, ... daß ich im Kampf für das Meinige zugleich staatsbildend wirke und einer Synthese der streitenden Gegensätze ins Leben helfe."[7] Signalwort für nationale Erziehung des Wilhelminismus war z.B. der Patriotismus, der auch im Schulwesen intensiv gefördert wurde. "Der preußische Schulpatriotismus war ... nicht nur der Stolz auf die preußische Kriegsgeschichte, sondern auch ein berechtigtes Hochgefühl in Bezug auf das, was deutsche Musik, deutsche Dichtung und deutsche Wissenschaft der Welt gegeben hatten. Aber dieses kulturelle Hochgefühl wurde in den nationalen Hymnen so verpreußt ... in einen übersteigerten nationalen Hochmut übersetzt, daß wahrhaft deutsch empfindende Menschen es nur schwer ertragen konnten."[8] 1885 weigerte sich *Foerster* als Gymnasiast am Charlottenburger Friedrich-Wilhelm-Gymnasium in der Gesangsstunde das

Deutschlandlied mitzusingen, denn sein Vater hatte ihm gesagt: ... über alles in der Welt? Also auch über Ehre, Recht und Gewissen? Nein, das ist zu viel!"[9]
Später forderte *Foerster* immer wieder, Patriotismus dürfe nicht Verherrlichung des Vaterlandes sein, sondern ein Verhältnis der Liebe und Treue zum Vaterland, das auch die Pflicht zur Kritik an Fehlern des Vaterlandes impliziert. "Ein Patriot ist ein Mensch, dem davor bangt, daß sein Volk den Weg der Wahrheit und des Rechts verliert". An dieser Stelle ist eine Marginalie zu dem angebracht, was zwischen 1890 und 1918 von kritischen Pädagogen mit dem Begriff "Preußentum" gemeint war: Nationalstaat mit der Tendenz zu Kumulation von Zentralgewalt, die es durch puritanische Strenge und äußerste Disziplin dazu gebracht hatte, über alle anderen deutschen Teilstaaten Hegemonie auszuüben - in einem stark preußisch geprägten deutschen Reich. Dies ist eine epochal bedingte Auffassung, eine relativ negative, die etwa von derjenigen *Friedrichs II.* abwich, dieser - so stellte *Chaim Noll* fest[10] - faßte sein Preußentum im Sinne des Satzes von Voltaire auf: "Le travail est mon dieu". Die Verfechter des Preußentums fühlten sich natürlich durch folgende harte Bemerkung *Foerster*s konsterniert: "Preußen ist in seiner Urtendenz anti-französisch, anti-polnisch-, anti-europäisch und anti-deutsch, d.h. der große kriegerische Vorstoß des Kolonial-Deutschtums gegen Europa" als eine "Symbiose verschiedener Völkerelemente auf föderalistischer Basis".[11]

2. Nationalismus und nationalistische Tendenzen in der deutschen Pädagogik um 1900

Die bisherigen Darlegungen haben erkennen lassen, daß Patriotismus, wird er übertrieben, in *Nationalismus* umschlagen kann. Dieser bezeichnet ein "starkes, meist intolerantes, übersteigertes Nationalbewußtsein, das Macht und Größe der eigenen Nation als höchste Werte erachtet."[12]
In Theorie und Praxis des deutschen Bildungswesens zwischen 1890 und 1918 äußerten sich nationalistische Tendenzen besonders in folgenden Versionen:

- Unkritische Überbewertung der eigenen Nation, "am deutschen Wesen soll die Welt genesen";
- "die Deutschen fürchten nur Gott und sonst nichts auf der Welt",
- Übertragung militärischer Verhaltensweisen auf viele zivile Lebensgebiete, auch auf Erziehung und Bildung.[13]
- Glorifizierung von Monarchen und anderen Führungspersonen;
- Bürokratisierung der Schule, wobei der bekannte Artikel des "allgemeinen preußischen Landrechts" von 1794 die Schule solle "Veranstaltung des Staates" sein, mißverstanden wurde.

Das Militär und damit die Möglichkeit der bewaffneten Machtausübung galt im Wilhelminismus als die höchste und wichtigste Form staatsbürgerlichen Verhaltens. Dazu bemerkt *Foerster* 1914: "In Deutschland leidet man unter der Neigung, die

militärischen Methoden des Befehlens und der Subordination ... auf Gebiete zu übertragen, in denen diese Methoden völlig verfehlt sind ... "[14] Dagegen stellte *Foerster* den Grundsatz der Demokratie: Führen heißt, sich Stellvertreter schaffen, sich selber überflüssig machen, andere zu Führern bilden.[15]
Ähnlich äußerte sich *Gurlitt* 1904 in seinem damals viel diskutierten Buch "Der Deutsche und sein Vaterland".[16] "Fast alle unsere öffentlichen Einrichtungen arbeiten in polizeilichem Geiste und behandeln das Publikum nicht höflich, sondern militärisch schroff." Militarismus und Bürokratismus stützten sich gegenseitig: Zumal in Friedenszeiten konkretisierte sich Militarismus in Bürokratismus. Schon 1872 war in Friedrich Nietzsches Schrift "Über die Zukunft unserer Bildungsanstalten" zu lesen: "Was ist die Aufgabe des höheren Schulwesens? Aus dem Menschen eine Maschine zu machen. Was ist der vollkommene Mensch? der Staatsbeamte."
Die Übertragung des Bürokratismus auf die Schule brandmarkte *Paul de Lagarde:* "Was helfen der Nation diese Magazinaufseherexistenzen, die wir Gebildete nennen? Der durch Tradition überkommene kulturelle Reichtum "macht uns arm und hindert uns, wir selbst zu sein."[17]
Schulbücher (selbst die Lese- und Liederbücher) waren in Deutschland um 1900 mit Texten und Liedern angereichert, in denen die eigene Nation unkritisch verherrlicht wurde.[18] Wahre Orgien feierte - zumindest in Preußen - der pädagogische Nationalismus an den nationalen *Feiertagen*, vor allem am 18. Januar, 2. September und 18. Oktober. Bereits als 25jähriger junger Pädagoge (1894) nahm *Foerster* dazu kritisch Stellung; "Der 18. Januar soll in allen Schulen und Kirchen als nationaler Festtag gefeiert werden. Er wird in Wahrheit kein Weihetag gemeinsamer Begeisterung, sondern der Schmerzenstag einer zerrissenen Volksseele sein. Den Begründern des neuen Reiches naht sich ein Teil des Volkes in tiefster Dankbarkeit und preist das Werk von Blut und Eisen als den Gipfel deutscher Kulturentwicklung; ein anderer Teil beklagt die gewaltige Schöpfung als den Ausgangspunkt unserer sittlichen Verwilderung; oder haben jene Schwärmer recht behalten, welche die Erziehung zu Großmut und Gerechtigkeit als den einzigen Weg zur Einigung und das Gewissen als die staatserhaltende Kraft bezeichnen?"[19] "Man las in den Geschichtsbüchern von nichts als Mord und Raub, Treuebruch und Verrat, nichts vom Aufstand des Gewissens, von Strafe, Sühne und Wiedergutmachung."[20]
Daß den Schülern die Politik als ein Freund-Feind-Verhältnis erklärt wurde, zeigte sich besonders bei jenen Staatsfeiern, an denen der Kriegssieg über andere Völker und Staaten verherrlicht wurde, so z.B. bei den Sedan-Feiern. "Der Königlich-Preußische Patriotismus durchdrang" das "ganze Schulleben und gipfelte in der Sedan-Feier, jener .. Verherrlichung des Sieges über den Erbfeind, die ich in den 10 Jahren meiner Gymnasialzeit mit wachsender Abneigung anhören mußte." So *Foerster* in einer Beschreibung aus den 80er Jahren des 19. Jahrhunderts.[21] Ähnlich schätzte *Paul de Lagarde* die politischen Schulfeiern ein: Was die Sedan-Feier anbelangt, so ist es eine kannibalische Rohheit, dem von uns besiegten Nachbarstaat immer wieder zu verstehen zu geben, daß er besiegt worden ist. Im Privatleben würde ein Mensch, der gegen seine Mitmenschen sich so benähme das Gegenteil von Achtung für sein Benehmen erfahren."[22]

Aus einer Bemerkung *Gurlitt*s (1905) kann man allerdings schließen, daß nationale Feiertage in den Schulen außerhalb Preußens nur eine geringe Rolle spielten: "Der 18. Oktober war der einzige politische Feiertag des Jahres. Gerade so wurde er in der Schule in Gotha gehalten. Friedrich der Große und die Freiheitshelden waren es, an denen wir Schüler uns begeisterten. Der Landesherr trat bescheiden zurück. Die politische Phrase von der Liebe zum ... Fürstenhaus auf Kommando haben wir als Kinder nicht kennengelernt.[23] Gleichwohl verurteilte *Gurlitt* "den herrschenden Mißbrauch, die Schulen zu Brutstätten für sogenannten Patriotismus zu machen."[24]
Auf die nationalistische Färbung patriotischer Erziehung wies *Paul de Lagarde* hin: "Der jetzt unter dem Namen Patriotismus gepflegte Vertrieb gewisser politischer und historischer Ansichten ist ... Vergiftung der jungen Seelen, weil dadurch Sklavensinn erzeugt wird. "[25] Ein noch stärkeres Wort als dieses verwandte *de Lagarde* 1919 zur Beurteilung der Folgen einseitig patriotischer Erziehung um 1900 in seinem Buch "Deutscher Glaube, Deutsches Vaterland, Deutsche Bildung."[26]
Lagarde verwandte den Terminus "*Bürgerkrieg*" mit folgender Erklärung: "Was ich vor 20 Jahren gesagt, muß ich ... wiederholen: Wir leben mitten im Bürgerkrieg. Schmach der blöden Einsicht derer, welche Kriege nur da finden, wo es nach Pulver riecht und wo Kugeln fliegen. Unser Bürgerkrieg wird nur giftiger, wenn man ihn durch die als Schulzwang auftretende Gewalt erzeugen will; er ist Kampf der Geister, und auf geistigem Gebiet muß er ausgetragen werden."
Anlaß des Bürgerkrieges war nach Ansicht Lagardes die angebliche Unfehlbarkeit des Staates, aus der die Machthaber folgerten, oppositionelle Gruppen unterdrücken zu müssen. Es war ein Krieg zwischen Herrschenden und Beherrschten, Regenten und Oppositionellen, Konformisten und Nonkonformisten. Ein dritter, nicht minder harter Terminus wurde von *Paul de Lagarde* auf das *Berechtigungswesen* im damaligen Schulwesen bezogen. Er bezeichnete es als *"Bildungsbarbarei"*: Es liegt über unserem Vaterlande ein zäher, widerlicher Schleim von Bildungsbarbarei, der Gottes Licht und Luft von uns abhält, der abgetan werden muß, ehe von einer Gesundheit und Selbstentwicklung der Nation die Rede sein darf.[27]
Ursache der Bildungsbarbarei war nach Meinung Lagardes die Tatsache, daß Lehren und Lernen eines bestimmten Wissens, das ausschließlich der Staat normierte und das ein freies Lehren und Lernen nicht zuließ, vom Gesetz des Zwanges bestimmt wurde; Ausdruck dieser Normierung von Bildungsinhalten und -zielen war das Berechtigungswesen mit einer Kette von Kontrollen, die sowohl über Lehrer als auch Schüler ausgeübt wurden. Was Lagarde "Bürgerkrieg" nannte, entsprach in etwa dem, was *Foerster* die *Entzweiung der deutschen Nation* nannte: diese äußerte sich vor allem darin, daß die Regierenden die Arbeiterschaft und damit einen Großteil des Volkes als schlechte Bürger diffamierten und die sozialdemokratische Partei aus der Mitregierung ausgrenzten, wo das eben möglich war. Diese Entzweiung wurde nach Meinung *Gurlitt*s um 1900 bereits in der Schule praktiziert: "Friede im Lande", so stellte er fest, ist nicht möglich, "solange man im Deutschen Reich glaubt, daß man die Kinder von 3 Millionen Wählern zwingen kann, zu lernen und zu glauben, was ihre Eltern ablehnen."[28]

Die geistige Vernachlässigung bzw. Unterdrückung der Unterschichten basierte nach Meinung *Gurlitt*s auf der Einstellung herrschender Oberschichten zur Kultur. "Von Rittergütern aus Ost- und Westpreußen bekommt man zwar sehr gutes Kalbfleisch ... frische Milch und Butter, unsere Kultur aber pflegen wir von dort her nicht zu beziehen."[29] Zur Art und Ausübung von Herrschaft über die Unterschichten meinte *Gurlitt*: "Deutschland wimmelt ... von Tyrannen, aber sie mimen Bescheidenheit, man ist brutal gegen seine Untergebenen ...[30] Das galt auch für das Lehrer-Schüler-Verhältnis: es wurde als ein reines Herrschaftsverhältnis aufgefaßt. Bereits in seiner Kindheit hatte *Gurlitt* folgende Erfahrung gemacht: Die Lehrer behandelten die Kinder der Arbeiterschaft schlechter und bevorzugten die der Mittel- und Oberschichten; den "armen Kindern" wurde die Liebe zum Heiland mit bestialischen Prügeln von hinten beigebracht.[31] Überwachung und Bevormundung galten als die sichersten Mittel politischer Indoktrination.[32]

Die skizzierte Haltung der Herrschenden (auch der Lehrer) wurde dadurch sanktioniert, daß Wilhelm II. 1895 die Sozialdemokraten als "vaterlandslose Gesellen" bezeichnete. Dagegen entrüstete sich der damals 25jährige *Friedrich Wilhelm Foerster* in einem mutigen, aber korrekten Zeitschriftenbeitrag. Die Folge war, daß er zu einigen Monaten Festungshaft verurteilt wurde und er als damit Vorbestrafter nie mehr an einer deutschen Universität sich habilitieren konnte. *Foerster* reagierte 1896 mit folgenden Sentenzen: "Der Name des Vaterlandes hat alle versöhnende Weihe verloren, wird täglich mißbraucht zur Heiligsprechung schnöder Interessenbewegungen ... wahrlich nicht die Sozialdemokratie ist vaterlandslos, sondern wir alle ... " sind es; "es fehlt uns allen die erhebende Lebensluft ... einer brüderlichen Kulturarbeit mit all ihrem edlen Wetteifer; der dämonische Versuch, den Deutschen durch Blut und Eisen ein Vaterland zu schaffen, ist nicht nur gescheitert, - nein, es hat uns noch tiefer ins Elend der Entzweiung zurückgeworfen.[33] Die Entzweiung Deutschlands sah *Foerster* in der Spaltung zwischen zentralistischem und föderalistischem Denken zwischen einem expansiven Großdeutschland und einem friedlichen Kleindeutschland, zwischen Reichen und Proletariern, Protestanten und Katholiken, zwischen einer Politik gemäß den Regeln der Ethik und einer Machtpolitik, die als höchstes Prinzip das der Staatsräson befolgt: Gut ist alles, was dem Staate nützt. Dagegen stellte *Foerster* den Satz: Was sittlich schlecht ist, kann politisch nicht gut sein.

Foerster, *Langbehn*, *Gurlitt*, *Lagarde* und andere Kritiker des Hurra-Patriotismus im wilhelminischen Bildungswesen plädierten zwar für ein einiges Vaterland, aber eines für alle deutschen Länder und Stämme - ohne Hegemonie Preußens. Nationalistische Politik und Pädagogik hatte - so registrierte *Foerster* später - angesichts des Zusammenbruchs des *Bismarck*-Reichs, Deutschland seiner europäischen Berufung untreu werden lassen: "das Volk der europäischen Mitte ... hat diesen Beruf jahrhundertelang erfüllt und ist so zu einer universellen Auffassung der europäischen Dinge gereift. Es hat in seiner föderalistischen Entwicklung alle moralischen und politischen Bindungen einer europäischen Völkergemeinschaft zur Anerkennung gebracht. Dieses ... universell gebildete Volk vergaß aber um die Mitte des 19. Jahrhunderts seinen europäischen Beruf.[34] Die Entwicklung des Kaiserreichs von 1870, die nach 48 Jahren zu dessen Sturz führte, erklärt Theodor Schieder wie folgt: Das Kaiserreich wurde vom mächtigsten deutschen Einzelstaat geschaffen und in seinem Wesen geprägt ... . Es umfaßte weder alle Wohngebiete der Deutschen in Mitteleuropa, noch den historischen Raum, der einmal zum Römischen Reich Deutscher Nation und dann zum Deutschen Bund von 1815 gehört hatte. Es war eine kontinentale Militärmacht, die aber bald zu maritimer und kolonialer Weltpolitik überging und den Reichsgedanken zum Imperium zu wandeln suchte.[35]

Fragt man am Ende dieses Kapitels, ob die nationalistischen Tendenzen das deutsche Bildungswesen zum Positiven hin reformiert haben, so findet man in der zeitgenössischen Literatur manche Feststellungen wie die folgende *Gurlitt*s: "Deutschland ist mit seinen staatlichen Schulen so unzufrieden, daß vereinzelt schon der Ruf laut wird, man solle diese Schulen völlig abschaffen und die Erziehungskunst wieder Privaten überlassen. Unsere Schulen" -so hieß es damals - seien "zu Kasernen geworden, die Lehrer zu Unterrichtsbeamten, die keine ... Begeisterung erwecken könnten ... Wo das Herz, wo Geist und liebevolle Hingabe herrschen müßten, da throne stumpfsinniger Bürokratismus. Statt daß die Jugend erzogen, emporgezogen zur Wahrhaftigkeit, ... zur harmonischen Persönlichkeit entwickelt wurde, sehe man sie ... gefesselt ... und einseitig für Berufszwecke abgerichtet."[36]
Als das Kaiserreich nach Beginn des Ersten Weltkrieges zusammenzubrechen begann, mehrten sich Meinungen wie diejenige *Gurlitt*s zur Entstaatlichung des deutschen Bildungswesens. Aber zunächst erweckte das staatliche Schulwesen noch den Eindruck, die Solidarität aller Deutschen werde stärker sein als die militärische Macht der Feinde. In der Schuljugend wurde eine mehr oder weniger chauvinistische Kriegsbegeisterung geweckt. So waren im "Deutschen Lesebuch für höhere Mädchenschulen" 1916[37] Lesestücke wie "Mit Kleist ins Feld" und "Die Kulturbedeutung des Krieges" enthalten. Das bekannte "Deutsche Lied" von *Rudolf Alexander Schröder* [38] umfaßte z.B. folgende Strophen:

Heilig Vaterland
in Gefahren
Deine Söhne sich
um Dich scharen.
Von Gefahr umringt
Heilig Vaterland,
schau, von Waffen blinkt
jede Hand.

Ob sie Dir ins Herz
grimmig zielen,
ob Dein Erbe sie
dreist beschielen
schwören wir bei Gott
vor dem Weltgericht:
Deiner Feinde Spott
wird zunicht.

3. Gelten für den Staat die gleichen ethischen Prinzipien wie für den Einzelmenschen?

Ziemlich allgemein galt in Europa zwischen 1890 und 1918 der Grundsatz: Das Individuum wird in Erziehung und Bildung durch Staat und Nation geprägt, nicht durch Regeln einer überstaatlichen bzw. übernationalen Humanität; der einzelne Erzieher exekutiert die Weisungen des Staates und kann sich diese Weisungen nicht selber geben. Eine überstaatliche, übernationale Erziehung ist demnach nicht legitim. Gegen solches Denken reagierten kritische Pädagogen am Ende des 19. und Anfang des 20. Jahrhunderts mit der These: Nicht nur der Einzelmensch, sondern auch Volk und Nation müssen erzogen und gebildet werden - nach den gleichen Kriterien der Sittlichkeit wie jeder einzelne Bürger. Auch Volk und Nation haben eine Individualität, einen Charakter. "Was vom Individuum gilt, gilt auch von den Nationen." Denn auch Nationen sind Persönlichkeiten und haben eine Idee, welche zu leben ihre alleinige Pflicht ist.[39]

Für die offizielle Pädagogik, so wie sie sich um 1900 in Lehrplänen, Schulaufsicht und Lehrerbildung manifestierte, war diese Auffassung Lagardes eine Provokation, auf die mit Schärfe reagiert wurde. 1890, in der Hochzeit des Wilhelminismus, wagte der damals unbekannte Julius *Langbehn* die Behauptung, so wie jeder Mensch, habe auch jedes Volk, jede Nation einen Charakter und eine Individualität, und zwar nicht nur mit Stärken, sondern auch mit Schwächen; letztere durch Kompensation mit Gütern und Qualitäten anderer Völker und Nationen zu überwinden sei eine Aufgabe zukünftiger Erziehung. Mit dieser Ansicht wurde die Autarkie von Kultur und Erziehung eines Volkes bestritten, - ein Affront, der den Autor veranlaßte, seinem Buch "Rembrandt als Erzieher" den Untertitel zu geben: "Von einem Deutschen". Damit wollte *Langbehn* seine nationale Identität beteuern. In dem Buch war z.B. zu lesen: Schule ist Mittel, und Persönlichkeit ist Zweck. Die jetzige deutsche Bildung hat dies Verhältnis auf den Kopf gestellt; es muß daher wieder auf seine Füße gestellt werden.[40] *Langbehn* forderte mehr geistige Freiheit und Weltoffenheit der deutschen Bildung, nach seiner Meinung erreichbar durch das, was er "Verholländerung" und "Venetianisierung" des deutschen Bildungswesens nannte. Die Niederlande und Venedig waren für *Langbehn* Musterbeispiele für die Öffnung von Staaten zur Welt sowie für den Austausch kultureller und materieller Güter. 15 Jahre nach Erscheinen von *Langbehns* Rembrandt-Buch bemerkte *Gurlitt*, daß das Buch "einer ... gerechten Behandlung nicht gewürdigt wurde."[41] Offensichtlich waren *Langbehns* Forderungen zu sehr der Entwicklung in Richtung auf Europäisierung und Weltläufigkeit des Bildungswesens voraus. Als *Langbehn* und in ähnlicher Deutlichkeit *Foerster*, *Gurlitt* und *Lagarde* für den Staat und die Nation die gleichen Lebensprinzipien wie für den Einzelmenschen forderten, orientierte sich das Gros der deutschen Pädagogen an der Staatsauffassung Hegels, die etwa so beschrieben wurde: Erst der Staat macht dem Individuum ein sittliches Leben in der Gemeinschaft möglich, und nur er ist autorisiert, sittliche Prinzipien zu bestimmen; der Staat erzieht

den Menschen zu einem überindividuellen Leben, wobei die Selbstbehauptung des Staates oberstes Gesetz ist.[42] *Foerster*, *Lagarde*, *Langbehn* und *Gurlitt* wurden von manchen Fachkollegen für schlechte Patrioten gehalten, weil sie es wagten, Fehler und Mängel der eigenen Nation kenntlich zu machen. Die eigene Nation schien der Mehrheit der Bürger über jede Kritik erhaben zu sein.
Übrigens waren sich die Kritiker des Unterschiedes zwischen einer sachlichen Beschreibung von Nationalcharakter einerseits und der Kolportage unkritischer nationaler Vorurteile andererseits sehr wohl bewußt. "Gewiß ist die Nation ein unersetzliches Kulturgut ... und es war gewiß eine notwendige Phase, daß die großen nationalen Individualitäten sich selber fanden ..., sich in ihrer eigenen Art fanden und sich ihrer besonderen Kulturmission bewußt wurden. Aber das alles hat keinen Wert ..., wenn diese nationalen Individualitäten nicht begreifen, daß jetzt eine weitere Phase kommen muß: "Die Herstellung wahrer kultureller Gemeinschaft" zwischen den verschiedenen Nationen und Kulturen.[43] "So wie der einzelne, sobald er nur mit sich selbst beschäftigt ist, anfängt zu kränkeln, ... so beginnt auch bei den Nationen eine Zeit des Verfalls, wenn sie einen egoistischen nationalen Kult betreiben."[44] Immer wieder taucht in Staatstheorien des 19. und 20. Jahrhunderts die Frage auf, ob bzw. inwiefern der Staat durch Machtanhäufung zu einer Dämonie verleitet wird, die alle Vorstellung des Individuellen zu annullieren scheint. Kann diese aber ein Anlaß dafür sein, auf die ethische Parallelität von Individuum und Staat zu verzichten. "Wer ... die Seele für den Staat gewinnen will, der muß zeigen, was der Staat für die Seele, für den persönlichen Kern des Menschen bedeutet."[45]

4. Ergänzung nationaler Bildungssysteme durch inter- und übernationalen Austausch

Spätestens zu Beginn des 1. Weltkrieges war offenkundig, daß die auf Autarkie fixierte nationale Politik alten Stils "im Bankrott" angelangt war; eine "neue Phase des nationalen Lebens" mußte jetzt beginnen, wo nicht "der Kampf ... der ... Selbstbehauptung, sondern Verständigung und Kooperation mit andern Volksgruppen als die höchste nationale Leistung betrachtet wird."[46] Das Wort *"völkisch"* wurde zu Beginn des 20. Jahrhunderts immer häufiger zum leitenden Attribut der Nationalpolitik. Aber: "Wo ein Volk in ... nationaler Selbstsucht und Selbstgefälligkeit schwelgt, und kein höheres Wort mehr kennt als völkisch, da können auch die positiven Werte eines Volkes nicht mehr zur Entfaltung kommen.[47] *Foerster* erinnerte in diesem Zusammenhang an das bekannte Wort *Grillparzers:* "Von der Humanität durch die Nationalität zur Brutalität."[48]
Den eigenen Charakter kann eine Nation am ehesten dadurch erkennen, daß sie die Charaktere anderer Nationen sorgfältig beachtet. "Jede nationale Gruppe muß sich in die ihr entgegengesetzten Typen" von Nationen "hineinleben und hineinlieben, um ein Gegengewicht gegen die eigene Beschränktheit und Einseitigkeit zu gewinnen

und die eigene nationale Aufgabe ... lösen zu können. "[49] "Hier ist der Kern der jetzigen Weltnot bezeichnet: Jedes Volk hat für die Weltkultur eine ganz bestimmte, seiner ... Begabung entsprechende Funktion zu erfüllen. Diese Weltbestimmung mit Waffen erreichen zu wollen, ist das tragische Mißverständnis einer Realpolitik, die das Völkerrecht nicht beachtet." Zu dieser resignierten Feststellung kam *Foerster* 1918, als sowohl das Deutsche Reich wie auch die Donaumonarchie zusammenbrachen[50]. Wenn man meint, die Teilung der Erde...nach der Methode beissender Raubtiere "entscheiden" zu können, kommt es zu einem "sinnlosen Hin und Her von Stoß und Gegenstoß, nicht aber zu einer Klärung von Ansprüchen."[51] Nur wer sich für ergänzungsbedürftig hält, nur der kann wachsen. Die Demut ist die Tugend der Starken, - Dünkel dagegen ist Stillstand."[52]

Nur an wenigen Stellen des deutschen Bildungswesens wurde der Gedanke der Ergänzungsbedürftigkeit durch Schulreformen konkretisiert. Am Ende des 19. Jahrhunderts gab *Hermann Lietz* durch Konzipierung seiner Landerziehungsheim-Idee hierfür ein handfestes Beispiel: Nachdem er in England die von *Cecil Reddie* geschaffene Public School in Abbots Holme kennengelernt und sich für den dortigen Stil des Schullebens begeistert hatte, versuchte er das englische Modell unter Berücksichtigung der Gegebenheiten Deutschlands nach hier zu transferieren.[53] Natürlich waren sich *Lietz* und auch die mehrfach genannten kritischen Pädagogen, die zwischen 1890 und 1918 dem deutschen Schulwesen eine Kompensation durch Aneignung von Einsichten und Einrichtungen ausländischer Bildungssysteme dringend empfahlen, der Grenzen und Schwierigkeiten eines solchen Transfers bewußt. Dieses Problem entstand nach 1918, nach 1945 und nach 1989 in Deutschland mit neuer Heftigkeit, initiiert durch den politischen, ökonomischen und geistigen Zusammenbruch des deutschen Staates, bzw. der DDR.[54] Besonders häufig fragt eine Nation dann nach ihrer Identität, wenn sie sich dieser nicht mehr sicher ist oder wenn die bisherige Identität durch Kriege oder andere Krisen der Staatlichkeit verlorengegangen ist.

5. Übernationale Erziehung zur Völkerverständigung und zum Weltfrieden

Wie ist zu erklären, daß sich die pädagogischen Kulturkritiker gerade in den Jahrzehnten zwischen dem "Siegfrieden" von 1871 und dem Beginn des Ersten Weltkrieges gegen das zentralistische Einheitsreich unter Preußens Führung wandten? "... wenn einmal der Sinn für die tiefbegründete Solidarität der Kulturwelt entwertet, wenn das Götzenbild der nationalen Macht auf den Altar der Humanität gestellt ist, ... geht auch dem inneren Leben der Nation der sittliche Idealismus verloren; ... denn die bloße nationale Macht ist kein befehlendes Ziel des Strebens; es hält in uns beständig die Bestie der Vergewaltigung wach ...".[55]
Die national-autark denkenden deutschen Pädagogen vor und nach der Jahrhundert-

wende interessieren sich zwar für andere Nationen und Völker, jedoch primär in der Absicht, deutsche Kultur und Bildung ins Ausland zu exportieren, ja, andere Nationen kulturell und pädagogisch zu kolonisieren - nach dem Motto: Am deutschen Wesen soll die Welt genesen. 1906 fragte *Foerster*[56], was unter *Kolonialpolitik* zu verstehen sei. Wenn es eine Hilfe reicher und stärkerer Staaten für Schwächere gibt, dann nur unter der Voraussetzung, "alle administrative Technik einer weitblickenden Erziehungspolitik unterzuordnen". Oberster Grundsatz bei der Assimilierung verschiedener nationaler Kulturen muß nach *Foerster* sein: Respektiere aufs Äußerste die religiösen Bedürfnisse derer, die Du gewinnen willst, - die Art, wie Du mit den allerpersönlichsten Heiligtümern umgehst, gilt als Antwort auf die Frage, ... ob Du fremde Eigenart achten oder nivellieren willst - oder ob Du zu schwach dazu bist und das Schema und den Büttel vorziehst, die Symbole kultureller und pädagogischer Ohnmacht."[57] Ein zweiter Grundsatz sollte nach Ansicht *Foerster*s lauten: "Versetze Dich in die Psychologie unterworfener und vergewaltigter Nationen ..., indem Du der tiefen Depression ihres nationalen Lebensgefühls durch eine ganz besondere Ehrung ihrer geistigen Kulturgüter und durch ... ritterliche Schonung ihrer historischen Tradition und ihrer nationalen Empfindlichkeiten zu begegnen suchst."[58]

Kolonialpädagogik war um 1900 nicht nur der Export europäischer Bildung in sogenannte unterentwickelte Gebiete Afrikas und Asiens, welche die europäischen Staaten sich als Kolonien angeeignet hatten, sondern eben auch leider der tollkühne Versuch, innerhalb Europas Länder und Völker mit hoher, alter Kultur kulturell zu missionieren, indem man ihnen eine andere, angeblich noch höhere Kultur aufnötigte; dadurch konnte nur Unfrieden entstehen, nicht Frieden. Bis an den Rand der Verzweiflung bemühten sich kritische Pädagogen wie *Foerster*, *Gurlitt* nach 1900 um die Propagierung einer Friedensgesinnung, die das friedliche Verhalten der Völker und Staaten auf der Friedfertigkeit der Bürger basieren lassen wollte. Zu gleicher Zeit betrieben andere Pädagogen (nicht nur in Deutschland, sondern auch in benachbarten Staaten) mit pädagogischen Mitteln geistige Aufrüstung und Kriegstreiberei. Das Ergebnis wurde der Erste Weltkrieg. Offensichtlich war eine übernationale Erziehung zur Völkerverständigung und zum Weltfrieden bis dahin nicht genug wirksam geworden.

Die Erfahrungen des furchtbaren Krieges motivierten *Foerster* in den Jahren, die dem Krieg folgten, zur Konzeptierung einer Friedenspädagogik, die er real *"Völkerbundspädagogik"* nannte.[59] *Foerster* fand in *Friedrich Schneider* einen Mitstreiter für eine Erziehung, welche die Jugend von früh an sachlich über andere Staaten und die Völkergemeinschaft informierte, z.B. durch Schulbücher, die die Verhältnisse in anderen Ländern objektiv darstellten. Bereits in der Schule sollte - so forderten *Foerster* und *Schneider* - Aufgaben und Tätigkeiten des Völkerbundes beschrieben werden - und nicht nur die Aktivitäten der Regierung des eigenen Staates. "Die wechselseitige Abhängigkeit der Völker ist herzustellen ... die Kinder sollen mit den Einrichtungen und Organisationen zur Förderung des Weltfriedens vertraut gemacht werden." *Foerster* und *Schneider* empfahlen internationalen Schüler- und Lehrer-Austausch sowie Studienfahrten ins Ausland. Die Schüler sollten lernen, daß man "für *das* Recht, nicht bloß für *sein* Recht kämpft."[60]

Vor 1918 wären solche Perspektiven der Erziehung zur Völkerverständigung und zum Weltfrieden in der deutschen Pädagogik als utopisch, ja defaitistisch eingestuft worden; aber selbst nach 1918 vernahm man sie im deutschen Bildungswesen wie einen Ruf aus der Wüste.

6. Nationalcharaktere als ein Problem der Pädagogik

Was man heute *"nationale Identität"* nennt, wurde in den nationalen Pädagogiken vor und nach 1900 unter dem Terminus *"Nationalcharakter"* verwandt, freilich vornehmlich zur Abgrenzung von anderen Nationen. Einige Versuche für die Skizzierung von Nationalcharakteren aus pädagogischer Sicht sollen hier erwähnt werden:

6.1 Deutschland

In der kritischen Pädagogik um 1900 wurde "Doppelgesichtigkeit" des deutschen nationalen Charakters oft betont. So registrierte *Foerster* einen Antagonismus zwischen dem, was er Klein- oder Altdeutschland nannte, und dem preußischen "Kolonialdeutschland", zwischen föderalistisch und zentralistisch denkenden Bürgern, zwischen der Aufgabe, Brücke zwischen Osten und Westen, Norden und Süden Europas zu sein und andererseits dem hegemonialen Imperialismus. Besonders schwer erklärbar erschien der Gegensatz zwischen dem "Volk der Dichter und Denker einerseits und dem der Eroberer und Unruhestifter andererseits. Aufgabe der Erziehung sollte es sein, diese Widersprüche zu überwinden, und zwar durch Anleitung der Bürger zu kritischer Selbsterkenntnis der Nation wie auch zur Überwindung negativer Charaktereigenschaften. Man kann nicht ein Weltvolk sein, nicht die nationale Existenz auf dem weltweiten wirtschaftlichen Austausch aufbauen und zugleich das politische Faustrecht und den ... Nationalegoismus als realpolitische Weisheit" beibehalten.[61]

Die Verengung des Nationalbewußtseins und der nationalen Erziehung in Deutschland lasteten kritische Pädagogen der Jahrhundertwende besonders der Hegemonialpolitik Preußens an. Bei *Gurlitt* las man 1905 "der preußische Staat" hat "über die nordische Ebene seine uniformen Linien gezogen, die keiner überschreiten durfte".[62] Zwischen machtpolitischem und militärpolitischem Denken Preußens einerseits und musisch-künstlerischem Denken Süddeutschlands andererseits schienen keine Brücken zu bestehen.[63] *Gurlitt* und andere sahen einen Nord-Süd-Gegensatz in Politik und Kultur, der keine gegenseitige Ergänzung zu dulden schien.

6.2 Schweiz

Für deutsche Denker, die mit der angemaßten Omnipotenz ihres Staates in Konflikt gerieten, galt die Schweiz sowohl nach 1871 wie auch nach 1918 und nach 1945 als Land der Freiheit. Als *Foerster* 1895 wegen der angeblichen Majestätsbeleidigung verurteilt und ihm die Hochschullehrer-Laufbahn in Deutschland versperrt war, fand er freundliche Aufnahme und Chancen für den gewünschten Beruf in der Schweiz; auch als ihm 1918 - in den politischen Wirren des Zusammenbruchs des Reiches - wegen seiner Friedensbemühungen von nationalistischen Studenten der Fememord angedroht wurde, bot ihm die Schweiz ein Refugium; das gleiche galt für ihn wie auch für *Paul Geheb*, *Elisabeth Rotten* und andere Reformpädagogen nach der Machtübernahme *Hitler*s.

Foerster und andere deutsche Pädagogen sahen in der Schweiz stets das Muster einer Demokratie nach dem Prinzip "Einheit in der Vielheit", und *Foerster* zitierte manchmal die bekannte Sentenz *Nietzsche*s: Ganz Europa müßte eine vergrößerte Schweiz werden.[64] Die Schweiz bot als Nationalitätenstaat ein Beispiel dafür, wie mehrere Volksgruppen eine Symbiose in einer gemeinsamen Nation finden können. Aus heutiger Sicht mag dies eine zu einseitige Idealisierung sein. Die 700-Jahr-Feier der Eidgenossenschaft im Jahre 1991 förderte eine massive innerschweizerische Selbstkritik zutage.[65] Schon um die Mitte des 19. Jahrhunderts hatte *Gottfried Keller* nüchtern bemerkt: "Es ist bei uns wie überall." Also schien kein Grund zu bestehen, in der Schweiz ein Musterland politischer Rechtschaffenheit zu sehen. *Friedrich Engels* verstieg sich sogar in die Meinung, die Schweizer hätten "wenig Gehirn, aber viel Wade".

6.3 Großbritannien und USA

Mehr als irgendein anderer deutscher Pädagoge empfahl *F.W. Foerster* zwischen 1895 und 1918, die politische Erziehung in Deutschland solle vom Beispiel der angelsächsischen Staaten lernen, vor allem bei der Verinnerlichung von Demokratie als Lebensform (statt nur als Rechtsform). Durch längere Aufenthalte in Großbritannien und den USA lernte *Foerster* die "School Cities" kennen, kleine Schulstaaten, die die Jugend nicht nur mit der Praxis demokratischer Regeln vertraut machten, sondern die auch versuchten, "Staat in der Schule" zu begründen, und zwar mit einer politischen Ethik, wie sie 1900 im deutschen Bildungswesen noch fehlte. Gegen die Verengung von Politik auf Macht und Beherrschung setzte *Foerster* die angelsächsischen Auffassungen von Fair-Play-Kompromiß und Gentleman-Ideal. Dabei bezog sich *Foerster* auf die Schriften von *John Morley*, *John Henry Newman*, *John Ruskin*, *Thomas Carlyle* und *Thomas Arnold*.[66]
Die Erfahrung von Politik und Bildung in England hatte auf Reformpädagogen wie *Lietz* und *Gurlitt* eine geradezu befreiende Wirkung. *Lietz* richtete sich bei der Konzeptierung seiner Landerziehungsheime nach seinen englischen Erfahrungen in

Abbotsholme und *Gurlitt* kam 1904 zu folgendem Resultat: "Das Leben in England ... ist für jeden so frei von staatlichen Eingriffen in den eigenen Willen, ... es gewährt jedem Einzelnen ein so hohes Maß an persönlicher Selbstbestimmung, daß dem Deutschen, der von dort in sein Vaterland zurückkehrt, zumute ist, wie dem Studenten, den man wieder aus seiner goldenen akademischen Freiheit in den verhaßten Schulzwang zurückruft."[67] "Der Deutsche aber ist bislang von seiner Regierung noch nicht für mündig erklärt worden; ein englisches Schulkind genießt mehr Achtung vor seiner Persönlichkeit, mehr Selbständigkeit im Handeln, als der deutsche Mann ... . Kein Gesetz mischt sich in England in die inneren Angelegenheiten der Familie. Jeder bestimmt nach freier Wahl die Normen ... der Kindererziehung."[68]
Sich um 1900 auf *John Dewey* als Pionier demokratischer Erziehung zu beziehen, so wie es z.B. *Foerster* tat, galt unter Fachkollegen wie auch unter Bildungspolitikern als indezent. Bereits der Ansatz eines sachlichen Vergleichens des eigenen Nationalcharakters mit dem anderer Nationen galt als unerwünscht.

6.4 Frankreich

Diejenigen deutschen Pädagogen, die zwischen 1890 und 1918 mit der nationalen Problematik Frankreichs näher vertraut waren, registrierten dort einen ähnlichen Dualismus, wie er sich in Deutschland zeigte: Zu Frankreich gehörte einerseits eine "radikale, revolutionäre und rationalistische Volkshälfte, - andererseits eine kirchlich-konservative", wie *Foerster* bemerkt.[69] *Foerster* sprach in diesem Zusammenhang von den "beiden Frankreich" und lastete dem deutschen Bildungswesen zwischen 1890 und 1914 die "Dämonisierung Frankreichs" zum Erbfeind Deutschlands an. Die deutsche Jugend wurde dadurch auf den Ersten Weltkrieg regelrecht "eingestimmt". Die Erbfeind-Ideologie wurde spätestens in den Mittelklassen der Schulen des Kaiserreichs zum Gemeingut der nachwachsenden Generation. Der Jugend wurden Bücher wie das von *Anton Fendrich* mit dem aggressiven Titel "Gegen Frankreich und Albion" aufgetischt.[70] Auf dem Titelbild des Buches war ein drachentötender *Siegfried* zu sehen.

6.5 Österreich

Ähnlich wie die Schweiz galt auch die Donaumonarchie, so wie sie bis 1918 bestand, für manche deutsche Pädagogen als Muster und Modell des friedlichen Zusammenlebens verschiedener Nationalitäten. "Wer in Österreich politische Pädagogik treiben will, der hat die heilige Pflicht, niemals die nationalen Leidenschaften aufzuputschen, sondern stets die Stammestreue mit der Staatstreue zu verbinden".[71]
Kurz vor Beginn des Ersten Weltkrieges bezeichnete *Foerster* "das österreichische Problem" als den "Boden, auf dem große Probleme in vorbildlicher Weise gelöst werden können: größte Sicherung der nationalen Selbständigkeit und zugleich Übung

in nationaler Entselbstung, ... eine Ordnung der Nationalitäten in ein höheres ... Prinzip".[72] Diese 1914 von *Foerster* publizierte Auffassung entspricht übrigens ganz der, welche der Historiker *Theodor Schieder* nach 1945 in seinem posthumen Buch "Nationalismus und Nationalstaat" äußerte.[73] Bekanntlich erfüllten sich die Hoffnungen *Foersters* und anderer Pädagogen nicht; der Erste Weltkrieg zerstörte den südosteuropäischen Nationalitätenstaat. *Foerster*, der von 1911-13 als Nachfolger *Otto Willmanns* Inhaber des Lehrstuhls für Pädagogik in Wien war, war noch optimistisch genug zu fordern, in der Habsburger Monarchie sollten Studenten durch Reisen die verschiedenen Völker und Nationalitäten des Habsburger Reichs kennen- und schätzenlernen.[74]

6.6 Polen

Polen ist immer wieder durch Teilungen daran gehindert worden, ein Nationalstaat zu werden und hat doch auch Offenheit für Kulturen anderer Völker bewiesen. 1917 bemerkte *Foerster*, die "Wiederauferstehung Polen sei" "das beste Zeichen ... der ungeheuren moralischen Energie, mit der "die Idee" "Recht vor Macht" "heute die Welt erschüttert."[75] Verständlicherweise bezog sich die Kritik *Foersters*, *Gurlitts* und anderer Pädagogen an der preußischen "Kolonialpolitik" vor 1914 auch auf die massiven Versuche der Germanisierung nationaler Mischgebiete in West- und Ostpreußen. 1906 riskierte *Foerster* die provokative These, die "beste Polen-Politik wäre es gewesen, wenn wir in Posen ein polnisches Nationalmuseum und eine polnische Nationalbibliothek eröffnet hätten. Wir hätten in souveräner Sicherheit beweisen können, daß wir uns stark genug fühlten, die historischen Erinnerungen und Kulturgüter unserer Volksgenossen auch dort zu pflegen, wo sie aus einer fremden Quelle fließen ..."[76]

Das Zusammenleben von Nationalitäten, so glaubte *Foerster*, kann durchaus mit einem Wettstreit verbunden sein. "Der wahre Sieg im nationalen Wettstreit kann nur denen zufallen, die sich als kulturell überlegen erweisen und ... lieber einen augenblicklichen Vorteil preisgeben, als das Ewige um des Zeitlichen willen zu opfern."[77]

Was heute, in einer Zeit der europäischen Integration selbstverständlich erscheint, formulierte *Foerster* 1914 so: "Die slawisch-germanische Kulturgemeinschaft ist ein Ziel von ganz besonderer weltgeschichtlicher Bedeutung, und wir sollten alles tun, der Herstellung dieser Gemeinschaft die Wege zu bereiten."[78] 1914, als *Foerster* dies äußerte, war es noch zu kühn, daran zu glauben, daß ein solcher Gedanke die Zustimmung der Mehrheit der Deutschen hätte finden können.

7. Das einige Deutschland, nur ein Traum?

Besonders häufig fragt eine Nation dann nach ihrer Identität, wenn sie sich dieser nicht mehr sicher ist oder wenn die bisherige Identität durch Krisen, Revolutionen und andere Veränderungen der Staatlichkeit verlorengegangen ist. Heute, da die Formel vom "einigen Deutschland" wieder die Runde macht, zugleich aber die Schwierigkeiten der Vereinigung heterogen gewachsener Teile Deutschlands offenkundig sind, ist man besonders sensibel für das, was ein deutscher Pädagoge 1896 sagte: ... das einige Deutschland soll ... kommen. Ein neuer Einheitstraum beginnt in der deutschen Jugend ... zu erwachen, der Traum eines freien Volkes ohne Staatsanwalt und Polizei, gereinigt durch edle Selbstbeschränkung und heilige Achtung vor der Menschenwürde ... erfüllt von gesunder Verschiedenheit gegen die übrigen Völker, denen unsere eigene Kultur seit Jahrhunderten so viele Gaben des Geistes und des Herzens zu verdanken hat.[79]
Die Einigung Deutschlands setzte damals wie heute eine intensive politische Erziehung voraus. Volkserziehung ist nur dort möglich, wo die leitenden Staatsmänner "durch das Beispiel" ihrer "Politik alle sittlichen Mächte" zur Geltung bringen.[80] "Politiker sollte man immer nur diejenigen nennen, die sich mit der Einordnung eines Teils in ein Ganzes beschäftigen und in diesem Geist denken - reden - handeln."[81]
Nach dem Ende des Zweiten Weltkrieges schien der Nationalismus zumindest in Europa als politische Grundhaltung überwunden zu sein, denn er hatte den Krieg angebahnt, ausgelöst und zur Katastrophe werden lassen. In Europa begann ein Prozeß der Kooperation und der sukzessiven Übernahme entscheidenden politischen Handelns durch inter- und supranationale Institutionen wie Europäische Gemeinschaft, Europarat, EFTA, OECD, WEU usw. Daß dennoch seit den siebziger Jahren wieder in manchen Ländern Streitigkeiten um nationale Identität in Gang kamen, die teils als Separatismus, teils als Regionalismus und eben auch als Nationalismus bezeichnet werden, hat das Fragen nach den *Ursachen* neu belebt. Gehen wir einer neuen Epoche des Nationalismus entgegen, und ist die Suche nach neuer nationaler Identität nur ein Versuch, neues nationalistisches Denken zu legitimieren? Waren die europäischen Perspektiven, die deutsche Pädagogen im Kaiserreich geltend machen wollten, nur Utopien und Träume ohne Realitätsgehalt?

Da heute viel von einem moralischen Recht auf nationale Identität die Rede ist und in manchen Staaten mehrere Nationalitätengruppen leben, ist es Mode geworden, daß solche Gruppen - wenn sie sich als Minderheiten behandelt und im Staatsganzen benachteiligt fühlen - nach Abspaltung vom ungeliebten Gesamtstaat und nach eigener Staatwerdung streben, auch auf die Gefahr hin, daß dadurch Kleinstaaten entstehen könnten, die im internationalen Wettbewerb kaum mithalten können. Aber sie berufen sich darauf, daß es ja längst Kleinstaaten gibt, die von der Staatengemeinschaft anerkannt werden, so z.B. Luxemburg oder Island. Die Tendenzen zur Verselbständigung ethnischer Minderheiten gäbe es wahrscheinlich nicht, wenn - wie

etwa in der Schweiz - die kleineren Gruppen nicht benachteiligt und alle ethnischen Gruppen paritätisch behandelt würden.
Nationalismus kommt auch dadurch auf, daß multiethnische Staaten entstehen, und zwar durch Auffüllung des Bedarfs an Arbeitskräften aus fremden Staaten. Dies gilt für Deutschland und die meisten anderen hochindustrialisierten Staaten. Statt daß eine neue Multikultur gewünscht wird, kommt es für einen Teil der Einheimischen zur Angst vor Entfremdung; Xenophobie wird zum Stimulus für neuen Nationalismus. Wo eine multiethnische Gesellschaft entsteht, verliert die überkommene nationale Identität an Geltung. Dadurch entsteht im politischen Bewußtsein vieler Menschen ein Wertevakuum mit neuer Unsicherheit. Zwar mag sich eine multiethnische Gesellschaft rational begründen und planen lassen (vielleicht sogar mit dem Ideal eines neuen Weltbürgertums), doch werden für die Stammbevölkerung wichtige Wurzeln ihrer seelischen Beheimatung abgeschnitten. Hierauf reagieren manche Menschen mit Affekten und Emotionen - unter Abweisung rationaler Gründe. Auch heute - wie in früheren Jahrzehnten - zeigt sich, daß Nationalismus primär affektiv-emotional motiviert ist. Er bringt Orgien von Leidenschaften hervor: Wo es möglich erscheint, fordern ethnische Minderheiten eigene Staaten, und wo dies in bestimmten Staaten nicht möglich ist, wird gefordert, das Land von fremden zu "befreien". Ein Zusammenleben mehrerer ethnischer Gruppen wird ebenso wenig für möglich gehalten wie die Formung einer neuen, eben multiethnischen nationalen Identität. Behauptet wird dabei, daß nationale Identität nur bei jeweils *einer* ethnischen Gruppe erreichbar ist ("Deutschland nur für Deutsche"). Man kann nur hoffen, daß durch Erziehung und Bildung eine Einigung diverser ethnischer Gruppen auf eine gemeinsame nationale Identität realisierbar ist. Es gibt leider auch Belege dafür, daß wieder ethnische "Reinheit" und damit Separierung ethnischer Gruppen praktiziert wird, auch im Bildungswesen. Ein Beispiel: Die altehrwürdige, weltweit renommierte Universität Löwen, berühmt seit den Tagen des *Erasmus von Rotterdam*, *Thomas Morus* und *Vesalius*, wurde 1972 zwei geteilt; der frankophone, wallonische Teil verließ die alte Stadt und bezog ein neues Domizil im benachbarten Ottigny; die große Bücherei wurde schematisch aufgeteilt. Die Alternative hätte sein können, Löwen zu einer polyglotten Weltuniversität auszubauen - oder zumindest zu einer betont europäischen. Noch ein Beispiel aus Belgien: Dort gibt es keinen gesamtstaatlichen Kultusminister, sondern je einen in den Regionen des Landes, auch einen für die drei deutschsprachigen Ostkantone.

Ähnliche Beispiele ließen sich aus der CSFR, aus dem zerbrechenden Jugoslawien, aus Bulgarien und aus Spanien nennen. Erziehung und Bildung müssen einerseits zur multiethnischen Kooperation oder großräumigen Integration (wie in Europa) dienen, andererseits aber zur Abspaltung bzw. Verselbständigung ethnischer Minderheiten. Der Vorwurf von der Mediatisierung der Pädagogik ist dann schnell zur Hand. Schließlich sollte ein psychologischer Grund für das Aufkommen eines neuen Nationalismus nicht unbedacht bleiben: Weil jene affektiv-emotionale Verhaltenssicherheit, die früher durch religiösen Glauben und Leben in der Kirche vermittelt wurde, inzwischen weitgehend verloren worden ist, wird der Nationalismus zu einer

Art Glaubensersatz, zu einer neuen Quelle von Glauben und Hoffen auf letztgültige Verbindlichkeiten. Bei der Formulierung der inhaltlichen Kriterien einer nationalen Identität muß man sorgfältig darauf achten, daß in die nationale Identität nicht quasireligiöse, messianische Inhalte hineinfließen. Eine friedliche Ordnung der Staaten kann nur durch überstaatliche Kooperation geschaffen werden. Nationalstaaten haben nur ein Lebensrecht, wenn sie als Glieder und Teile einer überstaatlichen Ordnung fungieren. In der Regel wird sie kontinental (europäisch, amerikanisch, afrikanisch usw.) strukturiert sein. Der gegenwärtig hier und da zu erkennende Regreß in Nationalismus oder Regionalismus, in verstärkte Einzelstaatlichkeit, wird sich bald als eine Phase des Übergangs zu einer Weltfriedensordnung begreifen müssen, wenn Politik dem Überleben der Menschheit dienen soll.

Anmerkungen

1 Siehe hierzu *Franz Pöggeler:* Nation und nationale Erziehung. In: Lexikon der Pädagogik (Herder), Bd. 3, 2. unveränderte Aufl g., Freiburg 1960, Sp. 605
2 *F.W. Foerster:* Erlebte Weltgeschichte, Nürnberg 1959, 49
3 *F.W. Foerster:* Über Machtpolitik und Verständigungspolitik. In: Die Friedenswarte, Jg. 1919, Zürich, Okt. 1917, 260-265; Zitat bei Hipler, 113
4 *F.W. Foerster*, a.a.O., zitiert bei *Hipler*, 118
5 In: Der Deutsche und seine Schule - Erinnerungen, Beobachtungen und Wünsche eines Lehrers, Berlin 1905, 37
6 Diesen Gedanken übernahm *Gurlitt* von dem damals renommierten Pädagogen *Friedrich Paulsen*. Siehe dessen Buch "Ethik", Bd. 3, 10
7 Das österreichische Problem, Wien 1914, 5f.
8 *F.W. Foerster:* Erlebte Weltgeschichte, 52
9 ebd.
10 Macht braucht ein Gesicht. In: Die Welt, Nr. 185, 10.8.91, 17
11 Die deutsche Krankheit, 9
12 Fremdwörterduden, 5. Auflg., Mannheim/Wien/Zürich 1990, 624
13 Siehe hierzu *Karl Buchheim:* Leidensgeschichte des zivilen Geistes, 1951
14 Staatsbürgerliche Erziehung, 2. Auflg., Leipzig/Berlin 1914, 40
15 ebd.
16 Der Deutsche und sein Vaterland, 27
17 *Paul de Lagarde*, deutsche Schriften, 1. Auflg. 1866
18 Siehe hierzu *Franz Pöggeler* (Hg.): Politik im Schulbuch, Bonn 1985, *Heinz Lemmermann*, Kriegserziehung im Kaiserreich. Studien zur politischen Funktion von Schule und Schulmusik 1890-1918, 2 Bde. Lilienthal 1984
19 Blut und Eisen, eine Jubiläums-Betrachtung; Zitat bei *Hipler*, 52
20 *F.W. Foerster:* Erlebte Weltgeschichte, 53
21 ebd.
22 Deutsche Schriften
23 Der Deutsche und seine Schule, 38

[24] ebd., 39
[25] Deutsche Schriften, 179
[26] Bd. 1, Jena 1919, 176f.
[27] Deutscher Glaube, 185
[28] Der Deutsche und seine Schule, 39f.
[29] ebd., 40
[30] ebd. 57
[31] ebd. 48
[32] ebd. 99
[33] *Hipler*, 53
[34] Die tödliche Krankheit des deutschen Volkes, 3f.
[35] Nationalismus und Nationalstaat, 197
[36] Der Deutsche und seine Schule, 239f.
[37] Begründet von Muff und Dornemann, G. Grothesche Verlagsbuchhandlung, Berlin, 6f.-14ff.
[38] a.a.O., 21
[39] *Paul de Lagarde:* Deutscher Glaube, deutsches Vaterland, deutsche Bildung, Bd. 1, Jena 1919, 171
[40] *Julius Langbehn* (1890): Rembrandt als Erzieher, Leipzig
[41] Der Deutsche und sein Vaterland, 84
[42] Siehe hierzu *F.W. Foerster*. In: Der Friede. Offizielles Vereinsorgan des Schweizerischen Friedensvereins, Jg. 7, Nr. 13/14, Bonn, 20.7.1902, 1-3 und Nr. 17/18, 30.9.1902, 1-4; bei *Hipler*, 84
[43] So *F.W. Foerster*. In: Das österreichische Problem, 18
[44] ebd., 18f
[45] ebd., 9
[46] ebd., 19
[47] ebd., 19
[48] ebd., 19
[49] Machtpolitik und Verständigungspolitik, *Hipler*, 12
[50] In: Friedenshemmungen und Friedensmöglichkeiten, *Hipler*, 130
[51] So *F.W. Foerster*. In: Das österreichische Problem, 23
[52] *F.W. Foerster:* Lebensführung, 264ff.
[53] Ausgangspunkt war sein Buch: Emlohstobba, Roman oder Wirklichkeit (1897)
[54] Siehe hierzu meinen Briefwechsel mit *F.W. Foerster*. In: Pädagogische Rundschau, 6. Jg. (1951/52), 337ff.
[55] *F.W. Foerster* (1896), *Hipler* 53
[56] In: Die christliche Welt, Evang. Gemeindeblatt für Gebildete aller Stände, Jg. 20, Nr. 52, Marburg in Hessen, 27.12.1906, Sp. 1248-1250; *Hipler* 102
[57] *F.W. Foerster*, a.a.O., *Hipler*, 102
[58] *F.W. Foerster*, a.a.O., *Hipler*, 102
[59] *F.W. Foerster*, in: Die Zeit, Jg. 1, Heft 9, 5.5.1930, Berlin, 278-282; *Hipler*, 173f.
[60] *F.W. Foerster*, a.a.O.; *Hipler*, 173f.
[61] *F.W. Foerster*: Schule und Charakter, 164f.
[62] Der Deutsche und seine Schule, 238
[63] ebd.
[64] siehe z.B. Erlebte Weltgeschichte, 122
[65] siehe z.B. *Adolf Muschg* (1990): Die Schweiz am Ende, Am Ende die Schweiz. Erinnerungen an mein Land vor 1991. Frankfurt

[66] Zur Rezeption englischer und amerikanischer Pädagogik in Deutschland siehe *F.W. Foerster:* Staatsbürgerliche Erziehung (1914), 10ff. und Erlebte Weltgeschichte, 499-542; ferner *L. Gurlitt:* Der Deutsche und sein Vaterland, 27ff., 43f., 53ff.
[67] Der Deutsche und sein Vaterland, 27
[68] a.a.O., 43
[69] *F.W. Foerster*: Christus und das menschliche Leben, 1. Aufl. München 1918, zitiert nach der Neuauflage von 1950, Recklinghausen (31.-35. Tausend)
[70] erschienen in der Grotheschen Verlagsbuchhandlung in Berlin 1915
[71] *F.W. Foerster*: Das österreichische Problem, Wien 1914, 22
[72] ebd., 23
[73] Siehe darin das Kapitel: "Das Problem des Nationalismus in Osteuropa", 347-359
[74] *F.W. Foerster*, a.a.O., 43
[75] *F.W. Foerster*: Das österreichische Problem, 41f.
[76] *Hipler*, 183
[77] Das österreichische Problem, 24
[78] ebd., 40
[79] Zitat bei *Hipler*, 54
[80] *F.W. Foerster*: Über Machtpolitik und Verständigungspolitik, *Hipler*, 119
[81] *F.W. Foerster*: Das österreichische Problem, 8

Literatur

Burger, Herbert (1969): Politik und politische Ethik bei Friedrich Wilhelm Foerster, Bonn

Böhm, Max Hildebert (1922): Das eigenständige Volk

Duden (1990): Fremdwörter. 5. Auflg., Mannheim/Wien/Zürich, 624

Fendrich, Anton (1915): Gegen Frankreich und Albion, Stuttgart

Foerster, Friedrich Wilhelm (1896): Blut und Eisen - Eine Jubiläumsbetrachtung. In: Ethische Kultur - Wochenschrift für sozial-ethische Reformen, Jg. 4, Nr. 3 u. 4, Berlin, 1. und 25. Januar, 17f. und 30f.

Foerster, Friedrich Wilhelm (1898): Chamberlain und der Jingoismus. In: Ethische Kultur, Jg. 6, Nr. 26, Berlin, 25.6., 201-203

Foerster, Friedrich Wilhelm (1902): Über die Lage verantwortlicher Staatsmänner gegenüber dem Christentum. In: Der Friede - Offizielles Vereinsorgan des Schweizerischen Friedensvereins, Jg. 9 Nr. 13/14, Bern 20. Juli, 1-3, und Nr. 17/18, 20. September, 1-4

Foerster, Friedrich Wilhelm (1906): Kolonialpädagogik. Ein Wort zur Polenfrage. In: Die christliche Welt - Evangelisches Gemeindeblatt für Gebildete aller Stände, Jg. 20, Nr. 52, Marburg in Hessen, 27. Dezember, SP. 1248-1250

Foerster, Friedrich Wilhelm (1909): Die Prometeussage - Eine Ansprache an Abiturienten. In: Ethische Kultur, Jg. 11, Nr. 13, Berlin, 28. März, 17f.

Foerster, Friedrich Wilhelm (1909): Lebensführung (neueste Auflg. Mainz 1961, 152.-154. Tausend)

Foerster, Friedrich Wilhelm (1914): Staatsbürgerliche Erziehung, 10ff.

Foerster, Friedrich Wilhelm (1917): Über Machtpolitik und Verständigungspolitik. In: Die Friedensworte, Jg. 19, Zürich, Oktober, 260-265

Foerster, Friedrich Wilhelm (1918): Friedenshemmungen und Friedensmöglichkeiten - Eine Betrachtung zur gegenwärtigen Weltlage. In: Münchener Post Heft 32, Nr. 3, 4. Januar, 1f.

Foerster, Friedrich Wilhelm (1918): Schule und Charakter. München, Neuauflg. Recklinghausen 1951
Foerster, Friedrich Wilhelm (1925): Jugendseele, Jugendbewegung, Jugendziel. Erlenbach-Zürich/ München/Leipzig
Foerster, Friedrich Wilhelm (1937): Europa und die deutsche Frage - Eine Deutung und ein Ausblick, Luzern
Foerster, Friedrich Wilhelm (1950): Christus und das menschliche Leben. Recklinghausen
Foerster, Friedrich Wilhelm (o.J.): Die tödliche Krankheit des deutschen Volkes. Straßburg
Foerster, Friedrich Wilhelm (1959): Erlebte Weltgeschichte. Nürnberg
Foerster, Friedrich Wilhelm (1988): Manifest für den Frieden. Hg. v. Bruno Hipler. Paderborn
Gurlitt, Ludwig (1904): Der Deutsche und sein Vaterland. Berlin
Gurlitt, Ludwig (1905): Der Deutsche und seine Schule. Berlin
Hayes, Carlton I. (1929): Nationalismus. Hg. v. J. Goldstein. Leipzig
Lagarde, Paul de (1866): Deutsche Schriften. Leipzig
Lagarde, Paul de (1919): Deutscher Glaube - Deutsches Vaterland - Deutsche Bildung. Jena
Langbehn, Julius (1890): Rembrandt als Erzieher. Von einem Deutschen. Leipzig
Lemmermann, Heinz (1984): Kriegserziehung im Kaiserreich. Studien zur politischen Funktion von Schule und Schulmusik 1890-1918, 2 Bde, Lilienthal
"Lehrer und Krieg"-Arbeitsgemeinschaft: Lehrer helfen siegen. - Kriegspädagogik im Kaiserreich, Berlin 1987
Lietz, Hermann (1897): Emlohstobba, Roman oder Wirklichkeit
Muff und Dammann (1916, Hg.): Deutsches Lesebuch für höhere Mädchenanstalten. Berlin
Nietzsche, Friedrich (1872): Über die Zukunft unserer Bildungsanstalten
Nissen, Benedikt Momme Nissen (1937): Der Rembrandtdeutsche.
Pöggeler, Franz (1954): Nation - Nationale Erziehung. In: Lexikon der Pädagogik, Bd. 3, Freiburg, 1954, Sp. 603-606
Pöggeler, F./Foerster, F.W. (1951/52): Briefwechsel. In: Pädagogische Rundschau 6.Jg., 337ff.
Pöggeler, Franz (1957): Die Pädagogik Friedrich Wilhelm Foersters. Freiburg
Pöggeler, Franz (1985): Politik im Schulbuch. Bonn
Pöggeler, Franz (1990): Erziehung für die eine Welt. Darin: Foerster, F.W.: Denkschrift zur Gründung einer internationalen Akademie für ethisch-soziale Kultur. Frankfurt a.M./Bern/ New York/Paris, 173-176
Sayler, Wilhelmine (1980): Gastarbeiterkinder in Deutschland. 1. Auflage Bonn o.J.
Schieder, Theodor (1991): Nationalismus und Nationalstaat. Hg. v. Otto Daus u. Hans-Ulrich Wehler

Christel Adick

Die schulische Expansion Europas im Kolonialismus: Oktroi oder Adaptation weltweiter Schulentwicklung?

1. Kolonialpädagogik als Teil der europäischen Schulexpansion nach Übersee

Die Verbreitung schulischer Institutionen und Bildungsvorstellungen Europas nach Übersee im Zeitalter des Kolonialismus behandelt einen Aspekt der umfassenderen europäischen Expansionsgeschichte der Neuzeit. Sie läßt sich aber zugleich auch als ein Stück Universalgeschichte der modernen Schule begreifen. 'Kolonialpädagogik' sollte deswegen in einen größeren Kontext gestellt werden. Sie verkörpert bei nährem Hinsehen eine von mehreren Varianten eines Bildungstransfers, der seit den europäischen Entdeckungsreisen und Eroberungen stattfindet, die sich in diesem Jahr (1992) mit dem Gedenken an Kolumbus zum fünfhundertsten Mal jähren. Eine weitere Variante dieses von Europa ausgehenden Bildungstransfers sind beispielsweise die von den europäischen Migranten nach Amerika oder Australien mitgenommenen Vorstellungen von Bildung und Schulunterricht. Infolge der fast völligen Ausrottung der dortigen Ureinwohner rechnen wir diese allerdings heutzutage als 'westliche Gebiete'; und ihre Bildungssysteme empfinden wir aus diesem Grunde ebenfalls nicht als Kolonialisierungserbe, sondern als Teil einer europäischen Ursprungskultur. Zur schulischen Expansionsgeschichte Europas zählen ferner die Missionsschulen, die vor, neben und teils auch nach Beendigung der Kolonialherrschaft existierten und existieren. Dazu lassen sich des weiteren auch die heutigen pädagogischen Maßnahmen im Zuge der Entwicklungshilfe zählen, in der auch, als 'Bildungshilfe' apostrophiert, beträchtliche Anteile eines europäischen Bildungstransfers enthalten sind. Schließlich wäre auch zu überdenken, ob in der heutigen Praxis der sog. 'Ausländerpädagogik' oder der 'multikulturellen Bildung' nicht auch eine Art interne Kolonisation von Minderheitenkulturen durch die herrschende europäische Mehrheitskultur stattfindet. Alle diese Facetten wären mitzubedenken, wenn vom europäischen Bildungstransfer der Neuzeit die Rede ist. Hierbei stellt sich die kritische Frage, ob sich die Kolonialpädagogik zutreffend als ein extern gesteuerter Oktroi begreifen läßt, oder ob sie nicht auch Züge einer Adaptation an weltweite Schulentwicklungen aufweist.

Kolonialpädagogik als Oktroi:
Einige Begriffe und Vorstellungen tauchen immer wieder auf, wenn man sich kritisch mit dem Zusammenhang von Bildung und Kolonialismus auseinandersetzt, und zwar etwa folgende: Nach landläufiger Meinung folgt die Schule in den ehemaligen

Kolonien einem 'europäischen' Modell. Sie wurde von Europäern mit mehr oder weniger Gewalt dorthin gebracht, also als Fremdinstitution und von außen oktroyiert. Nach der politischen Unabhängigkeit war es deswegen nötig, die vom Kolonialismus ererbten Bildungssysteme zu indigenisieren. Dies ist aus Gründen neokolonialer Abhängigkeit bislang nur teilweise gelungen. Die heutigen Bildungsprobleme z.B. in Afrika sind nach dieser Vorstellung vor allem auf das Fremde - als 'das Europäische' dieser Form von Schule zurückzuführen; denn diese Schule entspricht nicht der afrikanischen Gesellschaft und führt deswegen zu Krisenerscheinungen. - All diese auf der Hand liegenden Alltagsmeinungen und Begriffe: Oktroi, Kolonialerbe, europäisches Modell, Fremdinstitution, usw. erscheinen auf den ersten Blick als schlüssige Argumente. Und doch sind sie auch verkürzt und bedürfen deswegen der Differenzierung.

Kolonialpädagogik als Adaptation weltweiter Schulentwicklungen:
Die 'Kolonialpädagogik' sollte als Teil eines Gesamtgeflechts europäischer Bildungseinflüsse, internationaler Bildungsentwicklungen und einheimischer Adaptationen gesehen werden, und nicht nur als Teil eines historisch mit dem Ende der Kolonialreiche abgeschlossenen Exports europäischer Einflüsse nach Übersee. Denn die Effekte und die langfristigen Entwicklungen, in die der koloniale Bildungstransfer eingebunden war, transzendieren den kolonialen Kontext. Sie wurden zum integralen Bestandteil einer sich zunehmend internationalisierenden Schulentwicklung hin zu einem weltweit gültigen neuen Modell von Schule. Es bedarf deswegen auch einer Analyse des Eigenanteils der einheimischen Adressaten und Akteure oder bestimmter Bevölkerungsteile dieser Gesellschaften (Ethnien, Gesellschaftsschichten) an der Adaptation und Expansion von Bildungsinstitutionen nach 'europäischem' Modell. Koloniale Bildungspolitik war, das ist die These, trotz aller Fremdbestimmtheit und externen Dominanz immer auch Bestandteil eines weltweit sich vollziehenden historischen Prozesses der Universalisierung 'moderner' Schulstrukturen (*Adick* 1992a). Sie führte zu einigen unerwarteten Folgen, z.B. zu Aspirationen auf höhere 'europäische' Bildungsabschlüsse bei den Kolonialuntertanen, die damit Entwicklungsfortschritte erzielen und ihre intellektuelle Ebenbürtigkeit mit Europa unter Beweis stellen wollten. Kolonialpädagogik erbrachte des weiteren nicht nur herrschaftssichernde, sondern auch für die Interessen der Kolonialherrschaft dysfunktionale Effekte: Gerade aus den Reihen der schulisch gebildeten Kolonialuntertanen kam es zu Kolonialkritik und zu offenem oder latentem Widerstand bis hin zum Aufbau antikolonialer Bewegungen (*Geiss* 1968; *Grohs* 1967). Die Kolonialpädagogik setzte somit - ob intendiert oder nicht - bei einem Teil der 'Kolonialuntertanen' innovative Potentiale frei, auch im schulischen Bereich, wo es z.B. zu eigenen Schulversuchen kam. Mit diesen Hinweisen auf Eigenanteile der Kolonisierten soll nicht der Eindruck erweckt werden, die Kolonialpädagogik sei letztlich doch eine positive Kulturtat der Europäer gewesen. Eher schon in einem anderen Sinne, nämlich dem, daß alle Pädagogik und Bildungsarbeit nicht umhin kann, Wissen zu vermitteln, überschießende oder unerwartete Lernergebnisse und gewisse Kompetenzen zu erzeugen und deswegen not-

wendig immer aufklärende Momente mit umfaßt, wie immer gering auch der Spielraum dafür sein mag. In diesem Sinne geht es um eine 'Entmythologisierung' der Vorstellung, Schule in außereuropäischen Gesellschaften als bloßes 'Kolonialerbe' zu begreifen (*Adick* 1988).
Im folgenden sollen einige generalisierende und übergeordnete Analysegesichtspunkte zur Kolonialpädagogik vorgestellt werden. Diese Überlegungen beziehen sich zwar nicht auf das Schulwesen eines bestimmten Koloniallandes oder einer bestimmten Kolonialmacht, sie orientieren sich aber besonders an Beispielen aus Afrika. Denn für die Vorstellungen von Bildung als Kolonialerbe ist Afrika ein geradezu klassisches Beispiel, weil die Länder Afrikas (bis auf Ausnahmen) als letzte kolonialisiert und als letzte entkolonialisiert wurden, und weil der Grundstein für die heutigen Bildungssysteme in Afrika tatsächlich zumeist in dieser Kolonialzeit gelegt wurde. An Beispielen aus Afrika kann deswegen besonders deutlich die Kontroverse überprüft werden, ob der koloniale Bildungsexport Europas sich zutreffender als Oktroi oder als Adaptation an weltweite Schulentwicklungen begreifen läßt.

2. Ursprünge von Erziehung, Alphabetisierung und Bildung in Afrika

Die Aussage, Bildung in Afrika sei ein Kolonialerbe und geschehe deswegen nach europäischem Modell, darf nicht gleichbedeutend gesehen werden mit der Feststellung, es habe in Afrika vor der Ankunft der Europäer keine Erziehung oder Bildung gegeben. Erziehung war auch dort ein integraler Bestandteil der alltäglichen Lebenspraxis (vgl. z.B. *Adick* 1981, 103ff.; *Nestvogel* 1983): Sie fand statt als Imitationslernen und in Form persönlicher Belehrung im Alltag, sowohl in altershomogenen Gruppen von Kindern und Jugendlichen wie auch in der altersheterogenen Familien- und Dorfgemeinschaft. Unterweisung und Bildung gab es ferner in einigen formalisierten Formen, etwa in Initiationsschulen, in denen Mädchen und Jungen (jeweils nach Geschlecht zusammengefaßt) eine Zeitlang abgeschieden vom Dorfleben unter der Anleitung einiger dazu auserwählter Betreuer bzw. Betreuerinnen Kenntnisse und Fähigkeiten aus Sitte, Religion und Brauchtum, zu Geschichte, Haushalts- und Naturkunde sowie Sexual- und Moralerziehung erwarben. Einige speziellere berufliche Kenntnisse sowie esoterische Bildungsgüter wurden schließlich in entsprechenden Lehrlings-Meister-Ausbildungsverhältnissen oder in Geheimgesellschaften erworben (vgl. z.B. *Zwernemann* 1989). Erziehung und Bildung waren also in Afrika sehr wohl vorhanden, als die ersten Weißen mit Ideen von Bildung durch Schulunterricht in Afrika ankamen. Aber sie waren nicht an Schriftlichkeit und an systematischen Unterricht für alle geknüpft; denn die Unterrichtung in Afrika geschah im wesentlichen im Rahmen oraler Traditionsübermittlung. Gerade dies jedoch: eine Alphabetisierung und eine grundlegende 'Allgemeinbildung', die sich im Prinzip an alle richtete, hatte der europäische Bildungstransfer als Neues zu bieten, und zwar in einer historischen und gesellschaftlichen Umbruchsituation, in der man auch in

Afrika durch die Einbindung in Weltmarktstrukturen und aufgrund internationaler Kommunikationsmöglichkeiten mit Lesen, Schreiben und Rechnen und mit europäischen Sprachkenntnissen und Lebensauffassungen zunehmend etwas anfangen konnte. Formalisierte Schulbildung, die mit schriftlicher Überlieferung einhergeht, ist keine autochthone afrikanische Erfindung. In diesem Sinne ist sie tatsächlich ein 'fremdes Modell'. Zu unterscheiden ist jedoch zwischen den Ursprüngen einer Erfindung und ihrer kulturellen Diffusion und durchaus eigenständigen Aneignung. In diesem Sinne hat die derzeitige Schulsituation in Afrika zwar europäische Ursprünge gehabt, und sie unterliegt auch heute noch fremden Einflüssen. Sie ist aber nach einer teils seit mehreren Generationen verwurzelten einheimischen Aneignung und Adaptation heute durchaus kein 'fremdes Modell' mehr, sondern zur 'Schule in Afrika' geworden, deren Möglichkeiten und Grenzen, Leistungen und Versäumnisse prinzipiell mit denselben Augen zu beurteilen sind wie Schule anderswo auf der Welt.

Die Europäer waren im übrigen nicht überall die ersten Fremden, die formalisierte Schulbildung 'nach fremdem Modell' als pädagogische Neuerung nach Afrika oder in andere Kontinente gebracht hatten. Zu nennen ist hier der Kontakt Afrikas mit der arabischen Welt, der nicht nur zur Alphabetisierung Nordafrikas führte, sondern auch zur Islamisierung einiger Teile West- und Ostafrikas. Auch dort, in Schwarzafrika also, gab es dann teils schon vor dem Eintreffen der ersten europäischen Seefahrer, Sklavenhändler und Missionare Schulbildung nach fremdem, in diesem Fall: nach islamischem Modell (vgl. z.B. *Meyer* 1975, *Santerre* 1973). Es gab einfache Koranschulen, Unterricht durch Wanderlehrer und Bildung in einigen höheren Bildungsanstalten ('Medresen') und Hochschulen wie die in Timbuktu. Auch diese Schulen wurden übrigens nach einiger Zeit - ungeachtet ihres islamischen Ursprungs - von den afrikanischen Adressaten und Betreibern nicht (mehr) als fremd angesehen. Gab es also sogar in (Schwarz-) Afrika durchaus auch alphabetisierte Bevölkerungsgruppen, so gilt das Argument des Vorhandenseins formalisierter und auf Schriftlichkeit basierender Schulsysteme vor der Einführung des sog. 'europäischen' Modells von Schule umso mehr in literaten Gesellschaften wie z.B. in Indien und in anderen asiatischen Kulturen (*Craig* 1981). Was also brachte die Kolonialpädagogik diesen Gesellschaften und vor allem jenen mit oraler Tradition Neues?

3. Die Praxis der Kolonialpädagogik

Der Vorteil schulischer Unterweisung wurde den Kolonialuntertanen bisweilen auf eine sehr spektakuläre Weise demonstriert. Der ehemalige Missionsschüler und spätere Lehrer und Häuptling *F. Gabusu* aus Togo beschreibt in seinen Lebenserinnerungen, wie die Möglichkeit des Kommunizieren-Könnens über das Medium der Schriftsprache z.B. von den Missionaren der protestantischen Norddeutschen Missionsgesellschaft bei der Überredung der afrikanischen Bevölkerung zur Errichtung von Schulen eingesetzt wurde. Er erinnert sich an folgende Begebenheit:

> "Als es wieder ein wenig ruhig geworden war in der Halle, wo die Versammlung stattfand, fingen die Weißen an, von der Wichtigkeit der Schule und des Lernens zu reden und forderten die Väter einzeln auf, ihre Kinder in die Schule zu schicken. Das wollte ihnen aber nicht recht einleuchten und sie fingen an, die Köpfe zu schütteln. Da nahm der Weiße ein Stück Papier aus der Tasche, schrieb darauf und las dann laut vor: 'Die Kinder des Häuptlings *Kwadzo De* in Peki können lesen, aber die *Gbezigbe* -Leute nicht.' Nun ließ er seinen Diener rufen, der in der Herberge geblieben war, reichte ihm das Papier und ließ ihn lesen, was er geschrieben hatte. Der las nun eben das gleiche aus dem Papier ab. Da fingen alle Anwesenden laut an zu lachen; sie waren starr und riefen: 'Das hat ihm ein Gott gesagt.' Der eine schrie so, der andere so. Der Missionar aber sagte: 'Das ist nicht ein Gott, sondern das ist das Lernen.' Da klärten sich die Gesichter auf, und man meinte, wenn es so sei, dann sei die Sache in Ordnung, allerdings! Am nächsten Morgen führte Großvater *Gabusu* selber die Fremden um den Ort herum, damit sie einen geeigneten Platz für den Schulbau aussuchten..." (*Gabusu*, in: *Westermann* /Hg./1952,185).

Die vermittele Bildung variierte jedoch stark je nach Lage der Schulen, ihrer Ausstattung und dem Stadium der Implementation von Schulen in einer Region oder in einem Kolonialgebiet (vgl. *Adick* 1981): In den Außenstationen der Missionsgesellschaften, in kleineren Gemeinden und zu Anfang der Kolonialherrschaft überwog die ein- oder zweiklassige Dorfschule. Es gab nur wenige Jahre Unterricht im Lesen, Schreiben, einfachen Rechnen und in Religion. Dies war das überwiegende Betätigungsfeld der afrikanischen Lehrer bzw. 'Hilfslehrer' oder Katecheten. Die Schulen waren oft mangelhaft ausgestattet, wurden von den Schülerinnen und Schülern nur unregelmäßig besucht, oder der Schulbesuch wurde vorzeitig abgebrochen. Man mag sich mit Recht fragen, ob durch diesen Unterricht tatsächlich bei all jenen, die in den Schulstatistiken der Missionen aus der damaligen Zeit erscheinen, eine dauerhafte Alphabetisierung und Grundbildung erzielt wurde. Auf den eigentlichen Missionsstationen, in größeren Orten und namentlich in der Hauptstadt einer Kolonie und zum Ende der Kolonialherrschaft wurden jedoch auch umfassendere und differenziertere Bildungsgänge angeboten. An diesen Schulen arbeitete vermehrt europäisches Lehr- und Missionspersonal, die Schulen waren besser ausgestattet, und der Unterricht fand regelmäßiger statt. Die Absolventen solcher vollständiger Elementarschulen haben offenbar eine Art Grundbildung erhalten, wenn man sich vor Augen führt, daß sie anschließend tatsächlich bestimmte Positionen in Handel, Mission oder Verwaltung bekleideten oder auf eigene Rechnung arbeiteten. Neben diesen elementarschulen gab es auch Ansätze weiterführender Bildung. So wurde beispielsweise in der deutschen Kolonie Togo im Januar 1911, also gegen Ende der deutschen Kolonialzeit, eine Fortbildungsschule in den Händen der Kolonialverwaltung eröffnet, in der nach Absolvierung einer inzwischen vereinheitlichten sechsjährigen 'Volksschule' ein zweijähriger Kursus angeboten wurde in den Fächern: Deutsche Sprache (Sprachlehre, Lesen, Deutscher Aufsatz nebst Sprech- und Schreibübungen, Rechtschreiben, Kurzschrift und Schönschreiben), Rechnen (bürgerliches Rechnen und Raumlehre), Naturlehre, Heimatkunde von Togo und Maschinenschreiben. Diese und die weitere Aufschlüsselung der Unterrichtsinhalte (vgl. den entspr. Lehrplan, abgedruckt in *Adick* 1985, 520f.) verraten den Zweck dieser Schule: Kaufmännische Buchführung, geschäftliche Korrespondenz, Rechnungen, Waren- und

Marktberichte, amtliche Berichte und Gesuche, Protokollaufnahmen, Schreiben auf Kanzleipapier, Abkürzungen, Kalligraphie, fremde Maße, Gewichte und Währungen, Gewinn- und Verlustrechnungen, Steuer-, Gehalts-, Zoll- und Lohnberechnungen, Umgang mit Karten und Spezialkarten von Togo, Entfernungen schätzen und messen, Fahrplanlesen, Vermessungsarbeiten und ähnliche Unterrichtsgegenstände dokumentieren das Ziel, aus den Schülern dieser Schule eine kompetente und loyale einheimische Vermittlerschicht zu rekrutieren. Die Absolventen dieser Schule wurden vor allem im kolonialen Verwaltungsdienst, z.B. bei der Post, bei den Bezirksämtern, beim Zoll oder bei der Eisenbahn, benötigt oder fanden eine Anstellung bei europäischen Handelshäusern. Insgesamt gesehen waren die Möglichkeiten einer Sekundarschul- oder Hochschulbildung aber in anderen Gebieten, z.B. in anderen Afrika-Kolonien und in Indien, auch zu jener Zeit schon weiter vorangeschritten als die Bildungsmöglichkeiten in den deutschen Kolonien (*Ashby* 1966). So gab es beispielsweise in Sierra Leone schon seit 1876 das Fourah Bay College, das dem englischen College in Durham angeschlossen war und das damals die ersten universitären Grade im britischen Westafrika verlieh (*One hundred years* 1977). Die Initiative zur Errichtung höherer Bildungsstätten in Afrika ging bezeichnenderweise weniger von den Kolonialherren oder den Missionsgesellschaften aus als von denjenigen Teilen der missionierten oder kolonisierten Afrikaner, die schon auf diversen Wegen mit Schulbildung 'europäischen' Stils bekannt geworden waren (vgl. *Adick* 1992a, Kap.8): So forderte z.B. *J.A.B. Horton* (1835-1883), ein in Sierra Leone aufgewachsener Sohn ehemaliger Sklaven, schon vor mehr als hundert Jahren eine medizinische Hochschule und andere wissenschaftlich und technisch ausgerichtete höhere Bildungsangebote in Westafrika und entwarf detaillierte Planungen und Ausbildungskonzeptionen hierfür. Er wirkte hauptsächlich als Arzt und in verschiedenen auch bildungspolitischen Initiativen in Westafrika. Sein Zeitgenosse *E.W. Blyden* (1832-1912) engagierte sich ebenfalls über Jahrzehnte für bessere Bildungsangebote in Afrika. Er war als Sohn ehemaliger Sklaven in der Karibik aufgewachsen und lebte und arbeitete dann zunächst in Liberia und später auch in Sierra Leone und Nigeria in verantwortungsvollen Positionen in Schule, Hochschule und Bildungsverwaltung. Auch er engagierte sich in Bildungsprojekten z.B. zur Integration islamischer Bildung und zur Förderung der höheren Bildung in den Händen von Afrikanern selbst. Später gab es dann in verschiedenen englisch beherrschten Afrikakolonien (z.B. in Kenia, Nigeria, Ghana) und in einigen französischen Kolonien (z.B. im Senegal) eine Reihe gut ausgebauter Sekundarschulen und Colleges vor Ort, in denen neben den 'europäischen' auch einheimische Unterrichts- und Lehrgegenstände (z.B. afrikanische Sprachen, Geschichte, Kunst und Musik) Eingang in die Schulpraxis fanden. Damit wurden sie allerdings einem ebensolchen Akademisierungsprozeß in bezug auf die Verallgemeinerung und Entsubjektivierung des Wissens, die Abstraktion von sinnlich-konkreten Alltagserfahrungen und die Lehr- und Planbarkeit als Unterrichtsinhalte unterzogen wie die 'europäischen' Unterrichtsgegenstände. D.h.: Eine afrikanische Tradition im Alltag und am eigenen Leibe zu (er-)leben war und blieb unwiderruflich etwas anderes, als diese als 'afrikanischen' Unterrichtsgegenstand zu lernen. Diese Schulen und Colleges hatten nicht selten den Charakter von Eliteschulen; nur wenige ein-

heimische Jungen und in noch geringerem Maße Mädchen hatten je Gelegenheit, solche überregional bekannten kolonialen Vorzeigeschulen wie Achimota an der Goldküste (Ghana), Ecole William Ponty im Senegal oder das Yaba College in Nigeria zu besuchen (vgl. z.B. die Länderstudien von *Axt* 1979; *Fafunwa* 1974; *Graham* 1971; *Röhrs* 1971; *Adick* u.a. 1982).
Versucht man eine Bilanzierung der kolonialpädagogischen Epoche und deren Anteil an der Entstehung 'moderner' Bildung in Afrika, so ist festzustellen, daß es neben vielen Unterschieden z.B. zwischen der belgischen, deutschen, englischen und französischen kolonialen Bildungspolitik einige Gemeinsamkeiten gab (vgl. z.B. *Keita* 1983; *Hanf* 1969; *Holmes* /Hg./ 1967): Alle kolonialen Bildungssysteme wiesen im kleinen Maßstab im wesentlichen die Schulstrukturen der kolonialen Mutterländer auf. Alle Kolonialschulsysteme intendierten weder eine aufklärerische Bildung für alle noch eine auf Gleichberechtigung mit Europa zielende höhere Bildung für die westlich gebildeten Kolonialuntertanen, obwohl es gerade in bezug auf die höheren Bildungsangebote die oben genannten großen Unterschiede gab. Alle Kolonialregime schufen im Laufe der Zeit aus unterschiedlichen Anfängen heraus vereinheitlichte Schulsysteme unter zumindest letztendlich kolonialstaatlicher Kontrolle. Im Prinzip mußte sich ja jede koloniale Bildungspolitik irgendwie zu den etwa schon vorhandenen Bildungseinrichtungen der christlichen Missionen wie des Islams oder anderer Religionen verhalten. In Französisch-Westafrika ging dies so weit, daß im Jahre 1903 das ganze Kolonialschulwesen total säkularisiert wurde (vgl. *Bouche* 1975). In anderen Kolonialgebieten wurde eher ein Auskommen mit anderen Schulträgern, vor allem mit den Missionsgesellschaften, gesucht, die zumeist das Hauptkontingent der 'modernen' Schularbeit leisteten. Dies geschah z.B. in englischen und auch in deutschen Kolonialgebieten über das Mittel staatlicher Beihilfesysteme: Die privaten Schulträger erhielten gewisse Zuschüsse für ihre Schultätigkeit, sofern sie - je nach Beihilfeverordnung - gewisse Auflagen hinsichtlich ihrer Ausstattung, der Regelmässigkeit ihrer Schulpraxis, ihres Lehrangebots oder ihrer Prüfungen nachweislich erfüllten. Der Effekt solcher Beihilfesysteme war jedoch eine (kolonial-) staatliche Kontrolle auch der Missionsschulen mittels dieser kolonialen Lehrpläne und Prüfungsreglements. Auf diese Weise wurden im Laufe der Zeit in jedem Kolonialgebiet in Grundzügen vereinheitlichte und gestufte Kolonialschulsysteme mit vereinheitlichten Prüfungen und Abschlußzertifikaten und Elementen staatlicher Schulaufsicht etabliert, die den Bildungssystemen der kolonialen 'Mutterländer' - zumindest auf den unteren Stufen der Bildungspyramide - ähnelten. Alle Kolonialschulsysteme versuchten schließlich soweit wie möglich, die nicht-intendierten emanzipativen Folgen auch eines Bildungsoktrois in Schach zu halten. Beispielhaft abzulesen ist dies letztere am prekären Balanceakt der Sprachenfrage in einem kolonialen Schulsystem (vgl. z.B. *Adick* 1981, 232ff.): 'Natürlich' müßte die Sprache der Kolonialherren zur Schulsprache werden: Das verschaffte Dominanz und versetzte die einheimischen Sprachen in die zweite Reihe; das schuf heteronome Einflußkanäle in das Bewußtsein der kolonial beherrschten Schüler und Lehrer. Was aber, wenn diese 'Kolonialuntertanen' nun - der Sprache ihrer Beherrscher mächtig - liberale oder sozialkritische Zeitungen oder Bücher von Europa importieren und lesen konnten und

wollten? Wenn sie Eingaben und Petitionen - je nach Kolonialherren - in schönstem Oxfordenglisch oder Hochdeutsch verfassen und sich überhaupt als sprachlich und kognitiv kompetente Aspiranten auf eine gleichberechtigte Teilhabe an der Kultur und Gesellschaft ihrer Kolonialherren erwiesen? Dann rief man wieder nach vermehrter muttersprachlicher Bildung der Einheimischen in ihren eigenen Sprachen, - aber nicht um der muttersprachlichen Bildung willen, sondern um diese 'Eingeborenen' vom Herrschaftswissen fernzuhalten. Dann wurden ihre Selbständigkeitsbestrebungen mit militärischen, politischen und ökonomischen Mitteln sowie mit Argumenten der kulturell niedrigeren Andersartigkeit der Beherrschten bekämpft.
Folgendes Beispiel für unerwartete aufklärerische und emanzipative Effekte des europäischen Bildungstransfers mag hierfür genügen (vgl. *Adick* 1992a, Kap.7): Im Jahre 1872 gaben sich die Repräsentanten der Fanti, eines Volkes an der Küste des heutigen Ghana, in eigener Intitiative eine schriftliche Verfassung modernen Stils. Daß sie dies in schriftlicher Form und in englischer Sprache taten, war ein Resultat ihres schon länger währenden Kontaktes mit Europa bzw. mit den in den Küstenhandelsplätzen stationierten Europäern. Eine regelrechte Missionsarbeit oder ein Kolonialschulwesen waren jedoch zu jener Zeit noch nicht fest etabliert. Einige Fanti hatten sich ihre Kenntnisse mehr oder weniger autodidaktisch angeeignet, andere im Sklavenexil in Amerika oder Europa, wieder andere in den wenigen zu jener Zeit existierenden Schulen an der westafrikanischen Küste. Ein europäischer Berater oder 'Experte' war übrigens, soweit bekannt, nicht an der Abfassung des Verfassungstextes beteiligt. In dieser Verfassung wurden neben allgemeinen Modernisierungszielen (betr. Infrastruktur, Bergbau usw.) und einem politischen Repräsentationsmodus 'traditioneller' und 'moderner' Fanti-Eliten auch die Grundzüge eines modernen Bildungswesens gelegt. Die Bildungsparagraphen dieser Verfassung sahen z.B. Schulpflicht für alle Kinder zwischen dem sechsten und vierzehnten Lebensjahr vor sowie Mädchenschulen, Lehrerbildung und berufliche Schulen, und sie beschrieben die Grundzüge einer öffentlichen Bildungsverwaltung. Die Fanti wollten sich mit diesem Schritt als ein modernisierungswilliges, unabhängiges Staatswesen konstituieren, das durchaus im eigenen Interesse am Weltmarkt partizipieren wollte und hierfür auch auf Bürger angewiesen war, die mit der Außenwelt angemessen kommunizieren und Handel treiben konnten. Diese Selbständigkeitsbestrebungen der Fanti geschahen übrigens zu einer Zeit, als die Engländer zwar an der damaligen 'Goldküste' in einigen Küstenhandelsstützpunkten ansässig waren, aber noch keine formale Kolonialherrschaft über das Fanti-Territorium ausübten. Die Reaktion der Engländer war dann die: Sie säten Zwietracht zwischen die verschiedenen Fanti-Fraktionen, indem sie z.B. die traditionellen Herrscher gegen die modernisierungsbereite Elite aufwiegelten, und indem sie ihren militärischen Beistandspakt zurückzogen, den sie mit den Fanti angesichts der kriegerischen Bedrohung durch das Königreich der Ashanti (dieses lag im Inland) geschlossen hatten, das seinen Herrschaftsbereich bis zur Küste hin auszudehnen suchte. Es hat zwar auch noch weitere Gründe gegeben (z.B. die zunehmende Abkehr von Strategien des 'informal empire' zu formaler Beherrschung), aber man kann doch sagen, daß die eigenständige Modernisierungsoffensive der Fanti die dann 1874 durch die Engländer erfolgte Proklamation der formalen Kolonialherr-

schaft über die Goldküste zumindest mit provozierte. Der Kolonialismus beförderte nicht etwa, wie des öfteren behauptet, sondern behinderte in diesem Fall den eigenständigen Weg der Fanti zur Moderne. Auf gebildete Afrikaner, die gleiche Rechte und gleiche Bildungs- und Entwicklungsstandards forderten und in ihrer Person verkörperten, reagierten die Europäer überwiegend ablehnend und letztlich mit massiven Diffamierungen und Sanktionen.

Insgesamt betrachtet schwankte also die koloniale Bildungspolitik zwischen pädagogischem Desinteresse und eigenen Schulgründungen durch Kolonialverwaltungsorgane, zwischen Bildungsrestriktion und aktiver Bildungspolitik, zwischen totaler Säkularisierung und weitgehendem Verzicht auf Einmischung in die Missionsschulen. Zwischen diesen Extremen gab es Mittelwege, die ein Stück weit regionale pädagogische Autonomie ermöglichten. So gewährten beispielsweise die Engländer auch einigen Schulversuchen vonseiten der Afrikaner Zuschüsse oder Lehrergehälter unter Berufung darauf, es handele sich bei diesen um ebensolche 'Privatschulen', wie sie die Missionsschulen darstellten. Dies widerfuhr z.B. einer Schule, die Ben Sam, ein afrikanischer Muslim, an der Goldküste eröffnet hatte und in der moderne und islamische Elemente verknüpft wurden (vgl. *Adick* 1992a, Kap.9). Allerdings waren solche einheimischen Schulversuche aus unterschiedlichen Gründen und vor allem wegen der übermächtigen Konkurrenz der 'etablierten' Schulträger (Kolonialstaat und Missionen) selten von längerem Erfolg gekrönt.

4. Fremdbestimmtheit und Widersprüchlichkeit der Kolonialpädagogik

Koloniale Bildungspolitik kann als der Versuch gekennzeichnet werden, die gesamte einheimische vorkoloniale wie auch die zu jener Zeit schon durch andere Kultureinflüsse vorhandene pädagogische Praxis zum Vorteil der Kolonialherren zu gestalten. Zu dieser Gesamtheit der pädagogischen Praxis in Kolonialsystemen werden gemeinhin die von Missionen und Kolonialregierungen unterhaltenen Schulen und andere Erziehungs- und Bildungsstätten im weiteren Sinne gerechnet. Diese reichten von Kindergärten und Sonntagsschulen über Mädchen-, Ackerbau- und Handwerkerschulen zu regelmäßig angebotenen Elementar- und Sekundarschulen bis hin zu den erwähnten Colleges und Hochschuleinrichtungen. Zur pädagogischen Praxis in Kolonialsystemen sind jedoch ebenfalls (dies wird jedoch oft nicht thematisiert) die einheimischen Erziehungspraktiken und (wo vorhanden) die einheimischen schulischen Institutionen zu zählen. Denn auch diese wurden von kolonialen Reglementierungen direkt oder indirekt betroffen: So war z.B. die einheimische Familienerziehung von Zwangs- oder Wanderarbeit beeinträchtigt; die einheimischen Schulen und die Praktiken der beruflichen Bildung erhielten Konkurrenz durch Qualifikationen und Schulabschlüsse, die im Kolonialschulwesen zu erwerben waren; die autochthone religiöse Bildung geriet unter Druck durch die christlichen Missionierungsversuche oder durch die neue, säkulare Weltsicht, die die Kolonialschule vermittelte; usw. Als Arbeitsdefinition sollen deswegen unter 'Kolonialpädagogik' summarisch die in einem, durch ein und für ein Kolonialsystem veranstalteten pädagogischen Handlungen und Institutionen und ihre Auswirkungen verstanden werden.

Charakteristisch für die 'Kolonialpädagogik' ist das Faktum der doppelten Heteronomie, d.h. der gesellschaftlichen und der pädagogischen Fremdbestimmtheit der Erziehungs- und Bildungsprozesse im Kolonialsystem. Die gesellschaftliche Fremdbestimmtheit bezeichnet den Versuch der einseitigen Indienstnahme dieser pädagogischen Handlungen und Institutionen für die Zwecke der kolonialen Fremdherrschaft - und nicht für die Zwecke der einheimischen Gesellschaften. In Kolonialschulsystemen offenbaren sich die rassistischen Diskriminierungen und der Hochmut der Kolonialherren, ihr bisweilen herablassendes Wohlwollen, ihre Ausbeutungs- und Machtinteressen. Das ist so oft belegt, daß es hier keiner weiteren Ausführungen dazu bedarf (vgl. z.B. *Galega* 1984; *Keita* 1983; *Lyons* 1975). Weniger wahr genommen wird jedoch, daß die Ausgestaltung kolonialer Bildungssysteme auch etwas aussagt über die Herrschaftsstrukturen innerhalb der Kolonialmacht. Wenn die Weißen um die 'richtige' Erziehung der Kolonialuntertanen stritten, was etwa in Schulkonferenzen zwischen Missionen und Kolonialverwaltungen vorkam, oder wenn es um verschiedene Konzeptionen assimilatorischer oder adaptionistischer Art ging (vgl. z.B. *Blakemore* 1970; *Bude* 1983) oder um die Einführung europäischer oder einheimischer Sprachen in den Unterricht (vgl. *Adick* 1981, 232ff.), so offenbart das manchmal mehr über europäische Bildungs- und Sozialgeschichte als über Afrika. Wer als Missionar oder Kolonialbeamter oder als Regierungslehrer schon den eigenen Unterschichten in Europa gegenüber 'bildungsfeindlich' gesonnen war, also die Wissensvermittlung in den Elementarschulen für das einfache Volk in Europa nicht über ein bestimmtes volkstümliches, gottesfürchtiges und obrigkeitshöriges Niveau hinauskommen lassen wollte, der hatte sicher für höhere Bildungswünsche oder für Forderungen nach sozialer Gleichheit afrikanischer Untertanen kein oder noch viel weniger Verständnis. Diese koloniale Fremdbestimmung unterscheidet sich ihrem Wesen nach von der in allen Erziehungs- und Bildungsprozessen anzutreffenden Art der Fremdbestimmung in pädagogischer Absicht; denn diese resultiert aus dem in jeder Gesellschaft anzutreffenden psycho-sozialen Entwicklungs-, Kompetenz- und Machtgefälle der Erwachsenen gegenüber Kindern und Heranwachsenden. Sie hat aber ihr natürliches Ende mit dem Erwachsenwerden der Kinder. Sie führt, in den Begriffen der Pädagogik der Moderne ausgedrückt, zur Emanzipation, zur Mündigkeit der sog. Zöglinge. Überall gibt es deswegen die wohlbekannten pädagogischen Handlungsspielräume 'zum Wohle des Kindes', und diese sind - wenngleich oft versteckt und reichlich 'unterentwickelt' - sogar in der kolonialen Schulpraxis anzutreffen. Mit anderen Worten: Nicht alles in der kolonialen Schulpraxis ist 'kolonial', manches ist auch 'pädagogisch' und so gut oder schlecht pädagogisch gewesen, wie damals die Schulpädagogik eben entwickelt war. So machte es beispielsweise für einen bildungsbeflissenen afrikanischen Jungen, der in der Nähe einer Missionsstation wohnte, durchaus einen Unterschied, ob ihm ein Missionar dabei half, seine Lerninteressen z.B. durch ein Stipendium zu verwirklichen, oder ob er als Karikatur eines sog. 'Hosennegers' verspottet wurde. Und daß in den einfachen Missionsschulen besonders zu Beginn der Missionsarbeit nur eine oder zwei Schulklassen existierten und neben Bibel, Lesen, Schreiben, etwas Rechnen und Singen nichts weiteres gelernt wurde, ist ebenfalls eher ein Resultat der überall (d.h. auch in Europa) anzutreffenden Rückständigkeit der Elementarbildung im 19. Jahrhundert. - Aber alle Kolonialpädagogik, was immer sie mit der damaligen Schulpädagogik in Europa gemein hatte, war und blieb doch bei allem möglichen Wohlwollen immer eine kolonial verzerrte und deformierte. Im Kolonialschulwesen blieb das pädagogische Gewaltverhältnis dem kolonialen nachgeordnet, d.h. die koloniale Fremdbestimmtheit präformierte in jedem Fall den noch verbleibenden pädagogischen Handlungsspielraum. Dies Faktum gilt für alle Kolonialpädagogiken, egal ob sie den Einheimischen mehr oder weniger Mitbestimmung einräumten, oder ob ihre Bildungsabsichten mehr oder weniger edel oder selbstherrlich und paternalisitisch oder rassistisch waren.

Des weiteren war alle Kolonialpädagogik durch einen immanenten Widerspruch gekennzeichnet: Alle Kolonialregime standen im Zuge ihrer Versuche zur effektiven Ausbeutung und Beherrschung ihrer Kolonien auch vor einem grundlegenden pädagogisch-politischen Dilemma: Einerseits war es nützlich, einheimisches Hilfspersonal anstelle des teueren und von Tropenkrankheiten beeinträchtigten europäischen Personals für die Zwecke von Handel und Verwaltung heranzubilden. Dieses Kalkül machte gewisse Formen und Inhalte eines kolonialstaatlich geregelten Schulbetriebs unumgänglich, also Lesen, Schreiben, eine oder zwei europäische Sprachen, Rechnen und gewisse naturkundliche und technische Kenntnisse oder auch Handwerkerschulen und landwirtschaftliche Ausbildungsstätten. Andererseits sollten loyale und unterwürfige Kolonialuntertanen herangebildet werden und keine, die sich die vermittelten Kenntnisse und Fähigkeiten selbstbewußt und in eigenem Interesse zunutze machen würden. Diese Befürchtungen machten es notwendig, dafür zu sorgen, daß im kolonialen Schulwesen nicht zuviel und nicht das Falsche gelernt würde, und daß die Kolonialschule keine unabsehbaren emanzipativen Folgen haben würde. Dieser immanente Widerspruch kolonialer Bildungspolitik "ist letzten Endes gekennzeichnet durch die eigentümliche Verbindung des Verlangens der Kolonialprofiteure nach einer eng begrenzten Realbildung mit der Furcht der gleichen Kreise vor einer solchermaßen 'gebildeten' Kolonialbevölkerung." (*Mehnert* 1965, 276). Daß und wie dieser Widerspruch des europäischen Bildungstransfers sich auswirken konnte, wurde bereits im obigen Abschnitt anhand der Fanti und ihrer Verfassungsidee gezeigt. Diese Widersprüchlichkeit der kolonialen Bildungsarbeit ist auch die Ursache dafür, daß der längerfristige Prozeß, in den die Einführung neuer pädagogischer Institutionen in Kolonialsystemen eingebunden war, über den Entstehungskontext hinauswuchs, und daß schließlich aus dem 'Kolonialerbe' eine schulische Entwicklung mit eigener Dynamik und in kritischer Anpassung an weltweite Schulentwicklungen wurde.

5. Folgen der Kolonialpädagogik

Was ist in der Folge aus diesem kolonialen Schulerbe geworden? Es gibt wohl keine anti-koloniale Unabhängigkeitsbewegung, die nicht 'Mehr Bildung!' oder 'Gleiche Bildung wie die Europäer!' auf ihre Fahnen geschrieben hätte. So nimmt es denn nicht wunder, daß in der ersten nachkolonialen Phase die Bildungssysteme in einem zuvor nie dagewesenen Maße expandierten. Am Beispiel Afrikas (vgl. *World Bank* 1988): Zwischen 1960 und 1983 stieg die Anzahl der Primarschüler in Afrika südlich der Sahara von 11,9 Mill. auf 51,3 Mill., die Anzahl der Sekundarschüler von 800 Tsd. auf 11,1 Mill. Die durchschnittliche Einschulungsquote war auf Dreiviertel der Kinder im Schulalter gestiegen, wobei in einer Reihe von Ländern das Ziel der effektiven Durchsetzung der Schulpflicht so gut wie erreicht war.

Neben dem Ausbau war die Indigenisierung des Bildungswesens das Hauptmotto der nachkolonialen Bildungspolitik. In Afrika waren in den 60er bis 80er Jahren eine durchgreifende Afrikanisierung des Lehrpersonals und der Schulaufsicht, der Curricula, der Schulbücher und der Unterrichtsziele die Ergebnisse dieser Politik. Vergangen sind nun die Zeiten, in denen die Lesebücher in afrikanischen Schulen europäische Schneelandschaften zeigten oder die Geschichts- und Erdkundebücher sich auf die kolonialen Mutterländer konzentrierten. Auch in den Sekundarschulen und in leitenden Funktionen arbeiten nun nahezu ausschließlich afrikanisches Lehrpersonal und afrikanische Schulleitungen.

Was nicht erreicht wurde (was aber nach Meinung der Autorin entwicklungslogisch auch gar nicht erreicht werden kann) ist hingegen die Errichtung einer genuin 'afrikanischen' Schule. Denn weltweit operieren moderne Bildungssysteme inzwischen nach einem sich strukturell immer ähnlicher werdenden globalen Modell von Schule. Ein wirklich 'afrikanisches Modell' von Schule kann es deswegen ebensowenig geben wie ein 'europäisches' (das inzwischen ebenfalls im 'globalen' Modell aufgegangen ist). Überall operieren nationale Bildungssysteme mit gestuften, in sich differenzierten Schulsystemen, mit Zeugnissen und Zertifikaten, mit professionalisierten Lehrern und in Schulklassen eingeteilten Schülern. Überall gibt es staatliche Bildungsbehörden und eine öffentlich-rechtlich geregelte Schulpraxis. Überall gibt es Rechnen, Lesen, Schreiben, natur- und gesellschaftskundliche Fächer und neuerdings auch Computerunterricht in der Schule. Wie denn sollte wohl ein 'afrikanisches Modell' von Schule aussehen, das sich von diesen Strukturen grundlegend unterschiede? Aus dem kolonialen Oktroi ist also langfristig betrachtet - ob intendiert oder nicht - etwas anderes geworden als eine Schule als Kolonialerbe und als fremdes, europäisches Modell. Es hat sich vielmehr auch in ehemaligen Kolonialländern eine Adaptation an weltweite Schulentwicklungen vollzogen. Die Bildungssysteme dieser Länder mögen defizitär sein, sie mögen gewisse spezifische Strukturprobleme haben wie Lehrermangel, teils rückläufige Einschulungsquoten, fehlende Ausstattung, mangelhafte Curricula, noch nicht eingelöste Verwirklichung kostenloser Schulpflicht, usw. (zur derzeitigen Krise der Bildung in Afrika vgl. *Adick* 1992b). - Aber das ist kein Gegenargument gegen die These von der Adaptation weltweiter Schulentwick-

lungen. - Denn ihre Bildungssysteme spiegeln die grundlegende einheimische Akzeptanz moderner Schulstrukturen (kein auch noch so armer Staat will bisher die Schule abschaffen) ebenso wie die Anpassung an die Möglichkeiten und Zwänge des modernen Weltsystems, z.B. im Wettlauf um international anerkannte Zeugnisse und Diplome. Damit soll nicht verkannt werden, welche gravierenden lebensgeschichtlichen Unterschiede es macht, in dieser 'einen' Welt entweder auf der 'Habenseite' oder bei den 'Habenichtsen' zu leben und in die Schule zu gehen.
Bildungspolitische Entscheidungs- und pädagogische Handlungsspielräume liegen deswegen in ehemaligen Kolonialländern wie in den Metropolen Europas nicht in der Wahl zwischen einem (angeblich) eigenen oder einem (angeblich) fremden Modell von Schule, sondern in den nationalen und kulturellen Spezifika und herrschaftsbedingten Variationen wie: Mit welcher Sinngebung (Ideologie) soll unterrichtet werden? Wieviel aus der Staatskasse soll für Bildung (statt Rüstung) ausgegeben werden? Sollen Mädchen und Jungen gleich behandelt werden? Steht die Bildung im Dienste einer (Staats-)Religion, einer Bevölkerungsgruppe, einer Elite oder einer an der Entwicklung ihrer Länder partizipierenden Allgemeinheit? - Diese und weitere Handlungsspielräume in einem heute international konvertiblen Modell von Schule sind nicht gerade unerheblich und wären deswegen von der Schulentwicklung hier wie dort pädagogisch sinnvoll zu nutzen. Gerade hierin sehe ich den im Titel dieses Symposiums angesprochenen Auftrag der 'Schule zwischen Regionalismus und Internationalismus'.

Zusammengefaßt betrachtet: Die Schülerinnen und Schüler ehemaliger Kolonialgebiete lernen längst in einer Schule, die ihnen nach etlichen Generationen der Einwurzelung kein fremdes Modell mehr ist. Aber sie lernen oft unter äußerst schwierigen Bedingungen: Mit leerem Magen, mit weiten Fußmärschen zur Schule, ohne ausreichende Schulbücher, mit irrationalen Vorstellungen über gut bezahlte Arbeitsplätze im formellen Wirtschaftssektor, bei ständig wechselnden Lehrern, die oft ihr Gehalt nicht regelmäßig erhalten und deswegen unmotiviert und auf Nebenerwerb angewiesen sind. - Angesichts der genannten 'Bildungskrise' vieler ihrer Länder sollten wir deswegen diesen Schülern, Eltern und Lehrern bei ihrem Menschenrecht auf Bildung beistehen, - nicht im Oktroyieren (neuer) fremder Modelle, sondern einzulösen in den national verantworteten Bildungsangeboten ihrer Länder und den Spezifika ihrer Schulsysteme. Diese globale Verantwortung für die Bildung und Erziehung der nachwachsenden Generation unserer gemeinsamen, wenngleich konflikthaften und mit ungleichen Lebenschancen versehenen Weltgesellschaft, wurde jüngst in Form einer Weltbildungs-Charta erneut unterstrichen (vgl. *Weltdeklaration* 1990). Sie sollte auch von Pädagogen hier wieder stärker in den Blick genommen werden als kritisches Korrektiv gegen die Tendenzen, nach einer langen Phase eines oft gewaltsamen europäischen Bildungstransfers nach Übersee nun wieder die Exklusivität eines europäischen Bildungserbes zu reklamieren und aus einem gemeinsamen Stück Bildungsgeschichte auch pädagogisch eine 'Festung Europa' werden zu lassen.

Literatur

Adick, C. (1981): Bildung und Kolonialismus in Togo - Eine Studie zu den Entstehungszusammenhängen eines europäisch geprägten Bildungswesens in Afrika am Beispiel Togos 1850-1914 (Studien zu Gesellschaft und Bildung, Bd. 6), Weinheim

Adick, C. (1985): Theorie und Analyse kolonialer Lehrpläne. In: Bildung und Erziehung, 38. Jg., 513-529

Adick, C. (1988): Schule im modernen Weltsystem. Ein Versuch zur Entmythologisierung der Vorstellung von Schule als Kolonialerbe. In: Zeitschrift für Kulturaustausch, 38. Jg., 343-355

Adick, C. (1992a): Die Universalisierung der modernen Schule. Eine theoretische Problemskizze zur Erklärung der weltweiten Verbreitung der modernen Schule in den letzten 200 Jahren mit Fallstudien aus Westafrika (Internationale Gegenwart, Bd. 9), Paderborn

Adick, C. (1992b): Zur Krise des Bildungswesens in Afrika. In: Afrika. Überleben in einer ökologisch gefährdeten Umwelt. Hg. v. R, Hofmeier/R. Tetzlaff, Münster

Adick, C./Große-Oetringhaus, H.-M./Nestvogel, R. (1982): Bildungsprobleme Afrikas zwischen Kolonialismus und Emanzipation, Hamburg

Ashby, E. (1966): Universities: British, Indian, African, Cambridge

Axt, F. (1979): Sekundarschulwesen in der Republik Senegal, Frankfurt a.M.

Blakemore, P. (1970): Assimilation and Association in French Educational Policy and Practice: Senegal 1903-1939. In: Battle/Lyons (Hg.) Essays in the History of African Education, New York, 85-103

Bouche, D. (1975): L'enseignement dans les Territories Francais de l'Afrique Occidentale de 1817 á 1920, Mission civilisatrice ou formation d'une elite? 2 Bde., Lille/Paris

Bude, U. (1983): The Adaptation Concept in British Colonial Education. In: Comparative Education, 19.Jg. (1983), H.3, 341-355

Craig, J. E. (1981): The Expansion of Education. In: Review of Research in Education. 9.Jg., 151-210

Fafunwa, A.B. (1974): History of Education in Nigeria, London

Galega, B.D. (1984): Bildung und Imperialismus in Schwarz-Afrika: Historische und soziopolitische Hintergründe, Münster

Geiss, E. (1968): Panafrikanismus. Zur Geschichte der Dekolonisation, Frankfurt

Graham, C. K. (1971): The history of education in Ghana. From the earliest times to the declaration of Independence, London

Grohs, G. (1967): Stufen afrikanischer Emanzipation. Studien zum Selbstverständnis westafrikanischer Eliten, Stuttgart/Berlin

Hanf, T. (1969): Erziehung und politischer Wandel in Schwarzafrika. In: Aspekte der Entwicklungssoziologie, hg. v. R. König, Sonderheft 13 der Kölner Zeitschrift für Soziologie und Sozialpsychologie, 276-327

Holmes, B. (1967, Hg.): Educational Policy and the Mission School: Case Studies from the British Empire, London/New York

Keita, M. (1983): Erziehung und Entwicklung in der Dritten Welt: Problematik des Transfers von Bildungsinstitutionen und -ideen in die Länder der Dritten Welt, Heidelberg

Lyons, C.H. (1975): To wash an Aethiop white: British Ideas about Black African Educability 1530-1960, New York

Mehnert, W. (1965): Schulpolitik im Dienste der Kolonialherrschaft des deutschen Imperialismus in Afrika (1884-1914), Habil. Phil. Fak. Univ. Leipzig

Meyer, B. (1975): Wissen und Kontrolle. Zur Geschichte und Organisation islamischen Eliten-Wissens im Zentralsudan, Diss. Univ. Hamburg

Nestvogel, R. (1983): Lernen von der Dritten Welt: Traditionelle afrikanische Erziehungsmuster. In: Afrika-Spectrum (1983), H.3, 27-47

One hundred years of university education in Sierra Leone 1876-1976, hg. v. Celebrations Committee, Freetown: Fourah Bay College 1977

Röhrs, H. (1971): Afrika. Bildungsprobleme eines Kontinents, Stuttgart

Santerre, R. (1973): Pédagogie Musulmane d'Afrique Noire, Montreal

World Bank (1988): 1975 Education in Sub-Saharan Africa. A World Bank Policy Study, Washington

Weltdeklaration (1990): Weltdeklaration über Bildung für alle und Aktionsrahmen zur Befriedigung der grundlegenden Bedürfnisse, Sekretariat der UNESCO-Kommission der DDR in Zusammenarbeit mit der Deutschen UNESCO-Kommission (Bonn), Berlin

Westermann, D. (Hg.) (1952): Afrikaner erzählen ihr Leben, Berlin

Zwernemann, J. (1989): Lehrer in traditionellen Kulturen Westafrikas. In: Schreiber, Magister, Lehrer: Zur Geschichte und Funktion eines Berufsstandes. Hg. von J.G. Prinz von Hohenzollern u. M. Liedtke, Bad Heilbrunn, 327-339

III. Aktuelle Perspektiven einer europäischen Bildungspolitik

Sándor Komlósi

Aktuelle Perspektiven einer europäischen Bildungspolitik für Ungarn

1. Die Entwicklung von 1918 bis zum Zweiten Weltkrieg[1]

Zwischen den zwei Weltkriegen existierte in Ungarn ein dreigliedriges Schulsystem: die Elementarschule für Kinder vom 6.-12. Lebensjahr, die Bürgerschule für Schülerinnen und Schüler vom 10.-14. Lebensjahr sowie das Gymnasium für eine Schülerschaft von 10-18 Jahren. Die Bürgerschule wurde von ca. 20 % eines Jahrganges, das Gymnasium von 8 % besucht. Die Lehrlingsausbildung begann nach dem vierten Schuljahr der Elementarschule. Neben diesen Schulzweigen gab es eine kleine Anzahl Schulen auf mittlerer Ebene für die 14-18jährigen. Im Hochschulwesen haben ungefähr 10.000 bis 11.000 Jugendliche studiert, die meisten von ihnen an den juristischen und theologischen Fakultäten. Die Schulverwaltung war zentral: die Lehrpläne wurden vom Ministerium für Religion und Allgemeinunterricht bewilligt und galten für alle Schulen, auch für die konfessionellen, als verbindlich.
Als Schulträger dominierten die Kirchen. Die von den Kirchen getragenen Schulen wurden staatlich unterstützt. Von den 6.400 Elementarschulen waren 4.460 kirchlich, von den 423 Bürgerschulen 99, von den 162 Mittelschulen 90. Von den 14 Pädagogischen Instituten mittlerer Stufe waren 45 in kirchlicher Hand. Weitere Schulen befanden sich auch in der Trägerschaft von Vereinen, Gemeinden und Privatpersonen. Die Bildungsgrundsätze waren in allen Schulen "christlich-national" ausgerichtet. Bis auf die Ebene der Mittelschulen gab es einen obligatorischen Religionsunterricht. Es herrschte immer noch eine Pädagogik des Memorierens vor. Lediglich die Universitäten hatten eine gewisse Autonomie.

2. Die Entwicklung von 1945 bis heute[2]

Die ersten freien Wahlen nach dem Zweiten Weltkrieg führten 1945 zu einer kommunistenfeindlichen Mehrheit von 83 %. Bis 1947 gab es eine bürgerliche Regierung, die im Parlament von einer eindeutigen Mehrheit unterstützt wurde (*Balogh Istvan*, der damalige Präsident des Parlaments, kam aus der Emigration zurück, der damalige Minister *Ferenc Nagy* starb in der Emigration). Nach dem Friedensvertrag vom 10. Februar 1947 sind die sowjetischen Truppen im Land geblieben.

1947-48 wurden die Banken, die Bergwerke und die Großbetriebe putschartig und mit Gewalt enteignet. Das gesamte Unterrichtswesen wurde verstaatlicht. Aufgrund einer Sondervereinbarung blieben lediglich vier Gymnasien, die traditionell der Klerikervorbildung dienten, unter kirchlicher Leitung. So gehörte auch das Unterrichtswesen zum Machtmonopol des auszubauenden Parteistaates. Auch das Bildungswesen wurde aus der Parteizentrale regiert, mit einer verbindlichen Monopolideologie zur Bildung der Untertanen. Das gesamte Verordnungswesen hing von Parteibeschlüssen ab.

Die früher starre Struktur der Dreigliederung im Schulsystem wurde von einer noch starreren abgelöst. Die Elementarschule und die untere Mittelschule wurde durch die vom 6. bis zum 14. Lebensjahr reichende 8-klassige Grundschule abgelöst. Die Kollektivierung des landwirtschaftlichen Besitzes machte aus dem Bauern einen Lohnarbeiter, die großangelegte Industrialisierung zog die besitzlosen Massen an, so daß zwischen 1948 und 1989 3.800 Grundschulen auf dem Land, also mehr als 50%, geschlossen wurden. Die Schulgebäude ließ man zum großen Teil verkommen.

Die Mittelschule hatte vier Klassen, vom 14.-18. Lebensjahr. Neben den allgemeinen Gymnasien und den Fachmittelschulen gab es seit den 70er Jahren auch die sogenannten Gesamtschulen (comprehensive school). Die berufliche Bildung baute auf der achtklassigen Grundschule auf und diente vor allem der Ausbildung der Arbeitskräfte für die staatlichen Großbetriebe, besonders für die Schwerindustrie (ca. 40 % der einzelnen Jahrgänge). Eigentlich sicherte diese Bildung nur einen formalen Abschluß; die hier ausgebildeten Jugendlichen waren in der modernen Technologie leider nicht bewandert, was sich heute als großes Hindernis erweist.

Auch auf Hochschulebene war die von oben kommende bürokratische Leitung charakteristisch. Die einzelnen Ministerien organisierten ihre eigenen Universitäten, z.B. das Gesundheitsministerium die Medizinischen Universitäten, die Universität für Ärzteweiterbildung, das Landwirtschaftliche Ministerium die Universität für Veterinärmedizin und die Universität für Gartenbau, das Ministerium für Industrie und Handel die Technische Universität für Schwerindustrie. Dies war unvereinbar mit der Autonomie der Universitäten. An Stelle der Autonomie traten bürokratische Richtlinien, die den Inhalt und die Zeiteinteilung des Unterrichts festlegten.

Auf den nacheinanderfolgenden Stufen des Schulsystems gab es viele Wiederholungen. In der Gesellschaft wurde die Menge des weltweit kumulierten Wissens unterschätzt. Die erzieherische Praxis engte die Persönlichkeit ein, war repressiv. Die einheitlich verbindliche Ideologie war der Marxismus-Leninismus, der durch die verschiedenen Parteibeschlüsse und Stellungnahmen, die "Richtlinien der theoretischen Arbeitsgruppen", in die alltägliche Praxis eingebracht wurde. In den Jahren der "milden Diktatur" wurde festgelegt, was erlaubt, was verboten, was geduldet und was unterstützt wurde. Die Inhalte in den Fächern Ungarisch und Geschichte wurden strengstens kontrolliert.

Die Berufswahl wurde, ähnlich wie in ganz Europa, frühestens nach dem 14. Lebensjahr möglich. Man wollte mit Europa in der extensiven Entwicklung des Unterrichts der Mittelstufe Schritt halten. Fast die Hälfte aller Schüler eines Jahrgangs erhielten einen Abschluß in der Mittelstufe, jedoch auf Kosten der eigenen Wahlfreiheit. Wie die Ergebnisse der "International Association for the Evaluation of Educational Achievement" zeigen,[3] haben unsere Schüler nicht zu unterschätzende Ergebnisse bei der Aneignung von Kenntnissen erreicht. 1970 haben unsere 18-jährigen Gymnasiasten und Fachmittelschüler durchschnittliche, die 14-jährigen hervorragende Leistungen erreicht. In den Untersuchungen von 1980 und 1983 waren die 10-jährigen in Naturkunde, bis auf Physik, überdurchschnittlich, die 14-jährigen hervorragend, die 18-jährigen in Biologie, Physik gut, in Chemie etwas schwächer. In Mathematik waren die 14-jährigen durchschnittlich, aber ausgezeichnet im Messen, in der Geometrie, etwas schwächer in Arithmetik, Algebra, Statistik. Die 18-jährigen waren durchschnittlich, aber ausgesprochen schwach in der Mengenlehre, in den Zahlsystemen und in der Geometrie. Die Leseuntersuchung zeigte, daß die 10-jährigen etwas schwächer im Lesen waren als die aus den entwickelten Ländern, die 14-jährigen waren im letzten Drittel des Feldes, die 18-jährigen befanden sich unter den Schwächeren. Insgesamt könnte zusammengefaßt werden, daß die ungarischen Schüler in den naturkundlichen Fächern und in Mathematik gut abgeschnitten haben, aber weniger gute Ergebnisse im Lesen und im Schriftlichen zeigten und ihre Fähigkeit zur Kritik weniger entwickelt war. Von den ins Ausland gelangten Absolventen der ungarischen Universitäten hört man, daß ihr theoretisches Wissen auf sehr hohem Niveau steht, aber sie haben wenig praktische Kenntnisse, sie kennen die modernen Technologien nicht und sprechen keine Fremdsprachen. Im Jahre 1985 wurde ein neues Unterrichtsgesetz verabschiedet,[4] das bereits einige kleine Veränderungen gestattete, so z.B. eine größere fachliche Selbständigkeit der Schulen, den Ausbau eines Beratersystems statt der bisherigen Aufsicht, mehr Mitspracherecht für Eltern, etc. Diese Veränderungen wurden aber nur ausnahmsweise in einigen wenigen Schulen praktiziert.

3. Schule in Ungarn nach der politischen Wende.

Nach der politischen Wende müssen alle Fragen des Unterrichtswesens untersucht und im Sinne der Demokratie und der bürgerlichen Freiheit umgeändert, neu aufgebaut und geregelt werden.[5] Man muß sich jedoch darüber im klaren sein, daß die gesellschaftliche Umgestaltung ein längerer Prozess ist. Auch das Unterrichtssystem kann nicht sogleich durch ein neues ersetzt werden. Die Vorbereitung des neuen Unterrichtsgesetzes hat begonnen: man muß sich nun umschauen, was in Europa geschehen ist und was noch geschehen wird (um nicht die dort begangenen Fehler zu übernehmen) und versuchen, bewährte Traditionen zu pflegen.
Die Allgemeinbildung ist ein gesamtgesellschaftliches Unterfangen, eine Aufgabe des Staates ist das Managen eines modernen Unterrichtswesens. Das hierfür zuständige Ministerium will nicht nur von oben her Reformen durchführen, sondern auch nach Möglichkeiten suchen, durch minimale Eingriffe in das Leben der Schule die Entfaltung eines auf Selbsttätigkeit und Selbstentwicklung bauenden Unterrichtssystems

zu unterstützen. Man muß sowohl auf Landes- als auch auf kommunaler Ebene mit juristischen Garantien die Angelegenheiten des Unterrichtswesens von den Fragen des parteipolitischen Alltags und von ideologischen Kämpfen freihalten. Der demokratische Staat, der dem Menschen keine Ideologie mehr aufzwingen will, verfolgt auch im Unterrichtswesen nicht das Ziel ideologischer Illusionierung, sondern versucht, die Interessenübereinstimmung einer pluralistischen Gesellschaft zu unterstützen. Gerade das Bekenntnis zu diesem Pluralismus schließt aus, daß die Schule einseitig christlich oder liberal, einseitig kognitiv oder moralisch erzieht, daß sie eine wissenschaftlich-intellektuelle oder eine gesellschaftlich-staatsbürgerliche, eine fachliche oder persönlichkeitsbildende Entwicklung anstrebt. Im Interesse der Erziehung eines gesamten Menschen ist nicht ein einseitiger Charakter, sondern die Komplexität der schulischen Funktionen zu verwirklichen.
Deshalb müssen in den schulischen Dienstleistungen mindestens die folgenden vier Möglichkeiten gegenwärtig sein:

a) die vom Staat vorgeschriebenen und finanzierten pädagogischen Dienstleistungen (das Lernen und Unterrichten, als der harte Kern der Schule),
b) die Gesamtheit der Fächer, die für die Schule obligatorisch sind und ebenso vom Staat zu bezahlen sind,
c) die Angebote und Dienstleistungen, gesichert durch die Schulträger und Sponsoren nach den Bedürfnissen der Schulnutzer,
d) die von den Sponsoren unterstützten und von den Schulnutzern zu kaufenden Dienstleistungen.

Die gesellschaftlichen Gruppen müssen an der Gestaltung einer Schule mitwirken, die

- den Bedürfnissen einer auf die pluralistischen Wertsysteme bauenden Gesellschaft adäquat ist, die demokratisch eingerichtet ist und auf die marktwirtschaftlichen Mechanismen baut;
- fähig ist, den Prozeß der gesellschaftlichen und wirtschaftlichen Modernisierung effektiv zu unterstützen und zu fundieren;
- dazu erzieht, daß die demokratischen Verhaltensregeln respektiert sowie die demokratischen Institutionen und Werte akzeptiert werden;
- die Erhaltung und Entwicklung der nationalen Werte und der Kultur sichert;
- zur Humanisierung der Nationen, der Gesellschaften und der Individuen beiträgt;
- die Entwicklung von autonomen Persönlichkeiten unterstützt, die ihre staatsbürgerlichen, wirtschaftlichen, sozialen und beruflichen Verhältnisse selbst gestalten können.

Der Staat einer pluralistisch eingestellten Gesellschaft ist hinsichtlich der Weltanschauung neutral. Die Schule ist dann pluralistisch, wenn sie selbst hinsichtlich ihrer Weltanschauung neutral ist, d.h. die Weltanschauung aus dem Reich des Verbindlichen in die Privatsphäre verweist. Grundsatz schulischer Erziehung und schulischen Unterrichts ist die Wissenschaftlichkeit und der Humanismus. Der Lehrer vermittelt die wissenschaftlichen Ergebnisse. Sein Verhalten soll human sein. In den einzelnen Schulen gestalten sich anhand der unterschiedlichen Wertsysteme und als Ergebnis

des Pluralismus die Gesetze, die Verhaltensnormen und die Regeln des Alltags. Die minimal notwendige Einheit ist der Kreis der in der Verfassung kodifizierten menschlichen Rechte und Pflichten. Diese Regelung wird von den Eltern, den Interessengruppen und der lokalen Öffentlichkeit, die Einfluß auf die jeweilige Schule haben, überwacht und durchgeführt.
Das Ziel des hier Gesagten ist die Erziehung von freien, mutigen Bürgern, eine humane menschenmaßstäbliche Pädagogik, die die Autonomie als einen Wert schätzt, die die persönliche Freiheit, das Selbstwertgefühl, die Toleranz gegenüber dem anderen, die Verantwortung, die Kooperation, die Offenheit, das Auf-den-Anderen-Achten und die kritische Beurteilung des eigenen Verhaltens als grundlegende Werte einschätzt.

Das in Vorbereitung befindliche Unterrichtsgesetz, dessen Grundstruktur im Frühling 1991 vorgelegt wurde und das in breiten Kreisen diskutiert worden ist, verfolgt den Grundgedanken, daß die bürgerliche Freiheit, die Eigeninitiative, die Vielfältigkeit gesichert werden muß. Das gibt den Lehrern, dem gesamten Lehrkörper und den mit ihnen zusammenarbeitenden Gruppen einen großen Spielraum. Statt detaillierter Lehrpläne soll das neue Gesetz nur Minimalanforderungen angeben, statt einer durchgängigen prozessualen Regelung wird nur eine Ausgangsregelung festgelegt. So erhalten die Schulen in inhaltlicher und organisatorischer Hinsicht eine große Freiheit.
Man rechnet aber damit, daß die Umstrukturierung des Unterrichtswesens erst im Laufe mehrerer Jahrzehnte vollzieht. Zu radikale, das ganze System schockierende Veränderungen sollen vermieden werden. Der fortwährende Prozeß der Umgestaltung soll in Bahnen gehalten, aber dennoch zügig vorangetrieben werden. Es soll gesichert werden, daß die Schulstruktur die Entwicklung der grundlegenden Fähigkeiten und Fertigkeiten in einem längeren Grundausbildungszyklus durchführt. Das neue Gesetz will die minimalen Forderungen der Bildungsebenen in Stufen angeben: mit 12, 16 und 18 Jahren.[6] Die Verwirklichung der Forderungen wird mit einer, für das ganze Land verbindlichen, einheitlichen, standardisierten ergebnismessenden Technik gelöst, womit nicht nur das objektive Wissen, sondern weitgehend auch die praktischen, operationalen Fähigkeiten gemessen werden können. Im 12. Lebensjahr werden die erreichten Kenntnisse zur weiteren schulischen Orientierung gemessen, im 16. Lebensjahr, zum Abschluß der Schulpflicht, der allgemeine Kenntnisstand mit dem Ziel der Selektion, und im 18. Lebensjahr, zum Abschluß der Mittelschule, mit dem Ziel einer standardisierten Einschätzung. Auch nach Abschluß der 8. Klasse kann eine sogenannte Orientierungsmessung erfolgen, doch soll dies keine Pflicht sein. Die zentrale Kontrolle wird also in Form einer auf einheitlichen Minimalforderungen beruhenden staatlichen Prüfungsordnung durchgeführt.

Der Inhalt des Unterrichts wird in einem sogenannten nationalen Grundplan (Rahmenplan, core curriculum) vorgegeben, den die einzelne Schule nach den örtlichen Gegebenheiten ausfüllt.[7] Dadurch wird die obligatorische Lehrplaneinheit aufgelöst. Der Grundplan beinhaltet 10 Bildungsgebiete (keine Lehrgegenstände): u.a. Mathematik, Muttersprache, Informatik, Naturkundeblock, Fremdsprachen, Technik, Ästhetik,

Körpererziehung, Mensch und Gesellschaft (darin Lebensführung, Haushalt, Zusammenleben, Moral, Religion, Menschenkenntnis). Der Schüler hat das Recht zur freien Wahl der Fremdsprachen, der Teilnahme oder Nichtteilnahme am Religionsunterricht. Er hat das Recht auf die Unterrichtsdienstleistungen auf einem entsprechenden Niveau. Die Schulpflicht bedeutet entweder Schulpflicht i.e.S., d.h. die Pflicht zum Besuch der staatlichen Schule, bzw. Unterrichtspflicht, d.h. die Pflicht, sich unterrichten zu lassen, d.h. auch privat, aber mit jährlichen Prüfungen. Bis zur Mittelstufe bzw. bis zum Erwerb einer Fachausbildung ist der Schulbesuch unentgeltlich; die nichtstaatlichen, nichtkommunalen Mittelschulen können schulgeldpflichtig sein.[8]
Die fachliche Autonomie der Schule ist zwar juristisch gegeben, wird jedoch durch das Anforderungs- und Prüfungssystem beeinflußt und eingeschränkt. Der Direktor der Schule wird aufgrund einer Bewerbung und nach Beschluß des Lehrpersonals für eine befristete Zeit ernannt. Der Lehrkörper bestimmt das pädagogische Zielsystem, die fachgegenständliche Struktur, die Lehrinhalte, die innere Struktur sowie die Betriebsordnung der Schule. In diesen Bereich gehört die Lernorganisation, der Abbau des starren Klassen- und Stundensystems. Die Schule kann eine beschleunigte Entwicklung ebenso wie ein verlangsamtes Tempo, besonders in der Anfangsphase der Schule, steuern. Dadurch kann sie Benachteiligungen mildern, Chancengleichheit fördern, aber auch den talentierten Schülern einen schnelleren Fortschritt gewähren. Sie kann das innovative Lernen unterstützen, das Staatsbürger bildet, die sich in einer radikal verändernden Umgebung gut und schnell anpassen können, und das zugleich aber auch Stabilität sichert.
Diese Ziele sollen durch eine angemessene und aufeinander abgestimmte Entwicklung der kognitiven, der emotionalen und der moralischen Fähigkeiten des jungen Menschen erreicht werden. Dazu ist es erforderlich, daß der Pädagoge methodisch nicht eingeengt wird, sondern daß ihm die ganze Breite der pädagogischen Methoden zur Auswahl zur Verfügung stehen. Von besonderer Bedeutung ist die geplante "Verfassung" des örtlichen Erziehungssystems, das konkrete pädagogische Programm der einzelnen Schule. Dieses Dokument soll eine Orientierung für die Schulbenutzer sein wie aber auch das Norm- und Regelsystem für das Schulpersonal. Es ist eine grundlegende Form der Interessenvereinbarung der Partner. Es soll die Rechte des Lehrpersonals, der Eltern, der Schüler und der sonstigen Interessensgruppen zu gewährleisten suchen und verhindern, daß die Vereinbarungen zu einer die Interessen und Rechte der Schüler verletzenden Koalition werden. Auch die Selbstverwaltung der Schüler orientiert sich an der Verfassung der Schule. Die Schule respektiert die Rechte der Schüler auf Selbstorganisation und akzeptiert, daß die Schüler Mitglieder oder Nichtmitglieder solcher Organisationen sind.

Die starre Struktur des bisherigen Schulsystems soll von der neu entstehenden differenzierten Schulstruktur abgelöst werden (8+4-Struktur durch eine 6+6- bzw. 4+8-Struktur).[9] Zum Pluralismus gehört auch, daß die Schule selbst bestimmt, welche Bücher sie im Unterricht benutzt.[10] All dies bedeutet eine "kontinuierliche Entwicklungsstrategie", d.h. die Schule selbst muß ihre Innovationsfähigkeit ausbauen und die Veränderungen allmählich in das Unterrichtssystem einbringen. Es muß nebenbei bemerkt werden, daß die meisten heute funktionierenden Schulgebäude zur "Schulfabrik" geeignet sind, nicht aber für eine den o.g. Bedingungen entsprechende funktionale Schule.

Die berufliche Fachausbildung soll nach gegenwärtigen Planungen auf eine 10-jährige Grundausbildung aufbauen.[11] Auch hier soll das staatliche Monopol eingestellt und ein Profilwechsel angestrebt werden. Die Fachausbildung muß bestrebt sein, unternehmensfreudige Meister und vielseitige Kleinwirte, kleinbetriebliche landwirtschaftliche Unternehmer zu bilden. Der Grundausbildung soll die Weiterbildung im Arbeitsprozeß folgen, also bereits eine Form der Erwachsenenbildung. An dieser Ausbildungsphase müssen sich auch die Unternehmen beteiligen. Somit entsteht ein neues Beziehungssystem der Fachschulen: Grundlage wird ein Vertrag zwischen der auszubildenden Person und der Ausbildungseinrichtung (Schule, Unternehmen) sein. Die Bildung wird tätigkeitsorientiert, d.h. sie wird ergebnis-, also output-geregelt sein.

Ein gesondertes Gesetz soll für das Hochschulwesen, für die Akademie der Wissenschaften und für das gesamte Forschungswesen erlassen werden. Da aber das Hochschulwesen mit der Allgemeinbildung zusammenhängt, mußten bereits jetzt einige Grundtendenzen festgelegt werden. Das wichtigste ist, daß die Universitäten und Hochschulen ihre Autonomie zurückgewinnen, die Freiheit des Unterrichts und des Lernens wiederhergestellt wird und der Bedarf des "Verbrauchers" als Beeinflussungsfaktor erscheint. Es soll die demokratische Wahl und die Rotation der Leiter gewährt sein. Die nach dem gegenwärtigen Abitur folgende Zulassungsprüfung soll allmählich abgeschafft und mit dem Abitur und zwei Sprachbefähigungsprüfungen eine automatische Zulassung zur Universität gewährleistet werden. Ein solches Verfahren wird z.Zt. dadurch behindert, daß nur für 10 % eines Jahrgangs, d.h. für 20 % der Abiturienten Platz an den Universitäten besteht. Der Wettbewerb um ein Universitätsdiplom soll an den Universitäten entschieden werden, nicht wie bisher an den Mittelschulen. Es ergibt sich die Frage nach der Organisierung der regionalen Universitäten: die Hochschulen und Universitäten der jeweiligen Region schließen miteinander einen Vertrag, sichern darin die Befriedigung aller in der Region auftretenden Bildungsbedürfnisse, eine vielseitige postgraduale Bildung und koordinieren die wissenschaftliche Forschung.

Die Bildungsmöglichkeiten der Minderheiten bedürfen gesonderter Erwähnung.[12] Nach dem 2. Weltkrieg entstand eine politische Situation - die Aussiedlung der Deutschen, der ungarisch-slowakische Völkeraustausch, die in Jugoslawien bestehende gespannte politische Lage usw. -, die es mit sich brachte, daß die betroffenen Minderheiten nicht einmal die gegebenen Möglichkeiten im muttersprachlichen Unterricht wahrnehmen konnten. Die Generation der Eltern erlernte nicht mehr ihre ursprüngliche Muttersprache. Diese Sprache wird vielfach nur noch von den Großeltern gesprochen. Es gehört zu den Aufgaben des demokratischen Unterrichtswesens, den Minderheiten ihre Muttersprache zurückzugeben. Aus diesem Grund wird die Ausbildung von Kindergärtnerinnen und Lehrern erweitert. Heute wird in mehreren Kindergärten ein voller muttersprachlicher, in mehreren hundert Kindergärten ein teilweiser muttersprachlicher Unterricht geleistet. In vielen Hunderten von Grundschulen gibt es einen Nationalitäten-Muttersprachenunterricht, in einigen einen verstärkten Muttersprachenunterricht, auch in Gymnasien. In letzter Zeit wurden Musikschulen für Minderheiten, Kindergärten und Schulen für Zigeuner und eine weltliche Schule mit dem Angebot der hebräischen Sprache eingerichtet.[13]

Die in den Minderheitenschulen unterrichtenden Lehrer haben immer mehr Möglichkeiten, vor Ort in dem entsprechenden Sprachgebiet an Weiterbildungskursen teilzunehmen. Überdies gibt es auch eine Anzahl von Gastlehrern aus dem jeweiligen Mutterland in Ungarn. Die durch die Selbstverwaltung unterhaltenen Schulen ermöglichen es, nach Bedarf den Unterricht in der Sprache der Minderheiten zu erweitern.

Anmerkungen

1 Pädagogisches Lexikon (1977) 2. Bd., Akademischer Verlag, Budapest. "Gimnázium", 30.

2 Jahrbuch des Unterrichtswesens (1983-86). Erscheint jährlich. Statistische Daten. Budapest; Hungarian schooling: facts and figures. - In: Public Education. - Special Issue of the Hungarian Educational Weekly entitled "Köznevelés", 1991. Spring, 2.

3 *Kádárné, Fülöp, Judit* (1991): Unser Schulsystem im Spiegel der IEA-Forschungsdaten. Köznevelés, Nr. 14, 3.

4 *Kelemen, Elemér* (1986): Schulgesetz von 1985. Pädagogische Rundschau Nr. 7-8, 643-653; The Education Act of Hungary. - Act I. 1985 on Education. - Ministry of Culture and Education. Budapest 1985, 63.

5 *Andrásfalvi, Bertalan* (1991): Unser Grundprinzip: die bürgerliche Freiheit. Nr.5,3. *Andrásfalvi, Bertalan* (1991): Aus der Rede von Bildungsminister B. Andrásfalvi. In: Public Education. Special Issue. Spring. Budapest, 3.

6 *Novák, Gábor* (1991): The financing of the schools.- In: Public Education. Special Issue. Spring. Budapest, 8; *Wegen finanziellen Sorgen soll keine Schule geschlossen werden,* Bericht vom Kultusministerium und drei Komitaten, 1991, Nr. 26, 4.

7 Auf dem ganzen Gebiet der Bildung sind größere Veränderungen nötig. Interview mit Prof. *Ferenc Gazsó* über die Konzeption des neuen Bildungsgesetzes. 1991, Nr. 5, 4-5. Fachlicher Plan des Schulgesetzes, 1991, Nr. 6, 4-7 und Nr. 7, 3-12. Die zweite Variante des Plans, 1991. Die dritte Variante des Schulgesetzes, 1991, Nr. 39, als Beilage. Der ersten und dritten Variante widersetzten sich mehrere Institutionen: die Pädagogische Kommission der Ungarischen Akademie der Wissenschaften, viele Institute, Pädagogische Hochschulen, pädagogische Organisationen, Schulen, Kindergärten, einzelne Pädagogen, Elterngruppen usw. äußerten sich kontinuierlich in der Zeitschrift "Köznevelés", in Landes- und Lokalzeitungen, in Zeitschriften, in den Programmen von Rundfunk und Fernsehen dagegen. Die umstrittenen Punkte der dritten Variante wurden von einem Vertreter des Ministeriums durch eine öffentliche Presseerklärung zurückgezogen.

8 Nationaler Grundlehrplan - core curriculum. Köznevelés 1991, Januar. *Báthory, Zoltán* (1991): Grundlehrplan und die Regularien des Schulsystems. Neue Pädagogische Rundschau, Nr. 2, 5-12.

Báthory, Zoltán (1991): System of Examinations. In: Public Education. Special Issue. Spring, 7.
Szebenyi, Péter (1991): Diskussion über den Nationalen Grundlehrplan. Uj Pedagógiai Szemle. Nr. 6, 13-22.
Kádárné Fülöp, Judit (1991): Warum ist ein Nationaler Lehrplan nötig? Köznevelés, Nr. 25, 5-6.

[9] *Balogh, Lászlóné* (1991): Die Tendenzen der Strukturveränderungen in der Schule. Köznevelés Nr. 19, 3-4.

[10] *Vig, István* (1991): Die Schulbuchausgabe beginnt sich zu verändern. Köznevelés Nr.27,3.
Karlovitz, János (1991): Die Wellen des "Meeres von Schulbüchern". Köznevelés Nr.27,4.
P.Kovács,Imre (1991): Wer wird Herr auf dem Markt der Lehrmittel? Köznevelés Nr.27,5.

[11] Das ungarische Fachausbildungssystem steht vor einer grundsätzlichen Veränderung. Ein Gespräch mit *Rolek, Ferenc* - Staatssekretär für Arbeitsangelegenheiten. Köznevelés 1991, Nr. 20, 7.

[12] Den Nationalunterricht hat eine Generation versäumt. Köznevelés, 1991, Nr. 5, 7. Public Education. Special Issue. Spring 1991, 13-14. Jede Woche erscheint in der Zeitschrift "Köznevelés" eine Seite über heimischen Nationalunterricht in Nationalsprache, eine Seite über ungarische Schulung im Ausland von Nr. 19, 17. Mai 1991.

[13] *Török, Mónika* (1991): Portrait aus der Jüdischen Gemeindeschule. Nr. 18. A New Jewish School Opened in Budapest. In: Public Education. Special Issue. Spring, 18.

Victoria Gordillo

Zur aktuellen Entwicklung einer europäischen Bildungspolitik in Spanien

1. Das "Allgemeine Gesetz für Erziehung" von 1970 und die Notwendigkeit einer bildungspolitischen Reform

Die Gestalt eines Schulwesens ist immer das Produkt der Geschichte, ein Produkt der inneren Entwicklung der Schule selbst, aber zugleich auch der ökonomischen, sozialen und politischen Entwicklung des betreffenden Landes. So führte das ökonomische und industrielle Wachstum der sechziger Jahre in Spanien zu dem Erziehungsgesetz von 1970. Mit diesem Gesetz war angestrebt, das spanische Schulwesen dem Schulwesen der Industriestaaten Europas anzugleichen. Man hatte vier Ziele:

a) Die ganze spanische Bevölkerung sollte am Bildungswesen partizipieren können.
b) Die Grundschulausbildung (d.h. Volksschulausbildung) sollte durch eine spezialisierte Ausbildung ergänzt werden, die den Absolventen befähigen sollte, unmittelbar in das Arbeitsleben überzutreten.
c) Jeder Bürger sollte die gleichen, allein durch seine Begabung limitierten Bildungschancen haben.
d) Das Schulwesen sollte einheitlich, flexibel und durchlässig sein und sowohl differenzierte wie kontinuierliche Bildungsmöglichkeiten bieten.

Das Ergebnis war die Ensenanza General Básica (EGB), eine von 6-14 Jahren reichende, für alle pflichtmäßige Grundschulbildung, sowie das *Bachillerato Unificado Polivalente* (BUP), eine Oberschule, die nicht mehr nach sprachlichem oder naturwissenschaftlichem Schwerpunkt differenziert sein sollte. Es gab ein Angebot von Pflicht- und Wahlfächern, zudem wurden technisch berufliche Aktivitäten einbezogen. Dem Ansatz nach hatte die Berufsausbildung - die *Formación Profesional* - drei Stufen: Die erste Stufe war offen für alle Schüler, die die Grundschule (EGB) absolviert hatten, zur zweiten Stufe wurde man zugelassen, sofern die Oberschule oder die erste Stufe der Berufsausbildung (FP I) abgeschlossen hatte. Zur dritten Stufe sollte man als Universitätsabsolvent oder nach Ableistung der zweiten Stufe der Berufsausbildung (FP II) Zugang haben. Dieses System wurde aber faktisch nicht praktiziert.
Aus heutiger sozialistisch orientierter, bildungspolitischer Perspektive wird dieses Gesetz als technokratisch kritisiert.

2. Die spanische Verfassung von 1978

In der spanischen Verfassung von 1978 sind die Grundzüge aller Gesetze des Erziehungs- und Bildungswesens vorgegeben. Sie garantiert das Recht auf Bildung und die Lehrfreiheit. Die wichtigsten bildungspolitischen Aussagen finden sich in Artikel 27 der spanischen Verfassung:

"(1) Alle haben ein Recht auf Bildung. Die Freiheit der Lehre wird anerkannt.

(2) Ziel der Bildung ist die freie Entfaltung der Persönlichkeit des Menschen unter Achtung der demokratischen Grundsätze des Zusammenlebens sowie der Grundrechte und Grundfreiheiten.

(3) Die öffentlichen Gewalten gewährleisten den Eltern das Recht auf die mit ihren eigenen Überzeugungen übereinstimmende religiöse und moralische Erziehung ihrer Kinder.

(4) Die Grundausbildung ist obligatorisch und unentgeltlich.

(5) Die öffentlichen Gewalten gewährleisten das Recht aller auf Bildung durch eine allgemeine Lehrplanung, an der alle betroffenen Bereiche teilnehmen, sowie durch Bereitstellung von Lehranstalten.

(6) Natürlichen und juristischen Personen wird die Freiheit zuerkannt, unter Wahrung der Verfassungsgrundsätze Lehranstalten zu gründen.

(7) Lehrer, Eltern und Schüler beteiligen sich nach Maßgabe der gesetzlichen Bestimmungen an der Kontrolle und Leitung aller mit öffentlichen Mitteln unterhaltenen staatlichen Lehranstalten.

(8) Die öffentlichen Gewalten führen die Kontrolle und Ausgestaltung des Schulwesens durch, um die Erfüllung der Gesetze zu gewährleisten.

(9) Die öffentlichen Gewalten unterstützen die Lehranstalten, welche die vom Gesetz festgelegten Bedingungen erfüllen.

(10) Die Selbstverwaltung der Universitäten gemäß den Bestimmungen des Gesetzes wird anerkannt."

Außer dem Recht auf Bildung sind auch andere Rechte, die die Bildung betreffen, in die Verfassung aufgenommen: das Recht auf Lehrfreiheit (Art. 20), die Freiheit des weltanschaulichen Bekenntnisses, der Religion und des Kultes (Art. 16), das Recht auf Zugang zu den Kulturgütern (Art. 44), der in den internationalen Abkommen vorgesehene Schutz der Kinder (Art. 39), die allgemeinen Menschenrechte (Art. 10) und die Rechte der körperlich oder geistig Behinderten (Art. 49).

Die Verfassung schreibt auch die Dezentralisierung der Verwaltung des staatlichen Bildungswesen zugunsten der Autonomen Regionen vor. Dennoch besitzt der Staat die ausschließliche Zuständigkeit für die Regelung der Bedingungen zur Erlangung, Ausstellung und Bestätigung akademischer und beruflicher Titel. Ebenso gibt er die Normen vor, nach denen die Bestimmungen des Verfassungsartikels 27 umzusetzen sind (Art. 149).

Ein besonderes Problem des spanischen Schulwesens besteht darin, daß nach der Rechtsprechung des Verfassungsgerichts (27.10.1983) die Schüler das Recht haben, außer in Spanisch auch in der Sprache der jeweiligen Autonomen Region unterrichtet zu werden. Dies bedeutet zugleich eine Verpflichtung für die Lehrer, auch die jeweilige Regionalsprache zu erlernen.

3. Das Gesetz des Rechtes auf Bildung

Das Recht auf Bildung ist in dem Gesetz vom 3. Juli 1985 (Ley Orgánica del Derecho al la Educación, abgekürzt: LODE) geregelt. Hier wird der Artikel 27 der spanischen Verfassung (mit Ausnahme des Absatzes 10, der sich auf die Universität bezieht) ausgeführt. In Artikel 1 wird das Recht aller Spanier auf eine Grundschulausbildung, die ihnen die freie Entwicklung ihrer Persönlichkeit ermöglichen soll, wiederholt. Überdies wird aber auch gefordert, dem Einzelnen die Übernahme einer für die Gesellschaft nützlichen Tätigkeit zu ermöglichen. Als Bildungsziele sollen gelten:

(1) Die vollständige Entwicklung der Persönlichkeit des Schülers.
(2) Eine Bildung in Achtung vor den Grundrechten und Grundfreiheiten, die Entwicklung toleranten und freiheitlichen Verhaltens in einer demokratischen Gesellschaft.
(3) Der Aufbau von Arbeitshaltungen im intellektuellen und technischen Bereich sowie die Übernahme von wissenschaftlichen, historischen, technischen, humanistischen und ästhetischen Kenntnissen.
(4) Die Befähigung zu einer beruflichen Tätigkeit.
(5) Ausbildung unter Beachtung der sprachlichen und kulturellen Vielfalt Spaniens.
(6) Die Vorbereitung zur aktiven Mitwirkung im sozialen und kulturellen Bereich.
(7) Förderung einer Bildung, die den Frieden, die Zusammenarbeit und die Solidarität zwischen den Völkern sichern hilft.

Das Gesetz stellte schließlich zwei einschneidende Forderungen auf:

a) Die Errichtung eines Netzes von öffentlichen Schulen zusammen mit subventionierten privaten Anstalten.
b) Die organisatorische Sicherung der Mitbestimmung der gesamten Schulgemeinschaft an der Gestaltung des Schullebens und an der Lehrplanung.

Den nicht subventionierten privaten Schulen wird zugestanden, die Form ihrer Verwaltung eigenständig zu bestimmen. Auch die Auswahl der Lehrerschaft ist ihnen freigestellt, sofern die Lehrer die staatliche Einstellungsvoraussetzungen erfüllen. Ebenso können sie die Aufnahmebedingungen für die Schülerschaft eigenständig regeln.

Die subventionierten privaten Schulen sind in ihrer Gestaltungsfreiheit hingegen deutlich eingeschränkt: der Unterricht muß wie in den staatlichen Schulen unentgeltlich erfolgen. Ähnliches gilt für die Mitwirkungsrechte von Schülern, Lehrern und

Eltern an der Kontrolle und Führung der Schule. Auch die Aufnahme der Schüler muß dem Verfahren an den öffentlichen Schulen entsprechen. Die zusätzlichen Angebote dieser Schulen müssen einen uneigennützigen Charakter haben, und die Freiwilligkeit der Teilnahme an konfessionellen Veranstaltungen muß gewährleistet sein.
Eine besondere Förderung können die Schulen erhalten, "die den Schulungsbedürfnissen der sozial-ökonomisch benachteiligten Bevölkerung entgegenkommen oder diejenigen, die, insofern sie den vorher geschilderten Bedingungen folgen, von (besonderem: A.d.V.) pädagogischem Interesse für das Schulwesen sind" (art. 48.3).

4. Das Gesetz über die "Allgemeine Ordnung des Bildungswesens"

Am 3. Oktober 1990 wurde das Gesetz der "Allgemeinen Ordnung des Bildungswesens" (Ley de Ordenacion General del Sistema Educativo, abgekürzt: LOGSE) verkündet. Dieses Gesetz ist das juristische Resultat eines Vorschlages, der im Weißbuch für die Reform des Bildungswesens von 1989 enthalten ist.
Die Präambel weist erneut zunächst darauf hin, daß zu den Zielen der Bildung die Entwicklung von Freiheit, Toleranz und Solidarität zähle, daß kognitives Lernen immer auch ethische und moralische Werte sowie die individuelle und soziale Dimension miteinbeziehen solle.
Bildung wird sodann als das geeignete Mittel zum Kampf gegen Diskriminierung und Ungleichheit angesehen, gleichgültig ob die Ungleichheit auf Geburt, Rasse, Geschlecht, Religion oder Vorurteil beruht oder ob die Diskriminierung einen sozialen oder familiären Ursprung hat. Die Präambel kritisiert in deutlicher Weise "privilegierte, geschlossene, elitäre und ausschließende Systeme", wie sie aus der Geschichte bekannt sind.
Das Ziel ist das gemeinsame Europa. Die Integration in die Europäische Gemeinschaft bedeutet auch für das spanische Bildungswesen und für jeden einzelnen Spanier, konkurrenzfähig und flexibel zu sein. Zu dieser Flexibilität zählt die europaweite Anerkennung der Lehrpläne und der beruflichen Abschlüsse. Die Bildungsreform war aber auch wegen konkreter juristischer und organisatorischer Mängel erforderlich. So gab es eine Kluft zwischen dem Zeitpunkt des Grundschulabschlusses einerseits und der altersabhängigen Berechtigung für die Aufnahme einer beruflichen Tätigkeit andererseits. Überdies fehlte eine gesetzliche Regelung der vorschulischen Erziehung.
Das neue Gesetz erweitert die Grundschulausbildung (um zwei Jahre) bis zum 16ten Lebensjahr, das dem legalen Anfangsarbeitsalter entspricht. Trotz der erforderlichen und fortschreitenden Differenzierung gilt das Einheitlichkeitsprinzip für diesen Bildungszeitraum als grundlegend. Die Regierung gibt die grundlegenden Strukturen des Unterrichts und des Curriculums vor. Die Autonomen Regionen usw. können das Curriculum der verschiedenen Schulstufen festsetzen.

Die neue Organisation des Schulwesens muß in einem breiten Rahmen struktureller Verbesserungen gesehen werden. Es geht zugleich um eine Verbesserung der Lehrerbildung, der Unterrichtsplanung, der Schulleitung und der Schulaufsicht, der Bildungs- und Berufsberatung usw.

Von besonderer Bedeutung sind die gesetzlichen Neuregelungen der kompensatorischen Erziehung. Durch ein verbessertes ausgleichendes Bildungsangebot, durch die Sicherung von Studienplätzen und durch die Bereitstellung von Stipendien und Studienhilfen soll dafür Sorge getragen werden, die sozialen Ungleichheiten zu mindern. In diesem Zusammenhang wird auch die Integration der Behinderten in das Bildungswesen geregelt. Generell gilt das Prinzip des permanenten Lernens.

Man rechnet damit, daß die Umgestaltung des Bildungswesens in zehn Jahren abgeschlossen sein wird. Die Bildungsstufen sollen (nach dem LOGSE) in folgender Weise unterteilt sein:

a. Vorschulerziehung (0.-6. Lebensjahr)
b. Grundschule (6.-12. Lebensjahr)
c. Mittelstufe (12.-16. Lebensjahr)
d. Oberstufe oder mittlere Berufsschule (17. und 18. Lebensjahr)

Nach dem Abschluß der Schulpflichtzeit (16. Lebensjahr) wird ein Abschlußzeugnis erteilt, mit dem man entweder in die Oberstufe, in jeden ihrer vier Zweige (Kunst, Natur- und Heilwissenschaften, Sprach- und Geisteswissenschaften, Technologie) oder in die mittlere Berufsschule eintreten kann.

5. Die Problematik des neuen Gesetzes

Das Gesetz über die "Allgemeine Ordnung des Bildungswesens" von 1990 hat mit der Flexibilisierung des Curriculums, mit der Erweiterung der Pflichtschulzeit, mit der Möglichkeit, differenzierte Schulabschlüsse zu erreichen, und mit der Verbesserung der Lehrerbildung usw. neue qualitative Akzente im spanischen Bildungswesen gesetzt. Andere durch das Gesetz vorgegebene Entwicklungstendenzen werden in Spanien allerdings kritisch gesehen.

5.1 Die Abschaffung des privaten Bildungswesens

Die privaten Anstalten werden toleriert, aber nicht gefördert oder gar geschützt. Der bildungspolitische Grundsatz "Öffentliches Geld ist für öffentliche Schulen" wird in einer die Begriffe "öffentlich" und "staatlich" identifizierender Weise angewandt. Entgegen der Forderung der Verfassung, nach der den Eltern die freie Auswahl des Bildungsweges für ihre Kinder gewährleistet ist (Art. 27), wird diese Freiheit durch das Gesetz von 1990 faktisch doch eingeschränkt.

Die Politik der Subventionierung hat viele private Schulen gezwungen zu schließen, da die von der Regierung geforderten Bedingungen für sie nicht erfüllbar waren. Dies betrifft besonders konfessionelle Schulen, die weite Teile der Bevölkerung schulisch versorgten. Für diese Schulen wäre es erforderlich gewesen, eine Übergangsregelung für die gesetzlich geforderte Herabsetzung der Klassengröße in der Grundschule (Höchstzahl 25) und in der Mittelstufe (Höchstzahl 30) vorzusehen. Die einzigen Schulen, die ohne Subvention Überlebensmöglichkeiten haben, sind diejenigen, die in vollem Umfang von den Eltern finanziert werden. Die Möglichkeit, die Kinder in eine Schule mit einer bestimmten Weltanschauung zu bringen, ist nur denjenigen vorbehalten, die dies bezahlen können. Die Diskriminierung, die das Gesetz zu vermeiden sucht, taucht also insoweit wieder auf, als das Prinzip der Chancengleichheit nicht auf die Schüler der privaten Schulen angewandt wird.

5.2 "Ideologisierung" des Bildungswesens

Aus der Beschneidung der Entwicklungsmöglichkeiten der privaten Schulen ergebe sich, so befürchtet insbesondere die Katholische Kirche, die Gefahr der Ideologisierung des Bildungswesens. Die Ideologie der Regierungspartei bestimme in unzulässiger Weise die Bildungsziele der Schule. Diese Ideologie widerspiegele in einer "technisierenden und pragmatischen Denkweise das Konzept eines Menschenbildes, bei dem keineswegs die transzendentale und moralische Dimension der Person in Acht genommen" werde. Obwohl das Gesetz an vielen Stellen eine moralische oder ethische Einstellung als erwünschtes Bildungsziel nenne, seien weder die Werte, auf denen es ruht, noch die anzuwendenden Mittel geeignet, dieses Ziel zu erreichen. Insbesondere fehlten die religiösen Dimensionen der Bildung.

5.3 Die Beschneidung der Möglichkeit religiöser Bildung

Bis 1990 mußten die Schüler, die nicht am Religionsunterricht teilnehmen wollten, das Fach Ethik wählen. Nunmehr sind die Schulen zwar weiterhin verpflichtet, das Fach Religion anzubieten. Die Schüler haben allerdings die Möglichkeit, während dieser Unterrichtszeit sich auch mit anderen Unterrichtsgegenständen zu befassen (Unterrichtsstunde mit "dirigiertem Lernen"). Der Religionsunterricht wird auf dem Zeugnis nicht mehr benotet. Die katholische Kirche sieht das Gesetz als nicht mehr mit dem zwischen Spanien und der Kirche abgeschlossenen Konkordaten vereinbar. Einige Autonome Regionen haben unter Hinweis auf ihre 35% des Lehrplans betreffendes Mitwirkungsrecht gegen diese Bestimmungen des Gesetzes Widerstand geleistet. Die spanische Regierung ist offenbar aber weder bereit, Ethik als Alternativfach wiedereinzuführen, noch das Fach Religion im Schulzeugnis wiederzuberücksichtigen.

5.4 Strukturelle und inhaltliche Probleme der Oberstufe

Die Beschränkung der schulischen Oberstufe auf zwei Jahre wird - bezogen auf die lehrplanmäßigen Anforderungen - vielfach als problematisch angesehen. Der Oberstufe ist an allen spanischen Schulen gemeinsam die spanische Sprache und die spanische Literatur (sowie gegebenenfalls die der Autonomen Region), eine ausländische Sprache, Philosophie, Geschichte und Sport. Dazu gibt es noch drei spezifische Fächer für die unterschiedlichen Schulzweige.
Eine große Gefahr wird darin gesehen, daß sich die einzelnen Schulen durch diese Regionalisierung hinsichtlich der Größe, der Lehrerzahl, der Ausstattung, der Qualität und der Inhalte zu sehr auseinander entwickeln und an Vergleichbarkeit verlieren. Es könnte dadurch die Mobilität der Absolventen der spanischen Oberstufe eingeschränkt werden (z.B. Studienmöglichkeit nur an regionalen Universitäten).
Weder ist die Beziehung zwischen der Oberstufe und der Universität noch die zwischen der Berufsschule und den Unternehmen hinreichend präzisiert.

5.5 Integration der Behinderten

Hinsichtlich der Beschulung der Behinderten schreibt das Gesetz von 1990 eine integrative Lösung vor: "Das Schulwesen wird die nötigen Mittel für Schüler mit besonderen Bildungsbedürfnissen (vorübergehende oder auch permanente) zur Verfügung haben, damit sie im gleichen Schulwesen die allgemeinen Ziele, die für alle Schüler gelten, erreichen" (Art. 36). Aber hier fehlt es gegenwärtig nicht nur an den entsprechenden finanziellen und personellen Möglichkeiten. Vielmehr stößt dieses Konzept noch auf grundsätzliche Bedenken von Eltern (der behinderten Schüler) und Lehrern (Problem hinreichender spezieller sonderpädagogischer Ausbildung).

6. Schlußfolgerungen

Die Reform des Schulwesens ist nicht einfach nur eine Angelegenheit entsprechender gesetzlicher Regelungen. Die Reform hängt vielmehr von der Mitarbeit aller am Bildungswesen beteiligter Gruppen ab. Bezogen auf die Mitwirkung der Lehrerschaft stellt das Weissbuch fest: "Die Bildungsreform benötigt das Profil eines bestimmten Lehrers, das sich deutlich von dem des bisherigen Lehrers unterscheidet.". Dieses neue Profil des Lehrers wird dort umschrieben als das eines "professionalisierten Lehrers, der fähig ist, das Umfeld, in dem er seine Tätigkeit ausübt, zu analysieren und zu planen". Er müsse "eine Antwort auf die sich verändernde Gesellschaft geben können" und müsse die Sensibilität für eine auf alle bezogene Allgemeinbildung in der Pflichtschulzeit mit einer Sensibilität für die individuellen Bildungsbedürfnisse in einer Weise verknüpfen, "daß die Ungleichheit überwunden und doch die Individualität eines jeden gefördert wird."

Dies ist ohne Zweifel eine Herausforderung für die staatlichen Verwaltungen und für die Verwaltungen der Autonomen Regionen. Es ist anzunehmen, daß die Autonomen Regionen, soweit sie für das Bildungswesen zuständig sind, aber gleichwohl die überregionalen nationalen und europäischen Ziele im Auge behalten, dieser Herausforderung eher gewachsen sind, weil das dezentralisierte Bildungswesen in der Regel doch eine größere Nähe zu den konkreten Bildungsbedürfnissen der Bürger ihres Gebietes hat.

Wahrscheinlich ließe sich die Dezentralisierung am günstigsten fördern, wenn der Staat die privaten Lehranstalten, die 30% des spanischen Schulwesens darstellen, stärker in die Bildungsreform einbände. Es kann zudem keine dauerhafte Umgestaltung des Bildungswesens ohne die aktive Mitwirkung aller gesellschaftlichen Kräfte geben, insbesondere der Eltern, Schüler und Lehrer. Nur auf diesem dezentralisierten Weg kann das Bildungswesen, auch das spanische, eine gemeinsame und dauerhafte europäische Dimensionierung erreichen.

Wolfgang Mitter

Europas Bildungswesen zwischen Einheit und Vielfalt im Spiegel revolutionärer Wandlungen

1. Einleitende Bemerkungen: Herausforderungen an der Schwelle einer neuen Epoche

Die friedlichen und "sanften" Revolutionen im östlichen Europa am Ende der achtziger Jahre und das Abklingen des West-Ost-Konflikts haben den Weg zur Entwicklung eines "ungeteilten" Europas geöffnet, das seine Konturen für das Zusammenleben von Staaten und Nationen erkennen läßt. Diese Aussicht wird durch den Fortschritt der Europäischen Gemeinschaft zum Binnenmarkt und, darüber hinaus, durch den jüngsten Trend zur Erweiterung der Gemeinschaft europäischer Nationen verstärkt. In dieser Situation gibt es in Bezug auf die politischen Bedingungen zur Überwindung antihumaner Verhaltensweisen und Bestrebungen, wie hegemonialen Denkens und eines ideologischen Dogmatismus, eine fruchtbare Grundlage, wie sie noch niemals in diesem Jahrhundert bestanden hat. Dies ist die eine Seite der Medaille, deren Betrachtung zu optimistischer Ausschau anregt.

Die andere Seite der Medaille freilich vermittelt Einblicke in Perspektiven, die mit Gefühlen der Ernüchterung und Angst verbunden sind. Die vier Tage vom 19. bis 22. August 1991, die nicht nur die Sowjetunion, sondern auch, um John Reeds Worte von der Oktoberrevolution sinngemäß abzuwandeln, "die Welt erschütterten", haben ein gutes Ende gefunden, doch ist die Zukunft des riesigen Landes unter humanen und demokratischen Perspektiven alles andere als entschieden. Dunkle Wolken, die sich mit Flächenbränden vereinigen, beherrschen heute die Region, die vor noch nicht allzu langer Zeit mit dem vermeintlich integralen Staat Jugoslawien übereinstimmte. In diesem Zusammenhang zitiere ich hier Passagen aus einem Artikel, der von *Dominique Moisi*, dem stellvertretenden Direktor des Institut de la Politique Internationale in Paris, verfaßt wurde und in der Zeitschrift "Die Zeit" am 8. Juni 1990 veröffentlicht wurde.[1]

> "Die Euphorie über Europas Befreiung hat sich gelegt. Nun stellt sich die Frage nach dem Europa, das wir in der Zukunft wünschen. Wird es ein Kontinent der Aufklärung sein, der die Positionen überwindet, die ihm künstlich aufgesetzt worden sind und eine neue Allianz der Verantwortung, Wohlfahrt und Kultur werden - unter dem Motto der Demokratie? Kann Europa seine frühere Bedeutung an der Schwelle zum 21. Jahrhundert wiedergewinnen, seine inneren Spannungen überwinden und, vor allem, seine helfenden Hände den weniger begünstigten Regionen der Welt reichen? Wird dieses humanistische Europa seine Position bewahren, geschützt durch liberale und pluralistische Werte?

Die Antwort ist noch offen, denn es existiert auch ein anderes Europa. Dieses ist durch die Rückkehr zu den bösen Geistern der Vergangenheit geprägt, es fühlt sich zu den nicht erschütterten Versuchungen des Fremdenhasses, des Rassismus und des Chauvinismus hingezogen, ist in verzweifelter Suche nach seiner Identität und tut dies, indem es andere ausschließt, um seine inneren Ängste zu besänftigen. Das plötzliche, unerwartete Auftauchen antisemitischer Tendenzen im östlichen und westlichen Europa ist nur der aktuellste und sichtbarste Ausdruck dieser gefährlichen Entwicklung."

Diese aussagekräftigen Worte des französischen Politikwissenschaftlers sprechen für sich; hinzuzufügen ist ihnen freilich, daß die "gefährlichen Entwicklungen" weiteren höchst "aktuellen und sichtbaren Ausdruck" gefunden haben. Bildung und Erziehung sind in die grundlegende Herausforderung einbezogen, die darin besteht, die hier offenkundig werdende Ambivalenz gedanklich und praktisch zu bewältigen. Wenn wir diese Herausforderung identifizieren, sollten wir uns der historischen Tatsache bewußt sein, daß Bildung und Erziehung in der Vergangenheit häufig eine zweifelhafte Rolle gespielt haben, indem sie die düsteren Merkmale eines aggressiven Nationalismus und Chauvinismus verstärkten.

Was den Beitrag von Bildung und Erziehung, insbesondere der Schule, zum Weg in ein ungeteiltes und vereintes Europa betrifft, so ist dieser im Vergleich zu den Entwicklungen im sozioökonomischen und politischen Subsystem der Gesellschaft zweifellos begrenzt. In diesem zugegebenermaßen beschränkten Sinne ist die grundlegende Herausforderung freilich *radikal pädagogisch.* In dieser Qualität übt sie darüber hinaus ihre Wirkungen auf die kulturellen Konfigurationen der europäischen Nationen und Regionen aus, und sie bringt uns unser europäisches Erbe zum Bewußtsein.

Dieser Beitrag ist auf Gegenwartsfragen konzentriert. Um diese zu verstehen, ist jedoch ein Blick in die Geschichte notwendig. Er soll dazu dienen, eine Brücke zwischen Vergangenheit, Gegenwart und Zukunft zu bauen, wenn auch nur auf eine exemplarische und fragmentarische Weise.

2. Einheit und Vielfalt: Die Grundspannung in der europäischen Geschichte

Die permanente Spannung zwischen Einheit und Vielfalt ist in der europäischen Geschichte seit der Antike verwurzelt. Viele Anstrengungen wurden unternommen, um Regionen, Länder und Nationen zusammenzubringen, und groß ist die Zahl ihres Scheiterns. Bevor ich dieses Problem erläutere, möchte ich zwei Bemerkungen vorausschicken:

Erstens: Wenn wir von gesamteuropäischen Bewegungen sprechen, müssen wir uns der Unterschiede bewußt sein, die durch Raum und Zeit bestimmt sind. Beispielsweise können Reformation und Gegenreformation als übernationale Bewegungen identifiziert werden, doch bedeutet dies nicht, daß sie *alle* europäischen Länder im gleichen Ausmaße oder während der gleichen Periode betroffen hätten.

Zweitens: Seit dem Mittelalter ist die Grenze Europas kontrovers diskutiert worden. Auch war Europa als Idee und Wirklichkeit stets dynamisch geprägt, und daran hat sich bis in die Gegenwart nichts geändert. Zwar ist Europas Südwestgrenze seit dem Ende der Reconquista in Spanien definiert. Die Bestimmung von Europas Ostgrenze hat sich dagegen stets als komplizierte Aufgabe erwiesen, allein schon wegen der Tatsache, daß die Geographie keine "natürliche Grenze" anbietet. Bei der Suche nach dem übergreifenden Kriterium dessen, was Europa konstituiert, richtet sich zunächst unsere Aufmerksamkeit auf das kulturelle Erbe, das aus der Synthese zwischen griechisch-römischer Antike und katholischem Christentum resultiert. Humanismus, Reformation und Aufklärung sind aus dieser Synthese geboren. Daher haben das Christentum mit seinen Konfessionen, der Humanismus und die Aufklärung ihre "vereinheitlichenden" Wirkungen auf Bildungs- und Erziehungsziele, Bildungsinhalte und Erziehungsformen bis zum heutigen Tage ausgeübt.

Rußland und die östliche Region Südosteuropas blieben demgegenüber jahrhundertelang draußen. Das orthodoxe Christentum hatte einen anderen Lebens- und Erziehungskode entwickelt, und überdies vertieften die tatarischen und türkischen Eroberungen die Kluft zwischen den westlichen und östlichen Teilen des Kontinents. Die Reformen Peter des Großen und die Befreiungsbewegungen der südosteuropäischen Nationen legten jedoch den Grund für die Annäherung des "Ostens" an das "Europa", wie es soeben umrissen worden ist. Daher sind wir berechtigt, von überregionalen politischen und sozialen Entwicklungen und von grenzüberschreitenden Erziehungsmustern in Europa seit dem 18. und 19. Jahrhundert zu sprechen, wenngleich die Spannung zwischen Ideal und Wirklichkeit dabei stets mitbedacht werden muß. Das Fazit dieser einführenden Globalbetrachtung lautet: Die Reichweite Europas ist nicht statisch zu begreifen; "Europa" ist vielmehr ein "Prozeß".

Das 18. Jahrhundert begründete das moderne Bildungswesen als eine Begleiterscheinung des entstehenden modernen Staates in bezug auf Verwaltung, Rechtsprechung und Militärwesen. Ein sichtbares Ergebnis dieser Entwicklung war die Schulpflicht, die grundsätzlich *alle* Kinder und Jugendlichen innerhalb eines Staates erfaßte. Vorläufer dieser Inititative waren im 17. Jahrhundert protestantische Fürsten im Heiligen Römischen Reich; sie repräsentierten die gemeinsame Anstrengung von Protestantismus und entstehendem absolutistischem Staat. Demgegenüber lassen die Initiatoren der umfassenden Schulgesetze des 18. Jahrhunderts, nämlich König *Friedrich der II.* von Preußen und Kaiserin *Maria Theresia* von Habsburg, die Verbindung zwischen Absolutismus, Merkantilismus und Aufklärung sichtbar werden; sie demonstrierten auf diese Weise ein Zusammenwirken von ökonomischen, politischen und philosophischen Motiven[2]. Die Aufmerksamkeit für Initiativen, die von absolutistischen Herrschern ergriffen wurden, darf freilich nicht das analoge Interesse verdecken, das Gemeinschaften entwickelten, deren politische Strukturen in partizipativen Prinzipien gründeten. Dies gilt beispielsweise für die Schulpolitik der Presbyterianer in Schottland - auf den Grundlagen der Ideen des schottischen Reformers *John Knox* [3].
Die Schulentwicklung des modernen Staates kann als eine der wichtigsten Vorkehrungen für ein übernationales gesamteuropäisches Bildungswesen angesehen werden - und zwar unter Einschluß Rußlands und später auch Südosteuropas. Wesentlich ver-

stärkt wurde dieser Trend durch zwei folgenreiche revolutionäre Geschehnisse. Zum einen haben wir an die Industrielle Revolution zu denken, welche den Bedarf an und den Ruf nach Pflichtschulen und einem effizienten Schulwesen als Instrumente für technischen, ökonomischen und wissenschaftlichen Fortschritt steigerte. Zum anderen muß die Französische Revolution als verstärkender Faktor genannt werden, denn sie bewirkte das Bündnis zwischen modernem Staat und Nationbildung - zugleich aber auch die erste "Teilung Europas" in dessen neuerer Geschichte mit ihren Folgen für Kultur und Bildung.
Dem französischen Beispiel folgend, etablierten sich die meisten westeuropäischen Länder als "Nationalstaaten", die sich auf das Prinzip *einer* Nationalsprache gründeten; diese sollte die öffentliche und offizielle Kommunikation ausschließlich prägen oder zumindest dominieren. Das Bildungswesen wurde von diesem Prinzip zumindest in der Hochschulbildung und der hochschulvorbereitenden Sekundarbildung erfaßt. Mit der Monopolstellung der "Nationalsprache" ging die Vermittlung politischer Kultur einher, die ihrerseits großen Einfluß auf die Hinführung von Schülern und Studenten zur Akzeptanz "nationaler Identität" ausübte. Als stärkste und wirksamste Medien in diesem Steuerungsprozeß wurden die Schulfächer Geschichte und Sprache/ Literatur instrumentalisiert, und zwar lange bevor spezifische Unterrichtsfächer für soziale und politische Bildung, wie z.B. Staatsbürgerkunde und Sozialkunde, eingerichtet wurden.
Daß in manchen der westeuropäischen Länder die nationale Kohärenz die Existenz ethnischer Minderheiten mit eigenen Sprach- und Kulturmustern verdeckte, wurde lange Zeit als *quantité négligeable* betrachtet; dieses Defizit wurde im zweisprachigen Belgien am Ende des 19. Jahrhunderts offenkundig, während Spanien und schließlich Frankreich mit ihm erst in diesem Jahrhundert in vollem Maße konfrontiert wurden[4]. Jedenfalls erwies sich das Konzept des "Nationalstaates", das die Französische Revolution hinterlassen hatte, ein Jahrhundert lang als stabil, und seine Allianz mit dem politischen Liberalismus untermauerte diese Stabilität.

Demgegenüber überlebten die multinationalen und multikulturellen Imperien in Mittel- und Osteuropa, insbesondere die Habsburgermonarchie und Rußland, ihre - im politischen Sinne - vorrevolutionäre Gestalt; es gelang ihnen sogar, diese so weit zu modernisieren, daß sie ein weiteres Jahrhundert lang fortexistieren konnten. Als multinationale Einheiten waren sie aber nicht fähig, die soziopolitische Aufgabe zu lösen, praktikable Muster der Koexistenz, geschweige denn Kooperation, unter ihren "Nationalitäten" zu entwickeln[5]. In bezug auf diesen politischen Sachverhalt müssen zwei weitere Imperien dieser Gruppe zugeordnet werden, nämlich das multinationale Ottomanische Imperium und das von Bismarck gegründete Deutsche Reich. Dieses unterschied sich als "Spätling" von den anderen Imperien zwar dadurch, daß es im eigentlichen Sinne nicht multinational war, doch war auch es - mit seiner dänischen, polnischen, sorbischen und französischen Minderheit und vor allem seinen "vorrevolutionären" Konstitutionsmerkmalen - kein "Nationalstaat" im Sinne der "westeuropäischen Konfiguration".
Die Bildungsgeschichte spiegelt die ungelöste "nationale Frage" in Mittel- und Osteuropa auf der Makroebene zentraler und regionaler Entscheidungsprozesse wider. Dies ist nachzuvollziehen an der Erarbeitung und Verabschiedung von Schulgesetzen, der Einführung oder Revision von Lehrplänen, der Verwendung von Schulbüchern

und der Ernennung von Schulverwaltungsbeamten, Schulleitern und Lehrern. Einsichten in diese Problemlage werden bekräftigt durch Untersuchungsbefunde der Mikroebene, denn sie lassen erkennen, *wie* die Anweisungen "von oben" in die alltägliche Schulpraxis übersetzt wurden. Je mehr die Imperien, die weiterhin auf autoritärer Grundlage regiert wurden, fortfuhren, ihre "vor-nationalen" Konzeptionen ihren nationalen Minderheiten aufzuzwingen, desto stärker waren deren Reaktionen durch Widerstand oder zumindest durch Unterlaufen offizieller Anweisungen; die Errichtung von "Untergrundschulen" erscheint dabei als extreme Variante[6]. Die Konflikte expandierten vor allem in Deutschland und Rußland, wo die staatlichen Behörden Verbündete in nationalistischen Bewegungen unter ihrer Mehrheitsbevölkerung fanden; diese erwiesen sich als Propagandisten einer "Germanisierung" bzw. "Russifizierung".

Bei der Geburt der neuen Nationalitäten und Nationen spielten die - häufig ambivalenten - Loyalitätskonzeptionen unter Lehrern - insbesondere unter denen, die Angehörige von Minderheiten waren - eine wichtige Rolle, zusammen mit dem Einfluß, den lokale und regionale Körperschaften sowie ideologiegebundene Verbände in Schulangelegenheiten ausübten. Die Archive enthalten vielfache Zeugnisse von Konflikten, die häufig zu Gerichtsprozessen führten[7]. Diese wiederum belegen die politische und ideologische Spannung, welche die unruhige Situation in den mittel- und osteuropäischen Regionen Europas kennzeichnete. Während das Modell des westeuropäischen "Nationalstaates" auf dem Prinzip der Individualrechte beruhte und später durch das demokratische Prinzip ergänzt wurde, tendierten die Nationalitäten und Nationen in der östlichen Hälfte Europas dazu, *Johann Gottfried Herder*s Philosophie zu folgen. Er hatte die Völker als objektive und historisch determinierte Formationen definiert, die durch Sprache, Brauchtum und kulturelles Erbe geprägt seien. In den erwähnten Gerichtsverfahren, wie sie in großer Zahl aus dem Habsburger-Reich dokumentiert sind, wurden freilich, trotz der herrschenden Tendenz, Kontroversen offenkundig, welche den Schulbesuch von Kindern in gemischtsprachigen Schulen betraf. Während es Eltern gab, welche für ihre Kinder die Schulwahl nach eigener Entscheidung beanspruchten, und zwar unabhängig von der zu Hause gesprochenen Sprache, bestritten die Sprecher nationaler Gruppen diesen Anspruch, indem sie betonten, daß es niemandem erlaubt sei, "gegen die Interessen" seiner (oder ihrer) nationalen Gemeinschaft zu handeln, geschweige diese zu verlassen. Sie erstrebten, wenn auch erfolglos, den Status von Körperschaften mit spezifischen politischen Rechten zu erreichen, wie sie das Ottomanische Reich seinen nicht-muselmanischen Gruppen im "Millet"-System gewährleistet hatte[8].

Die Nationalstaaten, die dem Zusammenbruch der multinationalen Imperien am Ende des Ersten Weltkrieges folgten, erbten die ungelöste Aufgabe, tragbare Formen einer Koexistenz unter ihren Nationalitäten zu entwickeln und dementsprechend das Sprachproblem in ihren Territorien zu lösen. Die Errichtung autoritärer und halbfaschistischer Regime in Mittel-, Süd- und Südosteuropa - von den Baltischen Republiken bis nach Griechenland - beschleunigte das Scheitern der Demokratiebildung auf der Grundlage der Vereinbarkeit individueller Rechte auf der einen und körperschaftlicher Organisation nationaler Gruppen auf der anderen Seite. Nur die Tschechoslowakei überlebte, auf der Grundlage ihrer historischen Wurzeln, als echte parlamentarische Demokratie, ausgestattet mit verfassungsmäßig garantierten Bürgerrechten. Freilich war auch sie nicht in der Lage, ihr "Nationalitätenproblem" zu

lösen, vor allem im Hinblick auf die Integration ihrer großen deutschsprachigen (sudetendeutschen) Minderheit, von dem in unseren Tagen neu belebten Konflikt mit den Slowaken als "zweiter Staatsnation" abgesehen.
Die Geschichte der ersten Tschechoslowakischen Republik ist indessen nicht arm an Anstrengungen der Verständigung, und zwar auf tschechischer und deutscher Seite[9]. Die Wirkungen dieser Bemühungen auf die Lage im Bildungswesen in den deutschsprachigen Schulen wurde auch hier in den Fächern Geschichte und Sprache/Literatur deutlich und, darüber hinaus, in dem neu geschaffenen Fach "Staatsbürgerkunde". Sollten die Schulen und, im besonderen, diese Fächer einen Beitrag zur Lösung des Loyalitätskonflikts, in den Lehrer und Schüler verwickelt werden, wie sie in den Arbeiten von *Gottfried Preissler*, einem der führenden Erziehungswissenschaftler und Sprecher der deutschsprachigen Lehrerverbände, wiederholt erörtert wurde. Seine Gedanken kreisten um die Notwendigkeit, die deutschsprachigen Jugendlichen der Tschechoslowakei zu gleicher Zeit zu (tschechoslowakischen) "Staatsbürgern" und (im ethnisch-kulturellen Sinne) zu "Volksbürgern" zu erziehen[10]. Die allgemeine politische Entwicklung seit Hitlers Machtergreifung in Deutschland und schließlich das Ende der ersten Tschechoslowakischen Republik machten all diesen Bemühungen ein Ende. *Preissler*s Arbeiten sind freilich bis heute aktuell, nicht nur als historische Zeugnisse, sondern auch als konzeptionelle Anregungen zur Erfassung der gegenwärtigen Situation des Nationalstaates zwischen Nationalismus (Nationalstaatlichkeit), Regionalismus und Internationalismus. Auf dieses Problem kommen wir später zurück.
Der Erste Weltkrieg und sein Ergebnis führten auch zur Errichtung der Sowjetunion. Während diese ihre multinationale Gestalt von ihrem zaristischen Vorgänger erbte, entwarfen die neuen Herren das Postulat einer multinationalen Gemeinschaft mit dem Recht für alle "nationalen" Gruppen, ihre Muttersprachen zu bewahren und sogar zu entwickeln und zu diesem Zweck Schulen einzurichten[11]. In diesem Zusammenhang ist es geboten, die - grundlegend kontinuierlich geführten - ideologischen Debatten in der Sowjetunion bis zum Einsetzen der Perestrojka zu umreißen. Sowjetische Ideologen definierten stets die Integration ihrer übernationalen Gesellschaft als zentrale Aufgabe. Die relevanten Normen bezogen sie hierfür aus der marxistisch-leninistischen (und zeitweise auch stalinistischen) Ideologie. Weder die Direktive noch die politische Praxis berechtigen freilich zu der Annahme eines linearen oder konsequenten Prozesses. Der Kern der Frage aber, der wiederholt diskutiert wurde, bezog sich auf die Vereinbarkeit nationaler und kultureller Pluralität mit der postulierten Einheit der "sozialistischen Gesellschaft", welche sich nicht nur durch die endgültige Abschaffung aller Klassenunterschiede, sondern auch durch das "Zusammenfließen" (slijanie) der Nationen und Nationalitäten auszeichnen sollte. Der Gebrauch des Begriffs "sowjetisches Volk" sollte dieses Ziel antizipieren. Demgegenüber vertrat die marxistisch-leninistische Ideologie zur gleichen Zeit die Theorie des "Erblühens" (rascvet) der sozialistischen Nationen und des Anwachsens ihres nationalen Selbstbewußtseins. Inhalt und Reichweite der beiden Begriffe und des ebenfalls vertretenen Begriffs "Annäherung" (sblizenie) blieben insofern unklar, als bei ihrer Verwendung in allgemein gehaltenen ideologischen Erklärungen Gegenwartsanalysen mit Zukunftserwartungen vermengt wurden. Ungeachet des Auf und Ab in der ideologischen Debatte entsprach die Schulpraxis zu keiner Zeit dem vermeintlichen Ziel eines "Aufblühens" der Nationen, und unter der faktischen

Dominanz der Russifizierung wurde die Saat der Zwietracht früh gesät, obwohl sich diese unter dem Schirm angeblicher Harmonie dem Blick des auswärtigen Beobachters weithin entzog.

Zusammenfassend sei hervorgehoben, daß die Bildungsgeschichte als Teil der allgemeinen Geschichte Europas während des 19. und der ersten drei Jahrzehnte des 20. Jahrhunderts erkennen läßt, daß die zentrifugalen Kräfte die zentripetalen hinter sich ließen. Wenn man auf die Entwicklung des Nationalismus von einer Bewegung, die zunächst mit Freiheit und Demokratie verbündet war, zu einem inhumanen Strom blickt, ist eine solche Bewertung wohl zu vertreten, und man fühlt sich an *Franz Grillparzer*s Worte erinnert, daß "ein direkter Weg von der Humanität über die Nationalität zur Bestialität" führe.
Demgegenüber dürfen freilich auch die "internationalisierenden" Strömungen jener Periode nicht übersehen werden. Verwurzelt in den beiden "revolutionären" Geschehnissen am Ende des 18. Jahrhunderts, gingen auch sie weiter. Vor allem müssen wir in diesem Zusammenhang die Wirkungen der Industriellen Revolution auf das Voranschreiten von Wissenschaft und Technik und die damit verbundene Bereitstellung wachsender Mittel für zwischenmenschliche und interkulturelle Kommunikation untersuchen. Wie sehr sich auch die Lehrpläne in den einzelnen Staaten dadurch voneinander unterschieden, daß sie die eigene Geschichte glorifizierten und andere Völker häufig diskriminierten, lassen sich zugleich Konvergenzen feststellen, die aus den grenzüberschreitenden Fortschritten der Wissenschaft resultieren. Darüber hinaus wirkten die Ideen der Französischen Revolutionäre sogar unter dem Druck rechtsradikaler Diktaturen latent weiter und beeinflußten Bildungsdiskussionen, was aus Zeitschriften und anderen Publikationsformen nachzuweisen ist.
Schließlich gibt es Zeugnisse über Interaktionen von Lehrern und Schülern verschiedener Nationalitäten in der Schulpraxis, oftmals in Gegnerschaft zum "großen politischen Schauplatz" und, glücklicherweise, häufig von dessen Akteuren unbemerkt. Auch durch die Kommunikation unter den Vertretern der übernationalen Reformpädagogik während der ersten beiden Jahrzehnte des 20. Jahrhunderts wurden "internationale" Tendenzen im Bildungswesen gefördert.

3. Europa unter dem Druck des "Kalten Krieges"

Hitlers Niederlage legte, anstatt Chancen für ein ungeteiltes Europa zu eröffnen, den Grund für eine erneute Teilung des Kontinents in zwei politische und ideologisch geteilte Regionen. Man kann von einem Wiedererstehen der beiden historischen Varianten sprechen, die Europa im 19. Jahrhundert in die westliche Region der Nationalstaaten und die östliche Region der multinationalen und vor-demokratischen Imperien geteilt hatte. Natürlich war die neue Teilung von einer anderen und zweifellos radikaleren Reichweite. In Westeuropa, das nunmehr den westlichen Teil Deutschlands (die Bundesrepublik Deutschland) einschloß, wurde die politische Ordnung zum einen auf die (Re-)Stabilisierung von Nationalstaaten gegründet, während andererseits frühzeitig das Ziel einer Integration konzipiert wurde; es ist seit dem Ende der vierziger Jahre entworfen und ausgeformt worden. Auf die Gründung des Europarats 1948 folgte die Entwicklung der 1957 gegründeten Europäischen Wirtschaftsgemeinschaft zur Europäischen Gemeinschaft bis zu deren heutigem Stand. Das Bildungswesen ist von diesem Trend auf verschiedene Weise beeinflußt worden: Von der Einführung von Lehrplänen und Schulbüchern bis hin zur Organisation von Austauschprogrammen für Lehrer und Schüler auf verschiedenen Stufen. Darüber hinaus ist, parallel zur zunehmenden Öffnung der Schulen, der nichtformale Bildungsbereich in die Annäherungsprozesse einbezogen worden.

Osteuropa, einschließlich des östlichen Teils Deutschlands (der Deutschen Demokratischen Republik), wurde dagegen dem "proletarischen (sozialistischen) Internationalismus" als der ideologischen Doktrin unterworfen, welche den nationgebundenen "Patriotismus" mit einer "höheren Qualität" ausstatten sollte. Tatsächlich sollte indessen die Propagierung dieser Doktrin als Mittel dazu dienen, die Hegemonialpolitik der Sowjetunion in ihren Beziehungen zu ihren westlichen Nachbarn und auch im Inneren zu ihren nichtrussischen Nationalitäten zu unterstreichen. Im sowjetischen Bildungswesen selbst wurde diese Politik offenkundig in der bereits angedeuteten Zunahme der russischsprachigen gegenüber den "nationalen" Schulen, d.h. den Schulen mit nichtrussischer Unterrichtssprache. Auch wurde die Konzeption zweisprachiger Erziehung dadurch manipuliert, daß nur die nichtrussischen Schüler russisch lernen mußten[12].
In den "sozialistischen" Nachbarländern wurde der Russischunterricht bereits in der Primarstufe eingeführt, und zwar als erste verbindliche Fremdsprache. Wie in vergleichbaren bilingualen oder multilingualen Situationen zeitigte diese Politik häufig die entgegengesetzte Wirkung; die Schüler lernten die "ungeliebte" Sprache nur widerwillig, und die Ergebnisse waren in vielen Fällen eher armselig. Dies muß um so mehr berücksichtigt werden, als diese Reaktion ihrerseits den ungünstigen Nebeneffekt hatte, daß die Bedeutung der regionalen *lingua franca* als eines Schlüssels für ökonomische und soziale Mobilität mißachtet wurde, ganz zu schweigen von den ästhetischen und literarischen Qualitäten der russischen Sprache[13].
Wenn man dieses Dilemma kommentiert, scheint es erklärlich, daß die jüngsten revolutionären Ereignisse selbst den offenen Ausbruch nationalistischer Gefühle und Verhaltensweisen ausgelöst haben, welche bis vor kurzem unterdrückt, doch stets latent vorhanden gewesen waren.

In Westeuropa führten im gleichen Zeitraum ungelöste Nationalitätenprobleme zu Konflikten, insbesondere in binationalen und multinationalen Regionen, wie z.B. in Spanien, Belgien und Südtirol. Sie alle haben das Bildungswesen beeinflußt, und sie ähnelten denen der vorausgegangenen Perioden in auffallendem Maße.
Demgegenüber ist auch Internationalismus im Bildungswesen nicht nur als Äußerung des Aufbruchs zu supranationalen Institutionen in Westeuropa zu beobachten. Jenseits dieses Trends auf dem "großen" politischen Schauplatz hat das gemeinsame kulturelle Erbe zusammen mit den Auswirkungen der Industriellen Revolution einen Beitrag zum Offenhalten von Aufgaben geleistet, die für *beide* Hälften Europas zu bewältigen waren. Diese waren darauf konzentriert, wie das Problem der Gleichheit der Bildungschancen gelöst werden sollte. Ebenso mußten Qualifikationsverfahren auf den verschiedenen Stufen des Bildungssystems sowohl im Westen als auch im Osten

entwickelt werden. Analogien, die sich aus solchen gemeinsamen Grundaufgaben ergaben, erklären, daß die Errichtung von Gesamtschulen im Sekundarbereich auf der Tagesordnung der Bildungspolitik nicht nur in den "sozialistischen Ländern" gemäß ihrer ideologischen Doktrin stand, sondern auch im Westen durch Diskussionen über Gleichheit der Bildungschancen sowie über Leistung und Effizienz im Bildungswesen stimuliert wurde. Besonders die Auseinandersetzungen mit der Struktur des Sekundarbereichs verliefen daher *nicht* entlang der politischen Grenzlinie, sondern überschritten sie, indem in ganz Osteuropa *und* in den meisten westeuropäischen Ländern "Einheitsschulen" bzw. "Gesamtschulen" errichtet wurden[14].

Das Abklingen des West-Ost-Konflikts wurde durch folgende Entwicklungen angekündigt und vorbereitet:
- die Entspannung zwischen west- und osteuropäischen Ländern, die gewisse Erleichterungen im Reiseverkehr und in der Kommunikation über die "Grenze" nach sich zog; davon profitierten u.a. Wissenschaftler und, wenn auch zu einem geringeren Grad, Studenten;
- den mehr oder weniger starken Trend zum Pluralismus innerhalb "Osteuropas", nämlich in Ungarn und Polen - ebenfalls mit besonderen Wirkungen auf Kommunikation und Reiseverkehr;
- schließlich *Michail Gorbacev*s Perestrojka in der Sowjetunion und deren Auswirkungen auf die osteuropäische Region als Ganzes.

Nichtsdestoweniger sind es die Massen, die Menschen, gewesen, welche erfolgreichen Gebrauch machten von den Chancen, die ihnen *Gorbacev*s Politik eröffnete.

4. Neue Herausforderungen an das Bildungswesen

Auf dem Weg zur Überwindung seiner Teilung muß sich Europa mit einigen neuen Herausforderungen auseinandersetzen, welche ihrerseits mit der Überprüfung bestehender und der Identifizierung neuer Probleme verbunden sind. In einer groben Kategorisierung ist es zunächst sinnvoll, von den Herausforderungen zu sprechen, die durch die sozioökonomischen, politischen und kulturellen Rahmenbedingungen des Bildungswesens verursacht sind; die zweite Kategorie umgreift demgegenüber die Herausforderungen, die aus dem Bildungswesen selbst kommen, und zwar von dessen Makro- und Mikroebene. Beide Kategorien sind ihrerseits verknüpft in ihrem Auftrag zur "Internationalisierung" ("Europäisierung") des Bildungswesens in Europa.

Innerhalb der ersten Kategorie richtet sich die erste Herausforderung auf die Aufgabe des Bildungswesens in der Heranführung der jungen Generation zur Akzeptanz und Internalisierung humanistischer und demokratischer Werte. Sie bezieht sich zunächst auf die Länder, die sich in jüngster Zeit aus der totalitären Diktatur gelöst haben. Man muß aber hinzufügen, daß Fremdenhaß, Rassismus und Chauvinismus als die dunklen Äußerungen des Nationalismus auch in Westeuropa vorhanden sind; in Osteuropa handelt es sich um eine Wiedergeburt. Ich möchte zu diesem Punkt in meinen Schlußbemerkungen zurückkommen.

Diese neue Herausforderung betrifft sowohl das formale als auch das nichtformale Bildungswesen. Was das formale Bildungswesen, die Schule, betrifft, müssen Curriculumplanungen auf die Identifizierung der *Werteerziehung* als eines überfachlichen Ansatzes konzentriert werden. dabei geht es nicht nur um die Fächer Geschichte und Staatsbürgerkunde (politische Bildung, Gemeinschaftskunde usw.); vielmehr müssen kognitive und affektive Ziele und Verfahren kombiniert werden, und darüber hinaus ist Werteerziehung als eines der obersten Ziele im *ganzen* Bildungs- und Erziehungsprozeß anzuerkennen. Ohne die Einbeziehung der nichtformalen Bildung in diesen Prozeß wären alle Anstrengungen freilich von vornherein zum Scheitern verurteilt (siehe unten).
Die Werteerziehung muß sich in Situationen behaupten, in denen die Schulen mit umfassenden Wandlungen der Moralvorstellungen innerhalb nationaler und regionaler Gesellschaften konfrontiert sind. Die Wandlungen haben sogar ihre Wirkungen auf die Definition von Werten, insbesondere von Grundwerten, darüber hinaus auf die Handlungsanweisungen. In den westeuropäischen Ländern sind die öffentlichen Schulsysteme unmittelbar in diese Wandlungsprozesse verwickelt, denn sie sind "neutral" in dem Sinne, daß sie "über" den Wertekonflikten stehen sollen. Dies ist insofern schwierig, als in der täglichen Schulpraxis Entscheidungen zu beobachten sind, die "versteckte" Parteilichkeit oder Desinteresse unter den Lehrkörpern erkennen lassen[15]. Demgegenüber orientieren sich die westlichen Demokratien seit dem Zusammenbruch der totalitären oder autoritären Regime im Westdeutschland, Italien, Spanien, Portugal und Griechenland an der allgemeinen Akzeptanz von *Grundwerten* durch ihre Bürger, wie Menschenrechte, Pluralismus und demokratische Entscheidungsfindung. Diese Akzeptanz entlastet Schule und Lehrer aber nicht von der Notwendigkeit, Konflikte zu lösen, zumal diese ein konstitutives Element der Demokratie in der westlichen Konzeption darstellen. Darüber hinaus legt diese Akzeptanz den Grund für substantiellen Konsens. Der Zusammenbruch der sozialistischen Regime in Osteuropa hat das Gegenmodell deutlich beleuchtet, das dort vor den "sanften Revolutionen" bestanden hatte. Lehrer fanden sich mit der Aufgabe konfrontiert, ihren Schülern die Werte zu vermitteln, die durch die offizielle Version der marxistisch-leninistischen Ideologie legitimiert waren, und zwar Schülern, von denen die meisten zur gleichen Zeit mit alternativen oder sogar entgegengesetzten Wertemustern in Berührung kamen - in ihren Familien und *peer groups* oder auch im Engagement in religiösen Gemeinschaften und sogar in Gruppierungen "unpolitischen" Charakters. In den Fällen, und es gab deren viele, in denen Lehrer sich selbst nicht an die offiziellen Werte gebunden fühlten, die sie vermitteln mußten, wurde der interpersonale Konflikt durch einen intrinsischen, intrapersonalen Konflikt verschärft. Diese Situation führte zu weitverbreitetem Vorhandensein schizophrener Verhaltensweisen unter Lehrern und natürlich auch unter Schülern, die während der Unterrichtsstunde Aussagen machen mußten, die gegen ihre eigenen Überzeugungen verstießen. Nunmehr, nach den revolutionären Geschehnissen, scheint es, daß Jugendliche ihre frühere "Bewußtseinsspaltung" leichter überwinden können als ihre Lehrer, und zwar einschließlich der Lehrer, die zur "inneren Opposition" zählten[16].
In dieser radikalen Konstellation hält die oben vorgestellte These, daß die Werteerziehung als erste Herausforderung zu nennen ist, ihre substantielle Bekräftigung.

Die zweite Herausforderung: Die ehemaligen "sozialistischen" Länder haben sich ihrer politischen Systeme entledigt, die unter ideologischem Aspekt gleichermaßen zentralisiert und totalitär waren. Demgegenüber befinden sich die Mitglieder der Europäischen Gemeinschaft auf dem Wege zum Binnenmarkt, welcher den Transfer von Kompetenzen von nationalen zu supranationalen Behörden einschließen wird, u.a. im Bildungswesen. Könnte die Spannung zwischen supranationaler Zentralisierung und nationaler Wiedergeburt in einem neuen Dilemma enden?
Es scheint, daß diese Gefahr nicht besteht, solange der Weg zum Zentralismus auf der supranationalen Ebene von einer Strömung zu regionalen und örtlichen Autonomien begleitet wird, wie sie bereits in mehreren Regionen Europas sichtbar geworden ist. Beispielsweise sind grenzüberschreitende Aktivitäten zwischen Baden (Deutschland), dem Elsaß (Frankreich) und dem Kanton Basel (Schweiz) initiiert worden; sie haben seit langem fruchtbare Wirkungen der Kooperation auf verschiedenen Feldern gezeitigt[17]. Schulen und Jugendorganisationen sind in verschiedenen Programmen gegenseitiger Besuche und in gemeinsamen Lern- und Freizeitaktivitäten engagiert, die unter der Zielsetzung "interkultureller Erziehung" in Gang gesetzt worden sind (siehe unten). Analoge Aktivitäten dürften aus den kürzlichen Initiativen zwischen Österreich und Ungarn hervorgehen[18]. Alle Versuche, Schulsysteme zu dezentralisieren und in diesem Zusammenhang Kompetenzen an regionale und lokale Agenturen in einem optimalen Ausmaße zu delegieren, verdienen Beachtung und Unterstützung, solange die gesamtgesellschaftlichen Belange und Ansprüche nationaler und supranationaler Reichweite kontrapunktiv mitberücksichtigt sind.

Die dritte Herausforderung: In den vorausgehenden Abschnitten habe ich besondere Aufmerksamkeit der europäischen Vielfalt im Hinblick auf nationale und ethnische Differenzierungen geschenkt. Diese historische Variante der "Multinationalität", die aus dem Zusammenleben einheimischer ethnischer Gruppen besteht, ist keineswegs verschwunden, um auf *Dominique Moisis* Kommentar zurückzukommen. Im Gegenteil können wir eine "ethnische Wiedergeburt" beobachten, wie sie *Anthony D. Smith* in seiner anregenden Analyse dargestellt hat[19]. In diesem Zusammenhang müssen wir auf die Autonomieströmungen (oder sogar dem Streben nach Unabhängigkeit) unter Basken, Korsen und Wallisern in Westeuropa z.B. ebenso schauen wie auf die jüngsten Manifestationen in der Sowjetunion, in der Tschechoslowakei und in Jugoslawien (die nach Abfassung dieses Beitrags zum Zerfall dieser drei Staaten geführt haben).
Demgegenüber ist eine neue Variante der Multinationalität oder Multikulturalität vor allem in den westeuropäischen Ländern entstanden, zu einem geringeren Teil auch in Osteuropa und in der Sowjetunion; sie ist das Ergebnis der jüngsten Migration von Arbeitern und ihren Familien. Es gibt viele Regionen, Städte und Dörfer, in denen Menschen verschiedener ethnischer Herkunft und ethnischer Identität miteinander leben. Unglücklicherweise tolerieren sie einander nur unter Schwierigkeiten, und häufig sind sie in Gewalttätigkeiten verwickelt. In vielen Fällen gehen ihre Kinder aber in dieselben Schulen, und dort, wo sie getrennte Schulen besuchen, sind sie von einer Art "mulitkultureller" Erziehung gleichsam auf zufällige Weise betroffen, nämlich dadurch, daß sie zusammen auf der Straße mit "anderen Kindern" der gleichen Altersgruppe spielen. Auch sind sie als konsumenten angesprochen und als Empfänger der Massenmedien (Fernsehen, Radio, Film, Video, Druck usw.).

Beide Varianten der "Multinationalität" (in weitestem Wortsinn) sind einerseits anfällig für Segregation, andererseits für aggressiven Nationalismus. In einem gewissen Maße fühlt sich der Beobachter an vergleichbare Geschehnisse in der Vergangenheit erinnert. Die historische Erfahrung sollte Politiker und auch Erzieher vor ungerechtfertigten Erwartungen in bezug auf kurzfristige Versöhnung oder Integration warnen, und zwar ungeachtet der beschleunigenden Wirkungen der neuen Technologien. In dem Falle ist *Integration* im allgemeinen die Form der Koexistenz, die nicht nur durch den höchsten Grad des gegenseitigen Verstehens und der Toleranz zwischen zwei oder verschiedenen Gruppen ausgezeichnet ist, sondern auch durch das größte Potential der Förderung einer neuen europäischen Kultur. Integration unterscheidet sich daher grundsätzlich von "Assimilation" und "Segregation", indem sie darauf gerichtet ist, Menschen zusammenzubringen und sie aufzufordern, das Erbe *beider* (oder aller) Partner anzunehmen und zu schätzen.
In der Vergangenheit haben solche Prozesse oft generationenlang bestanden, oder sogar jahrhundertelang, und die Geschichte zeigt in solchen Entwicklungen eine große Variationsbreite. Eine Integration kann zu "nationaler" Kohärenz führen, wobei die konstituierenden Sprachen unberührt bleiben, wie dies durch den "klassischen" Fall der Schweiz demonstriert wird. In anderen Fällen, wie beispielsweise in Nordamerika, hat sich die Integration darauf konzentriert, daß die Einwanderer die "nationale" Sprache und die damit verbundenen Wertemuster erwarben, während gewisse Bräuche und Verhaltensweisen mehr oder weniger intakt geblieben sind. Beispiele zeigen allerdings auch, daß im Regelfalle die kulturellen Muster der Mehrheit schließlich dominiert haben. Nichtsdestoweniger bezeugen sogar solche Prozesse Fälle einer erfolgreichen Integration, wofür die Geschichte der Hugenotten in Deutschland ein gutes Beispiel liefert. Im 17. und 18. Jahrhundert waren die Mitglieder der protestantischen Gemeinschaft aus ihrem Heimatland Frankreich geflohen. Sie hatten eine neue Heimat in anderen europäischen Ländern gefunden; zahlreich waren sie vor allem in Preußen und anderen deutschen Fürstentümern. Dort lebten sie in ihren eigenen Pfarreien mit ihren eigenen Schulen und ihrer eigenen Sprache bis weit in das 19. Jahrhundert hinein - meistens unter günstigen, manchmal auch unter armseligen Verhältnissen. Erst am Ende des vergangenen und zu Beginn dieses Jahrhunderts gingen die Hugenotten in ihren Nachbarn auf. Es sollte aber festgehalten werden, daß "deutsch-hugenottische" Familien einen Lebensstil entfalteten, der sich von dem ihrer Umgebung lange Zeit sehr unterschied und daß die deutsche Kultur als Ganzes auf vielerlei Weise durch den Prozeß der Integration mit den hugenottischen Einwanderern bereichert worden ist[20]. Aus diesem Grund habe ich diesen historischen Fall als Beispiel in den hier vorgetragenen Katalog gegenwärtiger Herausforderungen eingefügt.

Die Auseinandersetzung mit dieser Herausforderung ist in der Tat komplex. Die Lösungen sind sehr verschiedenartig und müssen der individuellen Lage gerecht werden. "Integration" braucht keinesfalls in *einem* Klassenraum praktiziert zu werden; Erfahrungen, insbesondere aus Schweden, zeigen, daß unter besonderen sozialen Bedingungen es sogar vorzuziehen ist, Kinder unterschiedlicher ethnischer Herkunft in getrennten Klassenräumen zu unterrichten, besonders dann, wenn solche Maßnahmen als zeitweilig konzipiert werden. Als Ganzes gesehen, sollten freilich Lernprozesse von Kindern in einer "multikulturellen" Atmosphäre erfolgen, integrativen

Leitbildern gehorchen und zu "interkultureller" Begegnung und Verständigung führen. Schulen müssen Jugendlichen die Möglichkeit geben, zusammenzukommen, ihre Erfahrungen und Gedanken auszutauschen sowie ihr Leben zu koordinieren.
Hinter der Multikulturalität auf örtlicher und nationaler Ebene entdecken wir die Frage, wie man grundlegende Bildungsstrategien in den europäischen Ländern harmonisieren und sogar integrieren kann und wie man die Verhaltensweisen und Erwartungen junger Menschen "europäisieren" kann. Die Diskussion dieser Frage führt unmittelbar zu den folgenden Herausforderungen. Wenn wir dieses Desiderat äußern, verneinen wir keineswegs eine Erziehung zu nationaler Identität oder zu einem "Patriotismus", solange dieser in die übergeordneten Werte der individuellen Freiheit, der sozialen Gerechtigkeit und der Demokratie eingefügt ist und sich vor allem der Achtung der Menschenrechte und der interkulturellen Toleranz unterordnet.

Wir wollen nun zur *zweiten* Kategorie kommen, die durch die Herausforderungen bestimmt wird, welche aus den Bildungssystemen selbst kommen. Ich beginne mit *der vierten Herausforderung*, welche sich mit der Frage befaßt, wie die Wechselbeziehungen zwischen Gleichheit der Bildungschancen und Qualität im Bildungswesen vereinbar sind. Wir alle wissen, daß in den sechziger und siebziger Jahren das Gleichheitsprinzip in Westeuropa dominierte[21], während die früheren "sozialistischen" Länder prinzipiell der Gleichheit den Vorrang gaben - was sie nicht hinderte, Spezialschulen für hochbegabte Kinder einzurichten[22]. In den achtziger Jahren hat sich dann die Hauptaufmerksamkeit im Bildungswesen westlicher Länder dem "Qualitätsproblem" zugewandt, einschließlich der (Wieder-)gründung selektiver Schulen (Gymnasien, Lyzeen). Jüngste Informationen aus osteuropäischen Ländern berichten uns über ähnliche Tendenzen, die dort stattfinden und sogar durch noch größere Erwartungen in bezug auf höhere Leistungen und gesteigerte Effizienz stimuliert sind[23]. Die unmittelbare Bedeutung dieser Herausforderung für unser Thema beruht auf den gegenwärtigen Bemühungen einer Internationalisierung oder sogar Harmonisierung der Leistungsstandards und der gegenseitigen Anerkennung von Prüfungen innerhalb der Europäischen Gemeinschaft[24]; es scheint, daß diese Strömung die Entwicklung des "größeren Europas" kurz über lang ebenfalls beeinflussen wird.
Die Qualität im Schulwesen ist gewiß in den vergangenen Jahrzehnten unterschätzt worden, weswegen das wiedererwachte Engagement für die Förderung dieses Prinzips Beachtung verdient. Demgegenüber könnte freilich dieser Trend gefährliche Folgerungen zeitigen, denn er könnte als Alibi dafür gebraucht werden, Reformen im Interesse einer Förderung der Gleichheit der Bildungschancen innerhalb einzelner europäischer Länder und innerhalb Europas im ganzen zu mißbrauchen. Selbstverständlich müssen komplexe Probleme gelöst werden, um ein Gleichgewicht zwischen den beiden Prinzipien zu erreichen. Kein Zweifel kann jedoch daran bestehen, daß allgemein gesehen, alle Anstrengungen, Qualität zu fördern, zum Scheitern verurteilt sind, wenn sie nicht zugleich von Bemühungen um Gleichheit der Bildungschancen begleitet werden; dies gilt für die Umsetzung dieses Ziels in Unterrichtsstrukturen und Curricula. Es scheint, daß der Kampf für oder gegen Gesamtschulen oder selektive Schulen etwas von seiner Radikalität verloren hat. Gleichwohl ist die Entwicklung von Gesamtschulen oder gegliederten Schulsystemen (in weitestem Wortsinn) keineswegs von der Tagesordnung verschwunden.

Wenn wir die Frage der Gesamtschulentwicklung als europäisches Thema erwähnen, kommt die Struktur der Bildungssysteme in ihrer Gesamtheit ins Bild. Dazu möchte ich mich nur kurz äußern, weil dieses Thema in unserem Zusammenhang nur indirekt angesprochen ist. Es mag die Betonung genügen, daß die Ordnung der Schulstrukturen den Regelungen des internen Lernens untergeordnet werden sollte; diese Frage führt uns ihrerseits zur Differenzierung des Unterrichts. Seit Beginn der modernen Schulentwicklung haben die Schulen auf streng getrennten Curricula für Jahrgangsklassen bestanden. Die heutige Herausforderung richtet sich auf größere Wahlmöglichkeit für die einzelnen Schüler und ihre Lehrer - selbstverständlich innerhalb nationaler und supranationaler Curricula. Wenn wir uns mit diesen Problemen befassen, denken wir an den europäischen Kontinent, und zwar sowohl an seine westliche als auch an seine östliche Region. Die britischen Inseln befinden sich demgegenüber auf der anderen Seite des Kanals (in diesem auf doppelte Weise); dort muß sich das Bildungswesen mit der umgekehrten Aufgabe auseinandersetzen, wie sie in der Einführung eines *national curriculum* deutlich geworden ist[25].

Die fünfte Herausforderung: Die Suche nach einem vernünftigen Gleichgewicht zwischen obligatorischen und fakultativen Fächern führt direkt zur *Autonomie innerhalb der Schulen;* sie ist eng mit dem Gleichgewicht zwischen Zentralisierung und Dezentralisierung in der Verwaltungsstruktur verbunden, darf aber mit ihr nicht vermengt werden. "Schulautonomie" ist zu einem aktuellen Problem in der Bildungspolitik der meisten west- und osteuropäischen Länder geworden. Unter den "sozialistischen" Ländern war es Ungarn, das die erste Initiative in dieser Richtung bereits zu Beginn der achtziger Jahre ergriff[26]. Der Kampf um Schulautonomie gegen bürokratische Engstirnigkeit ist in der Tat hart und verbraucht viele Energien. Darüber hinaus scheint es, daß viele Diskussionen und auch Handlungen dadurch gestört worden sind, daß die Kriterien für "Autonomie" nicht klar waren. Vor allem erheischen die Autonomiestufen und die partizipatorischen Verfahren einer Klärung in bezug auf Lehrer, Schulverwaltungen, Eltern, lokale Gemeinschaften und schließlich Schüler. Daneben muß man sich mit den funktionalen Bereichen der "Schulautonomie" befassen. In dieser Frage weist eine grobe Teilung auf zwei Bereiche hin: Rat und Partizipation in der Entscheidungsfindung. Auch muß man an das widersprüchliche Potential denken, das in diesen Problembereichen enthalten ist. Daher richtet sich unsere Aufmerksamkeit auch auf Konfliktfelder und die Prozeduren des Umgangs mit ihnen[27].

Sechstens: Die wichtigste Herausforderung innerhalb der zweiten Kategorie wird durch die Inhalte und Methoden innerhalb der - bis heute "nationalen" Curriculumentwicklungen bestimmt. Alle Bildungssysteme in Europa haben - insbesondere im Höhepunkt des Nationalstaates im 19. und beginnenden 20. Jahrhunderts - Modelle obligatorischer Bildungsinhalte entwickelt, die unter das Konzept einer "Allgemeinbildung" subsumiert wurden. Unter dem Dach dieses übergreifenden Konzepts entdekken wir nationale Gestaltungen, welche enormen Einfluß auf einzelne Ziele und Inhalte und die Identifizierung von Unterrichtsfächern und Unterrichtseinheiten ausgeübt haben, wie zum Beispiel: *culture générale*, *cultura generale*, *Allgemeinbildung*, *obscee obrazovanie* usw. Vor allem sind die geistes- und sozialwissenschaftlichen Fächer von dieser Vielfalt beeinflußt. Aber auch Mathematik und Naturwissenschaften sind in dieses Problem einbezogen, und zwar mit besonderem Bezug zur Frage, ob der theoretischen Analyse oder der berufsorientierten Ausbildung der Vorrang eingeräumt werden solle. Auch Lehr- und Lernmethoden werden von dieser Problematik berührt. Die wichtigsten Differenzen wurzeln im Gegensatz zwischen rezeptivem Lernen und autoritärem Lehren auf der einen Seite und Tendenzen zu einem kommunikativen Lehren und Lernen auf der anderen. Jede Vernachlässigung einer "Internationalisierung" der Inhalte und Methoden wird sich insofern als Hindernis erweisen, als dadurch die Mobilität der Menschen über die nationalen Grenzen hinweg behindert wird. Die jüngsten Tendenzen in Westeuropa zeigen Bemühungen um eine "Europäisierung" der Lehrpläne und Curricula, obwohl diese Entwicklung erst in ihren Anfängen liegt. *Martin McLean*s Studie "Britain and a Single Market Europe"[28] bietet informative und argumentative Ausblicke in diese Richtung auf eine exemplarische Weise. Jüngste Publikationen in der Sowjetunion zeigen eine ähnliche Orientierung[29], ebenso wie jüngste Anstrengungen in den befreiten osteuropäischen Ländern[30].

Schließlich (die siebente Herausforderung): Die Konzeption von *community schools* zeigt die Akzeptanz einer Herausforderung, die professionellen Pädagogen besondere und manchmal schmerzliche Probleme bereitet. Die Herkunft der Schulen vom modernen Staat hat zur Einbeziehung der Bildungssysteme in die Verwaltungshierarchie geführt. Daher haben in den meisten europäischen Ländern die Lehrer und Bildungsverwalter den Status als Angestellte des öffentlichen Dienstes oder sogar von Beamten. Entgegen den Voraussagen der "Entschuler" und ihrer Anhänger haben die Schulen ihre Position als vitale Institutionen in unserer Zeit behauptet. Zu Beginn der neunziger Jahre scheint es, daß sie in absehbarer Zeit nicht verschwinden dürften. Freilich sollten aber Schulen darauf verzichten, die kognitive, affektive und soziale Entwicklung der Jugendlichen zu monopolisieren; sie sollten parallele Aktivitäten anderer Erziehungsagenturen nicht nur tolerieren, sondern sogar schätzen. Familien und andere soziale Kleingruppen sind in diesem Zusammenhang ebenso zu erwähnen wie Kirchen, Verbände, Clubs, *peer groups* und schließlich auch die Medien. Schulen sollten positiv auf diese Herausforderung reagieren, und zwar durch Anstrengung zur Kooperation und zum Wettbewerb. Es bedarf keiner Betonung, daß in dieser Hinsicht der Lehrer als ein *change agent* [31] eine wichtige Funktion wahrzunehmen hat.

5. Schlußbemerkungen: Einheit und Vielfalt in der Gegenwart

Die "Europäisierung" des Bildungswesens kann als authentischer Beitrag zur Entwicklung internationaler Verständigung und Zusammenarbeit sowohl in Schulen als auch in den nichtformalen Bildungseinrichtungen betrachtet werden. Um jede falsche Interpretation zu vermeiden: Diese Aussage schließt das Postulat ein, daß die Annahme dieser Aufgabe zu keiner Zeit als exklusiv anzusehen ist. "Europäisierung" muß zur Kooperation mit den außereuropäischen industrialisierten Ländern ebenso bereit sein wie mit den Regionen und Ländern der Dritten Welt. Es wäre verhängnis-

voll, wenn das Abklingen des West-Ost-Konflikts zum Rückzug Europas von seiner verbindlichen Aufgabe zur Lösung der Nord-Süd-Probleme führen würde.
Während das Bildungswesen im ungeteilten Europa mit den Herausforderungen konfrontiert ist, die durch seinen Weg in die Zukunft bestimmt werden, muß es zur gleichen Zeit das Wiedererstehen von Verhaltensweisen und Ideologien bewältigen, die auf die Epoche vor dem Zweiten Weltkrieg zurückweisen. Dieses Wiedererwachen führt uns zurück zur Allianz des modernen Staates und dem Entstehen der modernen Nationen und zu dem Dilemma, zu dem dieses Bündnis in vielen Staaten des europäischen Kontinents geführt hat. Die jüngste Geschichte Westeuropas zeugt von dem Beharren und sogar von neuem Ausbruch in Gewalttätigkeit und Terrorismus, wie dies die Anschläge in Nordirland in den letzten zwei Jahrzehnten demonstriert haben. Die jüngste Bildungsgeschichte demonstriert die Tatsache, daß "Staat" und "Nation" nur dann konvergieren können, wenn alle Angehörigen der "Nation" das Bewußtsein teilen, *einer* Gemeinschaft anzugehören.
Trotz der Rückfälle in Aggressivität zeigen sich in Westeuropa aber Fortschritte zur Bewältigung selbstgefälligen und exklusiven Nationalismus vor allem in der Entwicklung der Europäischen Gemeinschaft, die sich auf den Binnenmarkt zubewegt. Darüber hinaus öffnet Supranationalität neue Chancen für die Autonomie von bisher "staatenlosen" ethnischen Gruppen und Nationalitäten innerhalb nationaler Grenzen oder grenzüberschreitend; dies gilt für die Basken und Sami (Lappen) und, wenn bislang auch nur in unklaren Konturen, für die Roma. Die Bildungspolitik zeigt, daß die Straße keineswegs geradlinig ist; Kompromisse sind unvermeidbar, sogar dann, wenn die gefundenen Lösungen unter ökonomischem, sozialem und pädagogischem Aspekt unvernünftig scheinen mögen.
Folgendes Beispiel sei hier genannt: Es ist gewiß sinnvoll, Vorkehrungen zu treffen, daß Kinder von Minderheiten in ihrer Muttersprache unterrichtet werden können. Trotzdem ist die Frage berechtigt, ob solche Vorkehrungen in völlig getrennten Schulen innerhalb multikultureller Gesellschaften gemacht werden, vor allem dann, wenn die Einrichtung solcher Schulen mit unzureichender Ausstattung verbunden ist. Überdies beraubt ihre Einrichtung die Kinder der Chance der Kommunikation mit den Altersgenossen aus der "anderen" Nationalität oder Religion. Zweites Beispiel: Die Teilung der traditionsreichen Universität von Leuven im Jahr 1970 war das Ergebnis eines Kompromisses nach einem anscheinend unlösbaren Konflikt, vergleichbar der Teilung der ehrwürdigen Prager Universität im Jahre 1882 in eine tschechische und eine deutsche Institution. Ob dies eine "europäische" Lösung war, sei aber dahingestellt, wie dies auch für das Scheitern des Bemühens gilt, eine zweisprachige, nämlich italienisch- und deutschsprachige Universität in Bozen (Südtirol) zu gründen, und zwar aufgrund des Widerstandes der deutschsprachigen Gruppe. Wenn der Beobachter aber die Ambivalenz dieser Beispiele berücksichtigt, sollte er anerkennen, daß jeder friedliche Kompromiß, der auf einer gesetzlichen und demokratischen Entscheidung beruht, jeder Alternative in Gestalt von Unruhe und Gewalt vorzuziehen ist.

Bornierte Nationalisten in Westeuropa mögen neue Hilfe durch das Entstehen eines intransigenten und intoleranten Nationalismus erhalten, welcher als eine ungewünschte Nebenwirkung der demokratischen Befreiungsbewegungen in den früheren "sozialistischen" osteuropäischen Ländern zutage getreten ist. Wir wollen hoffen, daß diese

Gegenbewegung zur europäischen Einigung und Integration nicht voranschreiten und andauern wird. Wenn ich über intoleranten und exklusiven Nationalismus spreche, bedeutet dies nicht, daß ich ethnischen und nationalen Gruppen das Recht verweigert sehen möchte, ihre kulturellen Belange selbst zu organisieren. Wichtig ist in diesem Zusammenhang aber der Bezug zum Ziel supranationaler Integration.
Das Bildungswesen spielt in diesem Integrationsprozeß zu einem ungeteilten Europa, das sich seinem Erbe der Spannung zwischen Einheit und Vielfalt verpflichtet fühlt, eine nicht zu unterschätzende, wenn auch wohl keine vorrangige Rolle. Diese Integration ist auf verschiedenen Ebenen der europäischen Dimension zu verwirklichen. Obwohl die Europäische Gemeinschaft keine unmittelbare Kompetenz in Erziehungsangelegenheiten hat, hat das Prinzip der Mobilität und die Notwendigkeit, eine Äquivalenz der Qualifikationen zu erreichen, die Europäische Kommission (in Brüssel) zu verschiedenen Direktiven und Vorschlägen motiviert, die auf die Harmonisierung von Prüfungen und anderer Ausbildungsmuster gerichtet ist (einschließlich der Lehrerausbildung)[32]. Es lohnt sich, dieses vielgestaltige Problem im Hinblick auf die "größere" europäische Dimension zu diskutieren, denn diese Diskussion darf nicht auf ökonomische, politische und rechtliche Fragen beschränkt bleiben.
Gewiß kann das Bildungswesen nur einen Beitrag auf dem Wege zu einem "integrierten" und "internationalisierten" Europa leisten; eine Abstinenz dieser Aufgabe würde diesen Prozeß freilich einer wesentlichen Komponente berauben. Europa darf darüber hinaus nicht *melting pot* von Regionen und Nationen werden, sondern muß Vielfalt und Regionalisierung als konstitutive Elemente seiner Einheit akzeptieren. Die Bildungsforschung muß diesen Prozeß begleiten und prüfen, und die Vergleichende Bildungsforschung hat eine wichtige Aufgabe zu erfüllen, die aus der Klärung der Wechselbeziehungen zwischen nationalen, ethnischen und kulturellen Identitäten und den universellen Problemen besteht, welche die Menschheit als Ganzes betreffen. Diese klärende Anstrengung ist die Vorbedingung jedes hoffnungsvollen Fortschritts zu einem "globalen Bewußtsein", das auf der Aneignung der Menschenrechte beruht[33]. Es gilt, die vorhandenen Gefühle der Ernüchterung und Angst in einen realistischen Optimismus überzuleiten.

Anmerkungen

1 Die Zeit, 8.6.1990. Vgl. *Rupnik, J./Moisi, D.* (1991): 1989 in historischer Perspektive. Geschichte als Schlüssel zur Gegenwart. In: Transit, 2, 5-15

2 Vgl. *Blankertz, M.* (1982): Die Geschichte der Pädagogik. Von der Aufklärung zur Gegenwart. Wetzlar: Büchse der Pandora, 56-59

3 Vgl. *Curtis, S.J.*: History of Education in Great Britain. 5. Aufl. London: University Tutorial Press, 528

4 Vgl. *de Vroede, M.* (1986): The Flemish Movement in Belgium. Flemish Cultural Council/Flemish Information Institute 1975. - *Garcia Garrido, J.L.*: Regionalismus und kultureller Pluralismus im spanischen Bildungswesen. In: Bildung und Erziehung, 39, 49-62

[5] Vgl. Die Habsburgermonarchie 1848-1918. Band III: Die Völker des Reiches; 2. Teilband. Hg. von A. Wandruszka und P. Urbanitsch. Wien 1988, 1171-1188

[6] Vgl. *Tomiak, J.*: Contrasting Examples of the Role of Education at School and Home in Awakening the National Consciousness among the People and in Legitimising Political Action in the Polish Lands Remaining under Foreign Dominance in the XIXth und XXth Centuries. In: Karady, V./Mitter, W. (Hg.): Bildungswesen und Sozialstruktur in Mitteleuropa im 19. und 20. Jahrhundert

[7] Vgl. Die Habsburgermonarchie, ebd.

[8] *Kazamias, A.* (1991): The Education of the Greeks in the Ottoman Empire, 1850-1923: A Case Study of "Controlled Toleration". In: Tomiak, J. (Hg.): Schooling, Educational Policy and Ethnic Identity. Dartmouth: European Science Foundation/New York University Press

[9] *Mitter, W.* (1988): Das deutschsprachige Schulwesen in der Tschechoslowakei im Spannungsfeld zwischen Staat und Volksgruppe (1918-1938). In: Lemberg, H./Litsch, K./ Plaschka, R.G./Ranki, J. (Hg.): Bildungsgeschichte, Bevölkerungsgeschichte, Gesellschaftsgeschichte in den böhmischen Ländern und in Europa. Wien: Verlag für Geschichte und Politik, 82-94

[10] *Preissler, G.* (1936): Kulturpolitische Grundfragen unserer Schule. In: Freie Schulzeitung, Nr. 30, 10.9., 11 - *Mitter, W.*: Civic Education in German Schools in Czechoslovakia (1918-1938) in the Mirror of Loyalty Conflict. In: Karady, V./Mitter, W. (Hg)., ebd., 71-83

[11] *Mitter, W.* (1986): Bilingual and Intercultural Education in Soviet Schools. In: Tomiak, J. (Hg.): Western Perspective on Soviet Education in the 1980s. Houndsmith and London: Maxmillan 97-122

[12] Quelle: die seit 1988 in der "Literaturnaja gazeta" und anderen sowjetischen Zeitungen sowie auch in Zeitschriften regelmäßig erschienenen Beiträge

[13] Vgl. *Mitter, W.*: Bilingual and Intercultural Education in Soviet Schools, ebd.

[14] Vgl. *Mitter, W.* (1984): Ideen und Realität der Gesamtschule in Europa. In: Dahmen, I. u.a. (Hg.): Gesamtschulen in Europa. Köln/Wien: Böhlau, 1-20

[15] Vgl. *Mitter, W.* (1987): Expectations of Schools and Teachers in the Context of Social and Economic Changes. In: International Review of Education, 33/3, 273

[16] Vgl. *Mitter, W.* (1990): Das Bildungswesen in Osteuropa im Umbruch. Rückblick und Ausblick in historisch-vergleichender Sicht. In: Osteuropa, 40/10, 909-924

[17] Das Bildungswesen ist an diesen Aktivitäten unmittelbar beteiligt, u.a. durch regelmäßige Begegnungen von Schulverwaltungsbeamten, Schulleitern und Lehrern sowie durch Modellversuche, die sich mit interkultureller Entwicklung befassen.

[18] Z.B. das Symposium, das der Landesschulrat von Steiermark in Graz am 17. und 18. November 1989 veranstaltete. Vgl. Europa-Schule der 10-15jährigen. In: Unser Weg, 45 (1990) 3

[19] *Smith, A.D.* (1981): The Ethnic Revival. Cambridge: Cambridge University Press

[20] *Mitter, W.* (1984): Education for All. Paris: UNESCO 1984 (= International Yearbook of Education, vol.36), 57

[21] Vgl. Schulen und Qualität. Ein Internationaler OECD-Bericht. Frankfurt am Main/Bern/ New York/Paris: Peter Lang 1991 (=Bildungsforschung internationaler Organisationen, Bd. 2)

[22] Vgl. *Mitter, W.* (1978): Secondary School Graduation: University Entrance Qualification in Socialist Countries. Oxford/New York: Pergamon Press, 57-58

[23] Vgl. *Halasz, G./Lukacs, P.* (1990): Educational Policy for the Nineties. Theses for a New Concept of State Educational Policy. Budapest, 3,12

[24] Vgl. *Leclerq, J.- M./Rault, Chr.* (1989): Les systemes educatifs en Europe: Towards a Common Dimension? Paris: Le Documentation Francaise (No. 4899)

[25] Vgl. *Flude, M./Hammer, M.* (1990): The Education Reform Act 1988. Its Origin and Implications. London/New York: The Falmer Press

[26] Vgl. *Kozma, R.* (1989): An Educational Affluent Society? Key Issues in the Hungarian Educational Policy. In: Perspectives in Education, 5/4, 223-232

[27] *Mitter, W.* (1988): School Autonomy in the European Context. In: Ricerca Educativa, 4/4, 18-21

[28] *McLean, M.* (1990): Britain and a Single Market Europe. Prospects for a Common School Curriculum. London: Kogan Page

[29] Vgl. *Razumovskij, V.* (1990): Inhalte der mittleren Bildung in der Sowjetunion. In: Bildung und Erziehung, 43/2, 159-176

[30] Vgl. *Mitter, W.*: Das Bildungswesen in Osteuropa im Umbruch. Rückblick und Ausblick in historisch-vergleichender Sicht, ebd.

[31] Vgl. *Mitter, W.*: Education for All, ebd. 127-136

[32] Vgl. *Leclerq, J.-M./Rault, Chr.*, ebd.

[33] Vgl. *Schleicher, K.* (1989): Education for World Unit. In: International Journal on the Unity of the Sciences, 2/4, 441-471

Autorenspiegel

PD Dr. Adick, Christel, Fachbereich Erziehungswissenschaften, GH Siegen, Adolf-Reichwein-Straße, Postfach 10 12 40, 5900 Siegen

Prof. Ciperle, Joze, Slovenski Solski Muzej, Plecnikov trg 1, 6100 Ljubljana, Slovenija

Prof. Dr. Frenz, Thomas, Historische Hilfswissenschaften, Universität Passau, Innstr. 25, 8390 Passau

Prof. Dr. Gordillo, Victoria, Departamento de Pedagogica, Universidad Complutense, 28040 - Madrid, Spanien

PD Dr. Grunder, Hans-Ulrich, Pädagogisches Institut, Universität Bern, Muesmattstr. 27, 3012 - Bern, Schweiz

Prof. Dr. Kómlosi, Sándor, Teachers Training Faculty, Janus Pannonius University, Ifjúság u. 6, 7624 Pécs, Ungarn

Dr. László, Sándor, IPTE, Faculty of Arts and Sciences, Janus Pannonius University, Ifjúság u. 6, 7624 Pécs, Ungarn

Prof. Dr. Liedtke, Max, Institut für anthropologisch-historische Bildungsforschung, Erziehungswissenschaftliche Fakultät, Universität Erlangen-Nürnberg, Regensburger Str. 160, 8500 Nürnberg 30

Prof. Dr. Mehl, Andreas, Institut für Altertumskunde, Universität Erlangen-Nürnberg, Kochstr. 4, 8520 Erlangen

Prof. Dr. Mitter, Wolfgang, Deutsches Institut für Internationale Pädagogische Forschung, Schloss-Str. 29, Pf 90 02 80, 6000 Frankfurt a.M. 90

Prof. Dr. Dr. h.c. Pöggeler, Franz, Lehrstuhl für Allgemeine Pädagogik, RWTH Aachen, Ahornstr. 55, 5100 Aachen

Prof. Dr. Reble, Albert, Anne-Frank-Str. 23, 8700 Würzburg

Dr. Rösger, Alfons, Seminar für Alte Geschichte, Universität Bonn, Am Hof 1 e, 5300 Bonn